INTRODUÇÃO À

Economia do Meio Ambiente

Barry C. Field é Professor de Economia dos Recursos Ambientais na University of Massachusetts, Amherst. Anteriormente, lecionava na University of Miami e na George Washington University. Concluiu sua graduação e seu mestrado pela Cornell University e seu doutorado pela University of California, Berkeley.

Na University of Massachusetts, dedicou muitos anos ao ensino de economia ambiental a estudantes de todos os níveis e trabalhou no desenvolvimento de um curso de gradução em Economia Ambiental e Economia dos Recursos Ambientais.

Martha K. Field é Diretora Executiva de Suporte e Avanço Institucional e Professora de Economia no Greenfield Community College, onde lecionou economia ambiental por muitos anos. Também lecionou na University of Massachusetts, no Mount Holyoke College, no Westfield State College, no Holyoke Community College e na Cooperativa de Consumidores de Gomel, Bielorrússia. Possui doutorado pela University of Connecticut.

F453i Field, Barry C.
Introdução à economia do meio ambiente / Barry C. Field, Martha K. Field ; tradução: Christiane de Brito Andrei ; revisão técnica: Ronaldo Serôa da Motta. – 6. ed. – Porto Alegre : AMGH, 2014.
xvi, 383 p. : il. ; 25 cm.

ISBN 978-85-8055-325-3

1. Economia. 2. Meio ambiente. I. Field, Martha K. II. Título.

CDU 330:502

Catalogação na publicação: Ana Paula M. Magnus – CRB 10/2052

Barry C. Field
Department of Resource Economics University of Massachusetts–Amherst

Martha K. Field
Institutional Support and Advancement
Greenfield Community College

INTRODUÇÃO À Economia do Meio Ambiente

6ª Edição

Tradução:
Christiane de Brito Andrei

Revisão técnica desta edição:
Ronaldo Serôa da Motta
Doutor em Economia pela University College London
Professor de Economia da Universidade do Estado do Rio de Janeiro (UERJ)

AMGH Editora Ltda.

2014

Obra originalmente publicada sob o título
Environmental Economics: An Introduction, 6th Edition
ISBN 007351148X / 9780073511481

Gerente editorial: *Arysinha Jacques Affonso*

Colaboraram nesta edição:

Coordenadora editorial: *Denise Weber Nowaczyk* e *Viviane Nepomuceno*

Capa: *Márcio Monticelli* (arte sobre capa original)

Leitura final: *Amanda Jansson Breitsameter* e *Lucas de Souza Cartaxo Vieira*

Editoração: *Techbooks*

Av. Jerônimo de Ornelas, 670 – Santana
90040-340 – Porto Alegre – RS
Fone: (51) 3027-7000 Fax: (51) 3027-7070

Unidade São Paulo
Av. Embaixador Macedo Soares, 10.735 – Pavilhão 5 – Cond. Espace Center
Vila Anastácio – 05095-035 – São Paulo – SP
Fone: (11) 3665-1100 Fax: (11) 3667-1333

SAC 0800 703-3444 – www.grupoa.com.br

IMPRESSO NO BRASIL
PRINTED IN BRAZIL

Aos nossos pais e filhos.

Prefácio

Quando nossos descendentes analisarem o final do século XX e o início do século XXI, desejaríamos que eles pudessem dizer: "Foi aí que começaram a levar a sério a degradação do ambiente natural, com suas ameaças à vida humana e à vida do planeta". Gostaríamos também que eles vissem que foi por volta dessa época que adotamos medidas sérias para parar e reverter esse processo. Este livro é uma introdução à economia ambiental, uma maneira de abordar os passos que precisam ser dados. Ele trata do modo como as decisões humanas afetam a qualidade do meio ambiente e analisa como os valores e as instituições humanas moldam nossas demandas por melhorias nessa qualidade – e, principalmente, aborda o planejamento de políticas públicas eficientes que acarretem essas melhorias.

Problemas de cunho ambiental não são novidade; na verdade, há inúmeros e desoladores exemplos históricos de degradação ambiental, desde o desmatamento realizado por povos antigos até montanhas de estrume de cavalo em áreas urbanas (antes do surgimento do automóvel). Contudo, o mundo de hoje é diferente. Em primeiro lugar, muitas pessoas em países economicamente desenvolvidos, que alcançaram altos níveis de bem-estar material, estão começando a se questionar: qual é a vantagem de ter uma grande riqueza material se isso ocorre à custa da destruição em grande escala do ecossistema que nos sustenta? Ainda mais fundamental, talvez, seja o fato de que, com os avanços econômicos, demográficos e tecnológicos contemporâneos em todo o mundo, as repercussões ambientais a eles associadas estão se tornando cada vez mais generalizadas e letais. Impactos ambientais pontuais, facilmente corrigíveis no passado, hoje se transformaram em efeitos generalizados que podem muito bem acabar se tornando irreversíveis. De fato, algumas de nossas maiores preocupações atuais estão relacionadas a impactos ambientais globais.

Não é de se admirar, então, que a observação da qualidade do ambiente natural se tornou um dos principais focos do interesse público. Como seria de se esperar, as pessoas têm respondido a isso de muitas maneiras. Grupos e defensores de interesses ambientais ganham voz em todos os níveis políticos, principalmente nos países com sistemas políticos abertos. Congressistas incluem questões ambientais em suas pautas, e alguns procuram alcançar cargos políticos de destaque na esfera ambiental. O Direito Ambiental começa a florescer, tornando-se uma especialização em muitas faculdades de Direito. Milhares de agências ambientais surgem no setor público: desde comissões ambientais locais até agências ambientais nas Nações Unidas. Na área científica, os problemas ambientais se tornam foco para químicos, biólogos, engenheiros e muitos outros. E, na área de economia, desenvolve-se a *economia ambiental*, que é o assunto deste livro.

A economia ambiental enfoca as diferentes facetas da conexão entre qualidade ambiental e o comportamento econômico de indivíduos e grupos de pessoas. Uma de suas questões fundamentais refere-se ao modo como o sistema econômico molda os incentivos econômicos, que levam tanto à degradação como a melhorias no meio ambiente. Um de seus maiores problemas é a mensuração dos custos e benefícios de mudanças na qualidade ambiental, principalmente as intangíveis. A economia ambiental possui um conjunto de complicadas questões macroeconômicas, como a conexão entre o crescimento econômico e os impactos ambientais e os efeitos de *feedback* da legislação ambiental sobre o crescimento. E há ainda as questões cruciais sobre o planejamento de políticas ambientais que sejam, a um só tempo, eficientes e justas.

A força da economia ambiental está no fato de ela ser analítica e lidar com conceitos como eficiência, *trade-offs*, custos e benefícios. Muitos acreditam fortemente que os tempos de hoje exigem ações políticas mais diretas, maior conscientização, maior organização política e, principalmente, maior representação e influência de interesses ambientais no cenário político. Ninguém pode duvidar disso. No entanto, vivemos em um mundo complicado, onde abundam problemas humanos; no âmbito doméstico, temos questões referentes a saúde, drogas, educação, violência, etc., todas concorrendo pela atenção e pelos recursos públicos. Em todo o mundo, um grande número de pessoas luta para alterar suas instituições políticas e econômicas, desenvolver suas economias e elevar seus padrões de vida materiais.

Nesse cenário, aumentar a tensão política em questões ambientais é necessário, mas não suficiente. Temos que obter resultados científicos palpáveis sobre a avaliação das pessoas no que diz respeito à qualidade ambiental e o modo como elas são prejudicadas quando essa qualidade é degradada. Temos também que criar iniciativas políticas que obtenham o máximo impacto com os recursos econômicos e políticos empregados – e aí é que entra em cena a economia ambiental. Ela é uma maneira de examinar os complexos tipos de *trade-off* que todas as questões ambientais acarretam; é também um meio valioso de investigar por que as pessoas se comportam de determinada maneira em relação ao ambiente natural e como poderíamos reestruturar o sistema atual a fim de retificar as práticas prejudiciais.

Na verdade, o assunto é tão importante que deveria estar amplamente disponível a qualquer não especialista. A economia é uma disciplina que desenvolveu um sofisticado corpo teórico e conhecimento aplicado; os cursos atuais seguem uma hierarquia de princípios de nível introdutório e intermediário criados para orientar os estudantes e prepará-los para os cursos mais avançados de economia aplicada. Porém, esses cursos correm o risco de fechar o assunto, tornando-o inacessível para aqueles que não querem se tornar especialistas; este livro, pelo contrário, é destinado a pessoas que não necessariamente tenham concluído um curso em economia, pelo menos por enquanto. Foi escrito baseado na suposição de que é possível apresentar os princípios mais importantes da economia para o senso comum – embora de maneira rigorosa – e aplicá-los a questões relacionadas à qualidade ambiental.

Esta obra é uma introdução aos princípios fundamentais da economia ambiental, como se desenvolveram e como continuam a evoluir. O mundo real – e certamente o mundo real das políticas ambientais – é muito mais complicado do que esses princípios parecem sugerir. Os exemplos discutidos aqui representam apenas uma amostra da grande variedade de questões que realmente existe. Caso o leitor enfrente esse mundo real da política ambiental, precisará adaptar esses princípios a todos os detalhes e às nuances da realidade. Infelizmente, não há espaço suficiente em um livro para abordar todas as formas como os economistas ambientais tornam os conceitos e modelos fundamentais mais específicos e relevantes para as questões ambientais concretas. Então, vamos nos ater às ideias fundamentais na esperança de que elas estimulem suficientemente o interesse do leitor para fazê-lo buscar os refinamentos e as adaptações dessas ideias, já que elas estão relacionadas a um assunto de crescente relevância e importância.

Quando esta obra foi publicada pela primeira vez nos Estados Unidos, não havia como saber quantos outros professores estavam ministrando uma disciplina similar à que deu origem a este livro, ou seja, uma disciplina de economia ambiental para pessoas que não necessariamente estudaram economia. A recepção das quatro primeiras edições norte-americanas foi, portanto, gratificante. Em geral, os comentários recebidos, aqueles diretos e outros que "um passarinho nos contou", foram positivos. Esperamos que esta edição seja igualmente bem recebida.

A estrutura básica do livro e sua sequência de capítulos permaneceram inalteradas. A Parte 1 do livro é uma introdução, começando com um capítulo sobre a matéria da economia ambiental; o segundo capítulo considera as relações fundamentais entre a economia e o meio ambiente. A Parte 2 é dedicada ao estudo das "ferramentas" analíticas, os princípios de demanda e custo e os elementos de eficiência econômica, tanto em atividades de mercado quanto em atividades fora do mercado. Esses capítulos não pretendem ser completamente exaustivos no tratamento desses tópicos teóricos; no entanto, dado o objetivo do livro, os capítulos introdutórios são essenciais. Mesmo aqueles que já concluíram um curso sobre princípios de microeconomia podem achá-los valiosos para fins de revisão. A segunda parte também contém um capítulo em que esses princípios econômicos são aplicados a um simples modelo de controle de poluição ambiental. Nesses capítulos, assim como nos outros, tentamos incrementar a apresentação com exemplos tirados de fontes atuais – jornais, por exemplo.

A Parte 3 é sobre análise ambiental. Nela, analisamos algumas das técnicas desenvolvidas por economistas ambientais para responder a algumas das questões de valor fundamental subjacentes à tomada de decisões de cunho ambiental. São abordados especificamente os princípios da análise de custo-benefício. A Parte 4 trata dos princípios no desenho de políticas ambientais, começando com um pequeno capítulo que lida com os critérios que podemos usar para avaliar essas políticas; nos próximos capítulos, falamos das principais abordagens da gestão de qualidade ambiental.

A Parte 5 é dedicada a questões internacionais, como os acontecimentos em políticas ambientais em outros países, questões ambientais globais (incluindo o aquecimento global) e a economia dos acordos ambientais internacionais.

Esta edição mantém a estrutura original do livro, mas contém muito material novo. Muitos dos gráficos e diversas tabelas foram alterados; dados e números foram atualizados, assim como há também novas referências que refletem os esforços das pesquisas de economistas ambientais nos últimos anos. Esta edição contém novos materiais sobre comércio de carbono (Capítulo 1), resíduos eletrônicos (Capítulos 9), tarifação rodoviária (Capítulo 1), custos de reduzir os gases do efeito estufa (Capítulo 1), resíduos da combustão de carvão (Capítulo 6), programas de *cap-and-trade* (Capítulo 13), pagamento por serviços ambientais (Capítulos 10 e 15), danos causados pela poluição do ar (Capítulo 12), controle da poluição na China (Capítulo 1) e políticas baseadas em incentivos em países em desenvolvimento (Capítulo 1).

Uma coleção de fontes adicionais e um tutorial sobre como trabalhar com gráficos estão disponíveis (em inglês) no site do Grupo A, www.grupoa.com.br. Para os professores, o *site* oferece o Manual do Professor (também em inglês) de fácil *download*.

AGRADECIMENTOS

Este livro é o resultado de muitos anos de experiência em sala de aula; assim, em primeiro lugar, gostaríamos de agradecer a todos os estudantes que, ao longo dos anos, escutaram, fizeram perguntas e deram o *feedback* que moldou o livro. Muitas pessoas ajudaram a revisar e a moldar suas edições anteriores. Pela 6ª edição norte-americana, agradecemos a Stephen Holland, da University of North Carolina em Greensboro; Jacqueline Geoghegan, da Clark University; Roger H. von Haefen, da North Carolina State University; Andrew A. Wilson, da University of Virginia; Juliette K. Roddy, da University of Michigan-Dearborn; John Peter Tiemstra, do Calvin College; Mustafa Sawani, da Truman State University; Jennifer Peterson, do Doane College; Forrest Stephen Trimby, do Worcester State College; Hui Li, da Eastern Illinois University; Paul C. Huszar, da Colorado State University; John R. Stoll, da University of Wisconsin-Green Bay; Richard Claycombe, do McDaniel College; e Ellen T. Fitzpatrick, da State University of New York, Plattsburgh.

Nossos agradecimentos especiais a Lisa Bruflodt e ao resto do pessoal da McGraw-Hill, que continua a divulgar o livro tão fortemente.

E, para concluir, nossos agradecimentos a Tory, Sidney e Leslie por seu apoio, suas ideias e seu amor.

Barry C. Field
Martha K. Field

Sumário

Capítulo 11 Estratégias de comando e controle: o caso dos padrões 204

Capítulo 12 Estratégias baseadas em incentivos: cobranças e subsídios sobre emissões 224

Capítulo 13 Estratégias baseadas em incentivos: direitos de emissão transferíveis 249

PARTE V QUESTÕES AMBIENTAIS INTERNACIONAIS 267

Capítulo 14 Políticas ambientais comparativas 268

Capítulo 15 Desenvolvimento econômico e o meio ambiente 285

Capítulo 16 O ambiente global 310

Capítulo 17 Acordos ambientais internacionais 335

Apêndice 355

Índice de nomes 359

Índice de assuntos 363

PARTE I

INTRODUÇÃO

Esta primeira parte contém dois capítulos introdutórios. O primeiro é uma análise breve e não técnica dos principais tópicos e ideias discutidos pela economia ambiental. O segundo contém uma discussão geral das interações entre a economia e o meio ambiente, além de introduzir os conceitos e as definições fundamentais que serão empregados ao longo de todo este livro.

CAPÍTULO 1

O que é economia ambiental?

Economia é o estudo de como e por que os indivíduos e grupos de indivíduos tomam decisões sobre o uso e a distribuição de valiosos recursos humanos e não humanos. Não se trata somente do estudo da tomada de decisões por empresas lucrativas em uma economia capitalista, mas de algo muito mais amplo: a economia fornece um conjunto de ferramentas analíticas que podem ser usadas para estudar qualquer situação em que a escassez de meios exija o balanceamento de objetivos concorrentes. Inclui, por exemplo, importantes questões relacionadas ao comportamento de organizações sem fins lucrativos, órgãos governamentais e consumidores.

Economia ambiental é a aplicação dos princípios da economia ao estudo da gestão dos recursos ambientais. A economia divide-se em **microeconomia,** que estuda o comportamento de indivíduos e de pequenos grupos, e **macroeconomia,** que estuda o desempenho econômico das economias como um todo. A economia ambiental se vale de ambas, embora mais da microeconomia, e seu foco principal é saber como e por que as pessoas tomam decisões que têm consequências para o ambiente natural. Além disso, trata também da forma como as instituições e políticas econômicas podem ser mudadas a fim de colocar esses impactos ambientais mais em equilíbrio com os desejos humanos e as necessidades do ecossistema propriamente dito.

Uma de nossas primeiras tarefas, portanto, é a assimilação de algumas das ideias e ferramentas analíticas fundamentais da microeconomia. No entanto, fazer isso logo de início nos faria correr o risco de causar a impressão de que as ferramentas são mais importantes do que seus usos. As ferramentas de análise não são interessantes por si mesmas, mas pela compreensão que podem nos propiciar quanto ao motivo da degradação do ambiente natural, as consequências dessa degradação e o que pode ser feito de maneira eficiente para reduzi-la. Por esse motivo, o primeiro capítulo é dedicado ao esboço, em termos compreensíveis para o senso comum, dos tipos de perguntas que os economistas ambientais fazem e dos tipos de respostas que eles procuram. Após uma breve discussão sobre algumas questões gerais, veremos uma série de exemplos de alguns dos problemas abordados pela economia ambiental.

ANÁLISE ECONÔMICA

Estudar economia é estudar a maneira como uma economia e suas instituições são estabelecidas e como os indivíduos e grupos tomam decisões sobre a transformação e a gestão de recursos escassos a fim de aumentar a riqueza humana, em seu sentido mais amplo. A economia ambiental focaliza-se nos recursos naturais e ambientais de uma sociedade e examina o modo como as pessoas tomam decisões que podem levar à destruição ou a melhorias no meio ambiente.

A economia ambiental é uma **matéria analítica**; queremos não somente descrever o estado do meio ambiente e as mudanças nele ocorridas, mas também compreender por que essas condições existem e como podemos gerar melhorias na qualidade ambiental. Isso significa que iremos introduzir um conjunto especializado de conceitos e vocabulário e que precisaremos também usar meios especializados de expressar conexões entre fatores importantes envolvidos nas questões de qualidade ambiental que exploraremos. Para tal, os economistas usam os chamados **modelos analíticos**. Um modelo é uma representação simplificada da realidade, usado para isolar e focalizar os elementos mais importantes de uma situação, desconsiderando outros. Os modelos que utilizaremos são gráficos por natureza – e serão bastante simples.[1]

É importante distinguir entre **economia positiva** e **economia normativa**. Economia positiva é o estudo de algo como ele é; economia normativa é o estudo de algo como ele deveria ser. A economia positiva procura compreender como um sistema econômico realmente opera por meio da análise de como as pessoas tomam decisões em diferentes tipos de circunstâncias. Um estudo que deseja mostrar como o mercado habitacional reage a mudanças nas taxas de juros é um exercício da economia positiva, assim como um estudo que analisa como as empresas de fornecimento de energia elétrica responderiam a um novo imposto sobre emissões de dióxido de enxofre. No entanto, determinar qual tipo de regulação devemos adotar para determinado problema ambiental é um estudo de economia normativa, porque envolve mais do que apenas saber como as coisas funcionam; lida também com julgamentos de valor. Essa distinção será usada repetidas vezes em todo o livro.

A abordagem econômica das questões ambientais será contrastada com o que pode ser chamado de **abordagem moral.** Segundo essa abordagem, a degradação ambiental é o resultado de comportamentos humanos antiéticos ou imorais; o motivo pelo qual as pessoas poluem, por exemplo, é a falta de força ética e moral para evitar o tipo de comportamento que causa a degradação ambiental. Se isso é verdade, então a maneira de fazer as pessoas pararem de poluir é tentar de alguma forma aumentar o nível geral de moralidade ambiental na sociedade. Na verdade, o movimento ambiental já levou uma grande quantidade de pessoas a considerar questões de ética ambiental, explorando as dimensões morais dos impactos humanos sobre o ambiente natural. Essas questões morais obviamente são de importância fundamental para qualquer sociedade civilizada. Certamente um dos principais motivos desse foco da atenção social nas questões ambientais é o senso de responsabilidade moral que leva as pessoas a transferirem suas preocupações também para a arena política.

No entanto, depender de um despertar moral como a principal abordagem de combate à poluição é algo que traz certas dificuldades práticas; as pessoas não

---

[1] No site www.grupoa.com.br está disponível uma seção (em inglês) sobre como trabalhar com gráficos.

têm um "botão de moral" que pode simplesmente ser apertado, e os problemas ambientais são importantes demais para esperarem por um longo processo de reconstrução moral. Além disso, não é um senso de indignação moral por si só que nos ajudará a tomar decisões sobre todas as outras metas sociais que também possuem dimensões éticas, como aquelas ligadas a habitação, saúde, educação, justiça, etc. Em um mundo de objetivos concorrentes, temos que nos preocupar com questões muito práticas: estamos mirando os objetivos ambientais corretos? Podemos realmente fazer cumprir certas políticas? Estamos conseguindo o impacto máximo com o dinheiro que temos? E assim por diante. O maior problema causado por basearmos nossa abordagem ao controle da poluição estritamente no argumento moral é a suposição fundamental de que as pessoas poluem por serem de alguma forma moralmente subdesenvolvidas. Não é o subdesenvolvimento moral que leva à destruição ambiental, mas sim a maneira como foi estruturado o sistema econômico dentro do qual as pessoas tomam decisões sobre como conduzir suas vidas.

A IMPORTÂNCIA DOS INCENTIVOS

As pessoas poluem porque essa é a maneira mais barata que elas têm para resolver um problema muito prático: o descarte dos resíduos gerados depois que os consumidores terminam de usar algo ou depois que as empresas terminam de produzir algo. As pessoas tomam essas decisões sobre a produção, o consumo e o descarte dentro de determinado conjunto de instituições econômicas e sociais;[2] essas instituições estruturam os **incentivos** que levam as pessoas a tomar decisões em uma direção e não em outra. O que precisa ser estudado é como esse processo de incentivos funciona e, especialmente, como pode ser reestruturado de modo que as pessoas sejam levadas a tomar decisões e a desenvolver estilos de vida que tenham implicações ambientais mais benignas.

Uma declaração simplista relacionada a incentivos afirma que a poluição é o resultado de um **motivo de lucro.** De acordo com essa visão, em economias de empresas privadas, como as nações ocidentais industrializadas, as pessoas são recompensadas por maximizar os lucros, a diferença entre o valor do que é produzido e o valor do que é gasto no processo de produção. Além disso, os lucros que os empresários tentam maximizar são estritamente monetários, e na busca desenfreada por esses lucros os empresários não se importam com os impactos ambientais de suas ações porque "não vale a pena" fazê-lo. Assim, a única maneira de reduzir a poluição do meio ambiente é enfraquecer o poder do motivo de lucro.

Essa proposição é substancialmente verdadeira, mas nela há também certo grau de mal-entendido. Se os operadores das empresas privadas tomarem decisões sem levar em consideração os custos ambientais, certamente ocorrerá um excesso de poluição. No entanto, isso vale para qualquer um: empresas privadas,

[2] Por "instituições" queremos dizer o conjunto fundamental de organizações públicas e privadas, leis e práticas que uma sociedade usa para estruturar a atividade econômica. Os mercados, por exemplo, são uma instituição econômica, assim como as corporações, um órgão de direito comercial, as agências públicas, entre outros.

indivíduos e órgãos públicos. Quando indivíduos derramam solvente de tinta pelo ralo da pia ou deixam seus carros totalmente sem manutenção, estão tomando decisões sem atribuir o peso adequado às consequências ambientais de suas ações. Como os indivíduos não mantêm demonstrações de lucros e perdas, não podem ser os lucros *per se* o que leva as pessoas a poluirem. O mesmo pode ser dito sobre os órgãos governamentais, que às vezes podem ser grandes poluidores, embora não sejam motivados por lucros. O argumento mais persuasivo contra a visão de que é a busca por lucros que causa a poluição vem da análise da história da Europa Oriental e da antiga União Soviética. Com o colapso dos regimes comunistas, pudemos nos conscientizar da enorme destruição ambiental que ocorreu em algumas dessas regiões: ar e água foram fortemente poluídos em muitas áreas, o que causa um grande impacto sobre a saúde humana e os sistemas ecológicos. A China atualmente está enfrentando o mesmo problema: a ênfase exagerada no desenvolvimento econômico (tanto por empresas públicas quanto privadas) aliada a uma consideração insuficiente das consequências ambientais desse processo. Esses exemplos mostram que não é a busca por lucro propriamente dita que causa poluição, mas qualquer decisão sobre o uso de recursos e a produção de resíduos tomada sem o devido controle sobre suas consequências ambientais.

Nas partes a seguir e em seus respectivos capítulos, enfatizaremos a importância dos incentivos para o funcionamento de um sistema econômico. *Qualquer* sistema produz impactos ambientais destruidores se seus incentivos internos não forem estruturados de modo a evitá-los. Temos que analisar mais aprofundadamente qualquer sistema econômico para compreender como seus sistemas de incentivos funcionam e como eles podem ser mudados para que tenhamos uma economia razoavelmente progressiva sem efeitos ambientais desastrosos.

INCENTIVOS: UM EXEMPLO RESIDENCIAL

Um incentivo é algo que atrai ou afasta as pessoas e, de alguma maneira, leva à modificação de seu comportamento. Um *incentivo econômico* é algo no mundo econômico que leva as pessoas a canalizarem seus esforços na produção econômica e no consumo em certas direções. Geralmente pensamos nos incentivos econômicos como recompensas (*payoffs*) de riqueza material; as pessoas são incentivadas a se comportar de uma maneira que lhes propicie maior riqueza. Também há incentivos não materiais que levam as pessoas a modificar seu comportamento econômico; por exemplo, a autoestima, o desejo de preservar um meio ambiente visualmente belo ou o desejo de dar um bom exemplo aos outros.

Para uma primeira análise sobre a importância de mudar os incentivos para conseguir melhorias na qualidade ambiental, considere a história contada no Quadro 1.1, que descreve novas maneiras de pagar pelo descarte de lixo, focando a experiência da cidade norte-americana Fort Worth, no Texas. Antes do programa, as pessoas da cidade pagavam uma taxa única anual pela coleta de lixo, prática comum na maioria das comunidades dos Estados Unidos. O problema dessa prática é que simplesmente não há incentivo para nenhuma família individual limitar sua produção de lixo, já que ela pagará a mesma taxa anual pela coleta independentemente de quanto lixo produzir. Esse talvez não fosse um problema,

QUADRO 1.1 Fort Worth (Texas) adota o programa PAYT*

Quando lançou oficialmente o programa PAYT, no dia 1º de julho de 2003, a cidade de Fort Worth já o conhecia bem. Depois de realizar um extenso programa piloto de sete anos, as autoridades já sabiam de cor e salteado os princípios fundamentais do PAYT. No entanto, mesmo esse nível de familiaridade não os prepararia para o sucesso que a cidade de 502.369 habitantes alcançaria ao introduzir o programa em toda Fort Worth.

Sob o sistema PAYT e o sistema de reciclagem correspondente – implementados em março de 2003 –, a taxa de reciclagem de Fort Worth deu um salto de 6 para 20%, e hoje 70% das famílias reciclam, um aumento em relação aos 38% anteriores. Os efeitos econômicos são igualmente encorajadores. Com o PAYT, cerca de 92% dos residentes pagam menos pela coleta de lixo do que pagavam com o sistema anterior, e a cidade também está economizando. O custo municipal do descarte de resíduos sólidos caiu de quase US$ 32 milhões, no antigo sistema, para aproximadamente US$ 24 milhões a US$ 25 milhões com o PAYT, e a cidade ganhou US$ 540.000 com a venda de materiais reciclados no decorrer de um ano. Com um primeiro ano promissor em sua bagagem, o programa continua a se expandir. Hoje ele atende a 163 mil famílias, e uma nova rota é adicionada a cada seis semanas.

"Em 1995, criamos um plano de gestão de resíduos sólidos", disse Brian Boerner, diretor de gestão ambiental da cidade. "Foi um processo público, com um comitê de cidadãos e tudo, e uma das coisas que analisamos foi a capacidade dos aterros dessa área e a possibilidade de passarmos a um sistema em que as famílias pagassem uma taxa de lixo proporcional ao volume descartado (PAYT) – em primeiro lugar, para tentar controlar o volume de lixo que estávamos gerando, mas, em segundo lugar, para transformar a coleta de lixo no serviço de utilidade pública que ela é, assim como o fornecimento de gás, água e tudo o mais, e realmente pagar pelo volume de lixo que cada um produz".

Fort Worth escolheu um sistema de latões de lixo com opções de capacidade de 120, 240 e 360 litros, com taxas mensais de US$ 8, US$ 13 e US$ 18, respectivamente. Os habitantes podem comprar um segundo latão de qualquer tamanho pela taxa padrão, mas os cidadãos que já tenham adquirido dois latões de 240 litros podem deixar sacolas de lixo adicionais na calçada sem que seja cobrada nenhuma taxa extra. Todos os residentes recebem serviços gratuitos de reciclagem e descarte de resíduos de jardinagem, além de poderem solicitar a coleta de resíduos sólidos volumosos e entulho.

Combinados com a maior taxa de reciclagem, os esforços de gestão de aterros sanitários de Fort Worth estão valendo a pena. Desde março de 2003, a cidade evitou levar aos aterros 30.791 toneladas de lixo reciclável, 11.369 toneladas de resíduos de jardinagem e 2.618 toneladas de resíduos de poda de árvores. Essa extensão da vida do aterro sanitário aliviará o ônus dos contribuintes no longo prazo.

Então, qual é o segredo do sucesso de Fort Worth? Segundo Boerner, a educação dos cidadãos e o fato de Fort Worth não ter vacilado no que diz respeito a informar os residentes sobre a infinidade de mudanças feitas em seu sistema de coleta de lixo. Antes da implementação, a cidade criou uma ampla rede de informação da população, usando mala direta e a mídia local para ensinar aos moradores os pormenores do novo sistema. As autoridades também identificaram grupos comunitários e participaram de suas reuniões para manter o público informado, além de fazerem divulgação nas ruas.

Fonte: Agência de Proteção Ambiental dos Estados Unidos (Environmental Protection Agency – EPA, *PAYT Bulletin*, Spring 2004, http://www.epa.gov/epaoswer/non-hw/payt/.

caso houvesse um amplo espaço para aterros e se não houvesse nenhum perigo de que os aterros contaminassem o ambiente ao redor, como um sistema próximo de águas subterrâneas. Contudo, na maioria das cidades essa realidade não é mais válida – se é que um dia já foi. Os residentes de Fort Worth viram um rá-

* N. de T.: PAYT é a sigla de *"pay-as-you-throw"* (ou "pague pelo que jogar fora"), que descreve um sistema em que cada família paga uma taxa de coleta de lixo proporcional à quantidade de lixo que produz.

pido crescimento dos custos de coleta de lixo e enfrentaram o problema de como conseguir uma redução significativa na quantidade de resíduos sólidos coletados pela cidade.

A resposta, nesse caso, foi introduzir um sistema que desse às pessoas um incentivo para buscar maneiras de reduzir a quantidade de lixo sólido que produzissem. Isso foi feito cobrando das pessoas por cada sacola de lixo colocada na calçada para ser recolhida, o que deu às famílias o incentivo para reduzir o número de sacolas de lixo jogadas fora. Essa redução é possível com a prática da reciclagem, o uso de produtos que geram menos lixo e o descarte de resíduos alimentares em uma pilha de compostagem, entre outros. De acordo com a história, essas atitudes levaram a um grande aumento na quantidade de lixo reciclado e a uma redução na quantidade total de lixo gerado. Há muitas outras comunidades espalhadas pelos Estados Unidos em que esse sistema foi adotado. Obviamente, nenhum sistema é perfeito. Aumentos no descarte ilegal de resíduos e dificuldades com a aplicação do plano a apartamentos são alguns de seus problemas. No entanto, a nova abordagem ilustra de maneira muito clara os efeitos da passagem de um sistema em que não há incentivos para que as pessoas reduzam seus resíduos sólidos a um sistema em que tais incentivos existem. O nome técnico dessa prática é **precificação por unidade**.

INCENTIVOS E O AQUECIMENTO GLOBAL

Resíduos sólidos urbanos e outros tipos de lixo tradicionalmente têm sido problemas locais (no nível municipal) – em primeiro lugar, porque os possíveis impactos ambientais são normalmente locais, e também porque os governos locais são os principais responsáveis por lidar com eles no âmbito político. Obviamente, nem todos os problemas ambientais são locais: a tradicional poluição do ar é normalmente uma questão regional ou nacional e, às vezes, um problema internacional, porque cruza fronteiras entre países – e alguns problemas ambientais são, de fato, globais, pois suas causas e impactos envolvem todos em todo o mundo, embora não necessariamente na mesma intensidade.

A questão global que está claramente se cristalizando na consciência do mundo é o efeito estufa, o acúmulo de gases que retêm calor na atmosfera terrestre e produz mudanças de longo prazo no clima global. Falaremos mais sobre esse assunto em capítulos posteriores. Um dos grandes focos dos economistas ambientais é tentar identificar as abordagens políticas mais eficientes para combater as emissões de substâncias que causam o efeito estufa, especialmente o dióxido de carbono (CO_2), mas muitos outros gases, como o metano (CH_4).

Uma maneira de abordar esse problema são as políticas convencionais de "comando e controle", com leis e regulamentações que especificam, direta ou indiretamente, tecnologias ou práticas de controle da poluição que os poluidores devem utilizar. Nesse caso, são usados procedimentos padrão para o cumprimento de tais leis e regulamentações (inspeções, monitoramento, multas, etc.) para produzir níveis aceitavelmente altos de atendimento a essas normas. Embora essa abordagem ainda caracterize grande parte do cenário da política ambiental, recentemente passou-se a dar muita atenção a políticas baseadas em incentivos.

Um tipo de **política baseada em incentivos** é a cobrança pelo material poluente que as empresas emitem no meio ambiente. A cobrança de determinado valor por quilo, ou por tonelada, seria feita sobre as emissões, e as empresas receberiam uma conta a pagar no fim de cada mês ou ano, baseada na quantidade total de suas emissões durante aquele período. Como essas emissões agora seriam custosas, as empresas teriam o incentivo para buscar maneiras de reduzi-las, talvez mudando o processo de produção, passando a usar um novo combustível ou adicionando certas instalações de tratamento das emissões. Cobranças desse tipo serão o principal assunto do Capítulo 12.

Nos últimos anos, a abordagem baseada em incentivos mais popular se tornou o que chamamos de políticas de ***cap-and-trade*** ("limitar e comercializar"). Fontes individuais de poluentes recebem certificados de emissões que podem ser comprados e vendidos em transações com outras fontes, ou com outros mercados de certificados. Um limite máximo (*cap*) sobre o número total de certificados garante que o total de poluição do ar ou das águas será reduzido, e a chance de comprar e vender certificados dá às empresas um incentivo para buscar o meio menos oneroso de reduzir suas emissões. Programas como esse dependem crucialmente do estabelecimento de um mercado eficiente, um sistema em que os certificados de emissões possam ser comprados e vendidos em condições competitivas, nas quais os participantes tenham acesso a boas informações sobre quantidades e preços. O Quadro 1.2 discute uma questão no recém-estabelecido programa europeu de comércio de certificados de emissões de gases de efeito estufa: se as empresas aéreas devem ou não ser incluídas – tanto aquelas baseadas na Europa quanto aquelas cujas aeronaves entram na Europa independentemente de sua proveniência. Estudaremos os programas de *cap-and-trade* no Capítulo 13.

A CRIAÇÃO DE POLÍTICAS AMBIENTAIS

A economia ambiental possui um importante papel na criação de **políticas públicas** voltadas à melhoria da qualidade ambiental. Existe uma enorme variedade de programas e políticas públicas dedicadas a questões ambientais, em todos os níveis do governo: municipal, estadual, regional, federal e internacional. Elas variam muito em sua eficácia e eficiência: algumas foram muito bem projetadas e sem dúvida terão impactos benéficos; já outras não são bem projetadas. Com uma baixa relação custo-efetividade, elas acabam conseguindo muito menos melhorias ambientais do que conseguiriam caso fossem mais bem projetadas.

O problema de criar políticas ambientais eficientes geralmente não recebe a ênfase merecida. É fácil cair na armadilha de pensar que qualquer programa ou política que emane do turbulento processo de criação de políticas ambientais provavelmente ajudará em alguma coisa, ou que certamente será melhor do que nada. Historicamente, contudo, há diversos casos em que reguladores e gestores públicos implementaram políticas que não funcionaram; o público é frequentemente levado a acreditar que uma política será eficiente mesmo que uma análise razoável possa prever o contrário. Tudo isso significa que é extremamente importante estudar como desenhar políticas ambientais que sejam eficazes e eficientes.

QUADRO 1.2 Comércio de emissões de carbono: construindo o mercado

No Capítulo 13, estudaremos os programas de comércio de emissões de carbono: como eles funcionam, que objetivo pretendem alcançar e como podem atingir uma redução da poluição de maneira eficiente, considerando também os custos. Para reduzir os gases do efeito estufa sob as exigências do Protocolo de Kyoto, os países europeus estabeleceram um enorme programa de comércio de emissões de carbono, chamado de Esquema Europeu de Comércio de Emissões (ETS ou *European Trading Scheme*). Esse plano determina um limite máximo (*cap*) para o total de emissões de carbono gerado pelas instalações de cinco principais indústrias: produção de energia, refinarias de petróleo, usinas de aço, produção de cimento e de papel e celulose. O total dessas emissões é decomposto em níveis máximos individuais para cada instalação industrial, as quais têm permissão para negociar esses créditos de emissão entre si. O comércio pode realocar as emissões totais entre as empresas de acordo com aquelas que acharem menos oneroso reduzir as emissões, enquanto o total permanece no limite máximo ou abaixo dele. Houve muita controvérsia na implementação do programa; no início, o limite foi estabelecido em um nível alto demais e, assim, os certificados individuais eram vendidos por um preço tão baixo que davam apenas um incentivo fraco para as empresas cortarem as emissões para menos do que as cotas que lhes tinham sido inicialmente atribuídas.

Há planos para incluir empresas aéreas no ETS, e isso cria problemas especiais: as fábricas são fixas em um único local, e aeronaves são móveis por definição. Porém, as emissões de carbono têm o mesmo efeito global, independentemente do local de onde se originam. Assim, as aeronaves de propriedade de pessoas em países regulamentados pelo ETS terão que contar as emissões que geram enquanto estão fora de sua área. Contudo, os países sob o ETS querem ir mais longe, exigindo que aeronaves de países não regulamentados pelo programa tenham certificados de emissões por aquelas que produzem enquanto sobrevoam os países sob o ETS. As empresas aéreas dos Estados Unidos opuseram-se a isso, especialmente porque o Congresso dos Estados Unidos nunca ratificou o Protocolo de Kyoto.

Problemas como esse encarecem e dificultam o modo como os programas de comércio de emissões são criados e implementados. Os mercados, seja de carbono ou qualquer outro, podem ser razoavelmente simples em conceito, mas muito complicados na prática. Isso gera a necessidade de especialistas que possam projetar, monitorar e moldar esses mercados, e também de pessoas que conheçam os pormenores do comércio de créditos de emissões de carbono.

Em 1994, os custos de controle da poluição nos Estados Unidos chegavam a aproximadamente 1,6% do PIB do país, o que significa cerca de US$ 113 bilhões. A EPA (Agência de Proteção Ambiental dos Estados Unidos) esperava que esse percentual aumentasse gradativamente ao longo das décadas seguintes.[3] Trata-se de somas muito volumosas, embora provavelmente concordemos que elas tenham que ser ainda maiores. Uma questão de grande importância, no entanto, é saber se estamos obtendo o máximo possível de melhorias na qualidade ambiental com o dinheiro que foi gasto. William Reilly, antigo diretor da EPA, é citado por sua afirmação de que "com esse nível de despesas, temos uma grande obrigação de fazer a coisa direito". Por "fazer a coisa direito" ele se refere a programas que obtenham o máximo de melhorias na qualidade ambiental com os recursos empregados. Todos têm interesse de que isso aconteça: os ambientalistas, por motivos óbvios; as agências reguladoras públicas, porque estão usando um suprimento

[3] É impossível conseguir dados mais recentes, porque o Bureau do Censo dos Estados Unidos, em 1995, suspendeu seu levantamento de dados sobre despesas com o controle da poluição devido a cortes em seu orçamento.

limitado de recursos dos contribuintes e de tolerância do consumidor; e os poluidores regulados propriamente ditos, devido a questões de eficiência que são essenciais para o sucesso dos negócios.

"Fazer a coisa direito" significa prestar atenção aos fatores que afetam a custo-efetividade das regulamentações ambientais, especialmente ao modo como elas criam incentivos para ações realizadas pelos poluidores. Um importante problema na política ambiental é o que chamamos de **incentivos perversos** – isto é, incentivos criados por uma política que, na verdade, atuam contra os objetivos gerais dela. As políticas ambientais têm notoriamente se sujeitado a incentivos perversos, pois os responsáveis por políticas ambientais muitas vezes tentam legislar pensando diretamente nos resultados, em vez de estabelecer os tipos de regulamentações que visem a alterar o comportamento das pessoas de maneiras desejáveis. O Quadro 1.3 discute incentivos perversos no programa federal norte-americano de incentivo à produção de automóveis com maior quilometragem por litro de combustível. Embora tenha sido empreendida como uma medida de conservação de energia, ela obviamente possui grandes implicações na quantidade de poluição do ar proveniente de fontes móveis nos Estados Unidos.

QUADRO 1.3 Incentivos perversos gerados pela regulação pública

A poluição proveniente de fontes móveis resulta não somente das decisões tomadas pelas empresas produtoras de veículos, mas também das milhões de decisões tomadas pelos indivíduos que os compram e utilizam. Nessa situação complexa, as regulamentações direcionadas a um objetivo podem ter consequências inesperadas e, às vezes, perversas. Na década de 1970, o Congresso dos Estados Unidos aprovou as exigências CAFE (do inglês *corporate average fuel economy*), ou seja, economia de combustível média corporativa; exigia-se dos produtores de automóveis que produzissem carros que, em média, alcançassem certo consumo mínimo (milhas por galão) em seu desempenho. O objetivo era gradualmente levar a frota de automóveis dos Estados Unidos a níveis mais altos de eficiência energética (estávamos na época da chamada crise energética). Como as emissões de poluentes dos automóveis estão até certo ponto relacionadas à quantidade de gasolina que eles queimam, também se esperava que a CAFE gerasse benefícios, com a redução da poluição do ar.

No entanto, de várias formas, o programa CAFE teve o efeito de enfraquecer os esforços do país para reduzir a poluição do ar causada por fontes móveis. Sob o programa, as empresas produziam automóveis com uma eficiência energética mais alta, mas para um dado preço fixo da gasolina, eficiência energética significava custos mais baixos por quilômetro rodado. Ao perceberem os custos mais baixos por quilômetro rodado, os motoristas fazem o óbvio: dirigem mais quilômetros. Assim, parte das tão esperadas economias no consumo de combustível (as estimativas eram de cerca de 10 a 30%) é perdida devido ao aumento no número de quilômetros rodados pelos automóveis CAFE.

O efeito de composição da frota como um todo foi muito mais nocivo. Os padrões CAFE eram menos rígidos para caminhões do que para carros; a ideia, na época, é que deveria se permitir que os veículos usados para fins comerciais alcançassem padrões mais baixos. No entanto, as empresas produtoras de automóveis responderam com um deslocamento de sua produção e, em vez de continuar a produzir grandes números de automóveis de consumo mais eficiente (nos quais os consumidores não estavam muito interessados), introduziram novos veículos que eram consideardos como caminhões sob o programa CAFE, mas que passaram a ser cada vez mais usados como veículos pessoais pelos consumidores. Os caminhões – SUVs, minivans e picapes – hoje representam quase dois terços da frota de veículos pessoais nos Estados Unidos. O efeito paradoxal disso é que a frota de veículos comerciais leves (veículos que, na grande maioria, as pessoas usam para fins pessoais) apresenta um consumo de combustível atualmente pior do que há 20 anos. Isso pode ser visto na figura seguinte, que mostra a economia de combustível (em milhas por galão) de veículos comerciais leves nos Estados Unidos de 1975 a 2006.

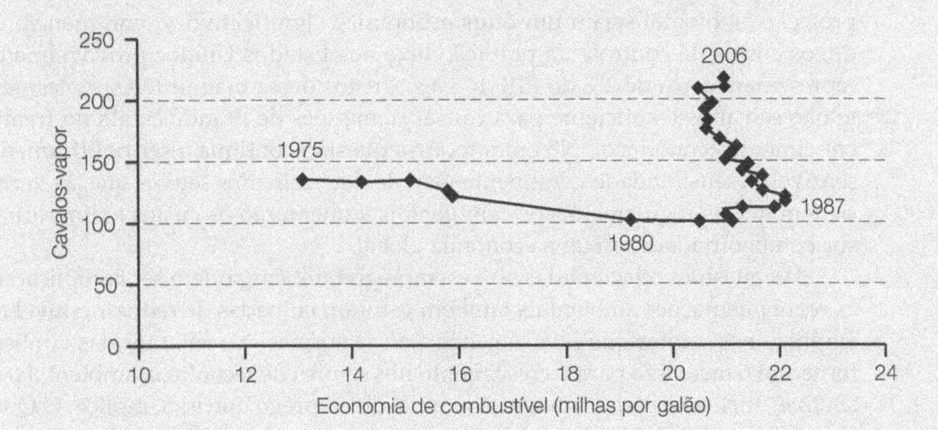

Esse é um bom exemplo de como os políticos, que deveriam tomar decisões para melhorar os problemas reais, podem, na verdade, piorá-los. O exemplo mostra também como tudo está interligado; decisões em uma parte do sistema podem afetar o desempenho e resultados em outra parte. Esse não é um argumento a favor de não se fazer nada a respeito, mas sim para que se ponderem as implicações dos programas a serem adotados.

Fonte: U.S. EPA, *Light-Duty Automotive Technology and Fuel Economy Trends: 1975–2010*, Washington, D.C., 2010, http://www.epa.gov/otaq/fetrends.htm.

As questões relacionadas à criação de políticas ambientais constituem uma grande parte da economia ambiental. É importante saber como abordagens políticas alternativas podem ser comparadas quanto a sua relação custo-efetividade, para que se consiga a maior redução de poluição com o dinheiro gasto, e quanto à sua eficiência, a fim de equilibrar adequadamente os custos e benefícios das melhorias ambientais.

QUESTÕES MACROECONÔMICAS: MEIO AMBIENTE, CRESCIMENTO E EMPREGO

As questões de incentivos discutidas na seção anterior são problemas microeconômicos; lidam com o comportamento de indivíduos ou pequenos grupos de consumidores, empresas poluidoras e empresas do setor de controle da poluição. A macroeconomia, por outro lado, refere-se à estrutura econômica e ao desempenho de todo um país, tomado como uma unidade única. Quando estudamos tópicos como mudanças no PIB, taxas de inflação e taxa de desemprego, estamos enfocando o desempenho do país como um todo – estamos fazendo **macroeconomia**.

Existem diversas questões importantes sobre a relação entre questões ambientais e o comportamento da macroeconomia. Uma delas é a relação entre medidas de controle da poluição ambiental e a taxa de desemprego e crescimento econômico: será que políticas mais rígidas tendem a retardar o crescimento e a aumentar o desemprego – e, em caso afirmativo, até que ponto? Há pouca evidência de que a partir da perspectiva da economia como um todo os custos de proteção ambiental sejam um ônus econômico significativo. Como mencionado, os custos de controle da poluição hoje nos Estados Unidos provavelmente representam cerca de 2% do PIB do país. Custos dessa magnitude simplesmente não são altos o suficiente para causar demissões de grande escala ou frear o crescimento econômico.[4] No entanto, essa questão continua a ser politicamente sensível. A sensibilidade geralmente vem de determinados setores que, às vezes, sentem que as regulamentações ambientais aumentarão os custos e diminuirão sua competitividade em uma economia global.

As questões relacionadas ao desemprego também podem ser complicadas: as regulamentações ambientais também já foram culpadas de reduzir o nível de emprego nos setores que estão sujeitos a essas normas. No entanto, elas também fornecem o incentivo para o crescimento nos setores de tecnologia ambiental (*envirotech*), inclusive com o aumento do nível de emprego que isso implica. O Qua-

QUADRO 1.4 A redução das emissões de CO_2 e seu custo macroeconômico

Aquecimento global é o processo pelo qual o acúmulo de certos gases na atmosfera terrestre aumenta sua capacidade de retenção de calor a níveis suficientes para produzir um aumento nas temperaturas médias da superfície global. Um pequeno aumento destas poderia ter grandes repercussões meteorológicas, com enormes impactos econômicos e sociais em todo o mundo. De modo quase unânime, os cientistas concluíram que a única maneira eficaz de prevenir o aquecimento global no longo prazo é reduzir as emissões de gases do efeito estufa, dos quais o principal é o dióxido de carbono (CO_2). As emissões de CO_2 decorrem, em grande parte, da queima de combustíveis fósseis, onipresentes nos setores industrial, de transportes e doméstico das economias modernas. No entanto, a intensidade dessa redução é um assunto polêmico. Muitos na comunidade ambiental acreditam que seja necessária uma ação vigorosa, porém um dos aspectos polêmicos disso é o custo. Estudos macroeconômicos parecem indicar que os custos mínimos de limitar as emissões de carbono nos Estados Unidos ao seu nível de 1990 representariam 1 ou 2% do PIB. Esse é um valor relativamente baixo em termos percentuais, mas mais alto em termos absolutos em dólares (1% do PIB dos Estados Unidos em 2010 equivalia aproximadamente a US$ 145 bilhões).

Esse é um mínimo, alcançável apenas se as políticas de contenção dos gases de efeito estufa forem custo-efetivas, e provavelmente será muito mais alto caso contrário. Custo-efetividade significa que as políticas conseguem "extrair o máximo de cada unidade monetária" e, nesse caso, obter a máxima redução das emissões com os recursos empregados. O fato é que o custo de reduzir as emissões de gases do efeito estufa difere de uma indústria para outra (geração de energia mediante queima de carvão *versus* produção de automóveis, por exemplo) e até mesmo entre diferentes empresas de uma mesma indústria. Para uma política de controle da poluição ser custo-efetiva, ela tem que levar em consideração essas diferenças nos custos. Fundamentalmente, deve propiciar um número proporcionalmente maior de reduções das emissões de fontes com custos de menores de redução. Um dos principais assuntos deste livro será a forma como esse resultado será alcançado.

Ver: Joseph E. Aldy, Alan J. Krupnick, Richard G. Newell, Ian W. H. Parry, and William A. Pizer, "Designing Climate Mitigation Policy," Washington, D.C., Resources for the Future, Discussion Paper 08-16, May 2009.

[4] Sobre esse assunto, ver Frank Arnold, Environmental Protection: Is It Bad for the Economy? A Nontechnical Summary of the Literature, U.S. Environmental Protection Agency, 1999.

dro 1.4 discute algumas dessas questões no contexto da redução das emissões atmosféricas que estão causando o aquecimento global.

Outra questão macroeconômica envolve os impactos do crescimento econômico sobre a qualidade ambiental. Será que taxas de crescimento mais altas (isto é, aumentos em nossas medidas tradicionais, como o PIB) implicam em maior degradação ambiental, ou será que acontece o oposto? Ou ainda: será que o nosso crescimento econômico é sustentável? Dois economistas que estudaram esse problema recentemente concluíram: "a poluição aumenta durante as primeiras etapas de desenvolvimento de um país e depois começa a diminuir à medida que o país adquire recursos adequados para tratar dos problemas que ela acarreta".[5] Isso acontece porque, com baixa renda, as pessoas tendem a valorizar o desenvolvimento em detrimento da qualidade ambiental, mas à medida que alcançam maior riqueza tornam-se dispostas a dedicar mais recursos às melhorias da qualidade ambiental. Isso é claramente um assunto de grande importância para os países em desenvolvimento, e voltaremos a ele no Capítulo 15. O Quadro 1.5 discute esse problema na China especificamente. Nos países desenvolvidos, os problemas macroeconômicos – crescimento, recessão, inflação e desemprego – são também tópicos constantes de interesse nacional. Assim, é importante realizar estudos das relações entre esses fenômenos e as questões de qualidade ambiental.

QUADRO 1.5 Crescimento econômico e o meio ambiente: o caso da China

Entre 2000 e 2010, o PIB da China aumentou a uma taxa anual de 10,4%. Já o PIB *per capita*, que era de aproximadamente US$ 1.000, aumentou para US$ 4.300. Os líderes políticos do país deram uma enorme prioridade ao crescimento econômico como uma maneira de encorajar a estabilidade social, e os líderes regionais estão competindo entre si para estimular o crescimento econômico; com isso, há um enorme desenvolvimento industrial na China, juntamente a enormes aumentos na produção e no consumo de energia.

No entanto, há uma forte desvantagem nisso, a mesma que ocorreu em outros países onde o crescimento econômico foi encorajado independentemente das consequências: os enormes aumentos na poluição do ar e da água. Um comprometimento com a construção de grandes números de usinas elétricas alimentadas por carvão, por exemplo, levou a uma séria poluição do ar, além de ter colocado a China entre os maiores emissores mundiais de gases do efeito estufa. Alguns líderes chineses têm considerado a redução das metas de crescimento de 10 para 3% a fim de reduzir o aumento da poluição do ar e da água. Porém, no curto prazo, será difícil controlar a "máquina do crescimento", considerando-se as aspirações econômicas da população e de seus líderes.

Um controle da poluição efetivo só será alcançado com a incorporação mais vigorosa de programas de controle ao processo de tomada de decisões de produtores e consumidores. Historicamente, a economia planificada da China tem sido favorável a programas de controle da poluição no estilo "comando e controle". Mais recentemente, assim como muitos outros países, o governo chinês considerou a introdução de planos baseados em incentivos por meio da adoção de cobrança sobre emissões ou de programas de *cap-and-trade*.

Fontes: Extraído de Jonathan Watts, "China to Slow GDP Growth in Bid to Curb Emissions," *The Guardian*, February 28, 2011; and Joseph Kahn and Jim Yardley, "As China Roars, Pollution Reaches Deadly Extremes," *New York Times*, August 26, 2007.

[5] Alan B. Kreuger and Gene Grossman, "Economic Growth and the Environment," *Quarterly Journal of Economics*, 110(2), May 1995, pp. 353–377.

ANÁLISE DE CUSTO-BENEFÍCIO

Para que a tomada de decisões seja eficiente, é necessário que haja informações adequadas sobre as **consequências** dessas decisões. Isso é igualmente importante no **setor público,** em que a questão é a eficiência das **políticas públicas,** e no **setor privado,** no qual o principal interesse é o resultado final da demonstração de lucros e perdas. O principal tipo de análise do setor público em questões de política ambiental é a **análise de custo-benefício.** As políticas ou os projetos são estudados considerando-se os benefícios ambientais que produziriam, e estes são comparados aos custos acarretados. Esse tipo de análise foi usado nos Estados Unidos pela primeira vez no início do século XX para avaliar projetos de obras relacionados à água empreendidos por agências federais. Hoje, ele é usado por muitos órgãos governamentais para auxiliar na tomada de decisões racionais sobre políticas.

A análise de custo-benefício é uma prática tão importante e tão amplamente utilizada que dedicaremos vários capítulos a ela mais adiante (Capítulos 6, 7 e 8). Nesse tipo de análise, como o nome sugere, os benefícios de alguma ação proposta são estimados e comparados aos custos totais que seriam arcados pela sociedade se tal ação fosse empreendida. Se a proposta for um parque público, por exemplo, os benefícios proporcionados pelas experiências recreativas fornecidas pelo parque são comparados aos custos esperados da construção do parque e do uso do terreno dessa forma e não de outra. Uma proposta para construir um incinerador de resíduos sólidos compararia os custos de construir e operar o incinerador, incluindo aqueles envolvidos com o descarte das cinzas resultantes do processo e as possíveis emissões no ar, aos benefícios gerados com a redução do uso de terrenos sanitários. O Quadro 1.6 mostra alguns resultados de um estudo recente para estimar os custos e benefícios associados à redução de emissões de monóxido de nitrogênio (NO_x) em um grupo de estados do leste dos Estados Unidos.

A análise custo-benefício implica que é necessário considerar tanto os benefícios quanto os custos dos programas e das políticas ambientais. Isso geralmente coloca os estudos de custo-benefício no cerne da controvérsia política sobre muitas questões ambientais. Nas lutas políticas que caracterizam muitos problemas ambientais, há grupos que consistem naqueles cujo maior interesse são os benefícios, enquanto outros estão primordialmente interessados nos custos. Os grupos ambientais geralmente enfatizam os benefícios; os grupos empresariais geralmente consideram os custos.

VALORANDO O MEIO AMBIENTE

Para concluir uma análise de custo-benefício de um programa ou regulação ambiental com sucesso, é necessário estimar tanto os benefícios quanto os custos das ações. Um fator que complica esse tipo de análise é que geralmente os benefícios das melhorias ambientais são **externos aos mercados**. Se estivéssemos tentando avaliar os benefícios que um programa de apoio aos agricultores plantadores de batatas traria para a sociedade, poderíamos ter uma boa ideia do valor das batatas analisando quanto as pessoas estão dispostas a pagar por elas quando as compram no supermercado. Agora considere que tenhamos um programa de redução

QUADRO 1.6 Custos e benefícios de reduzir as emissões de monóxido de nitrogênio (NO_x)

As emissões de monóxido de nitrogênio (NO_x) são produzidas por diversos setores industriais e de transporte em decorrência da queima de combustíveis fósseis. O NO_x reage com compostos orgânicos voláteis na presença de luz solar e produz ozônio troposférico que, em altas concentrações no ambiente, gera uma série de problemas de saúde. As emissões de NO_x também são precursoras do material particulado (MP), que é uma fuligem ou poeira fina que pode ser composta por diversas substâncias e causa efeitos prejudiciais na saúde humana. Assim, reduzir as emissões de NO_x tem sido um dos principais objetivos do EPA e de muitas agências ambientais estaduais americanas. Com o intuito de respaldar esses esforços, foram realizados inúmeros estudos econômicos para estimar os custos e benefícios de reduzir as emissões do material. Para tal, os pesquisadores examinam os vários tipos e a localização das fontes de emissões de NO_x (por exemplo: centrais elétricas, caldeiras industriais) e quanto custaria a essas fontes reduzir essas emissões em determinada quantidade. Do lado oposto, eles têm que estimar o efeito dessas reduções sobre os níveis de ozônio no ambiente e os benefícios dessas reduções para as pessoas que vivem e trabalham nessas condições ambientais.

Recentemente, um grupo de economistas realizou uma análise de custo-benefício da redução das emissões de NO_x em 19 estados e regiões do leste dos Estados Unidos[1]. Nesse estudo, eles indagavam quais seriam os custos e benefícios de uma redução de 20% nas emissões de NO_x de 925 grandes caldeiras industriais elétricas nesses estados. Para estimar os custos, analisaram as diferentes opções técnicas disponíveis para reduzir as emissões e identificaram a estimativa menos onerosa para conseguir a redução. Para estimar os benefícios, usaram um modelo que mostrava a relação entre reduções de emissões e mudanças na concentração de ozônio e MP no ambiente e outro modelo para estimar os efeitos dessas mudanças no ambiente sobre a saúde.

Alguns desses resultados são:

Redução de NO_x (toneladas/dia)	987
Custos (US$ 1.000/dia)	US$ 914
Benefícios (US$ 1.000/dia):	
Redução de ozônio	US$ 238
Redução de MP	US$ 1.541
Total de benefícios	US$ 1.779
Benefícios líquidos (US$ 1.000/dia)	US$ 864

Observe que os benefícios para a saúde decorrentes da redução de MP são aproximadamente seis vezes maiores do que os decorrentes da redução do ozônio. Observe também que há benefícios líquidos substanciais (benefícios totais menos custos totais). Eles chegam a US$ 864.000 por dia, o que significa cerca de US$ 315 milhões por ano. Os resultados de análises de custo-benefício desse tipo podem ajudar a reforçar a ideia de tornar mais rigorosos os padrões de controle da poluição do ar expressa pela Lei do Ar Puro.

[1] Michelle S. Bergin, Jhih-Shyang Shih, Alan J. Krupnick, James W. Boylan, James G. Wilkinson, M. Talat Odman, and Armistead G. Russell, "Regional Air Quality: Local and Interstate Impacts of NO_x and SO_2 Emissions on Ozone and Fine Particulate Matter in the Eastern United States," *Environmental Science and Technology*, 41(13), 2007.

da poluição do ar que vá, entre outras coisas, diminuir o risco de que pessoas de determinada região contraiam bronquite crônica. Como podemos estimar o valor social desse resultado? Não podemos fazer isso analisando diretamente o comportamento do mercado, como no caso das batatas, porque não existe um mercado onde as pessoas possam comprar e vender diretamente as mudanças nos riscos à saúde produzidos pelo programa ambiental. Uma série de **técnicas de valoração usando informações fora dos mercados** foram foi desenvolvida pelos economistas ambientais para medir esses resultados. Discutiremos algumas dessas técnicas no Capítulo 7.

EXPANSÃO SUBURBANA

Uma das mudanças mais importantes que ocorreram ao longo do último século e afetaram praticamente a vida de todos foi a **suburbanização** da sociedade, que essencialmente significa a dispersão das áreas urbanas e de menor densidade demográfica para uma parte substancial (não toda) da população, fenômeno também normalmente chamado de expansão suburbana. O termo expansão (*sprawl*) normalmente é empregado em um sentido negativo, como algo indesejável. A manifestação visual desse fenômeno é a proliferação de empreendimentos imobiliários em áreas suburbanas com densidades relativamente baixas às margens de uma área urbana, o "*leapfrogging*" – quando a nova área deixa uma lacuna temporária que será preenchida com o tempo –, e as "*edge cities*" – centros secundários de alta densidade comercial a certa distância do centro de um grande distrito urbano.

Essa expansão é claramente um problema que envolve questões de uso da terra e de qualidade de vida. Normalmente ocupa grandes quantidades da zona limítrofe de um centro urbano, acarretando perda de benefícios agrícolas e ecológicos, e tem produzido um enorme crescimento no congestionamento rodoviário e no tempo perdido em decorrência dele. O alastramento possui importantes impactos visuais, além de importantes efeitos ambientais; a poluição do ar urbano está estritamente ligada à enorme quantidade de veículos que realizam viagens diárias para o trabalho devido a esse fenômeno.

Do ponto de vista da economia, a expansão possui muitas dimensões. Há essencialmente duas tarefas a serem cumpridas: compreender os fatores que levam a níveis ineficientes de expansão e, então, criar propostas de políticas eficientes e justas para mudá-los, se isso for preciso. Um importante elemento na produção da expansão urbana é o custo do transporte. Quanto mais baixos forem os custos do transporte – considerando-se que outros fatores sejam mantidos constantes –, mais viável será para as pessoas morarem longe de seus locais de trabalho e fazerem uma longa viagem diária para trabalhar. Um importante fator que afeta os custos de transporte é o modo como as rodovias são administradas. De fato, muitas delas são tratadas como bens gratuitos; o acesso a elas é aberto a qualquer um a qualquer momento. Um item escasso, capacidade rodoviária, está sendo usado a preço zero. Só houve poucos experimentos em todo o mundo em que se cobrava dos motoristas uma tarifa por estar causando congestionamento no tráfego, mas a ideia está sendo adotada lentamente em muitos lugares. O Quadro 1.7 discute a questão da precificação do acesso a rodovias.

MEIO AMBIENTE E DESENVOLVIMENTO

Às vezes, os países são, talvez de forma equivocada, divididos em duas categorias: desenvolvidos e em desenvolvimento. Esta última categoria compreende

QUADRO 1.7 O pedágio urbano faz sentido

O pedágio urbano (também chamado de precificação do congestionamento) é baseado nos princípios elementares de oferta e demanda. Quando a demanda por uma via de transporte é alta, o valor cobrado pelo seu uso – um pedágio – é mais alto do que em outras horas do dia.

Esse tipo de sinalização da tarifação encoraja os motoristas a usarem meios de transporte alternativos (como trens), ou terão que pagar mais para dirigir. O maior benefício ambiental ocorre quando as receitas acumuladas geradas pelos pedágios são usadas para melhorar o serviço de trânsito local.

Um sistema de cobrança eletrônica de pedágios cobra um preço mais alto dos motoristas pelo uso das vias mais congestionadas nos horários de pico. Assim como os bilhetes aéreos, os preços são mais baixos em horários fora do pico.

As cidades de todo o mundo estão começando a usar sistemas de precificação do congestionamento para diminuir o tráfego em seus centros urbanos e ao longo de vias sobrecarregadas. Em Londres, cobra-se uma tarifa dos motoristas quando entram no distrito comercial central, encorajando-os a não dirigir durante os horários de pico ou a usar meios de transporte alternativos.

O pedágio urbano tem sido empregado de forma limitada em faixas de grande ocupação em diversas estradas dos Estados Unidos. Contudo, não se sabe ao certo quanto essa prática tem ajudado o meio ambiente. Muitas dessas faixas aumentaram a capacidade e o número de carros da estrada sem neutralizar substancialmente a nova poluição que esses carros geram.

Uma forma mais promissora de precificação de congestionamento é aquela demonstrada em cidades como Londres e Estocolmo, onde os pontos de entrada de centros urbanos congestionados são tarifados e as receitas são destinadas à melhoria de meios de transporte mais limpos.

A cidade de Nova York chegou muito perto de implementar um plano de pedágio de congestionamento em meados de 2008. A maioria dos nova-iorquinos apoiava esse pedágio, mas o poder legislativo estadual proibiu o plano, apesar de sua aprovação pela Câmara Municipal.

São Francisco recebeu verbas federais para estudar a possibilidade de implementar um plano de pedágio de congestionamento similar aos de Londres e Estocolmo. Esse estudo foi concluído em dezembro de 2010, realizado pela Autoridade de Transporte do Condado de São Francisco, que agora está tomando medidas para preparar um relatório de impacto ambiental que poderia levar a um plano piloto em 2015.

Fonte: Fundo de Defesa Ambiental dos Estados Unidos *(Environmental Defense Fund)*, http://www.edf.org/transportation/policy/road-pricing, September 14, 2011.

todos os países cuja renda privada e pública *per capita* é relativamente baixa e que buscam os meios de desenvolver suas economias a níveis comparáveis àqueles do mundo mais desenvolvido. A maioria dos países em desenvolvimento apresenta problemas ambientais, e muitos possuem leis e regulamentações para lidar com casos de poluição e degradação de recursos. Embora muitos tenham abraçado as abordagens políticas de comando e controle, também conta-se bastante com planos voluntários de controle da poluição.[6] A tendência, nos países desenvolvidos, a desenvolver programas baseados em incentivos (BI) sugere, para alguns, que também seria aconselhável que os países em desenvolvimento os adotassem, já que seu custo-efetividade seria especialmente valioso em situações de escassez de recursos. Outros enfatizaram que os planos BI podem ser complexos demais para as características institucionais especiais dos países em desenvolvimento. O Quadro 1.8 esclarece um pouco essa questão.

[6] Ver, por exemplo, Allen Blackman, "Alternative Pollution Control Policies in Developing Countries," Washington, D.C., Resources for the Future, Discussion Paper EFD DP 09-14, June 2009.

QUADRO 1.8 Controle da poluição baseado em incentivos no mundo em desenvolvimento

As abordagens baseadas em incentivos (BI) de controle da poluição se tornaram bastante comuns no mundo desenvolvido, embora ainda haja espaço para um uso mais ampliado. Isso inclui o comércio de emissões em suas várias formas e tarifas cobradas diretamente sobre emissões. Algumas pessoas discutem que seria aconselhável que os países do mundo em desenvolvimento adotassem esses tipos de programas porque eles alcançam, pelo menos no âmbito teórico, um controle custo-efetivo da poluição. Outros discutem que o "mecanismo institucional" presente no mundo em desenvolvimento geralmente é inadequado para o sofisticado monitoramento e implementação exigidos pelos planos BI. Agências regulatórias públicas fracas, leis públicas inadequadas e uma forte corrupção geralmente são a norma nos países em desenvolvimento, embora não em todos.

Na América Latina, houve recentemente as seguintes tentativas de implementar programas BI:*

Chile – Um programa de comércio de emissões de poluentes do ar, primordialmente de material particulado, a partir de 1993. Foi criada uma nova agência pública para implementar o programa.

Colômbia – Um plano para instituir uma cobrança pela descarga de demanda bioquímica de oxigênio (DBO) e Total de Sólidos em Suspensão (TSS) por diversas fontes pontuais (localizadas) desses poluentes. O programa foi iniciado em 1997 e incluía um plano para redistribuir as receitas obtidas com a cobrança das tarifas.

Costa Rica: Um programa para cobrar pela descarga de TSS e DBO. A cobrança era baseada na concentração dessas substâncias no fluxo de descarga e servia de complemento para o programa existente de padrões de emissões. O programa foi iniciado em 2008 e também incorporava um plano de redistribuição das receitas resultantes.

Como esses programas BI funcionaram nesses países? A conclusão geral é a dificuldade de fazê-los funcionar de maneira eficiente, porque os sistemas administrativo/regulatório necessários ainda não estão em pleno funcionamento. Isso significa que os aspectos técnicos de novos programas BI são difíceis de esclarecer e implementar. Sem instituições administrativas eficientes, os programas geralmente são corrompidos e estorvados por um "jogo de empurra" entre seus participantes politicamente conectados. O que isso nos diz é que políticas ambientais eficientes dependem tanto do projeto das políticas quanto da presença de instituições administrativas que possam implementá-las.

Ver: Marcelo Caffera, "The Use of Economic Instruments for Pollution Control in Latin America: Lessons for Future Policy Design," *Environment and Economic Development* 16, 247–273, Cambridge University Press, 2010.

QUESTÕES INTERNACIONAIS

Muitos problemas ambientais são locais ou regionais; nesse caso, os fatores causais e danos resultantes se encontram em um mesmo país. No entanto, muitos outros têm escopo internacional. Alguns são **internacionais** simplesmente porque há uma fronteira nacional entre a fonte de poluição e os impactos resultantes. As emissões na atmosfera que são levadas de um país a outro são um exemplo, assim como a poluição das águas de um rio que atravessa diversos países. Há outra classe de problemas que são **globais** por natureza porque afetam o meio ambien-

* N. de R. T.: No Brasil, o experimento mais importante com instrumento BI é a cobrança pelo uso dos recursos hídricos, que é um pagamento a ser feito pelos usuários de uma bacia hidrográfica que usam águas dos rios, seja a indústria, agricultura ou mesmo as empresas de saneamento. A cobrança é tanto pelo volume extraído dos rios quanto pela qualidade dos efluentes lançada e é estabelecida por um Comitê de Bacia formado pelos próprios usuários e representantes dos governos federal, estaduais e municipais. Essa cobrança existe desde 1977, mas até agora só conseguiu ser implementada em uma bacia hidrográfica por conta de inúmeras restrições institucionais e políticas para organizar esses comitês. Ver FERES, J. et al. *Competitiveness and effectiveness concerns in water charge implementation: a case study of the Paraíba do Sul River Basin, Brazil. Water Policy*, v. 10, n.6, p. 595-612, 2008.

te global. Um deles é a destruição da camada protetora de **ozônio estratosférico** que reveste a Terra, causada por produtos químicos criados pelos humanos para diversos fins industriais. Outro é o problema do **aquecimento global,** o possível aumento das temperaturas na superfície da Terra decorrentes do acúmulo de dióxido de carbono (CO_2) na atmosfera. A conferência de Kyoto, em 1997, figurou uma tentativa pelos países desenvolvidos de chegar a um acordo sobre futuros cortes nas emissões de CO_2. Reduções custo-efetivas nas emissões de CO_2 e a criação de acordos internacionais equitativos são dois tópicos entre os muitos com os quais os economistas ambientais têm trabalhado.

O Protocolo de Kyoto expirou em 2012, e há esperança de que os países do mundo negociem um novo e melhor acordo para reduzir as emissões de gases do efeito estufa. Como isso irá acontecer dependerá das habilidades de negociação das partes envolvidas e dos incentivos para a participação de um acordo eficiente. Isso pode ser dificultado pelo fato de diferentes países provavelmente serem afetados de maneiras e graus diferentes pelo aquecimento global; por isso, chegarão à mesa de negociações com diferentes incentivos para entrar em um novo acordo.

Para termos uma ideia da magnitude dessa situação, a Tabela 1.1 mostra alguns dados das emissões de CO_2 em 2004, *per capita*, realizadas por um pequeno grupo de países. Observe as enormes diferenças: desde 10,13 toneladas no Kuwait a nada no Chade. Mesmo entre países do mundo "desenvolvido" há uma grande variação: por exemplo, 5,61 toneladas nos Estados Unidos e 1,64 na França. Um assunto de crescente interesse é o modo como essas diferenças afetam a disposição dos países a entrar em acordos ambientais internacionais, e como os termos desses acordos poderiam ser criados de forma a motivar uma participação ampla. Retomaremos esses assuntos no Capítulo 17.

TABELA 1.1 PIB e emissões de CO_2 per capita, países selecionados

País	PIB (US$, 2010)	Emissões de CO_2 (toneladas métricas, 2008)	Percentual de emissões globais (2008)
Austrália	39.764	18,9	1,3
China	7.544	5,3	23,3
Colômbia	9.593	1,5	0,2
França	35.910	6,1	1,3
Índia	3.408	1,5	5,8
Indonésia	4.347	1,8	1,4
Iraque	3.548	3,4	0,3
Kuwait	38.775	26,3	0,3
Nepal	1.269	0,1	<0,1
Noruega	51.959	10,5	0,2
Rússia	15.612	12,1	5,7
Reino Unido	35.059	8,5	1,7
Estados Unidos	46.860	17,5	18,1

Fonte: PIB: International Monetary Fund, World Economic Outlook Database, September 2011. Emissions: United Nations Statistical Division, Millennium Development Goal Indicators, Goal 7, Table 7A, http://www.imf.org/external/pubs/ft/weo/2011/02/index.htm

GLOBALIZAÇÃO E MEIO AMBIENTE

Há outro sentido em que os problemas ambientais globais recentemente adquiriram maior urgência: as implicações ambientais da globalização. **Globalização** é um termo utilizado para descrever as mudanças percebidas que estão ocorrendo na economia mundial, incluindo o rápido crescimento do **comércio** entre nações, a **privatização** de instituições econômicas, fluxos internacionais maciços de **capital financeiro** e o aumento no número e no tamanho das **empresas multinacionais.** Os defensores de uma economia mundial mais integrada ressaltam seu potencial para estimular o crescimento econômico e o aumento da riqueza no mundo em desenvolvimento. Contudo, muitas pessoas também ressaltaram o possível lado negativo da globalização, e uma parte dele pode ser a degradação dos ambientes naturais nos países em desenvolvimento.

A globalização se tornou um conceito de forte carga política; às vezes, é difícil enxergar além da retórica e identificar as questões substantivas que estão envolvidas. Uma parte da globalização é o aumento substancial que ocorreu no volume de comércio entre as nações. Isso gerou preocupações sobre as implicações do crescente volume de comércio sobre impactos ambientais em países desenvolvidos e em desenvolvimento. O comércio internacional de bens e serviços tem sido aclamado como um motor de crescimento para os países envolvidos. Algumas pessoas acreditam que as implicações ambientais de longo prazo da globalização sejam positivas. Muitas outras acham que o comércio irrestrito terá graves consequências ambientais. Retomaremos esse assunto mais aprofundadamente no Capítulo 17.

Outro aspecto da globalização é o crescimento de empresas multinacionais e a realocação de empresas industriais dos países desenvolvidos para os países em desenvolvimento, onde as regulamentações ambientais geralmente são menos rígidas; por isso, teme-se que os países em desenvolvimento possam se tornar **"paraísos de poluição"**, lugares para onde as empresas se transferem a fim de gastarem menos com medidas de controle da poluição. Analisaremos esse assunto mais detalhadamente no Capítulo 16.

ECONOMIA E POLÍTICA

Finalmente, precisamos de uma breve discussão sobre a questão de como alcançar políticas ambientais eficientes em um **ambiente altamente político**. As políticas ambientais não afetam somente o ambiente natural, mas também as pessoas. Isso significa que as decisões das políticas ambientais decorrem do processo político, um processo em que, pelo menos nos sistemas democráticos, pessoas e grupos se reúnem e competem por influência e controle, interesses entram em conflito, coalizões mudam e vieses geram interferências. As políticas decorrentes de um processo como esse podem ter pouca relação com aquilo que podemos considerar abordagens eficientes de determinados problemas ambientais. Muitas pessoas têm questionado a própria ideia de que um processo político democrático possa ou deva lutar para produzir políticas que sejam eficientes em algum sentido econômico técnico.

Então o que sobra para o economista ambiental nisso tudo? Por que gastar tanto tempo e energia em questões de eficiência e custo-efetividade quando o processo político provavelmente irá se sobrepor a essas considerações e fazer aquilo que bem entender? Por que se preocupar com incentivos econômicos e eficiência econômica quando "tudo é política", como diz o ditado popular? A resposta é que, apesar de sabermos que o mundo real é um mundo de transigência e poder, a melhor maneira de cientistas e economistas auxiliarem esse processo é por meio da produção de estudos os mais claros e objetivos possíveis. É tarefa do político transigir ou buscar vantagem; é tarefa do cientista fornecer as melhores informações que puder. Para os economistas, na verdade, isso significa estudos em que a eficiência econômica desempenhe um papel central, mas não somente isso. Como o processo político é um processo em que "quem consegue o quê" é um tema dominante, a economia ambiental também tem que lidar com a questão da distribuição – como os problemas e políticas ambientais afetam diferentes grupos da sociedade. É também papel dos cientistas e economistas fornecer informações aos decisores políticos sobre medidas alternativas. Embora nos capítulos seguintes abordemos aquelas que parecem ser "as" políticas mais eficientes ou "as" medidas menos onerosas, deve-se reconhecer que no mundo político do "toma lá, dá cá" em que as políticas são realmente criadas a escolha entre alternativas é algo que está sempre em pauta.

Ainda assim, os economistas não podem reclamar de seu papel no processo político de regulação ambiental nos dias de hoje. Na verdade, sua influência está crescendo. Os procedimentos e os resultados de análises de custo-benefício passaram a ser mais amplamente aceitos no cenário das políticas públicas e em audiências de casos ambientais no tribunal. Novas iniciativas de controle da poluição que incorporam princípios de incentivos econômicos estão sendo adotadas tanto no nível federal quanto estadual nos Estados Unidos. Mais um motivo, então, para estudar e compreender a economia fundamental da análise e política ambiental.

Resumo

A finalidade deste breve capítulo foi aguçar seu apetite pelo assunto de economia ambiental indicando alguns dos principais tópicos da área e mostrando resumidamente a abordagem dos economistas ao estudá-los. Também teve por objetivo oferecer algo para que o leitor se lembre: quando nos envolvemos em algumas das questões conceituais e teóricas subjacentes à área, é fácil perder de vista o que estamos tentando fazer, ou seja, desenvolver esses princípios de modo que possamos realmente usá-los para tratar de problemas do mundo real como os que discutimos neste capítulo. Embora os princípios possam parecer abstratos e estranhos à primeira vista, lembre-se de nosso objetivo: alcançar um ambiente natural mais limpo, saudável e belo.

Para leituras adicionais e *sites* pertinentes ao material deste capítulo, veja www.grupoa.com.br.

CAPÍTULO 2

A economia e o meio ambiente

A **economia** é uma coleção de arranjos tecnológicos, jurídicos e sociais por meio dos quais os indivíduos em sociedade buscam aumentar seu bem-estar material e espiritual. As duas funções econômicas elementares que a sociedade busca são a **produção** e a **distribuição.** Produção refere-se a todas as atividades que determinam as quantidades de bens e serviços que são produzidos e os meios tecnológicos e administrativos pelos quais essa produção é realizada. Distribuição refere-se ao modo como os bens e serviços são divididos (ou distribuídos) entre os indivíduos e grupos que formam a sociedade. A distribuição coloca os bens e serviços nas mãos dos indivíduos, famílias e organizações; a utilização final desses bens e serviços é chamada de **consumo**.

Qualquer sistema econômico existe no mundo natural e é por ele englobado; obviamente, seus processos e mudanças são governados pelas **leis da natureza**. Além disso, as economias fazem uso direto de **ativos naturais** de todos os tipos. Um dos papéis desempenhados pelo mundo natural é o de provedor de matérias-primas e insumos energéticos sem os quais a produção e o consumo seriam impossíveis. Assim, um tipo de impacto que um sistema econômico possui sobre a natureza é o uso de matérias-primas para manter o sistema em funcionamento. As atividades de produção e consumo também geram sobras ou produtos residuais, chamados de "resíduos", que mais cedo ou mais tarde têm que encontrar seu caminho de volta ao mundo natural. Dependendo de como são tratados, esses resíduos podem levar à poluição ou à degradação do ambiente natural. Podemos ilustrar essas relações fundamentais com um esquema simples:

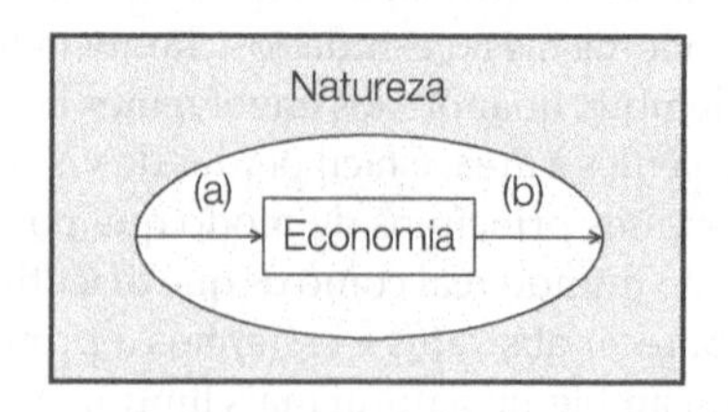

No esquema, (a) representa as matérias-primas que entram na produção e no consumo. O estudo da natureza em seu papel de provedora de matérias-primas é chamado de **economia dos recursos naturais**. O item (b) mostra o impacto da atividade econômica sobre a qualidade do ambiente natural. O estudo desse fluxo de resíduos e seus impactos resultantes sobre o mundo natural é chamado de **economia ambiental.** Embora o controle da poluição seja o principal tópico da economia ambiental, não é o único deles. Os seres humanos afetam o meio ambiente de muitas maneiras não relacionadas à poluição no sentido tradicional. A destruição do hábitat causada pelo desenvolvimento habitacional e a degradação da paisagem natural causada por inúmeras atividades humanas são exemplos de impactos ambientais que não estão relacionados à descarga de poluentes específicos.

O assunto deste livro é economia ambiental. Estudaremos a gestão de fluxos de resíduos e os impactos da atividade humana sobre a qualidade dos ativos ambientais. No entanto, na prática, muitos desses problemas se originam na fase anterior da matéria-prima na interação natureza-economia. Então, antes de prosseguirmos, faremos breves considerações sobre as principais dimensões da economia dos recursos naturais.

ECONOMIA DOS RECURSOS NATURAIS

Nas sociedades modernas industriais/urbanas, às vezes é fácil não darmos a devida atenção ao fato de que uma grande parte da atividade econômica total ainda depende da extração e utilização de recursos naturais. A **economia dos recursos naturais** é a aplicação de princípios econômicos ao estudo dessas atividades. Para termos uma ideia geral do que essa disciplina inclui, segue uma lista de suas principais subdivisões e exemplos de questões discutidas em cada uma delas.[1]

Economia mineral Qual é a taxa apropriada de extração de minério de uma mina? Como a exploração e a adição às reservas respondem aos preços dos minerais?

Economia florestal Qual é a taxa apropriada de extração de madeira? Como as políticas governamentais afetam as taxas de extração desejadas pelas empresas madeireiras?

Economia marinha Que tipos de regras precisam ser estabelecidas para gerenciar as pescas? Como as diferentes cotas de captura afetam os estoques de peixe?

Economia da terra Como as pessoas no setor privado (construtores, compradores de casas) tomam decisões sobre o uso da terra? Como as leis de direitos de propriedade e as regulamentações do uso de terras públicas afetam o modo como o espaço é dedicado a diferentes usos?

Economia da energia Quais são as taxas apropriadas para a extração de petróleo de depósitos subterrâneos? Em que medida o uso da energia é afetado pelas mudanças nos preços?

Economia da água Como diferentes leis sobre águas afetam a maneira como a água é utilizada por diferentes pessoas? Que tipos de regulamen-

[1] Economia dos recursos naturais é o assunto de outro livro escrito por um dos autores. Ver Barry C. Field, *Natural Resource Economics, an Introduction*, Waveland Press, 2008.

tações devem governar a realocação de águas (realocadas, por exemplo, da agricultura para usuários urbanos)?

Economia agrícola Como os fazendeiros tomam decisões sobre o uso de práticas de conservação ao cultivar sua terra? Como os programas do governo afetam as escolhas que os fazendeiros fazem em relação a o que e como plantar?

Uma distinção fundamental na economia dos recursos naturais é aquela entre recursos **renováveis e não renováveis**. Os recursos vivos, como pesca e madeira, são renováveis; crescem com o tempo de acordo com processos biológicos. Alguns recursos não vivos também são renováveis – o exemplo clássico é a energia solar que chega à Terra. Recursos não renováveis são aqueles para os quais não há um processo de reposição – uma vez usados, eles desaparecem para sempre. Exemplos clássicos são as reservas de petróleo e depósitos minerais não relacionados à energia. Certos recursos, como muitos aquíferos subterrâneos, têm taxas de reposição tão baixas que, na prática, são não renováveis.

É fácil ver que o uso de recursos não renováveis é um problema com forte dimensão **intertemporal**; envolve *trade-offs* entre o presente e o futuro. Se mais petróleo for retirado de um depósito subterrâneo este ano, menos estará disponível para extração em anos futuros. Estabelecer a taxa correta de extração hoje, portanto, exige uma comparação do valor atual do petróleo com o valor previsto do petróleo no futuro.

Existem também complicados *trade-offs* intertemporais com recursos renováveis. Qual deve ser a taxa de captura de bacalhau hoje, considerando que o tamanho do estoque restante afetará seu futuro crescimento e disponibilidade? Essa determinada quantidade de madeira deve ser extraída hoje ou sua taxa de crescimento esperada sugere que se adie a extração para algum momento no futuro? Processos biológicos e ecológicos criam conexões entre as taxas de uso de recursos no presente e a quantidade e a qualidade dos recursos disponíveis para gerações futuras. É nessas conexões que está o foco do que passou a ser chamado de **sustentabilidade.**

Uma taxa sustentável de uso de recursos é aquela que pode ser mantida no longo prazo sem prejudicar a base do recurso natural e sua capacidade fundamental de sustentar gerações futuras. Sustentabilidade não significa que os recursos tenham que permanecer intocados; em vez disso, significa que suas taxas de uso têm que ser escolhidas de forma a não prejudicar as gerações futuras. No caso dos recursos não renováveis, isso implica usar o recurso extraído de uma maneira que contribua para a saúde econômica e social de longo prazo da população. Para os recursos renováveis, significa estabelecer taxas de uso que estejam coordenadas com as taxas de produtividade naturais que afetam a maneira como os recursos aumentam ou diminuem.

Muitos problemas ambientais também têm fortes dimensões intertemporais, isto é, importantes *trade-offs* entre o presente e o futuro. Existem muitos poluentes, por exemplo, que tendem a se acumular no meio ambiente em vez de se dissipar e desaparecer: os metais pesados podem se acumular na água e no solo, e as emissões de dióxido de carbono há muitas décadas se acumulam na atmosfera terrestre. O que está sendo esgotado na verdade é a **capacidade assimilativa** da Terra, a capacidade de o sistema natural aceitar certos poluentes e torná-los benignos ou inofensivos. Algumas das ideias teóricas sobre o esgotamento de recursos naturais também são úteis para a compreensão da poluição ambiental. Nesse sentido, a capacidade assimilativa é um recurso natural similar aos recursos tradicionais, como depósitos de petróleo e florestas.

Um recurso que reside não em uma única substância mas em uma coleção de elementos é a **diversidade biológica**. Os biólogos estimam que atualmente pode haver mais de 30 milhões de diferentes espécies de organismos vivos no mundo. Elas representam uma vasta e importante fonte de informação genética útil para o desenvolvimento de medicamentos, pesticidas naturais, variedades resistentes de plantas e animais, entre outros. As atividades humanas têm aumentado substancialmente a taxa de extinção das espécies, e por isso a conservação de hábitats e a preservação de espécies se tornaram importantes problemas contemporâneos relacionados aos recursos.

Uma característica do mundo moderno é o desaparecimento, em muitos casos, da linha que divide os recursos naturais e os recursos ambientais. Muitos processos de extração de recursos, como o corte de madeira e o garimpo de superfície, têm repercussões diretas sobre a qualidade ambiental. Além disso, há muitas situações em que a poluição ou destruição ambiental causa um impacto sobre os processos de extração do recurso. A poluição de águas estuarinas que interfere na reposição de estoques pesqueiros é um exemplo, assim como a poluição do ar que reduz o rendimento da atividade agrícola. Além disso, certas coisas, como a flora e a fauna selvagens, podem ser consideradas recursos naturais e também atributos do meio ambiente.

No entanto, apesar de suas conexões muito próximas, a distinção que os economistas traçaram entre esses dois serviços do mundo natural – entre matérias-primas e o meio ambiente – é suficientemente forte e bem desenvolvida, e por isso faz sentido darmos continuidade a um livro focado primordialmente no segundo. Começaremos considerando uma versão um pouco mais complicada do diagrama representado no início do capítulo.

O EQUILÍBRIO FUNDAMENTAL

Neste livro você encontrará diversos modelos analíticos simples de situações que, na realidade, são bem mais complexas. Um modelo é uma maneira de tentar mostrar a estrutura essencial e as relações de alguma coisa sem entrar em todos os seus detalhes, assim como a caricatura de uma pessoa acentua seus elementos distintivos à custa de todos os detalhes.

A Figura 2.1 é uma interpretação mais complexa das relações exibidas no início do capítulo. Os elementos dentro do círculo são partes do sistema econômico, que tem seu todo encapsulado pelo ambiente natural. A economia foi dividida em dois amplos segmentos: **produtores** e **consumidores.**

- A categoria dos produtores inclui todas as empresas privadas que usam insumos e os convertem em produtos; inclui também unidades como os órgãos públicos, organizações sem fins lucrativos e empresas que prestam

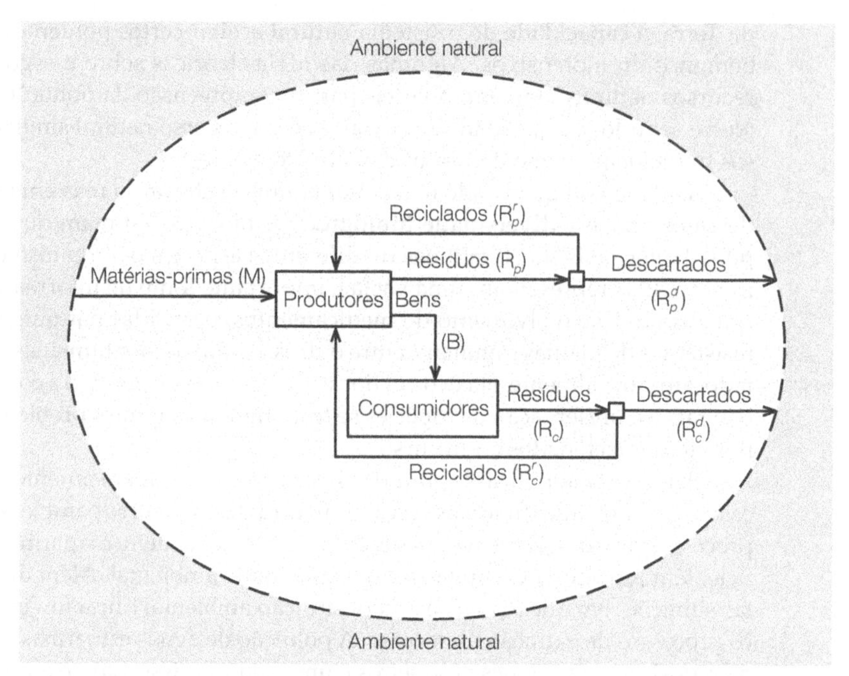

FIGURA 2.1 O meio ambiente e a economia.

serviços, como transportes. Os principais insumos do ambiente natural para o setor produtivo são materiais, na forma de combustíveis, minerais não combustíveis, madeira, fluidos (por exemplo, água e petróleo) e gases de vários tipos (como gás natural e oxigênio). Todos os bens e serviços são derivados de materiais com a aplicação de insumos energéticos.

- A categoria dos consumidores inclui todas as famílias privadas para as quais as vastas coleções de bens e serviços finais são distribuídos. Poderia se argumentar que os consumidores às vezes usam insumos diretamente da natureza, assim como os produtores; muitas famílias, por exemplo, obtêm seus suprimentos de água diretamente de aquíferos subterrâneos e não de empresas de distribuição de água. Na intenção de manter o modelo simples, no entanto, não incluímos esse tipo de relação.

Precisamos ter em mente que os produtores e consumidores, na verdade, são as mesmas pessoas, mas em diferentes capacidades. A questão "nós *versus* eles" que caracteriza muitas disputas ambientais é na verdade um desacordo interno dentro de um único grupo. A sociedade como um todo está essencialmente na mesma posição que uma família individual que bombeia água de seu próprio poço e descarrega seus resíduos em seu próprio sistema séptico, que por acaso fica perto do poço.

A produção e o consumo geram **resíduos,** o que é outra maneira de dizer restos. Eles incluem todos os tipos de materiais que podem ser emitidos no ar ou na água ou descartados na terra. A lista é incrivelmente longa: dióxido de enxofre, compostos orgânicos voláteis, solventes tóxicos, adubo animal, pesticidas, material particulado de todos os tipos, materiais residuais de construção, metais pesados, etc. Energia residual na forma de calor e ruído, assim como a radioatividade, possuem características tanto de materiais quanto de energia, e também são importantes resíduos da produção. Os consumidores são responsáveis por enormes quantidades de resíduos; os principais deles são o esgoto doméstico e as emissões de automóveis. Todos os materiais contidos nos bens de consumo acabarão se tornando restos, embora possam ser reciclados depois. Eles são fonte de grandes quantidades de resíduos sólidos, além de materiais perigosos como produtos químicos tóxicos e óleo usado.

Consideremos primeiramente a questão dos resíduos da produção e do consumo de um ponto de vista estritamente físico. A Figura 2.1 mostra matérias-primas e energia sendo extraídas do ambiente natural (M) e resíduos sendo descartados de volta ao meio ambiente.

No início, o interesse ambiental estava focado nos fluxos finais de resíduos descartados pelos produtores (R_p^d) e pelos consumidores (R_c^d). Ao tratar esses resíduos ou, de outra forma, ao mudar o momento e o local de descarga, seus impactos sobre os humanos e o meio ambiente poderiam ser substancialmente alterados. Embora esse ainda seja um importante *locus* de atividade, os últimos anos testemunharam uma ampliação da perspectiva do que é chamado de **gestão ambiental**.

Para analisarmos essa ampliação de foco, consideremos os fluxos da Figura 2.1 mais detalhadamente. A lei física de conservação das massas nos garante que, no longo prazo, esses dois fluxos têm que ser iguais. Em termos dos símbolos da Figura 2.1:[2]

$$M = R_p^d + R_c^d$$

Temos que dizer "no longo prazo" por vários motivos. Se o sistema está crescendo, ele pode reter alguma proporção dos insumos naturais, o que tende a aumentar o tamanho do sistema mediante o crescimento da população, o acúmulo de bens de capital, etc. Estes seriam descartados se e quando o sistema parasse de crescer. Além disso, a reciclagem pode obviamente postergar o descarte de resíduos, mas nunca poderá ser perfeita; cada ciclo perde alguma proporção do material reciclado. Assim, a equação fundamental do **equilíbrio entre materiais/energia** tem que ser válida no longo prazo. Isso nos mostra algo fundamental: para reduzir a massa de resíduos descartados no ambiente natural é necessário reduzir a quantidade de matérias-primas trazidas para o sistema.[3] Para observar mais de perto as várias opções para fazer isso, substituamos M. De acordo com o fluxograma,

$$R_p^d + R_c^d = M = B + R_p - R_p^r - R_c^r$$

o que diz que a quantidade de matérias-primas (M) é igual à produção de bens e serviços (B) mais os resíduos da produção (R_p), menos as quantidades que são recicladas dos produtores (R_p^r) e consumidores (R_c^r). Há, essencialmente, três maneiras de reduzir M e, portanto, os resíduos descartados no ambiente natural:

---

[2] Para fazer essas comparações diretas, todos os fluxos têm que ser expressos em termos de massa.

[3] Observe que $B = R_C$; isto é, tudo o que entra no setor de consumo acaba como resíduo desse setor.

Reduzir B Considerando que outros fluxos permanecem fixos, podemos reduzir os resíduos descartados reduzindo a quantidade de bens e serviços produzidos na economia. Algumas pessoas se ativeram a tal ideia como a melhor resposta de longo prazo à degradação ambiental; reduzir a produção, ou pelo menos parar sua taxa de crescimento, permitiria uma mudança similar na quantidade de resíduos descartados. Já se tentou alcançar essa meta defendendo um "crescimento populacional zero".[4] Uma população estacionária ou com crescimento lento pode facilitar o controle dos impactos ambientais, mas essa não é de forma alguma uma garantia desse controle, por dois motivos. Em primeiro lugar, uma população estacionária pode crescer economicamente, aumentando, assim, sua demanda por matérias-primas. Em segundo lugar, os impactos ambientais podem ser de longo prazo e cumulativos, de modo que mesmo uma população estacionária pode gradualmente degradar o meio ambiente em que se encontra. No entanto, é certamente verdade que o crescimento da população muitas vezes exacerba os impactos ambientais de determinada economia. Na economia dos Estados Unidos, por exemplo, embora as emissões de poluentes por carro tenham diminuído drasticamente nas últimas décadas devido a melhores tecnologias de controle das emissões, o abrupto crescimento do número de carros nas estradas levou a um aumento na quantidade de emissões de automóveis em muitas regiões.

Reduzir R_p outra maneira de reduzir M e, portanto, os resíduos descartados, é reduzir R_p. Considerando que os outros fluxos sejam mantidos fixos, isso significa essencialmente mudar as quantidades de resíduos de produção gerados para determinada quantidade de produção. Há, basicamente, apenas duas maneiras de fazer isso:

- Reduzir a **intensidade de resíduos da produção** em todos os setores da economia inventando e adotando novas tecnologias e práticas produtivas que gerem quantidades menores de resíduos por unidade de produção. Por exemplo, nas mais recentes discussões sobre emissões de dióxido de carbono (CO_2) e aquecimento da atmosfera, veremos que há muito que pode ser feito para reduzir a emissão de CO_2 por unidade de produção, especialmente com a adoção de combustíveis diferentes e a redução (na verdade, a continuação da redução) das quantidades de energia necessárias para se produzir uma unidade de produção final. Essa abordagem foi chamada de **prevenção à poluição**, ou **redução na fonte.**
- Alterar a composição da produção final; isto é, reduzir os setores que geram uma quantidade relativamente alta de resíduos por unidade de produção e expandir os setores que produzem relativamente poucos resíduos por unidade de produção. A passagem de uma economia primordialmente focada em produção para uma economia de serviços é um passo nessa direção; é a chamada **mudança setorial**, pois muda as proporções relativas dos diferentes setores econômicos na economia agregada. O surgimento dos chamados setores de informação é outro exemplo. Não que esses novos setores não produzam resíduos significativos; de fato, alguns deles podem produzir sobras piores do que as que conhecíamos antes. A indústria dos computadores, por

[4] Por exemplo, ver Herman E. Daly, *Steady State Economics, Second Edition with New Essays*, Island Press, Washington, D.C., 1991.

exemplo, usa uma variedade de solventes químicos para fins de limpeza. Porém, de forma geral, esses setores provavelmente têm um problema menor de descarte de resíduos do que as indústrias tradicionais que substituíram.

Aumentar ($R^r_p + R^r_c$) A terceira possibilidade é aumentar a reciclagem. Em vez de descartar os resíduos da produção e consumo no meio ambiente, é possível reciclar esses restos, reintegrando-os ao processo de produção. Isso mostra que o papel central da reciclagem substituirá uma parte do fluxo original dos materiais virgens (M). Ao se substituir materiais virgens por materiais reciclados, é possível reduzir a quantidade de resíduos descartados e manter a mesma taxa de produção de bens e serviços (B). Nas economias modernas, a reciclagem oferece grandes oportunidades de redução dos fluxos residuais, mas temos que relembrar que ela nunca poderá ser perfeita, mesmo se enormes recursos forem dedicados à tarefa: os processos de produção geralmente transformam a estrutura física dos insumos materiais, dificultando sua reutilização, e o processo de conversão de energia altera a estrutura química de materiais energéticos tão completamente que a reciclagem é impossível. Além disso, os processos de reciclagem propriamente ditos podem criar resíduos. Contudo, a pesquisa de materiais continuará a progredir e descobrir novas maneiras de reciclar. Prova disso é que, durante muito tempo, os pneus de automóveis não podiam ser reciclados porque o processo de produção original alterava a estrutura física da borracha; hoje, com novas tecnologias, vastas quantidades de pneus usados, em vez de destruir a paisagem, podem ser incorporadas a bancos de parques, rodovias e outros produtos.

Essas relações fundamentais são muito importantes. Temos que lembrar, no entanto, que nosso objetivo principal é reduzir os danos causados pelo descarte de resíduos da produção e do consumo. Reduzir a quantidade total desses resíduos é umas das principais maneiras de fazer isso, e as relações discutidas indicam como fazê-lo. Porém, os danos também podem ser reduzidos com a intervenção direta sobre o fluxo de resíduos, um fato que temos que ter em mente em nossas discussões posteriores.

O MEIO AMBIENTE COMO UM ATIVO ECONÔMICO E SOCIAL

Uma boa maneira de se pensar no meio ambiente é imaginar um ativo que produz importantes serviços para os humanos e para organismos não humanos; entretanto, sua capacidade de produzir esses serviços pode ser degradada. Nos últimos anos, o conceito de sustentabilidade se popularizou como um critério para avaliar decisões que têm implicações ambientais. Sustentabilidade é uma questão de tomar decisões no curto prazo que não tenham sérios impactos negativos no longo prazo.

Uma maneira de imaginar isso é considerar um ***trade-off*** entre a produção econômica convencional (bens e serviços convencionais como automóveis, pães de forma, apólices de seguro, etc.) e a qualidade ambiental. Um *trade-off* desse tipo é representado na figura a seguir. Considere a Figura 2.2*a*. Ela mostra uma **curva de possibilidade de produção** (CPP), uma curva simples mostrando as diferentes combinações de duas coisas que a sociedade pode produzir a qualquer momento, em razão de seus recursos e capacidades tecnológicas. O eixo vertical

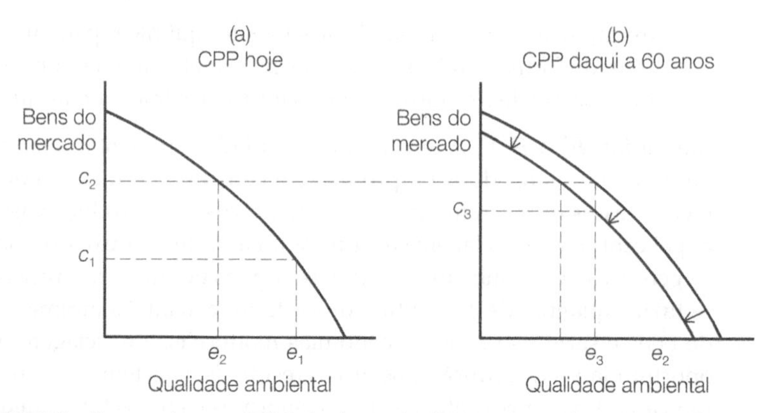

FIGURA 2.2 Curvas de possibilidade de produção para gerações atuais e futuras.

possui um indicador da produção agregada de uma economia, isto é, o valor de mercado total de bens econômicos convencionais comercializados na economia em um ano. Já o eixo horizontal possui um indicador da qualidade ambiental, deduzido de dados sobre diferentes dimensões do meio ambiente, como concentrações de dióxido de enxofre (SO_2) no ar, níveis de ruídos urbanos e dados sobre a qualidade das águas. A relação representada pela curva mostra as diferentes combinações desses dois resultados – produção colocada no mercado e qualidade ambiental – que estão disponíveis para um grupo de pessoas que têm uma dotação fixa de recursos e tecnologia com os quais trabalhar.[5]

A forma e localização exata da curva de possibilidade de produção são determinadas pelas **capacidades técnicas** da economia, juntamente aos fatos ecológicos – meteorologia, hidrologia e assim por diante – do sistema natural em que a sociedade se situa. Ela diz, por exemplo, que se o nível atual de produção econômica é c_1, um aumento para c_2 pode ser obtido somente à custa de uma diminuição na qualidade ambiental de e_1 para e_2. Obviamente, um dos importantes objetivos de qualquer sociedade é mudar a curva de possibilidade de produção de modo que o *trade-off* subjacente seja mais favorável – em outras palavras, para que dada produção econômica seja consistente com níveis mais altos de qualidade ambiental.

Embora a CPP propriamente dita seja uma restrição técnica, a decisão de uma sociedade de se localizar ou não sobre sua CPP é uma questão de **escolha social**, e dependerá dos valores que as pessoas dessa sociedade atribuem a produções econômicas convencionais em relação à qualidade ambiental. Não se sabe ao certo de onde vêm os valores, mas está claro que eles diferem de uma pessoa para outra e até mesmo para uma mesma pessoa em diferentes pontos no tempo. O estudo dos valores que as pessoas atribuem a fatores ambientais é uma importante parte da economia ambiental e será discutido mais detalhadamente nos Capítulos 7 e 8.

[5] As extremidades da CPP talvez devam ser traçadas com linhas pontilhadas. Não está claro qual seria o resultado com uma qualidade ambiental "zero" ou com uma produção econômica "zero". Assim, esses pontos extremos são essencialmente indefinidos; por isso, iremos nos ater aos pontos no interior do diagrama.

Se uma sociedade enfatiza demasiadamente o aumento de sua produção observada, pode acabar em um ponto como (c_2, e_2) na Figura 2.2*a*, embora o verdadeiro bem-estar social possa ser mais alto, em um ponto como (c_1, e_1).

As curvas de possibilidade de produção também podem ser usadas para elucidar outros aspectos da escolha social sobre o meio ambiente. Uma das distinções fundamentais que pode ser feita na análise ambiental e no desenvolvimento de políticas ambientais é aquela entre o **curto prazo** e o **longo prazo.** As decisões de curto prazo são aquelas tomadas baseadas em consequências que acontecerão em um futuro próximo ou em impactos que são sentidos pela geração presente. As decisões de longo prazo são aquelas nas quais se presta atenção às consequências que acontecerão em um futuro distante ou a gerações futuras. Há uma sensação generalizada de que as decisões econômicas de hoje estão sendo tomadas primordialmente por meio de considerações de curto prazo, enquanto a política ambiental precisa ser feita com considerações de longo prazo em mente. Uma boa maneira de pensar nisso é usar as curvas de possibilidade de produção que foram introduzidas anteriormente.

Considere novamente a figura anterior. As Figuras 2.2*a* e 2.2*b*, na verdade, mostram curvas de possibilidade de produção relativas a dois períodos de tempo distintos: a primeira mostra os *trade-offs* enfrentados pela geração atual e a segunda mostra as curvas de possibilidade de produção para pessoas daqui a 60 a 80 anos (uma hipótese), a geração que será formada por nossos bisnetos. De acordo com a Figura 2.2*a*, a geração presente poderia escolher as combinações (c_1, e_1), (c_2, e_2) ou qualquer outra sobre a curva. No entanto, o futuro não é independente da escolha feita hoje. É concebível, por exemplo, que uma maior degradação do meio ambiente hoje afetará as possibilidades futuras – devido ao esgotamento de certos recursos importantes, de uma poluição tão alta que causa danos irreversíveis ou simplesmente de um poluente que possui uma longa vida e afeta as gerações futuras. De fato, isso poderia deslocar a CPP futura do lugar onde ela se encontraria: isso é representado na Figura 2.2*b*. Nossos netos enfrentarão um conjunto reduzido de possibilidades em comparação às escolhas disponíveis para nós atualmente. A geração futura, que se encontra na curva de possibilidades de produção interiores, ainda pode ter o mesmo nível de produção comercializada que temos hoje (c_2), mas somente a um nível mais baixo de qualidade ambiental (e_3) do que aquela disponível atualmente. Como alternativa, essa geração poderia desfrutar do mesmo nível de qualidade ambiental, mas somente com um nível reduzido de produção comercializada (c_3).

Obviamente, é preciso reconhecer que a influência das decisões de hoje sobre as futuras possibilidades de produção é muito mais complicada do que essa discussão pode sugerir. Não é somente a degradação ambiental que afeta as condições futuras, mas também os avanços e as mudanças técnicas das capacidades humanas. Assim, as decisões de hoje podem deslocar a CPP futura para dentro ou para fora, dependendo de muitos fatores dinâmicos e difíceis de prever. Precisamos estar particularmente alertas para evitar decisões cujo efeito desloque a CPP futura para a esquerda. Essa é a essência das discussões recentes sobre sustentabilidade; ela tem como objetivo não deixar que as futuras curvas de possibilidade de produção sejam adversamente afetadas pelo que é feito hoje. Isso não significa que é necessário maximizar a qualidade ambiental atual, pois isso implicaria produção zero de bens e serviços. Significa simplesmente que os impactos ambientais precisam ser reduzidos suficientemente para evitarmos que curvas futuras de possibilidade de produção se desloquem para uma situação pior do que as possibilidades atuais de produção. Retomaremos a ideia de sustentabilidade em vários pontos deste livro.

TERMINOLOGIA BÁSICA

Nos capítulos seguintes, utilizaremos os seguintes termos:

- **Qualidade ambiente** *Ambiente* refere-se ao meio ambiente que nos cerca, então, *qualidade ambiente* refere-se à quantidade de poluentes no meio ambiente, como a concentração de dióxido de enxofre no ar sobre uma cidade ou a concentração de determinado produto químico nas águas de um lago.
- **Qualidade ambiental** Um termo usado para se referir de maneira geral ao estado do ambiente natural. Isso inclui a noção de qualidade ambiente e outros fatores como qualidade visual e estética do meio ambiente.
- **Resíduos** Material que sobra depois de algo ter sido produzido. Uma fábrica, por exemplo, recebe diversas matérias-primas e as converte em algum produto. Os materiais e a energia que sobram depois que o produto é produzido são chamados de *resíduos da produção. Resíduos do consumo* são qualquer coisa que sobre depois que os consumidores acabam de usar os produtos que continham ou empregavam esses materiais.
- **Emissões** A fração de resíduos da produção ou do consumo que é colocada no meio ambiente, às vezes diretamente, às vezes depois de tratamento.
- **Reciclagem** O processo de devolver parte ou todos os resíduos da produção ou do consumo para que eles sejam reutilizados.
- **Poluente** Uma substância, forma de energia ou ação que, quando introduzida no ambiente natural, resulta em uma diminuição do nível da qualidade ambiente. Queremos considerar poluentes não somente as coisas tradicionais, como petróleo que vaza nos oceanos ou produtos químicos lançados no ar, mas também outras atividades, como a construção de certos edifícios que resultem em "poluição visual".
- **Efluente** Às vezes, o termo *efluente* é usado para fazer referência a poluentes das águas, e o termo *emissões* refere-se a poluentes do ar, mas neste livro as duas palavras serão usadas como sinônimos.
- **Poluição** Na verdade, *poluição* é uma palavra difícil de definir. Algumas pessoas podem dizer que ocorre poluição quando qualquer quantidade de resíduo, mesmo que muito pequena, é introduzida no meio ambiente. Outras defendem que poluição é algo que acontece somente quando a qualidade do meio ambiente é degradada o suficiente para causar algum dano.
- **Danos** Impactos negativos produzidos pela poluição ambiental sobre as pessoas na forma de problemas de saúde, degradação visual, etc., e sobre elementos do ecossistema, por meio da destruição de vínculos ecológicos, extinções de espécies, entre outros.

- **Meio ambiental** Dimensões amplas do mundo natural que coletivamente constituem o meio ambiente, normalmente classificadas como terra, água e ar.
- **Fonte** A localização em que as emissões ocorrem, como uma fábrica, um automóvel ou um aterro com vazamento.

EMISSÕES, QUALIDADE AMBIENTAL E DANOS AMBIENTAIS

Consideraremos agora o que acontece no fim das duas setas que indicam descarte do lado direito da Figura 2.1. Dito de maneira muito simples, as **emissões** produzem mudanças nos níveis de qualidade ambiental do meio ambiente, o que, por sua vez, causa danos a humanos e não humanos. A Figura 2.3 esboça essa relação. Ela mostra *n* fontes de emissões;[6] as quais podem ser empresas privadas, órgãos públicos ou consumidores. As fontes recebem vários insumos e usam diferentes tipos de tecnologias na produção e no consumo; no processo, elas produzem resíduos. A maneira como esses resíduos são tratados possui um efeito crucial sobre as etapas subsequentes. Alguns podem ser recuperados e reciclados de volta à produção ou ao consumo. Muitos podem passar por processos de tratamento (manipulação de resíduos), que podem torná-los mais benignos quando emitidos. Alguns desses processos são estritamente físicos (silenciadores em automóveis e caminhões, tanques de decantação em estação de tratamento de águas residuais, conversores catalíticos); outros envolvem transformações químicas de vários tipos (tratamento avançado de esgoto doméstico).

Todas as emissões têm necessariamente que chegar a um ou mais dos diferentes **meios ambientais** (terra, ar, água), entre os quais existe uma importante relação: para determinada quantidade de resíduos totais, a redução das quantidades que chegam a um meio necessariamente aumentará as quantidades que chegarão aos outros. Quando SO_2 é removido dos gases de chaminé de centrais elétricas, por exemplo, os compostos de enxofre não terão sido destruídos. Em vez disso, ainda temos um sedimento sulforoso que precisa ser descartado de alguma outra forma, talvez por enterramento. Se esse material for incinerado, ocorrerão emissões na atmosfera, mas ainda haverá certas quantidades de resíduos sólidos que terão que ser descartados em outro lugar.

Em uma situação que envolve fontes múltiplas, as emissões geralmente se misturam em um único fluxo. No mundo real, essa mistura pode ser completa; os efluentes de duas fábricas de pasta de celulose localizadas no mesmo ponto de um rio, por exemplo, podem se misturar tão completamente que alguns quilômetros a jusante é impossível diferenciar o efluente de uma fonte do efluente da outra. Quando há em torno de um milhão de carros se movimentando em uma área urbana, as emissões de todos se tornam uniformemente misturadas. Em outros casos, a mistura é menos do que completa. Se uma central elétrica está localizada logo ao lado de uma cidade e outra a 30 quilômetros a barlavento, a central mais próxima normalmente terá mais responsabilidade pela deterioração da qualidade do ar da cidade do que a outra.

[6] No jargão econômico, a letra *n* geralmente designa um número de itens não especificado, cujo valor exato varia de uma situação para outra.

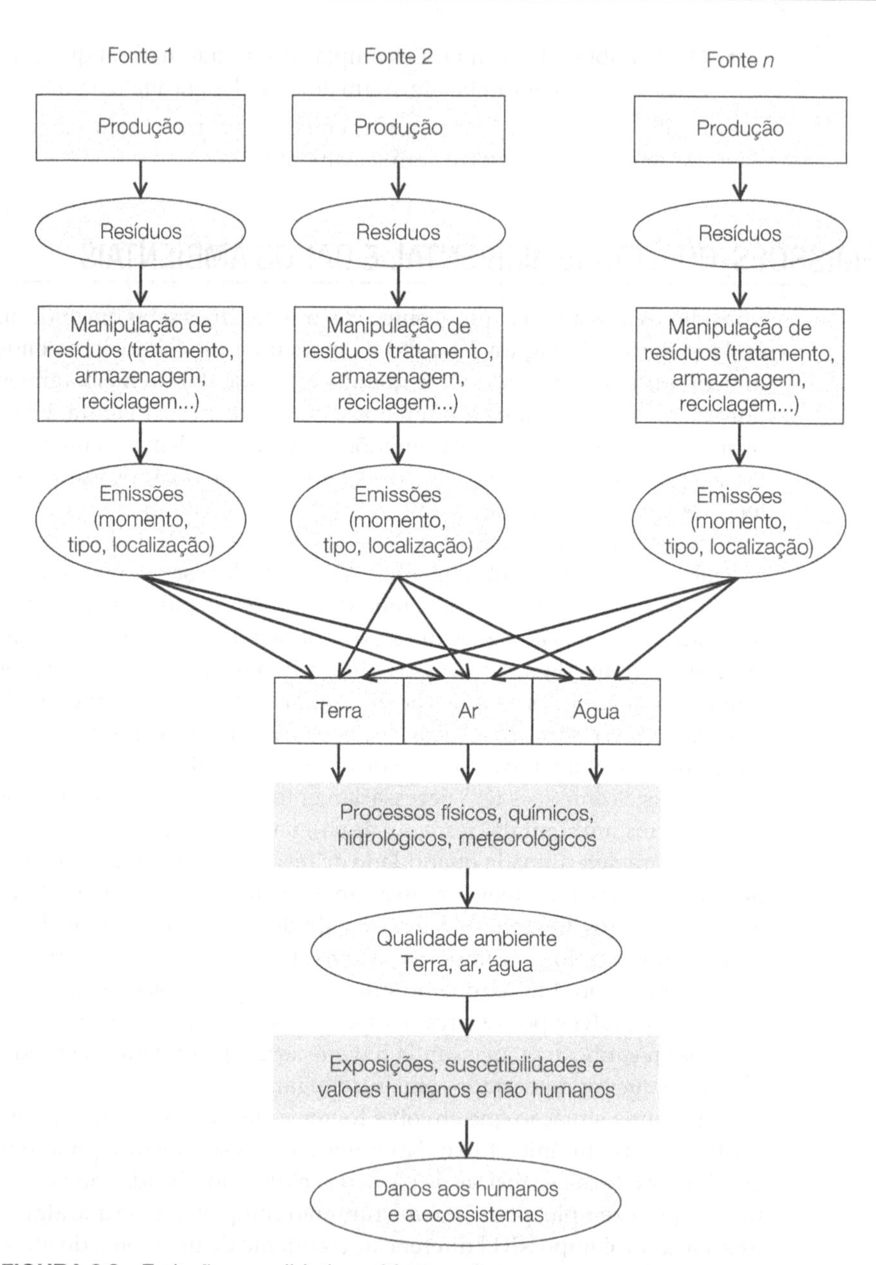

FIGURA 2.3 Emissões, qualidade ambiente e danos.
Fonte: Inspirado em John B. Braden and Kathleen Segerson, *"Information Problems in the Design of Non-point Source Pollution Policy," in Association of Environmental and Resource Economics (AERE) Workshop Papers*, The Management of Non-point Source Pollution, Lexington, June 6–7, 1991.

Essa mistura de emissões é um problema mais significativo do que pode parecer a princípio. Com uma única fonte, a linha de responsabilidade é clara, e para conseguir uma melhoria na qualidade ambiente, sabemos exatamente de quem são as emissões que precisam ser controladas. Porém, com múltiplas fontes, as responsabilidades se tornam menos claras. Podemos saber a medida em que queremos cortar as emissões totais, mas o problema de distribuir essa redução total entre as diferentes fontes continua a existir. Cada fonte, então, tem um incentivo para fazer as outras arcarem com uma fração maior do ônus de redução das emissões, e quando cada fonte pensa de maneira similar, os programas de controle da poluição enfrentam um verdadeiro problema de desenho e implementação. Encontraremos esse problema muitas vezes nos capítulos seguintes.

Quando uma determinada quantidade e qualidade de resíduos é introduzida em determinado meio ambiental, são os processos físicos, químicos, biológicos, meteorológicos, etc, do sistema natural que determinam como os resíduos se traduzirão em **níveis de qualidade ambiente** específicos. Por exemplo, as condições de vento e temperatura determinarão se e como resíduos emitidos no ar afetarão os bairros circundantes, bem como as pessoas que vivem mais distante a sotavento. Além disso, como essas condições meteorológicas variam de um dia para o outro, o mesmo nível de emissões pode produzir diferentes níveis de qualidade ambiente em diferentes momentos. A chuva ácida é produzida por meio de processos químicos que agem primordialmente sobre as emissões de dióxido de enxofre que foram lançadas longe, a barlavento; o *smog*, fenômeno que é uma mistura de nevoeiro e fumaça, também é decorrente de reações químicas complexas que envolvem a luz solar e quantidades de vários poluentes. Além deles, processos hidrológicos subterrâneos afetam o transporte de materiais descartados em aterros – e assim por diante. Dessa forma, para saber como determinadas emissões afetarão os níveis de qualidade ambiente, precisamos ter uma boa compreensão do funcionamento físico e químico do ambiente propriamente dito. É aí que entram em cena as ciências naturais e físicas – para estudar todo o espectro de fenômenos ambientais desde pequenos modelos localizados de fluxo de águas subterrâneas em determinado aquífero até modelos complexos de grandes bacias hidrográficas, estudos de padrões interregionais de ventos e modelos do clima global. O objetivo fundamental é determinar como padrões específicos de emissões se traduzem em padrões correspondentes de níveis de qualidade ambiente.

Por fim, há os danos. Determinado conjunto de condições ambientes se traduz em padrões específicos de exposição para sistemas vivos e não vivos. É claro, essas exposições dependem não somente dos processos físicos envolvidos, mas também das escolhas humanas feitas sobre onde e como viver e das suscetibilidades de sistemas vivos e não vivos a condições ambientais variáveis. Em última análise, os danos estão relacionados aos valores humanos. Os seres humanos não possuem preferências indiferentes a todos os resultados possíveis da interação econômica/ambiental; eles preferem alguns resultados a outros. Uma grande parte da economia ambiental trata de tentar determinar os valores relativos que as pessoas atribuem a esses diferentes resultados ambientais, assunto que retomaremos em capítulos posteriores sobre a análise de custo-benefício.

TIPOS DE POLUENTES

Fisicamente, os resíduos identificados na Figura 2.3 consistem em um vasto sortimento de materiais e energia que fluem para os três meios ambientais. É útil distinguir entre tipos amplos de emissões de acordo com fatores que afetam crucialmente suas características econômicas.

Poluentes cumulativos versus poluentes não cumulativos

Uma questão simples e importante a respeito dos poluentes do meio ambiente é saber se eles se acumulam com o tempo ou tendem a se dissipar logo depois de sua emissão. O caso clássico de um **poluente não cumulativo** é o ruído; enquanto a fonte estiver em operação, será emitido ruído no ar circundante, mas assim que a fonte for interrompida, ele cessará. Na outra extremidade do espectro estão os poluentes que se acumulam no meio ambiente quase nas mesmas quantidades que são emitidas. O lixo radioativo, por exemplo, decai com o passar do tempo, mas a uma taxa tão lenta em relação à duração da vida humana que, para todos os efeitos, continuará conosco permanentemente; esse é um tipo de poluente estritamente cumulativo. Outro **poluente cumulativo** é o plástico. Há décadas procura-se produzir um plástico degradável, mas, até esse momento, o plástico é uma substância que decai muito lentamente para os padrões humanos; assim, aquilo que descartarmos continuará no meio ambiente permanentemente. Muitos produtos químicos são poluentes cumulativos; uma vez emitidos, continuarão conosco praticamente para sempre.

Entre essas duas extremidades do espectro, há muitos tipos de efluentes que são, até certo ponto – mas não completamente – cumulativos. O caso clássico é a matéria orgânica emitida em corpos d'águas – por exemplo, os resíduos, tratados ou não, emitidos das estações municipais de tratamento de águas residuais. Uma vez emitidos, os resíduos estão sujeitos a processos químicos que tendem a quebrar os materiais orgânicos em seus elementos constituintes, tornando-os, assim, muito mais benignos. A água, em outras palavras, possui uma capacidade assimilativa natural que a permite aceitar substâncias orgânicas e torná-las menos prejudiciais. Contanto que essa capacidade assimilativa não tenha sido excedida em nenhum caso específico, a fonte do efluente pode ser interrompida e em alguns dias, semanas ou meses a qualidade da água terá retornado ao normal. No entanto, se as emissões excederem essa capacidade assimilativa, o processo passará a ser cumulativo.

Seja o poluente cumulativo ou não cumulativo, o problema fundamental é essencialmente o mesmo: tentar descobrir os danos ambientais e relacioná-los aos custos de reduzir as emissões. No caso de poluentes cumulativos, esse trabalho é muito mais difícil do que para aqueles não cumulativos. Com emissões não cumulativas, as concentrações ambientes dependem estritamente das emissões correntes – reduzir essas emissões a zero levaria a concentrações ambientes zero. Porém, com poluentes cumulativos, a relação é mais complexa. O fato de um poluente se acumular com o tempo no meio ambiente tem o efeito de desfazer a conexão direta entre as emissões correntes e os danos correntes. Isso possui diversas implicações. Em primeiro lugar, a situação torna-se cientificamente mais difícil. As relações de causa e efeito ficam mais complicadas de serem isoladas quando um tempo longo afeta essa relação. Também fica mais difícil fazer as pessoas considerarem os danos atuais das emissões, mais uma vez porque talvez só haja uma conexão fraca entre as emissões e os níveis de qualidade ambiente atuais. Além disso, os poluentes cumulativos, por definição, levam a danos futuros, e os seres humanos apresentam uma fraca disposição a considerar eventos futuros, evitando encará-los no presente.

Poluentes locais versus poluentes regionais e globais

Algumas emissões têm impacto somente em regiões restritas e localizadas, enquanto outras exercem influência sobre regiões mais amplas – e até mesmo sobre o ambiente global. A poluição sonora e a degradação do ambiente visual são locais em seus impactos; os danos causados por qualquer fonte específica geralmente são limitados a grupos de pessoas relativamente pequenos em uma região circunscrita. Observe que essa é uma afirmação sobre o grau de difusão de qualquer fonte de poluição individual, e não sobre a importância do problema geral em todo um país ou no mundo. Muitos poluentes, por outro lado, têm impactos difusos, sobre uma grande região ou até mesmo sobre o ambiente global. A chuva ácida é um problema regional; as emissões em uma região dos Estados Unidos (e da Europa) afetam pessoas em outras partes do país ou em outra região. Os efeitos da destruição da camada de ozônio causada pelas emissões de clorofluocarbonetos de vários países geram alterações químicas na estratosfera terrestre, e seus impactos se tornam verdadeiramente globais.

Considerando fixos outros fatores, verifica-se que é mais fácil lidar com os problemas ambientais locais do que com problemas regionais ou nacionais, que, por sua vez, são mais fáceis de serem geridos do que os problemas globais. Se jogo fumaça do meu fogão sobre meu vizinho, podemos chegar a uma solução entre nós mesmos ou exigir que as instituições políticas locais o façam. Já se meu comportamento causa uma poluição mais distante, as soluções podem ser mais difíceis. Se estivermos dentro do mesmo sistema político, podemos exigir que suas instituições criem soluções. Estamos longe de ter meios eficientes de responder a um crescente número de questões ambientais internacionais e globais, pois a natureza precisa dos impactos físicos é difícil de descrever – e também porque as instituições políticas internacionais necessárias só agora estão começando a surgir.

Poluentes de fontes pontuais versus poluentes de fontes não pontuais

As fontes de poluição diferem quanto à facilidade com que seus pontos de descarga efetivos podem ser identificados. Os pontos em que emissões de dióxido de enxofre deixam uma grande central elétrica são fáceis de identificar; elas saem da extremidade das chaminés associadas a cada central. As estações municipais de tratamento de águas residuais normalmente possuem um único canal de descarga por onde todo o esgoto é descarregado. Esses são chamados de **poluentes de fontes pontuais**. Há muitos poluentes para os quais não há pontos de descarga bem definidos. Produtos químicos agrícolas, por exemplo, normalmente escoam da terra segundo um padrão disperso ou difuso, e embora eles possam poluir córregos ou aquíferos subterrâneos específicos, não existe um único cano ou uma chaminé por onde esses produtos químicos são emitidos. Esse é um tipo de **poluente de fonte não pontual (difusa)**. O escoamento urbano de águas pluviais também é um importante problema de poluição difusa.

Como seria de se esperar, é mais fácil lidar com os poluentes de fontes pontuais do que com os poluentes de fontes não pontuais. Eles provavelmente são mais fáceis de medir, monitorar e estudar devido às conexões entre as emissões e impactos causados. Nesse caso, normalmente as políticas de controle para poluentes de fontes pontuais são desenvolvidas e administradas com mais facilidade. Como veremos, nem todos os poluentes se enquadram perfeitamente em uma ou outra dessas categorias.

Emissões contínuas versus emissões episódicas

Emissões de centrais elétricas ou de estações municipais de tratamento de águas residuais são mais ou menos contínuas. As instalações são projetadas para estar em operação continuamente, embora a taxa operacional possa variar um pouco durante o dia, a semana ou a temporada. Assim, as emissões decorrentes dessas operações são mais ou menos contínuas, e o problema regulatório é a gestão da taxa dessas descargas. Podem ser feitas comparações imediatas entre programas de controle e taxas de emissões. No entanto, o fato de as emissões serem contínuas não significa que os danos também o sejam. Eventos meteorológicos e hidrológicos podem transformar emissões contínuas em danos incertos. Ainda assim, os programas de controle geralmente são mais fáceis de colocar em prática quando as emissões não estão sujeitas a flutuações em grande escala.

Entretanto, muitos poluentes são emitidos de maneira episódica. O exemplo clássico é de acidentes envolvendo derramamento de petróleo ou produtos químicos. O problema regulatório aqui é a criação e o gerenciamento de um sistema que reduza a probabilidade de descargas acidentais. Contudo, com um efluente episódico, pode não haver nada a ser medido, pelo menos no curto prazo. Ainda que não tenha ocorrido vazamento de radiação de grande escala de usinas nucleares dos Estados Unidos, por exemplo, existe um problema de "poluição" se elas estiverem sendo gerenciadas de uma maneira que aumente a **probabilidade** de um vazamento acidental no futuro. Para medir as probabilidades de emissões episódicas, é necessário ter dados sobre as ocorrências no decorrer de um longo período ou estimá-las a partir de dados de engenharia e informações similares. Temos, então, que determinar que nível de seguro desejamos ter contra esses eventos episódicos. O Quadro 2.1 discute o caso de um poluente episódico comum: vazamentos em dutos.

Danos ambientais não relacionados a emissões

Até agora, a discussão se ateve às características de diferentes tipos de poluentes ambientais e a sua relação com a descarga de materiais ou energia residuais, mas há muitos exemplos importantes de deterioração da qualidade ambiental não associáveis a descargas de resíduos. A conversão de terras em áreas habitacionais e comerciais destrói seu valor ambiental, seja o valor de ecossistema, como as definições de hábitat ou zona úmida, ou seu valor paisagístico. Outros usos das

QUADRO 2.1 Gerenciando uma fonte de poluição episódica

Os Estados Unidos, assim como muitos outros países, é atravessado por milhares de quilômetros de dutos subterrâneos que carregam enormes quantidades de produtos químicos tóxicos, especialmente petróleo e gás natural. Uma importante questão é como gerir esses dutos para que os vazamentos e a consequente descarga de materiais nos ambientes terrestres e aquosos próximos sejam reduzidos. Esses vazamentos ocorrem por diversas causas: mau funcionamento de equipamentos, falhas de construção, erros humanos e corrosão. Em um ano típico há, mais de cem vazamentos significativos nesse sistema, e muitas outras descargas menores. No entanto, esses vazamentos são episódicos, e a natureza probabilística do fenômeno transforma sua gestão eficiente em um desafio.

Para reduzir os danos causados por vazamentos de dutos, temos que empreender diversos esforços: regulação e inspeção pública, inspeção privada voluntária ou obrigatória, planos de manutenção e vários programas de limpeza de vazamentos. As decisões sobre quais colocar em prática são tomadas no "jogo de empurra" de curto prazo dos conflitos regulatórios. Contudo, com descargas episódicas e probabilísticas como essas, é somente no longo prazo que saberemos se a incidência de vazamentos mudou. Isso não significa que os esforços para controlar vazamentos possam ser relaxados; não há dúvidas de que eles devam ser aumentados. Significa apenas que, em casos como esses, é difícil ver a conexão subjacente entre causa e efeito e produzir respostas políticas custo-efetivas. Para um bom resumo do problema, veja Dan Frosch and Janet Roberts, "Pipeline Spills Put Safeguards Under Scrutiny," *New York Times* , September 10, 2011, p. A1.

terras, como a extração madeireira ou garimpo de superfície, também podem ter importantes impactos. Em casos como esses, o problema regulatório ainda é compreender os incentivos das pessoas cujas decisões criam esses impactos e mudar esses incentivos quando for apropriado. Embora não haja emissões físicas para monitoramento e controle, há, contudo, resultados que podem ser descritos, avaliados e gerenciados com políticas apropriadas.

Resumo

O propósito deste capítulo foi explorar algumas ligações fundamentais entre a economia e o meio ambiente. Diferenciamos o papel do sistema natural como fornecedor de insumos e matérias-primas para a economia de sua função como receptor de resíduos de produção e consumo. O primeiro normalmente é chamado de economia dos recursos naturais, e o segundo, de economia ambiental. Após uma breve análise da economia dos recursos naturais, introduzimos o fenômeno do equilíbrio fundamental, segundo o qual, no longo prazo, todos os materiais retirados do sistema natural pelos seres humanos acabarão voltando a esse sistema. Isso significa que, para reduzir os fluxos de resíduos que entram no meio ambiente, é necessária uma redução na retirada de materiais do ecossistema; discutimos três maneiras fundamentais para isso e chegamos a uma discussão sobre o inerente *trade-off* que existe entre bens econômicos convencionais e a qualidade ambiental, bem como entre as gerações atuais e futuras.

Consideramos, então, o fluxo de resíduos que volta ao meio ambiente, fazendo uma distinção entre emissões, qualidade ambiental e danos ambientais. Os danos ambientais decorrentes de determinada quantidade de emissões podem ser substancialmente alterados se tratarmos essas emissões de diferentes maneiras. Nosso passo seguinte foi fornecer um breve catálogo dos diferentes tipos de emissões e poluentes, assim como tipos não poluentes de impactos ambientais, como os efeitos estéticos.

Perguntas para discussão

1. As economias crescem investindo em novas fontes de produtividade, novas instalações e novos equipamentos, infraestrutura (estradas, por exemplo) e assim por diante. Como esse tipo de investimento afeta os fluxos representados na Figura 2.1?
2. Qual é a diferença entre um resíduo e um poluente? Ilustre-a comparando uma emissão comum no ar como o dióxido de enxofre (SO_2) com ruídos; sucata de automóveis; um edifício de má aparência.
3. Por que é tão mais fácil lidar com os poluentes cumulativos de longa vida do que com os poluentes não cumulativos de vida curta?
4. Como representado na Figura 2.3, a maioria das emissões de fontes individuais se mistura com emissões de outras fontes, produzindo o nível geral de qualidade ambiente. Que problemas isso apresenta para a adoção de políticas de controle de emissões para a obtenção de um meio ambiente mais limpo?
5. Considerando as várias maneiras gerais de reduzir as emissões na Figura 2.1, ilustre-as partindo de um produto industrial específico – como os carros.
6. Que considerações entram em jogo quando verificamos que os Estados Unidos ou qualquer outra entidade regulatória está gastando a quantia certa em melhorias da qualidade ambiental?
7. Considere uma mudança tecnológica que permita às empresas produzir bens e serviços com menos poluição. Como isso afetaria as curvas de possibilidades de produção da Figura 2.2 e onde a sociedade poderia decidir se localizar nessa curva?

Para leituras e *sites* adicionais pertinentes ao material deste capítulo, veja www.grupoa.com.br.

PARTE II

FERRAMENTAS ANALÍTICAS

A análise científica consiste em dar explicações coerentes para eventos relevantes e mostrar como outros resultados poderiam ter ocorrido se as condições tivessem sido diferentes. Ela também mostra as conexões entre as variáveis e detalha como elas se inter-relacionam. Para tal, uma ciência precisa desenvolver um vocabulário e uma estrutura conceitual especializados para que possa enfocar seu assunto. Nesta parte, abordaremos algumas das ideias fundamentais da economia e sua aplicação a problemas ambientais. Os leitores com algum conhecimento de microeconomia podem tratar os próximos capítulos como uma revisão. Para aqueles que estiverem vendo esse material pela primeira vez, lembrem-se de que o propósito é desenvolver um conjunto de ferramentas analíticas que possam ser usadas para abordar questões de qualidade ambiental.

CAPÍTULO 3

Custos e benefícios, oferta e demanda

Este e o próximo capítulo contêm discussões de certas ferramentas básicas da **microeconomia**. O objetivo é fornecer uma compreensão suficiente de conceitos fundamentais para que, posteriormente, eles possam ser utilizados na análise de impactos e políticas ambientais. Este capítulo trata de custos e benefícios. A justaposição dessas duas palavras indica que abordaremos o assunto como um ***trade-off***, ou **balanceamento**. As ações econômicas, incluindo as ações ambientais, têm dois lados: por um lado, criam valor e, por outro, incorrem em custos. Assim, precisamos de conceitos fundamentais que lidem com essas duas partes do problema. Veremos primeiro a questão do valor e depois os custos.

É necessário mencionar, já de início, que a teoria microeconômica é muito **abstrata**. Isso significa que ela normalmente trabalha com modelos simplificados que tentam captar a essência de um problema, mas não consideram todos os detalhes que se observam no mundo real. O motivo disso é a necessidade de revelar conexões fundamentais entre os importantes elementos de um problema, relações que são difíceis de ver se apenas observarmos a riqueza superficial do mundo real. Há perigos em se fazer isso, é claro; pode-se inadvertidamente negligenciar detalhes que têm um importante impacto sobre a realidade. Por exemplo, no passado, muitos modelos ambientais foram desenvolvidos sem que se considerassem os custos de realmente fiscalizar o cumprimento da legislação ambiental. Porém, no mundo real, os **custos de implementação** são mais do que apenas um detalhe; eles podem ter um grande impacto sobre os resultados das regulações ambientais. Assim, precisamos tomar cuidado para que nossas abstrações realmente sirvam para revelar conexões fundamentais, sem encobrir importantes dimensões de problemas que estejamos tentando compreender.

DISPOSIÇÃO A PAGAR

A criação de valor gerada pelas ações econômicas baseia-se na noção fundamental de que os indivíduos têm **preferências** por bens e serviços; dada uma opção, eles podem expressar preferências por um bem a outro, ou por um pacote de bens a outro. Como tornar visível essa noção abstrata de preferência? Precisamos simplificar a discussão, pois em uma economia moderna há milhares de bens e serviços diferentes disponíveis: consideraremos apenas um deles. Agora, podemos apresentar o seguinte conceito fundamental: o valor de determinado bem para uma pessoa é o que a pessoa está disposta a sacrificar por ele. Sacrificar o quê?

Em uma economia de escambo, a disposição a sacrificar uma coisa por outra seria expressa por uma terceira coisa. Em uma economia de mercado, faz mais sentido falar em sacrificar o poder aquisitivo geral. Assim, a ideia fundamental de valor está vinculada à **disposição a pagar**; o valor de um bem para alguém é aquilo que essa pessoa está *disposta a pagar* por ele.[1]

O que determina quanto uma pessoa está disposta a pagar para obter um bem ou serviço ou algum ativo ambiental? Essa é, em parte, uma questão de **valores individuais**. Algumas pessoas estão dispostas a sacrificar muito para visitar o Grand Canyon; outras, não. Algumas pessoas atribuem um alto valor à preservação do hábitat de espécies singulares de animais e plantas; outras, não. É óbvio, também, que a **riqueza** de uma pessoa afeta a disposição a sacrificar; quanto mais rica, mais ela poderá arcar com o pagamento de vários bens e serviços. A disposição a pagar, em outras palavras, também reflete a **capacidade de pagamento**.

Construamos uma representação gráfica da disposição que uma pessoa tem para pagar por certa quantidade de batatas orgânicas em uma semana. Daremos os seguintes passos:

1. Considerando que ela não tenha batatas orgânicas no momento, quanto estaria disposta a pagar por 1 quilo? Suponha que a resposta seja US$ 3,80.
2. Considerando que ela tenha 1 kg de batatas no momento, quanto estaria disposta a pagar pelo segundo quilo? Suponha que a resposta seja US$ 2,60.
3. Considerando que ela tenha 2 kg, quanto estaria disposta a pagar por um terceiro quilo? Suponha que ela responda US$ 1,70.
4. Quanto ela estaria disposta a pagar por mais batatas? Suponha que a resposta seja US$ 1,40 pelo quarto, US$ 0,90 pelo quinto, US$ 0,60 pelo sexto e nada pelo sétimo quilo.

Esses valores de disposição a pagar são exibidos na Figura 3.1. Esses números representam uma relação fundamental da economia: a noção de uma disposição a pagar decrescente. À medida que o número de unidades consumidas aumenta, a disposição a pagar por unidades adicionais do mesmo bem geralmente diminui.

Não é muito conveniente trabalhar com diagramas em formato de escada, como o gráfico superior da Figura 3.1. Assim, mudemos um pouco as coisas supondo que as pessoas possam consumir frações de itens além de valores inteiros. Isso gera uma curva de disposição a pagar com formato mais suave, como o gráfico inferior da Figura 3.1. Nessa função mais suave, escolhemos uma quantidade para fins ilustrativos. Ela mostra que a disposição a pagar pela terceira unidade corresponde a US$ 1,70.

O próximo passo é distinguir entre a disposição total e a disposição marginal a pagar. Considere que uma pessoa já esteja consumindo duas unidades do bem mencionado; de acordo com a curva de disposição a pagar, essa pessoa

[1] Pode parecer que estamos limitando a análise apenas a bens e serviços físicos, mas isso não é verdade. O conceito de disposição a pagar é bem geral e, no Capítulo 5, ele será aplicado a diferentes níveis de qualidade ambiental.

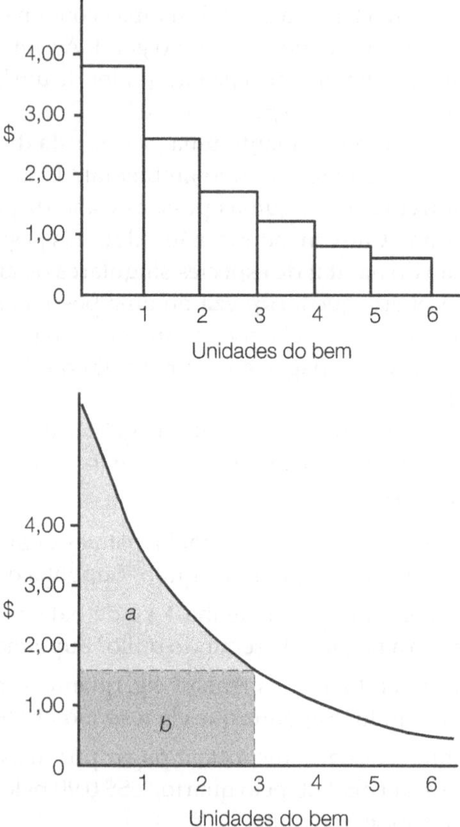

FIGURA 3.1 O conceito de disposição a pagar.

estaria disposta a pagar US$ 1,70 por uma terceira unidade. Essa é a **disposição marginal a pagar** – nesse caso, referente à terceira unidade. *Marginal* é, assim, uma palavra que descreve a disposição *adicional* a pagar, referente à aquisição de mais uma unidade. Assim, a altura dos retângulos no gráfico superior da Figura 3.1 e a altura da curva no gráfico inferior mostram a disposição marginal a pagar pelo bem.

A **disposição total a pagar** por determinado nível de consumo é a quantia total que a pessoa estaria disposta a pagar para atingir esse nível de consumo, em vez de ficar totalmente sem o bem. Suponha que a pessoa esteja consumindo um nível de três unidades; sua disposição total a pagar para consumir essa quantidade é US$ 8,10, que é, na verdade, a soma das alturas dos retângulos de demanda entre a origem e o nível de consumo em questão (US$ 3,80 pela primeira, mais US$ 2,60 pela segunda, mais US$ 1,70 pela terceira). Na versão mais suave da função de disposição a pagar, isso corresponde a toda a área sob a curva de disposição a pagar da origem até a quantidade em questão. Para três unidades de consumo, a disposição total a pagar é igual a uma quantia representada pelas áreas combinadas *a* e *b*.

Demanda

Há outra maneira de visualizar essas relações da disposição marginal a pagar. Elas são mais familiarmente conhecidas como **curvas de demanda.** Uma curva de demanda individual mostra a quantidade de um bem ou serviço que o indivíduo em questão demandaria (isto é, compraria e consumiria) em qualquer preço específico. Considere, por exemplo, que na parte inferior da Figura 3.1 é exibida a curva de demanda/disposição marginal a pagar de uma pessoa capaz de comprar esse item a um preço unitário de US$ 1,70. A quantidade que ela demandaria por esse preço é de 3 unidades. O motivo para isso é sua disposição marginal a pagar: para cada uma das três primeiras unidades, o preço de compra é excedido. Ela não levaria seu consumo a um nível mais alto do que esse porque sua disposição marginal a pagar por quantidades adicionais seria menor do que o preço de compra.

Uma curva de demanda/disposição marginal a pagar por um bem ou serviço é uma maneira de resumir as atitudes e capacidades de consumo desse bem que o indivíduo apresenta. Assim, normalmente esperaríamos que essas relações diferissem um pouco de um indivíduo para outro, pois os gostos e preferências individuais variam. A figura a seguir exibe diversas curvas de demanda diferentes. A Figura 3.2*a* mostra duas curvas de demanda, uma mais inclinada do que a outra. A mais inclinada mostra uma situação em que a disposição marginal a pagar cai rapidamente à medida que a quantidade consumida aumenta, e a mais plana mostra uma disposição marginal a pagar que, embora mais baixa no início, diminui menos rapidamente à medida que a quantidade aumenta. Essas duas curvas de demanda poderiam representar um consumidor e dois bens ou serviços diferentes, ou dois consumidores diferentes e o mesmo bem ou serviço.

A Figura 3.2*b* também possui duas curvas de demanda; elas têm a mesma forma geral, mas uma é situada bem mais à direita que a outra. Esta última mostra um bem para o qual a disposição marginal a pagar é substancialmente mais alta do que aquela referente à mesma quantidade do outro bem. Vários fatores poderiam explicar a diferença, como:

- Curvas de demanda de duas pessoas diferentes, com diferentes gostos e preferências
- Curvas de demanda da mesma pessoa (a curva direita, após um aumento na renda)

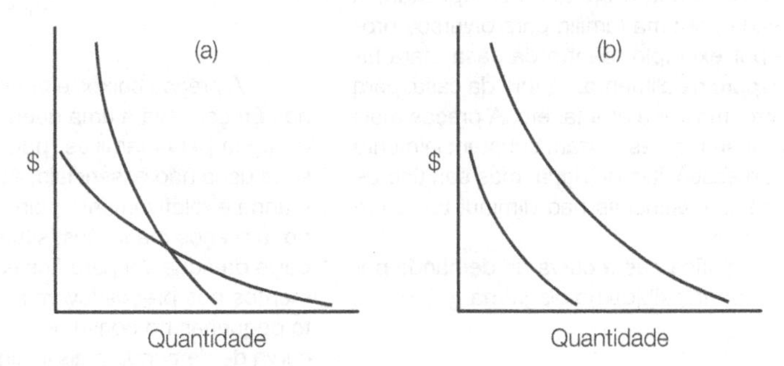

FIGURA 3.2 Típicas curvas de demanda/disposição marginal a pagar.

- Curvas de demanda da mesma pessoa, antes e depois de ela ter recebido mais informações sobre o bem (por exemplo, a possível presença de resíduos de pesticidas em um alimento)

Observe que as curvas de demanda são de fato *curvilíneas*, e não linhas retas. Uma relação de demanda em linha reta implicaria uma mudança uniforme na quantidade demandada à medida que o preço muda. No entanto, para a maioria dos bens, é improvável que isso seja verdade. A preços baixos e altas taxas de consumo, estudos mostram que aumentos relativamente pequenos no preço levam a reduções substanciais na quantidade demandada. A preços altos e com uma baixa quantidade demandada, no entanto, aumentos nos preços têm um efeito muito menor: produzem reduções muito menores na quantidade demandada. Isso nos dá uma relação de demanda que é convexa em relação à origem (isto é, relativamente plana para preços baixos e mais inclinada para preços mais altos – ver Exemplo 3.1).

A economia às vezes é mal compreendida pelos que acham que ela considera que as pessoas são impulsionadas por pensamentos que visam apenas ao seu próprio bem-estar, ou seja, que são completas egoístas. Como essas curvas de demanda apresentadas são individuais, de fato resumem as atitudes de um único indivíduo, mas isso não significa que todos os indivíduos tomem decisões considerando apenas a si mesmos. De fato, algumas pessoas podem agir dessa maneira, mas para a maioria há muitos outros fortes motivos que afetam suas demandas por diferentes bens, incluindo o altruísmo em relação a amigos e parentes, sentimentos de virtude cívica para com suas comunidades, um senso de responsabilidade social em relação a seus compatriotas, entre outros. Os gostos

EXEMPLO 3.1 A demanda por água

Pesquisadores investigaram a demanda por água entre as famílias. Muitos podem achar que a quantidade de água usada por uma família estaria relacionada somente a questões como o tamanho da família, e não o preço da água, mas não é o que ocorre. Em geral, à medida que o preço pago pela água aumenta, a quantidade de água usada diminui.

Essa demanda é bastante complicada. A água é usada por uma família para diversos propósitos – por exemplo, dentro da casa, para higiene e preparo de alimentos, e fora da casa, para lavar o carro, molhar a grama, etc. A preços mais altos, os consumidores cortam substancialmente os usos não essenciais de água, mas seu uso de água para fins essenciais não diminui tanto em termos relativos.

Isso significa que a curva de demanda por água tem a forma exibida no diagrama.

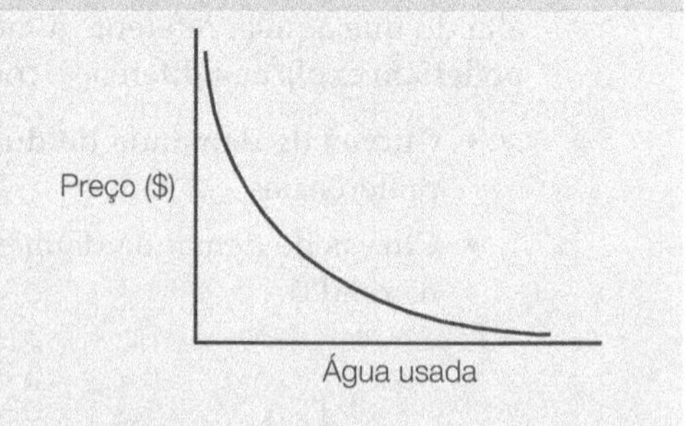

A preços baixos e moderados, um aumento nos preços leva a uma queda substancial no uso de água pelas famílias, pois as pessoas cortam seus usos não essenciais. Assim, a curva de demanda é relativamente plana nessa faixa. Contudo, a preços mais altos, situação na qual a maior parte da água vai para fins essenciais, novos aumentos nos preços levam a quedas relativamente pequenas no consumo de água e, logo, a uma curva de demanda mais inclinada.

e preferências individuais surgem não somente desses fatores, mas também de considerações mais estreitas do que aquilo de que uma pessoa gosta ou não gosta.

DEMANDA AGREGADA/DISPOSIÇÃO A PAGAR

Ao examinar questões do mundo real relativas à qualidade ambiental e a políticas de controle da poluição, normalmente concentramos nossa atenção no comportamento de grupos de pessoas, e não em indivíduos separados. Nosso interesse é na demanda/disposição marginal a pagar *total*, ou *agregada*, de grupos definidos de pessoas.

Uma **curva de demanda agregada** é o somatório de várias curvas de demanda individuais.[2] Identificar quais indivíduos estão envolvidos depende de qual agregação específica queremos observar, como a demanda de pessoas que vivem na cidade de Nova York pelas couves de Bruxelas; a demanda de pessoas que vivem em Nova Orleans por água limpa no Rio Mississipi; a demanda de pessoas que vivem em todos os Estados Unidos por parques públicos e assim por diante.

A Figura 3.3 representa uma curva de demanda agregada simples, representando um grupo de apenas três pessoas. A curva de demanda agregada é encontrada por meio da soma, para cada preço, das quantidades demandadas pelos três indivíduos, assim como na Tabela 3.1.

Se olharmos na outra direção, perceberemos que quando a Pessoa A está consumindo 10 unidades, sua disposição marginal a pagar é US$ 8, e quando as Pessoas B e C consomem, respectivamente, 6 e 8 unidades, sua disposição marginal a pagar também é US$ 8. Portanto, no nível agregado, a disposição marginal a pagar é US$ 8. Se uma unidade a mais for disponibilizada para esse agregado, ela terá que ser distribuída para a Pessoa A, Pessoa B ou Pessoa C, cada uma das quais com uma disposição marginal a pagar de US$ 8; assim, a disposição marginal a pagar agregada também é US$ 8.

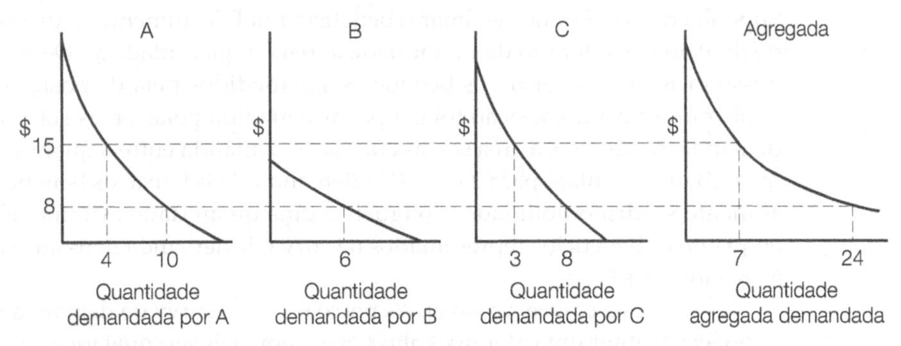

FIGURA 3.3 Curvas de demanda/disposição marginal a pagar agregada.

[2] O termo *demanda agregada* também é usado na macroeconomia para se referir ao total de bens e serviços produzido em toda a economia durante determinado ano. No livro, ele é utilizado em um sentido mais restrito, referindo-se à demanda combinada de um grupo de pessoas definido às vezes menor – embora nem sempre – do que o total nacional.

TABELA 3.1 Quantidades demandadas

Preço (US$)	Quantidades individuais demandadas			Quantidade agregada demandada
	A	B	C	
8	10	6	8	24
11	6	2	5	13
15	4	0	3	7

BENEFÍCIOS

Agora chegamos à ideia de **benefícios.** *Benefício* é uma daquelas palavras comuns para as quais os economistas deram um significado técnico. Quando se faz a limpeza do meio ambiente, as pessoas obtêm benefícios; quando permitem que o meio ambiente seja deteriorado em qualidade, os benefícios são tirados delas – elas estão, na verdade, sendo prejudicadas. Precisamos de uma maneira de conceituar e medir essa noção.

A palavra *benefícios* claramente implica "sair ganhando". Se indivíduos são beneficiados por algo, sua posição melhora – eles "saem ganhando". Por outro lado, se eles "saem perdendo", isso deve significar que os benefícios de alguma forma foram tirados deles. Como conferimos benefícios às pessoas? Fazemos isso ao lhes dar algo que valorizem. Como sabemos que elas valorizam algo? Pela sua disposição a se sacrificar ou a pagar pelo que lhes é oferecido. De acordo com essa lógica, então, os benefícios que as pessoas obtêm com alguma coisa são iguais à quantia que estariam dispostas a pagar por ela.

A lógica por trás dessa definição de *benefícios* é bem forte e indica que podemos usar curvas de demanda comuns para determinar os benefícios de fazer várias coisas que estão disponíveis às pessoas. A Figura 3.4 mostra duas curvas de demanda, e no eixo horizontal são indicados dois níveis de quantidades. Suponha que queiramos estimar o benefício total de aumentar a disponibilidade do item considerado da quantidade q_1 para a quantidade q_2. De acordo com nosso raciocínio anterior, os benefícios são medidos pela disposição a pagar, e sabemos que a disposição total a pagar é medida pelas áreas sob a curva de demanda, neste caso, a área sob as curvas de demanda entre a quantidade q_1 e a quantidade q_2. Então, para a curva de demanda mais baixa, os benefícios de tal aumento na disponibilidade são iguais a uma quantidade exibida pela área b, enquanto os benefícios representados na curva de demanda mais alta são iguais à área total $a + b$.

Essa lógica parece razoável. As pessoas com a curva de demanda mais alta só podem atribuir um valor mais alto a esse item, pois seja qual for a sua natureza as pessoas estão dispostas a pagar mais por ele do que aquelas cuja curva de demanda é a função mais baixa. Isso faz sentido. Quanto mais as pessoas valorizam algo, mais são beneficiadas por ter uma maior quantidade disponível dessa coisa, ou, em outras palavras, não é possível prejudicar as pessoas tirando-lhes algo que não valorizam.

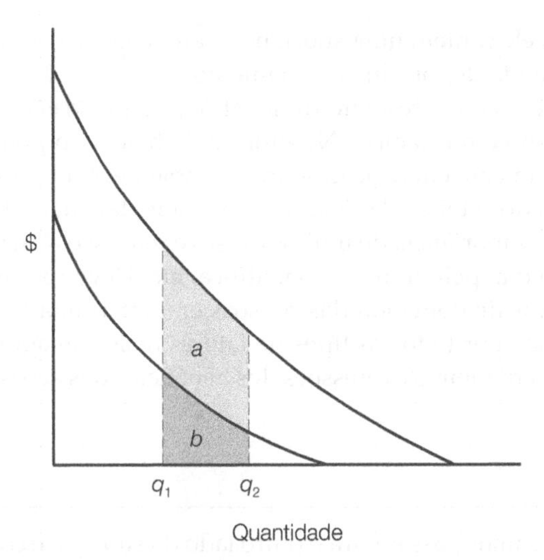

FIGURA 3.4 Disposição a pagar e benefícios.

Essa é a lógica fundamental por trás de grande parte da economia ambiental. Ela está por trás, por exemplo, de questões como a mensuração dos danos causados às pessoas quando o ambiente natural que as circunda é degradado e a avaliação dos impactos de programas e políticas ambientais adotados pelos governos municipais, estaduais e federais. Essa é a força da abordagem econômica: ela é baseada em uma clara noção do valor que as pessoas atribuem a diferentes coisas.

No entanto, essa ideia também tem seus pontos fracos. Em primeiro lugar, a demanda e, portanto, os benefícios geralmente são muito difíceis de medir quando envolvem questões ambientais, como veremos em capítulos posteriores. Temos que lembrar também que as curvas de demanda são gravemente afetadas pela capacidade de pagamento e pelas preferências dos indivíduos. Na Figura 3.4, por exemplo, a curva de demanda mais baixa poderia representar um grupo de pessoas com rendas mais baixas do que aquelas com a curva de demanda mais alta. A lógica do argumento levaria à conclusão de que o aumento na quantidade de $q_2 - q_1$ produziria menos benefícios entre as pessoas de renda mais baixa do que entre as pessoas de renda mais alta. Isso pode não ser uma conclusão muito justa, dependendo das circunstâncias. Assim, embora a lógica do conceito seja clara, temos que tomar cuidado ao usá-lo, especialmente quando estivermos lidando com grupos de pessoas cujos níveis de renda são diversos; o principal passo para isso é descobrir da maneira mais clara possível como as várias políticas e programas ambientais já em vigor ou em fase de propostas afetam esses grupos.

Outro problema pode surgir com o uso de curvas de demanda convencionais para medir benefícios. A demanda de um indivíduo por alguma coisa é claramente afetada por quanto ele sabe sobre esse bem; uma pessoa não estaria disposta a pagar por um bem se, por exemplo, não soubesse de sua existência. Na Figura 3.4, a curva mais alta pode ser a demanda por um bem antes da descoberta de que ele contém uma substância carcinogênica, e a curva mais baixa mostraria a demanda depois do conhecimento desse fato. Não há nada de especialmente surpreendente a respeito disso; afinal, as pessoas ficam mais informadas sobre as coisas com o tempo. No mundo de hoje, isso poderia ser uma complicação, especialmente em relação ao meio ambiente. Não compreendemos por completo muitos dos efeitos da degradação ambiental; além disso, as visões das pessoas sobre a importância de muitos desses efeitos são abaladas quase que diariamente pela mídia, pela imprensa científica, etc. Deve-se tomar cuidado ao considerar as curvas de demanda das pessoas em determinados momentos (influenciadas como são por todos os tipos de fatores reais e imaginários), e não interpretá-las como verdadeiras expressões dos benefícios das ações ambientais.

CUSTOS

Agora vamos passar para o outro lado da situação e considerar os custos. Embora algumas coisas na vida sejam de graça – uma ideia, por exemplo –, na maior parte das vezes bens e serviços não podem ser produzidos a partir do nada; eles exigem o gasto de recursos produtivos (ou insumos) no processo. Quanto mais demanda houver por alguma coisa, mais recursos terão que ser dedicados à sua produção. Por isso, é necessário que haja uma maneira de descrever e falar sobre os custos de se produzir coisas úteis, sejam elas bens de consumo normais, como carros e garrafas térmicas, ou serviços como transportes e seguros, ou ainda qualidade ambiental por meio do tratamento de resíduos, reciclagem e controles sobre o uso da terra.

Considere um simples processo de produção. Suponha, por exemplo, que estejamos produzindo certa linha de caixas de papelão. Para produzir caixas, são necessários muitos tipos de insumos produtivos: mão de obra, máquinas de vários tipos, energia, matérias-primas, equipamentos de manuseio de resíduos, entre outros. A primeira coisa a se fazer é encontrar uma maneira de valorar esses recursos produtivos. Se fôssemos uma empresa privada operando em uma economia de mercado, teríamos um pequeno problema: teríamos que valorar esses recursos de acordo com seu custo de aquisição no mercado. Assim, nossa demonstração de lucros e perdas no fim do ano refletiria os custos monetários desembolsados dos insumos usados na operação da produção. Porém, nosso conceito de custo será mais amplo do que esse. A partir dessa perspectiva mais ampla, os custos dessas caixas de papelão representarão o que poderia ter sido produzido com esses insumos produtivos se eles não tivessem sido usados na produção de caixas. Isso se chama *custo de oportunidade*.

Custo de oportunidade

O **custo de oportunidade** de produzir algo corresponde ao valor máximo de outros produtos que poderiam e teriam sido fabricados se os recursos para produzir o item em questão não fossem usados. A palavra *máximo* é usada por um motivo específico. Os insumos produtivos usados para produzir as caixas de papelão poderiam ter sido usados para produzir diversas outras coisas, talvez automóveis, livros ou equipamentos de controle da poluição; assim, o custo de oportunidade das caixas consiste no valor máximo da produção alternativa que poderia ter sido obtida se esses recursos fossem empregados de maneira diferente.

Os custos de oportunidade incluem custos desembolsados, mas são mais amplos do que isso. Alguns insumos realmente usados na produção podem não ser registrados como custos monetários – por exemplo, o trabalho não remunerado da esposa do operador da fábrica de caixas de papelão, assistente no escritório de serviços de atendimento. Isso pode não contar como um custo desembolsado, mas certamente tem um custo de oportunidade, porque essa pessoa poderia estar trabalhando em qualquer outro lugar se não estivesse trabalhando na fábrica. Ainda mais importante para nossos propósitos é considerar que o processo de produção das caixas de papelão pode produzir resíduos que serão lançados em um riacho próximo. Esses resíduos da produção podem causar danos ambientais a jusante, que representam verdadeiros custos de oportunidade da produção de caixas de papelão, embora não apareçam como custos na demonstração de lucros e perdas da fábrica.

A ideia de custo de oportunidade é relevante em qualquer situação na qual uma decisão tenha que ser tomada a respeito dos recursos produtivos para uma determinada finalidade em vez de outra. Para um órgão público com determinado orçamento, os custos de oportunidade de determinada política representam os valores de políticas alternativas que poderiam ter sido adotadas. Para um consumidor, o custo de oportunidade do tempo gasto procurando determinado item é o valor da segunda coisa mais valiosa à qual o consumidor poderia ter dedicado seu tempo.

Como o custo de oportunidade é medido? Não é muito útil compará-lo a outros itens físicos que poderiam ter sido produzidos, nem há informações suficientes, na maioria dos casos, para medir o valor da segunda melhor produção renunciada. Na prática, portanto, os custos de oportunidade são medidos pelo valor de mercado dos insumos usados na produção. Para isso funcionar, temos que tomar cuidado para que os insumos sejam avaliados corretamente. A mão de obra do escritório deve ser avaliada segundo a taxa salarial atual, embora na prática ela não seja assalariada, e os efeitos sobre a qualidade da água a jusante precisam ser avaliados e incluídos. Assim, depois que todos os insumos forem considerados, seu valor total pode ser calculado como o verdadeiro custo de oportunidade da produção.

Custos privados e sociais

Outra distinção importante é entre **custos privados** e **custos sociais**. Os custos privados de uma ação são os custos enfrentados pela parte que toma as decisões que levam a essa ação. Os custos sociais de uma ação são *todos* os custos da ação, independentemente de quem os enfrenta. Os custos sociais incluem custos privados, mas também podem incluir muito mais em certas situações.

Considere a ação de dirigir um carro. Os custos privados dessa ação incluem o combustível, o óleo, a manutenção, a depreciação e até mesmo o tempo de direção experimentado pelo motorista. Os custos sociais incluem todos esses custos privados e também os custos experimentados por outras pessoas além do motorista, expostas ao congestionamento e à poluição do ar resultantes do uso do carro. Essa distinção entre custos privados e sociais será muito importante em seções posteriores, nas quais analisaremos problemas ambientais com essas ferramentas.

Curvas de custo

Para resumir as informações de custo, usamos curvas de custo, que são representações geométricas dos custos de se produzir algo. E, assim como no caso da disposição a pagar, diferenciamos entre **custos marginais** e **custos totais**. Considere as curvas de custo da Figura 3.5. Elas se aplicam a uma única organização produtora – uma empresa ou talvez um órgão público que esteja produzindo algum bem ou serviço. Assim como os gráficos anteriores, esse mostra a quantidade no eixo horizontal e o índice monetário no eixo vertical. A quantidade está relacionada a algum período de tempo – um ano, por exemplo. O painel superior mostra os custos marginais, considerando uma relação em forma de escada. Ele mostra que a produção da primeira unidade custa US$ 5. Se a empresa quiser aumentar a produção para duas unidades, terá que gastar outros US$ 7. A adição de uma terceira unidade somaria US$ 10 aos custos totais e assim por diante. O custo marginal é formado pelos custos adicionados, a quantidade pela qual os custos totais aumentam quando a produção é aumentada em uma unidade. Considera-se também as economias de custo obtidas se a produção diminuir em uma unidade. Assim, a redução na produção de quatro para três unidades reduziria os custos totais em US$ 15 – o custo marginal da quarta unidade.

É inconveniente trabalhar com gráficos em forma de escada; por isso, consideramos que a empresa pode produzir quantidades intermediárias além de valores inteiros. Isso gera uma curva de custo marginal suave, como mostra o painel inferior da Figura 3.5. Essa curva agora mostra o custo marginal – o custo adicionado de mais uma unidade de produto – para qualquer nível de produção; em um nível de 4,5 unidades, por exemplo, o custo marginal é de US$ 19.

As curvas de custo marginal podem ser usadas para determinar os **custos totais de produção**. Suponha que queiramos saber o custo total de produzir cinco unidades do item referente à curva de custo marginal em escada da Figura 3.5. Esse custo é igual ao custo da primeira unidade (US$ 5), mais a segunda (US$ 7), mais a terceira (US$ 10) e assim por diante. Esse total é US$ 60; geometricamente, isso é igual à área total dos retângulos acima das cinco primeiras unidades de produto. Analogamente, na função de custo marginal de forma suave na parte inferior do diagrama, o custo total de produzir determinada quantidade é o valor em dólar igual à área sob a curva de custo marginal entre a origem e a quantidade em questão. Portanto, o custo total de produzir 4,5 unidades é dado pela área marcada *a*.

Os formatos das curvas de custos

A altura e a forma da curva de custo marginal de qualquer processo de produção diferem de uma situação para outra, dependendo de diversos fatores subjacentes.

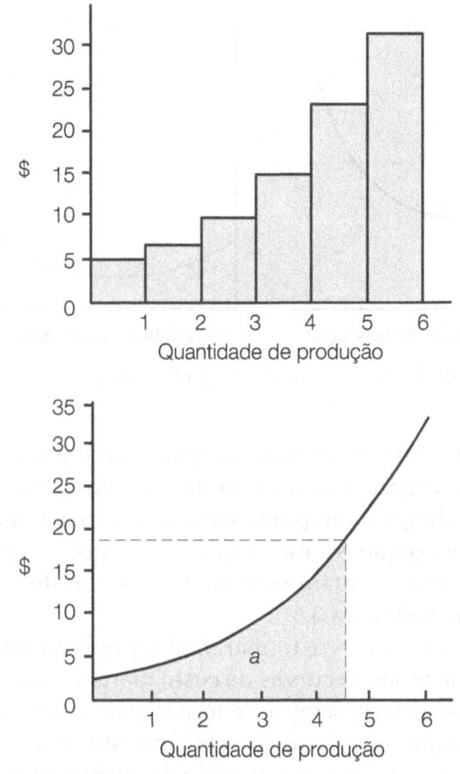

FIGURA 3.5 O conceito de custo marginal.

Um fator determinante é a tecnologia utilizada na produção (conceito que será discutido posteriormente), assim como o preço dos insumos, que influencia a altura das curvas de custo marginal. Em geral, se os preços dos insumos aumentarem para uma empresa ou grupo de empresas, suas curvas de custo marginal se deslocarão para cima. Outro elemento importante é o *tempo* – especificamente, a quantidade de tempo que uma empresa tem para se ajustar a mudanças em sua taxa de produção. Esses fatores podem ser mais bem compreendidos depois da análise de algumas curvas reais de custo marginal.

A figura a seguir mostra várias curvas de custo marginal. A Figura 3.6*a* mostra uma curva de custo marginal muito típica; inicialmente, ela diminui à medida que a produção aumenta, mas depois aumenta à medida que a produção fica maior. O declínio inicial ocorre devido às eficiências que são alcançáveis com maiores quantidades nesse nível. Suponha que nossa "produção" se refira à quantidade de águas residuais tratadas em uma estação municipal de tratamento. Em níveis de produção muito baixos, a fábrica não é utilizada em sua capacidade máxima; assim, aumentos de produção nessa faixa são acompanhados por aumentos menos do que proporcionais nos custos de produção, gerando custos marginais decrescentes. Porém, à medida que a produção aumenta, aproxima-se da utilização da capacidade máxima da fábrica. As máquinas precisam ser operadas por mais tempo, mais pessoas têm que ser contratadas e assim por

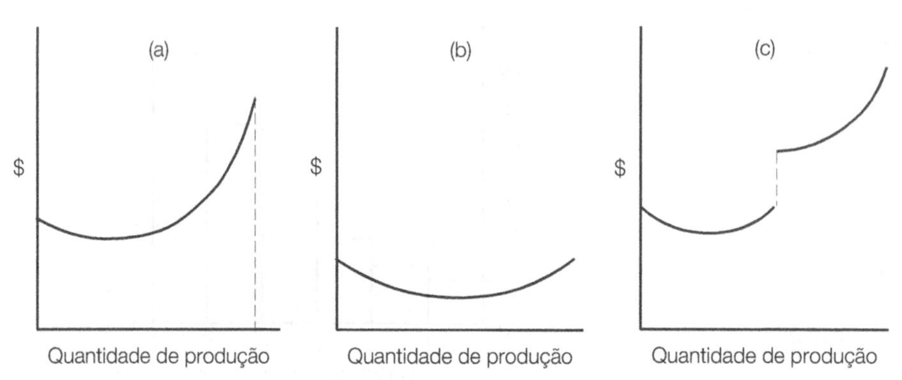

FIGURA 3.6 Curvas de custo marginal típicas.

diante. Dessa forma, o custo marginal começa a aumentar, e esses problemas se tornam mais agudos à medida que nos aproximamos da capacidade máxima. Podemos chegar a um ponto em que se torna quase impossível aumentar mais a produção, o que é o mesmo que dizer que os custos marginais de produção nesse ponto aumentam sem limite. Esse limite é indicado pela linha vertical pontilhada na Figura 3.6.

Essa curva de custo marginal representa uma importante característica, genérica de todas as curvas de custo marginal: embora elas possam inicialmente ser decrescentes, sempre se tornarão crescentes à medida que a produção se tornar grande o suficiente. Esses aumentos estão relacionados a certos fatores subjacentes, como maior utilização da fábrica, a necessidade de buscar matérias-primas em locais mais distantes e os custos de gestão inevitavelmente mais altos que acompanham grandes operações. Praticamente todo o estudo da economia de operações e indústrias específicas demonstra custos de produção marginal crescentes, e esse fato sempre será um importante elemento em nossas discussões, especificamente aquelas relacionadas à gestão da qualidade ambiental (ver Exemplo 3.2.)

A Figura 3.6*b* mostra uma curva de custo marginal similar, em sua forma geral, à curva da Figura 3.6*a*, mas com uma curvatura menos pronunciada. No curto prazo, nossa estação de tratamento de águas residuais tinha determinada capacidade, que era fixa; mas, no longo prazo, há tempo para construir uma estação de tratamento maior com uma capacidade mais alta. Para produções maiores, os custos marginais dessa estação maior serão mais baixos do que aqueles da estação menor. Contudo, mesmo nessas situações de longo prazo, os custos marginais acabarão aumentando, como ilustrado na Figura 3.6*b*. *Em nossas discussões subsequentes, consideraremos sempre curvas de custo marginal de longo prazo, a menos que seja especificado o contrário.*

A Figura 3.6*c* representa um caso mais complicado, em que há uma descontinuidade na curva de custo marginal. Depois de uma curta seção decrescente, os custos marginais geralmente apresentam uma tendência crescente e, em determinado ponto, dão um salto para algum valor superior. Isso representa um investimento volumoso em novos tipos de tecnologia em determinado ponto, à medida que a produção aumenta.

EXEMPLO 3.2 Os custos marginais de um produtor de maçãs orgânicas

Considere um pomar local que produz maçãs orgânicas; qual seria a aparência da curva de custo marginal dessa operação? No início da produção (passando de zero a uma quantidade positiva pequena), podemos esperar que os custos marginais sejam relativamente altos, pois qualquer produção exige determinado conjunto mínimo de insumos. Em taxas de produção um pouco mais altas, mas ainda baixas, produções adicionais podem ser obtidas com aumentos relativamente modestos nos custos, porque o equipamento e a mão de obra existentes podem ser usados mais intensivamente; um pouco de combustível extra e um trabalhador a mais para a colheita de maçã podem ser o suficiente. Em outras palavras, em níveis baixos de produção, podemos esperar que os custos marginais de produzir maçãs orgânicas sejam modestos, ou mesmo decrescentes. No entanto, em níveis um pouco mais altos de produção, os custos marginais sem dúvida aumentarão. As máquinas terão que ser usadas mais intensivamente, resultando em mais manutenção e a elevação de custos. Nesse ponto, estamos falando de custos marginais no curto prazo, isto é, os custos marginais de aumentar a produção com um pomar de maçãs de determinado tamanho. Claramente, quando todos os passos disponíveis tiverem sido dados, a curva de custo marginal de curto prazo se elevará rapidamente, já que a capacidade biológica máxima de produção de maçãs das árvores terá sido alcançada.

Se considerássemos o que aconteceria no longo prazo, reconheceríamos que o pomar, por determinado custo, pode ser expandido ao se comprar mais terras e plantar mais árvores – e obviamente seria necessário adicionar mais mão de obra. Dessa forma, mesmo no longo prazo, esperaríamos que os custos marginais aumentassem. Mais terras teriam que ser transferidas de outros usos, e provavelmente seria mais difícil coordenar e colocar decisões em prática em uma operação cada vez maior.

Assim, o raciocínio convencional entre os economistas indica que todos os tipos de processos de produção exibem custos marginais crescentes, como mostra o diagrama a seguir. A rapidez com que os custos crescem com o aumento da produção depende das opções tecnológicas disponíveis, além da quantidade de tempo permitida para o ajuste. Em capítulos posteriores, aplicaremos esse raciocínio aos custos de controle da poluição.

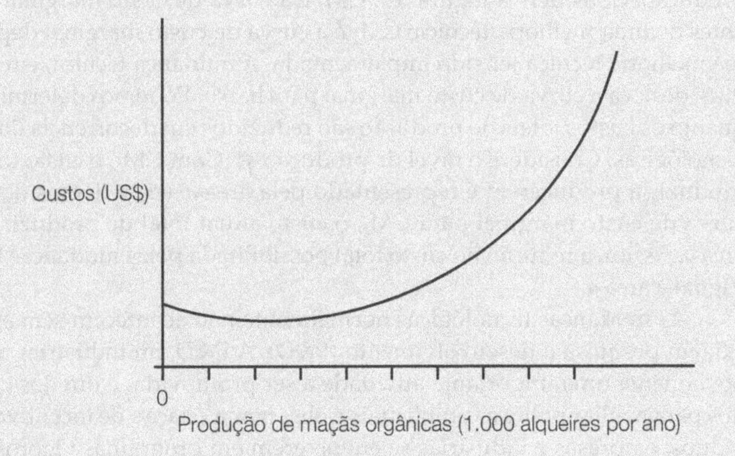

TECNOLOGIA

O fator que mais afeta os formatos das funções de custo marginal é a **tecnologia** do processo de produção, ou seja, as capacidades produtivas inerentes dos métodos e máquinas que estão sendo empregados. Qualquer produção moderna exige bens de capital (máquinas e equipamentos) de vários tipos e capacidades, mão de obra, procedimentos operacionais, matérias-primas, etc. O nível de produção que uma empresa pode obter a partir de determinado conjunto de insumos depende das capacidades técnicas e humanas inerentes a esses insumos. As curvas de custo marginal exibidas na Figura 3.6 poderiam estar relacionadas a diferentes indústrias por serem tão diferentes, mas mesmo dentro de uma mesma indústria as curvas de custo marginal podem diferir de uma empresa para outra. Algumas empresas são mais antigas do que outras e podem estar trabalhando com equipamentos mais velhos com características de custo diferentes. Mesmo empresas da mesma idade podem ter diferentes técnicas de produção; suas decisões gerenciais anteriores podem ter colocado-os em diferentes posições considerando os custos de produção marginal que enfrentam hoje.

Esse conceito de tecnologia é vitalmente importante na economia ambiental, porque as **mudanças tecnológicas** podem oferecer formas de produzir bens e serviços com menos efeitos colaterais ambientais e também melhores maneiras de manipular as quantidades de resíduos de produção. Em nosso simples modelo de custo, o avanço técnico tem o efeito de deslocar as curvas de custo marginal para baixo. O progresso tecnológico possibilita produzir um determinado aumento na produção com um custo marginal mais baixo, além de reduzir o custo total de produção. Considere a Figura 3.7. CM_1 é a curva de custo marginal da empresa antes de uma melhoria técnica; CM_2 é a curva de custo marginal depois de alguma melhoria técnica ter sido implementada. A mudança técnica, em outras palavras, desloca a curva de custo marginal para baixo. Podemos determinar também quanto os custos totais de produção são reduzidos em decorrência das mudanças tecnológicas. Considere o nível de produção q^*. Com CM_1, o custo total anual de produzir a produção q^* é representado pela área $a + b$, e depois da redução na curva de custo marginal para CM_2, o custo anual total de produzir q^* é igual à área b. Assim, a redução no custo total possibilitada pelas mudanças tecnológicas é igual à área a.

As mudanças tecnológicas normalmente não acontecem sem esforços; elas exigem pesquisa e desenvolvimento (P&D). A P&D em indústrias ambientais é obviamente uma importante atividade a ser promovida, e um dos critérios usados para avaliar políticas ambientais é observar a criação de incentivos para indivíduos, empresas e indústrias se envolverem em programas vigorosos de P&D. Em termos muito simples, esse incentivo consiste nas economias de custo que resultam das novas técnicas, materiais, procedimentos, etc., resultante desse esforço. As economias de custo exibidas na Figura 3.7 (área a) mostram parte desse incentivo. Essas são as economias de custo anuais, e seu acúmulo representa o incentivo total à P&D.

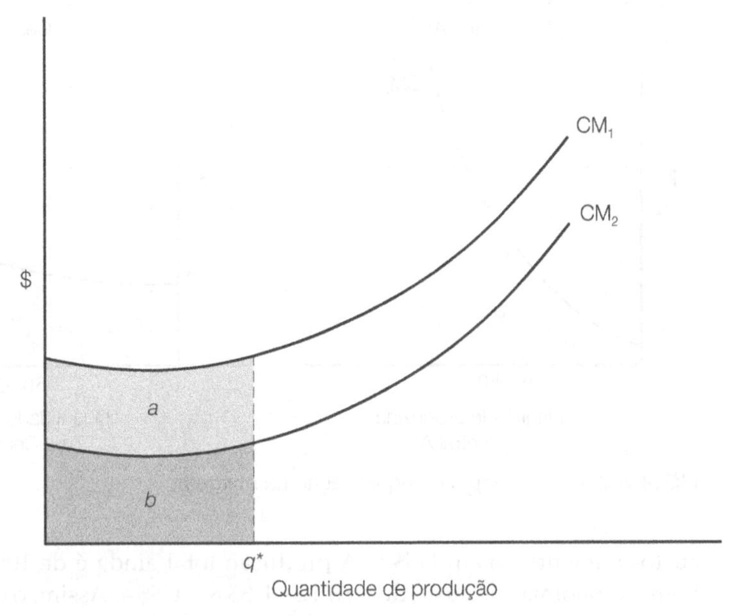

FIGURA 3.7 Melhorias tecnológicas.

O PRINCÍPIO DA EQUALIZAÇÃO NA MARGEM

Chegamos agora à discussão de um princípio econômico simples, mas importante, que será usado repetidamente nos próximos capítulos. Ele se chama **princípio da equalização na margem.** Para compreendê-lo, considere o caso de uma empresa que produz determinado produto, cuja operação é dividida em duas fábricas diferentes: há uma única empresa de geração de energia, que possui duas centrais geradoras. Cada central produz o mesmo item, de modo que a produção total da empresa é a soma do que ela produz nas duas centrais. Essas centrais foram construídas em diferentes épocas e empregam tecnologias diferentes. Na Figura 3.8, a Central A, cuja tecnologia é mais antiga, possui uma curva de custo marginal que começa relativamente baixa, mas se eleva rapidamente à medida que a produção aumenta. A Central B usa uma tecnologia mais nova e possui um custo marginal mais alto em níveis de produção baixos, mas os custos marginais não aumentam tão rapidamente com o aumento da produção.

Considere agora uma situação em que essa empresa com duas centrais queira produzir um total de 100 unidades. Quantas unidades cada central deve fabricar para que a produção dessas unidades seja pelo *mínimo custo total?* Seria melhor produzir 50 unidades em cada central? Isso é representado na Figura 3.8; com uma produção de 50, a Central A possui um custo marginal de US$ 12, enquanto a Central B possui um custo marginal de US$ 8. Os custos totais de produção são a soma dos custos totais em cada central, ou $(a + b + c) + d$. Eis o que é importante: o custo total das 100 unidades pode ser diminuído realocando-se a produção. Reduza a produção na Central A em uma unidade e os custos cairão em US$ 12. Depois, aumente a produção na Central B em uma unidade e lá os

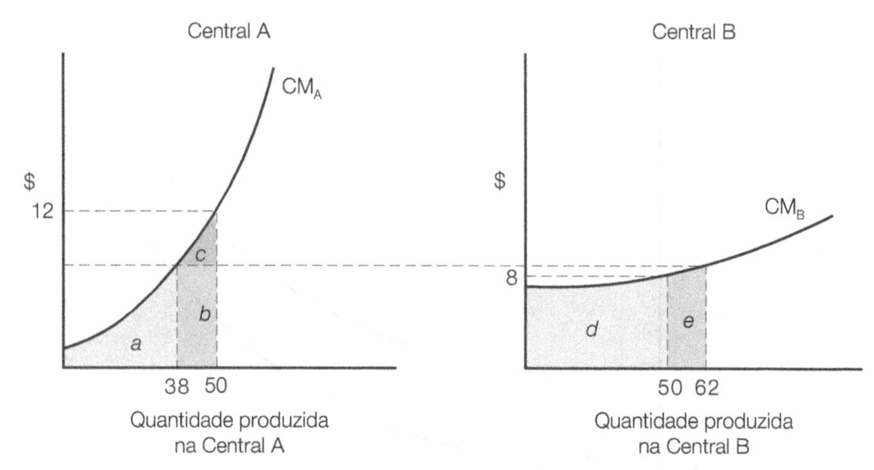

FIGURA 3.8 O princípio da equalização na margem.

custos aumentarão em US$ 8. A produção total ainda é de 100 unidades, mas houve economias de custo de US$ 12 – US$ 8 = US$ 4. Assim, o custo total, que é a soma dos custos nas duas centrais, diminui.

Contanto que os custos marginais nas duas centrais difiram um do outro, podemos continuar a realocar a produção – afastando-a da central de custo marginal alto e levando-a para a central de custo marginal baixo – e obter uma redução no custo total. Na verdade, os custos totais de produzir as 100 unidades nas duas centrais chegarão a um mínimo somente quando os custos marginais das duas fábricas forem iguais – o "princípio da equalização na margem". Na Figura 3.8, isso acontece quando a produção na Central A é 38 unidades e a produção na Central B é 62 unidades. Os custos totais em termos geométricos são agora $a + (d + e)$.

O princípio da equalização da margem, portanto, diz o seguinte: se há múltiplas fontes para produzir determinado produto ou alcançar determinada meta, e se deseja minimizar o custo total de produzir determinada quantidade, a produção deve ser distribuída de modo a igualar os custos marginais entre as fontes de produção. Há outra maneira de dizer isso que parece diferente, mas, na verdade, não é: se você possui determinada quantidade de recursos e deseja maximizar a quantidade total produzida, distribua a produção total entre as fontes de modo a igualar os custos marginais. Esse princípio será muito valioso quando abordarmos a obtenção de reduções máximas de emissões a partir de determinadas quantidades de recursos.

CUSTO MARGINAL E OFERTA

Uma questão crucial na análise de qualquer sistema econômico é a análise de se as empresas que visam ao lucro (além de órgãos públicos interessados em regulação econômica) produzem as quantidades corretas de produto do ponto de vista da sociedade como um todo – e não considerando somente itens convencionais como caixas de papelão, mas também itens menos convencionais como a provisão de qualidade ambiental. Para tratar essa questão, temos que compreender como as empresas normalmente determinam as quantidades que serão produzidas. O custo marginal de produção é um fator fundamental na determinação do comportamento das empresas em relação à **oferta** em circunstâncias competitivas. Na verdade, a curva de custo marginal de uma empresa age essencialmente como uma **curva de oferta,** mostrando a quantidade de bens que a empresa forneceria a diferentes preços. Considere a Figura 3.9; a empresa à qual a curva de custo marginal se refere é capaz de vender toda a sua produção por um preço igual a p^*. Ela maximizará seus lucros produzindo a quantidade de produto em que o custo marginal é igual a p^*; esse nível é designado q^*. Para qualquer nível de produção menor do que esse, CM < p^*; assim, uma empresa poderia aumentar seus lucros aumentando a produção. Em qualquer nível de produção acima desse, p^* < CM, então uma empresa na verdade está produzindo itens para os quais o custo marginal é mais alto do que o preço; nesse caso, a empresa deve reduzir a produção se desejar maximizar seus lucros.

Geralmente, o interesse é o desempenho da oferta de indústrias compostas por muitas empresas. A curva de oferta agregada de um grupo de empresas é a soma das curvas de oferta individuais de todas as empresas do grupo. Há três empresas, A, B e C, com curvas de custo marginal como as ilustradas nas Figuras 3.10*a*, 3.10*b* e 3.10*c*. Por um preço comum de US$ 4, por exemplo, a Empresa A fornece 10 unidades, a Empresa B fornece 8 unidades e a Empresa C fornece 6 unidades. Assim, a oferta agregada por esse preço é de 24 unidades, como mostra a Figura 3.10(*agregada*). Por outros preços possíveis, as quantidades fornecidas pelas três empresas seriam determinadas por suas respectivas curvas de oferta individuais, e os somatórios horizontais delas traçariam a curva agregada de oferta.

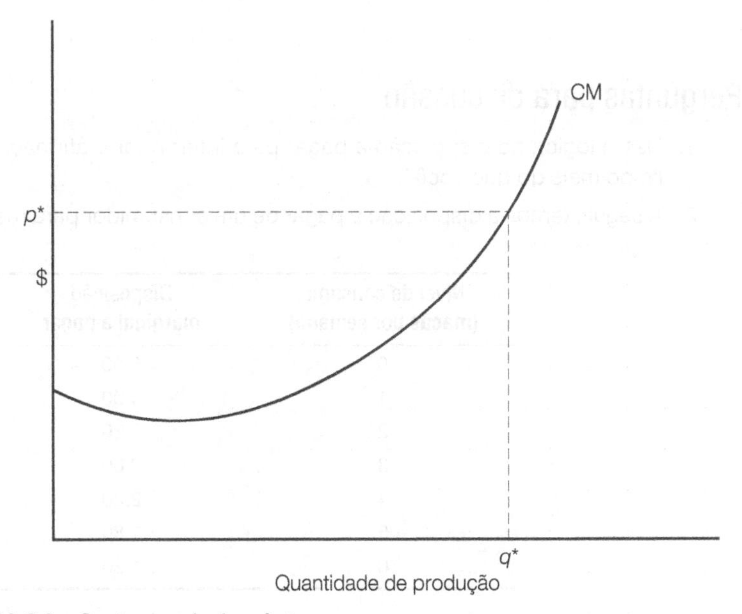

FIGURA 3.9 Custo marginal e oferta.

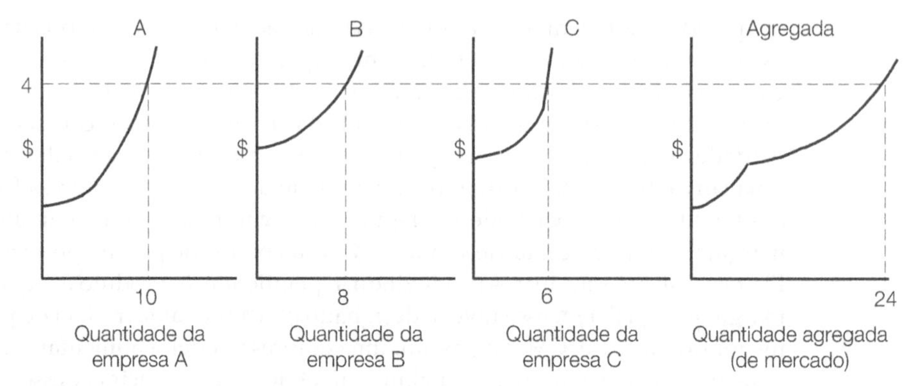

FIGURA 3.10 Derivação da oferta agregada (de mercado) a partir de curvas de oferta individuais.

Resumo

Neste capítulo, abordamos brevemente algumas das ferramentas fundamentais da microeconomia. Capítulos posteriores se basearão fortemente nessas ideias, especialmente no princípio da equalização na margem e em gráficos; iremos alternar entre medidas marginais e totais. Quando começarmos a analisar problemas do mundo real ligados à análise ambiental e desenho de políticas, veremos que será fácil desviar foco para os inúmeros detalhes, perdendo de vista as ideias fundamentais da economia. Contudo, é essa base do raciocínio econômico, como as ideias discutidas neste capítulo, o que nos permite identificar as principais características econômicas desses problemas e desenvolver soluções para eles.

Perguntas para discussão

1. Use a lógica da disposição a pagar para interpretar a afirmação "gosto de ar limpo mais do que você".
2. A seguir, temos a disposição a pagar de um consumidor para maçãs orgânicas.

Nível de consumo (maçãs por semana)	Disposição marginal a pagar
0	5.00
1	4.00
2	3.20
3	2.60
4	2.20
5	1.80
6	1.50

a. Qual é a total disposição a pagar do consumidor para um nível de consumo de 4 maçãs?

b. Se o preço da maçã orgânica fosse $2,40, quantas maçãs essa pessoa consumiria?

3. A seguir, temos a disposição marginal a pagar de dois consumidores, que desejam adquirir maçãs orgânicas.

Nível de consumo (maçãs por semana)	Disposição marginal a pagar	
	Jill	John
0	5,00	6,40
1	4,00	5,20
2	3,20	4,00
3	2,60	3,00
4	2,20	2,10
5	1,80	1,30
6	1,50	0,60
7	1,30	0,30
8	1,20	0

Construa a disposição marginal a pagar agregada (a curva de demanda) desse grupo de duas pessoas.

4. Quais são as vantagens e desvantagens de usar a disposição a pagar como uma medida de valor? Quais são algumas das alternativas?

5. A Figura 3.10 ilustra a derivação da curva de oferta de uma indústria sob condições competitivas, em que cada empresa recebe o mesmo preço por sua produção. Qual é a relação desse procedimento ao princípio da equalização na margem discutido anteriormente neste capítulo?

6. Considere a curva de custo marginal associada à limpeza de seu quarto. Chame o eixo vertical de "tempo", e o horizontal, de "nível percentual de limpeza". Que aparência teria essa curva de custo marginal?

7. Alguém inventa uma nova pequena máquina que, por meio da eletrostática, é capaz de remover poeira de quartos muito rapidamente. O que isso faz com a curva de custo marginal descrita na pergunta anterior?

Para leituras e *sites* adicionais pertinentes ao material deste capítulo, veja www.grupoa.com.br.

CAPÍTULO 4

Eficiência econômica e mercados

Este capítulo tem como objetivos:

1. Desenvolver a noção de **eficiência econômica** como um índicador para examinar o funcionamento de uma economia e como um critério para avaliar se seu desempenho é tão bom quanto poderia ser.
2. Questionar quando um **sistema de mercado** funcionando livremente pode produzir resultados socialmente eficientes.

Eficiência econômica é uma ideia simples e muito recomendável como critério de avaliação do desempenho de um sistema econômico ou parte desse sistema – mas precisa ser usada com cuidado. Uma única empresa ou um grupo de empresas podem ser avaliados como muito eficientes de seu modo limitado, contanto que estejam mantendo os custos baixos e gerando lucro. Contudo, para avaliar o desempenho *social* dessas empresas, precisamos ampliar a noção de eficiência econômica. Nesse caso, ela tem que incluir todos os valores sociais e as consequências das decisões econômicas – em particular, as consequências ambientais. É importante também discutir a relação entre eficiência econômica e **equidade econômica**.

Os sistemas de mercado funcionam permitindo que indivíduos, tanto compradores quanto vendedores, procurem trocas que sejam individualmente benéficas. Veremos que há diversas circunstâncias em que um sistema de mercados privados normalmente não será capaz de gerar resultados que sejam eficientes nesse sentido mais amplo. Isso nos leva ao próximo capítulo, no qual examinaremos a seguinte questão política: se a economia não está funcionando da maneira que queremos, especialmente em termos de qualidade ambiental, que tipo de política pública pode ser usado para corrigir a situação?

A eficiência econômica é um critério que pode ser aplicado em vários níveis: do uso de insumos à determinação dos níveis de produção. Neste capítulo, abordaremos este último, pois, em última análise, desejamos aplicar o conceito de "produção" de qualidade ambiental. Há duas questões relevantes: (1) Qual quantidade deve ser produzida e (2) qual quantidade é, de fato, produzida? A primeira questão lida com a noção de eficiência, e a segunda, com a maneira como os mercados normalmente funcionam.

EFICIÊNCIA ECONÔMICA

No capítulo anterior, introduzimos duas relações: a primeira, entre a quantidade de produto e a disposição a pagar, e a segunda, entre a produção e seus custos marginais. Nenhuma dessas relações, por si só, pode nos dizer qual é o nível de produção mais desejável do ponto de vista da sociedade. Para identificar esse nível de produção, é necessário unir esses dois elementos. A ideia central de **eficiência econômica** é o equilíbrio entre o valor do que é produzido e o valor do que é utilizado para essa operação. Em outras palavras, deve haver um equilíbrio entre a disposição a pagar e os custos marginais de produção.

Eficiência é uma noção que precisa ter um ponto de referência; é crucial perguntarmos: eficiente do ponto de vista de quem? O que é eficiente para uma pessoa, no sentido de equilibrar os custos e benefícios, pode não ser eficiente para outra. Queremos um conceito de eficiência que seja aplicável à economia como um todo. Isso significa que quando estamos nos referindo aos custos marginais, *todos* os custos de produzir o item específico em questão têm que ser incluídos, independentemente de quem arque com eles. Ao lidar com a disposição marginal a pagar, temos que insistir que ela representa precisamente *todo* o valor que as pessoas na sociedade atribuem ao item. Isso não significa necessariamente que todas as pessoas atribuirão o mesmo valor a todos os bens; significa apenas que não podemos deixar de fora nenhuma fonte de valor.

Como identificamos a taxa de produção socialmente eficiente? Considere que o nosso foco seja um tipo de produção específico; na prática, poderiam ser refrigeradores, automóveis, um curso superior ou certo tipo de equipamento de controle da poluição. Nosso item atualmente está sendo produzido a uma determinada taxa, e queremos saber se o aumento desse nível de produção em uma pequena quantidade beneficiaria a sociedade. Para responder a isso, precisamos comparar a disposição marginal a pagar por essa produção extra aos custos de oportunidade marginais da produção. Se o primeiro exceder o segundo, presumivelmente iríamos querer uma produção extra; caso contrário, não.

Isso pode ser analisado graficamente juntando as duas relações discutidas no último capítulo. A Figura 4.1 mostra a curva de disposição marginal a pagar agregada (chamada de DMAP) e a curva agregada de custo marginal (CM) do bem em questão. O nível de produção eficiente desse item é a quantidade identificada pela interseção das duas curvas, chamadas de q^e na figura. Para esse nível de produção, o custo de produzir uma unidade a mais desse bem é exatamente igual ao seu valor marginal, como expressa a curva de disposição marginal a pagar. Esse valor comum é p^e.

A igualdade entre a disposição marginal a pagar e o custo marginal de produção é o teste para determinar se a produção está no nível socialmente eficiente. Além disso, há outra maneira de analisar essa noção de eficiência. Quando uma taxa de produção está no nível socialmente eficiente, o valor líquido, definido como a **disposição total a pagar** menos os **custos totais**, é o maior possível. Na verdade, podemos medir esse valor líquido no diagrama. Em q^e sabemos que a disposição total a pagar é igual a uma quantidade correspondente à área sob a curva de disposição marginal a pagar da origem até q^e; essa área consiste na soma

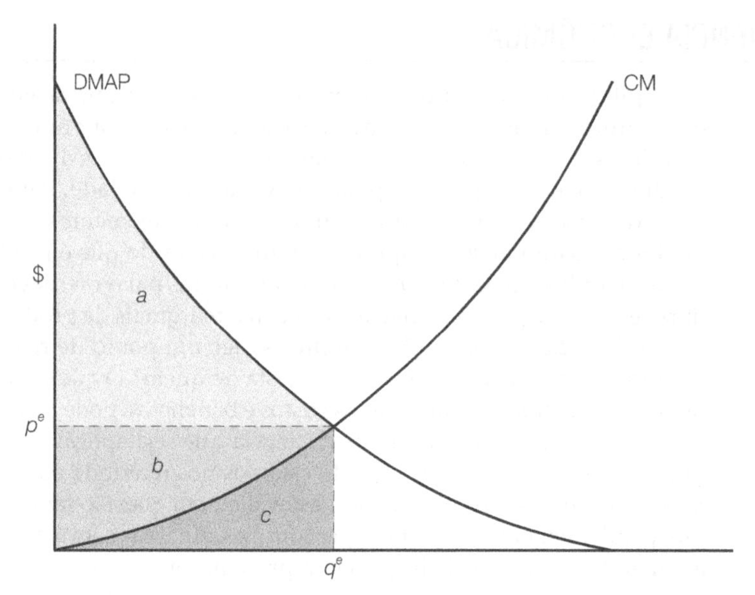

FIGURA 4.1 A taxa de produção socialmente eficiente.

das três subáreas: $a + b + c$. O custo total, no entanto, consiste na área sob a curva de custo marginal, ou área c. Assim, o excedente é $(a + b + c) - c = a + b$, que é a área triangular determinada pela curva de disposição marginal a pagar e a curva de custo marginal. Em qualquer outra quantidade, o valor correspondente da disposição total a pagar menos os custos totais de produção será menos que essa área $a + b$.

É necessário deixar claro o que esse gráfico está dizendo. Observamos anteriormente que a curva de disposição marginal a pagar supostamente representa com precisão todos os benefícios que as pessoas em nossa economia realmente experimentam quando o bem se torna disponível. A curva de custo marginal de produção supostamente contém todos os custos de oportunidade reais que são necessários para produzir esse bem – nenhum custo oculto ou negligenciado foi deixado de fora. Assim, a quantidade q^e é **eficiente** porque produz um equilíbrio entre os dois lados – entre o valor marginal de um bem, como indica a disposição dos consumidores para pagar por ele, e quanto custa à sociedade produzi-lo, como medem os custos marginais.[1]

[1] Os gráficos apresentados neste capítulo e no anterior mostram a produção e o consumo de algum bem ou serviço com valor positivo. Em capítulos posteriores, iremos adaptá-los para explorar a produção do que podemos chamar de valor "ruim", ou seja, a poluição ambiental. Assim, as unidades ao longo do eixo horizontal seriam quantidades de algum poluente. A curva de custo marginal mostraria os custos ou danos crescentes causados à sociedade por quantidades cada vez maiores de poluentes. A curva de demanda, por outro lado, mostraria economias marginais decrescentes para as empresas poluidoras, por serem capazes de emitir mais poluição no ambiente. Discutiremos esse assunto mais detalhadamente no Capítulo 5.

EFICIÊNCIA E EQUIDADE

Do ponto de vista da sociedade em geral, a produção está em um nível eficiente quando os benefícios marginais são iguais aos custos marginais de produção, isto é, quando os benefícios líquidos são maximizados *independentemente de quem irá recebê-los*. A eficiência não faz distinção entre as pessoas. Um dólar em benefícios líquidos para uma pessoa é considerado de igual valor a um dólar que beneficie 100 pessoas ao mesmo tempo. No mundo real, um resultado que beneficie pessoas ricas à custa de pessoas pobres seria considerado pela maioria das pessoas como não equitativo, injusto. Isso é simplesmente outra maneira de dizer que um resultado que é eficiente nesse sentido não precisa necessariamente ser equitativo.

A **equidade** está estritamente relacionada à distribuição de renda e riqueza em uma sociedade. Se essa distribuição é considerada essencialmente justa, então pode ser justificável fazer julgamentos sobre níveis de produção alternativos usando apenas o critério da eficiência. No entanto, se a riqueza é distribuída de maneira injusta, o critério da eficiência tomado por si só pode ser estreito demais; ainda assim, temos que reconhecer que, na avaliação de resultados econômicos, a ênfase relativa colocada sobre eficiência e equidade é uma questão controversa – no cenário político e também entre os próprios economistas.

Teremos muito a dizer sobre questões distribucionais e de equidade neste livro. O Capítulo 6 apresenta a terminologia para descrever os impactos distribucionais das políticas ambientais. O Capítulo 9 apresenta uma discussão do papel da equidade econômica como critério para avaliar políticas ambientais.

MERCADOS

Depois de especificar o significado de eficiência econômica, perguntaremos, então, se um sistema de mercado, um sistema em que as principais decisões econômicas sobre quanto produzir são tomadas pela interação mais ou menos desimpedida entre compradores e vendedores, gera resultados socialmente eficientes. Em outras palavras, se dependermos totalmente do mercado para determinar quanto de um item será produzido, o resultado será q^e?

Por que nos preocupamos com isso? Por que simplesmente não pulamos a questão de políticas públicas? Essa questão não implica, no fundo, uma confiança no sistema de mercado que, de um ponto de vista ambiental, é o sistema que nos causou problemas, para começo de conversa? Se o mercado não faz o que deveria, talvez devêssemos simplesmente ignorar qualquer coisa que ele faça e usar meios políticos/administrativos para gerar a taxa de produção desejada.

Como resposta curta para essas perguntas, poderia se afirmar que, como país, os Estados Unidos de fato confiam em uma economia de mercado. Mesmo com todos os seus problemas, um sistema de mercado normalmente produz melhores resultados econômicos gerais do que qualquer outro sistema. Aqueles que duvidam disso precisam somente analisar as histórias de horror ambiental que foram desmascaradas nos países da Europa Oriental depois da era comunista. Obviamente, devemos lembrar que, embora nosso sistema seja "de mercado", não necessariamente precisamos aceitar qualquer resultado que ele gere. Os resultados são aceitáveis somente se forem razoavelmente eficientes e equitativos. Veremos que, no caso da qualidade ambiental, as instituições do mercado tendem a não apresentar resultados socialmente eficientes.

A resposta um pouco mais completa para essa pergunta indicaria que o sistema de mercado contém em si certas estruturas de incentivo que, em muitos casos, podem ser mobilizadas em direção ao objetivo de melhorar a qualidade ambiental. Uma delas é o incentivo a minimizar os custos que decorrem do processo competitivo. Outra é o incentivo fornecido por meio das recompensas que podem ser colhidas por meio da iniciativa de encontrar meios de produção técnicos e organizacionais melhores, isto é, menos onerosos. Em muitos casos, é bem mais eficiente tirar proveito desses incentivos do que tentar se livrar deles; eles podem ser alterados de modo que passem a considerar valores ambientais. Assim, o sistema de mercado gerará resultados mais eficientes do que se tentássemos alijar todo o sistema e adotar um conjunto diferente de instituições.

Um **mercado** é uma instituição em que compradores e vendedores de bens de consumo, fatores de produção, etc, realizam trocas acordadas entre si. Quando compram ou vendem em um mercado, as pessoas naturalmente procuram as melhores condições que puderem encontrar. Presumivelmente, os compradores gostariam de pagar um preço baixo, enquanto os vendedores prefeririam preços altos. O que coloca todos esses objetivos conflitantes em equilíbrio é o ajuste de preços no mercado.

A Figura 4.2 mostra um simples modelo de mercado. Os desejos dos compradores são representados pela **curva de demanda** (D), mostrando a quantidade do bem que os compradores comprariam por diferentes preços. Ela possui a típica inclinação decrescente; quanto mais alto for o preço, menor será a quantidade demandada, e vice-versa. Subjacentes à curva de demanda há fatores como os

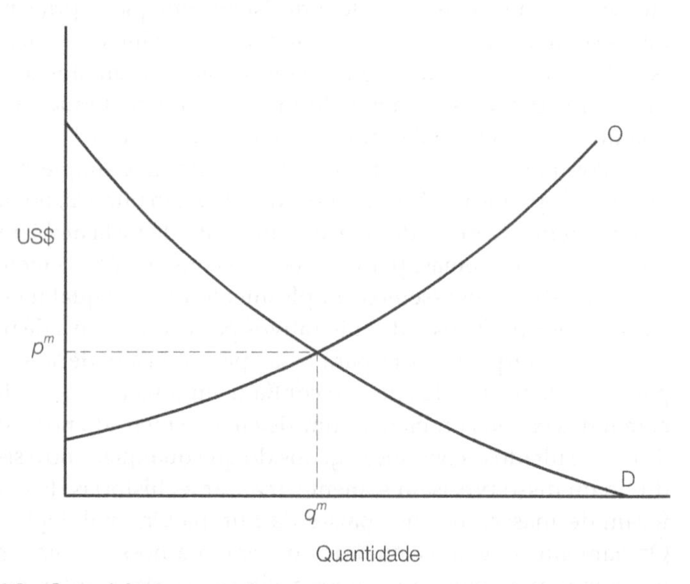

FIGURA 4.2 O modelo de mercado.

gostos e preferências do consumidor, o número de consumidores potenciais no mercado e o nível de renda dos consumidores.

A curva O é a **curva de oferta,** mostrando a quantidade do bem que os fornecedores disponibilizariam voluntariamente por diferentes preços. Ela tem inclinação ascendente; preços mais altos representam maiores incentivos para os fornecedores; portanto, maiores quantidades são oferecidas, e vice-versa. Os principais fatores que afetam a altura e o formato da curva de oferta são os custos de produção; estes, por sua vez, estão relacionados aos preços dos insumos usados na produção desse item e ao nível de tecnologia inerente ao processo de produção.

É importante ter em mente que as curvas de demanda e de oferta representam possibilidades, ou alternativas. Durante determinado momento, apenas uma quantidade de um bem pode trocar de mãos, e os vendedores e compradores só podem estar em um ponto de suas curvas de oferta e demanda, respectivamente. É fácil ver que há apenas um preço pelo qual a quantidade demandada pelos compradores é consistente com a quantidade que os vendedores disponibilizarão. Este é o preço para o qual as duas curvas se interceptam, marcado como p^m. Da mesma forma, a quantidade total que os compradores e vendedores trocarão por esse preço é chamada de q^m.

Para que o mercado funcione de maneira eficiente, deve haver concorrência entre vendedores e entre compradores. Nenhum deles pode ser grande o suficiente para que seu próprio desempenho afete os preços de mercado ou poderoso o suficiente para poder controlar o desempenho do mercado. Deve-se permitir que o preço se ajuste livremente, para que se possa "descobrir" as quantidades que levam compradores e vendedores ao equilíbrio. Com preços mais altos que p^m, os vendedores tentarão fornecer mais do que os compradores querem, e em uma situação de excedente como essa a concorrência entre os vendedores forçará uma queda dos preços. Se os preços estiverem temporariamente mais baixos que p^m, uma escassez desenvolverá a concorrência entre os compradores, forçando um ajuste para cima nos preços. No equilíbrio, a quantidade demandada é igual à quantidade fornecida.

É importante analisar o assunto pelo outro lado. Na quantidade q^m, há uma igualdade entre a disposição marginal a pagar por uma unidade adicional do item e os custos marginais de produzi-lo. Eles são iguais ao valor de p^m. Se é permitido que preço e quantidade se ajustem livremente e se a concorrência existe de fato, a interação normal entre compradores e vendedores resultará na igualdade entre a avaliação marginal que os consumidores têm por um bem (sua disposição marginal a pagar) e o custo de disponibilizar mais uma unidade do bem (o custo marginal de produção).

MERCADOS E EFICIÊNCIA SOCIAL

A questão seguinte é saber se os mercados costumam produzir resultados eficientes do ponto de vista da sociedade. Compare as Figuras 4.1 e 4.2. Elas parecem iguais, mas, na verdade, há uma grande diferença. A primeira mostra uma taxa de produção socialmente eficiente para determinado item; a segunda mostra a taxa de produção e o preço que prevaleceria para esse item em um mercado competitivo. Há chance de que essas duas taxas de produção, chamadas de q^e e q^m, sejam iguais no mundo real?

A resposta é sim, mas *se* – e esse é um grande *se* – as curvas de demanda e oferta representadas na Figura 4.2 forem iguais às curvas de custo marginal e disposição marginal a pagar exibidas na Figura 4.1. Eis o cerne do problema: quando se trata de valores ambientais, certamente haverá diferenças substanciais entre os valores de mercado e os valores sociais. Isso se chama **falha de mercado** e geralmente precisa de intervenção pública – ou para que se sobreponha aos mercados diretamente ou para reordenar as coisas de modo que elas funcionem de maneira mais eficiente.

No restante deste capítulo, discutiremos o desempenho dos mercados quando há questões de qualidade ambiental envolvidas. Há dois fenômenos que precisam ser explicados: um, do lado da oferta, e o outro, do lado da demanda. Os efeitos ambientais podem provocar uma separação entre as curvas de oferta de mercado e as verdadeiras curvas de custo social marginal. Do outro lado do mercado, os efeitos ambientais podem criar uma diferença entre as demandas de mercado e a verdadeira disposição marginal a pagar social. Do lado da oferta, o problema são os *custos externos*, enquanto do lado da demanda o problema são os *benefícios externos*.

CUSTOS EXTERNOS

Quando os empreendedores de uma economia de mercado tomam decisões sobre o que e quanto produzir, normalmente levam em consideração o preço do que será produzido e o custo dos itens pelos quais terão que pagar: mão de obra, matérias-primas, máquinas, energia, etc. Chamamos esses itens de **custos privados** da empresa; eles são os custos que surgem na demonstração de lucros e perdas no fim do ano. Qualquer empresa que tenha o objetivo de maximizar seus lucros tentará manter seus custos de produção os mais baixos possíveis. Esse é um resultado que vale a pena tanto para a empresa quanto para a sociedade, pois os insumos sempre têm custos de oportunidade – recapitulando, poderiam ter sido usados para produzir alguma outra coisa. Além disso, as empresas estão sempre tentando descobrir maneiras de reduzir os custos quando os preços relativos dos insumos mudam. Sabemos que durante a "crise energética" dos Estados Unidos na década de 1970, por exemplo, quando os insumos de energia ficaram muito mais caros, as empresas reduziram os insumos de energia ao usar máquinas mais eficientes, mudar os procedimentos operacionais e assim por diante.

Em muitas operações de produção, porém, há outro tipo de custo que, embora represente um verdadeiro custo para a sociedade, não aparece na demonstração de lucros e perdas da empresa. Eles são chamados de **custos externos**. São externos porque, embora sejam custos reais para alguns membros da sociedade, normalmente não são considerados pelas empresas quando elas tomam suas decisões quanto às taxas de produção. Outra maneira de dizer isso é que esses são custos externos às empresas, mas internos para a sociedade como um todo.[2]

[2] Os custos externos às vezes são chamados de custos de terceiros. As duas primeiras partes envolvidas são, respectivamente, o produtor e o consumidor. Então, um custo de terceiros seria aquele custo que é infligido sobre pessoas que não estão diretamente envolvidas nas transações econômicas entre os compradores e vendedores. Também são chamados de efeitos indiretos.

Um dos principais tipos de custos externos é o custo infligido sobre as pessoas por meio da degradação ambiental. Um exemplo é a maneira mais fácil de compreender isso. Suponha que uma fábrica de papel esteja localizada em algum ponto de um rio, no qual descarrega uma grande quantidade de águas residuais no decorrer de sua operação. As águas residuais estão cheias de matéria orgânica, que surgiram do processo de conversão de madeira em papel. Esse material residual é gradualmente convertido em materiais mais benignos devido à capacidade assimilativa natural das águas do rio, mas, antes que isso aconteça, diversas pessoas a jusante são afetadas pela qualidade mais baixa das águas. Talvez os resíduos lançados na água reduzam o número de peixes no rio, afetando os pescadores a jusante. A aparência do rio também pode se tornar menos atraente, afetando as pessoas que gostariam de nadar ou passear de barco nele. E, pior ainda, suas águas talvez sejam usadas a jusante como fonte de um sistema de abastecimento público, e com essa qualidade degradada da água, a cidade terá que se envolver em mais processos de tratamento onerosos antes decanalizá-la. Todos esses custos a jusante são custos reais associados à produção de papel, tanto quanto as matérias-primas, mão de obra, energia, etc., usados internamente pela fábrica. Porém, do ponto de vista da fábrica, esses custos a jusante são *custos externos*, ou seja, arcados por alguém que não faça parte do grupo de tomadores de decisões sobre as operações da fábrica de papel. No fim do ano, a demonstração de lucros e perdas da fábrica de papel não fará referência a esses custos externos reais a jusante.

Para que as taxas de produção sejam socialmente eficientes, as decisões sobre o uso de recursos precisam levar em consideração ambos os tipos de custos: os custos privados de produzir papel mais quaisquer custos externos que surjam de impactos ambientais adversos. Contabilizando os custos sociais totais:

Custos sociais = Custos privados + Custos externos (ambientais)

Isso é representado na Figura 4.3. O primeiro gráfico mostra a relação entre a taxa de produção de papel e a ocorrência desses custos externos a jusante. Ele também mostra que os custos marginais externos aumentam à medida que a produção de papel aumenta. Já o segundo gráfico mostra diversas coisas, entre elas a curva de demanda por papel e os custos marginais privados de se produzir papel. A interseção dessas curvas ocorre no ponto correspondente ao preço p^m e na quantidade q^m. Esses são o preço e a quantidade que surgiriam em um mercado competitivo em que os produtores não prestam nenhuma atenção aos custos externos. No entanto, como mostra a figura, os custos marginais sociais são, na verdade, mais altos, porque contêm tanto os custos marginais privados quanto os custos marginais externos.[3] Assim, a taxa de produção socialmente eficiente é q^* e o preço associado é p^*.

Compare as duas taxas de produção e os dois preços. A produção de mercado é alta demais em comparação à taxa de produção socialmente eficiente ($q^m > q^*$). Além disso, o preço de mercado é baixo demais em comparação ao preço socialmente eficiente ($p^m < p^*$). Não é difícil compreender o motivo disso: ao con-

[3] Observe que o CME é zero abaixo de determinada quantidade. O gráfico é traçado sob a suposição de que há um limite: uma quantidade de produção de papel abaixo da qual não há custos externos.

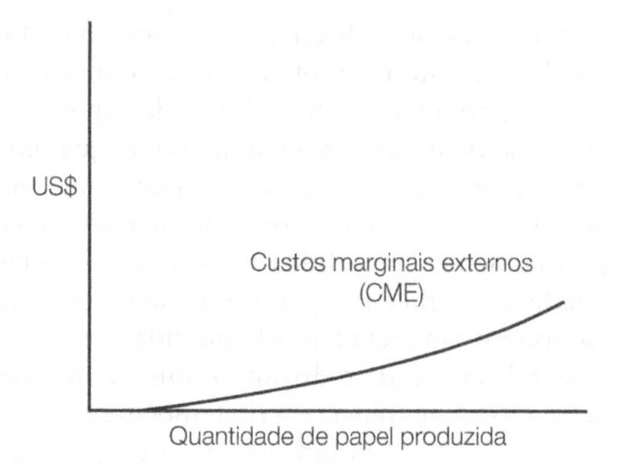

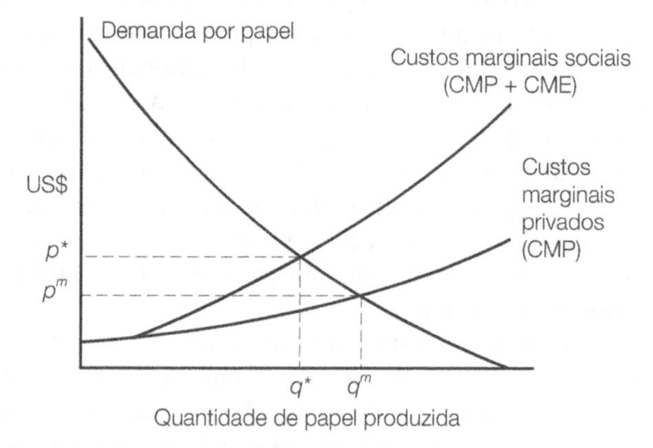

FIGURA 4.3 Custos externos e resultados de mercado.

siderar apenas seus custos privados, a empresa está, essencialmente, usando um insumo produtivo pelo qual não está pagando. O insumo não pago corresponde aos serviços do rio, que fornece à empresa uma maneira barata de descarregar seus resíduos de produção. Embora isso possa ser barato para a empresa, pode não ser barato para a sociedade; na verdade, nesse caso, temos custos infligidos sobre os usuários a jusante que estão sendo negligenciados pela fábrica de papel. Nesse caso, o sistema privado de mercado produz papel demais a um preço baixo demais em comparação aos resultados socialmente eficientes.

A maioria dos casos de destruição ambiental está relacionada a custos externos de um tipo ou de outro. Muitos custos externos são decorrentes da atividade industrial. Produzir eletricidade, especialmente com combustíveis fósseis, resulta em poluição a sotavento e gases do efeito estufa que causam diversos danos à saúde e ao ecossistema. Um relatório recente do Conselho Nacional de Pesquisa dos Estados Unidos indica que para cada US$ 1 gasto com custos de produção convencionais de centrais elétricas alimentadas a carvão há um valor extra de US$ 0,70 referente a custos externos devido à poluição do ar.[4]

[4] National Research Council, "Hidden Costs of Energy," Washington, D.C., National Academics Press, 2011, p. 149.

EXEMPLO 4.1 Custos externos associados ao uso de automóveis nos Estados Unidos

Fonte do custo	Centavos/galão[1]	Centavos/milha[1]
Emissões de gases do efeito estufa	6	0,3
Poluição do ar local	42	2,0
Congestionamento	105	5,0
Acidentes	63	3,0
Dependência do petróleo	12	0,6
Total	228	10,9

[1] Custos convertidos considerando uma economia de combustível de 21 milhas/galão.

Fonte: Ian W. H. Parry, Margaret Walls, and Winston Harrington, "Automobile Externalities and Policies," *Journal of Economic Literature*, XLV(2), June 2007, p. 384.

Há muitos outros tipos de custos externos: os usuários de produtos químicos emitem fumaça tóxica que afeta as pessoas que moram na vizinhança; construtoras constroem em terrenos sem levar em consideração a degradação do ambiente visual dos habitantes locais e assim por diante. E as empresas não são as únicas responsáveis pelos custos ambientais externos; eles podem surgir de ações individuais, como dirigir carros e caminhões. O Exemplo 4.1 mostra estimativas de custos externos nos Estados Unidos relacionados a dirigir automóveis. Observe que o maior desses itens de custo está ligado aos custos de congestionamento e acidentes. Os maiores custos ambientais convencionais estão ligados à poluição do ar local e são sete vezes maiores que os custos externos relacionados ao aquecimento global.

A maioria das externalidades ambientais (mas nem todas) é expressa por meio de ligações físicas entre as partes envolvidas – isto é, o poluidor e as pessoas prejudicadas. A situação mais simples é quando há apenas duas partes envolvidas: um poluidor e uma pessoa sofrendo danos. Um exemplo é uma fábrica de papel a montante e uma empresa a jusante que usam as águas do rio em suas operações de produção. Há casos de poluidores individuais e múltiplas partes prejudicadas, como uma central elétrica que emite dióxido de enxofre (SO_2) e, assim, afeta um grupo de residentes que vivem a sotavento. Outros casos envolvem múltiplos poluidores, mas apenas uma parte prejudicada: é o caso do escoamento de fazendas, que pode afetar um sistema local de abastecimento de água. Finalmente, há muitos casos em que tanto poluidores quanto as partes prejudicadas são múltiplos. Um exemplo disso é a poluição do ar urbano decorrente das emissões de automóveis: cada motorista é ao mesmo tempo produtor e receptor da externalidade. O mesmo vale para fenômenos globais, como o efeito estufa.

Algumas externalidades não envolvem ligações físicas. A degradação do ambiente paisagístico por meio da construção mal planejada é um exemplo. Além disso, algumas externalidades não envolvem nem ligações físicas nem proximidade. As pessoas em uma determinada parte do país, por exemplo, podem sentir uma perda quando as pessoas em outra região causam danos a um importante recurso ambiental, como uma espécie única de animal ou planta.

Isso traz um problema que será aqui colocado, mas não solucionado. Qual é o limite, caso haja algum, que deve ser colocado sobre os danos externos – e que pode ser reivindicado pelas pessoas? Eu sofro danos quando alguém na vizinhança toca o som alto demais, mas posso legitimamente reclamar que sofro danos se, por exemplo, essa pessoa adota um estilo de vida com o qual não concordo? Se as pessoas em Boston poluem as águas de Boston Harbor, os residentes da Califórnia podem alegar que foram prejudicados? Se os residentes de Nova Jersey reduzirem a população de cervos no subúrbio a fim de poupar as flores de seus jardins, as pessoas em Chicago podem justificadamente alegar que foram prejudicadas?

A resposta para essas perguntas gira em torno da disposição a pagar. Nessa abordagem, o fato de alguém ser ou não afetado por outra ação depende da sua disposição a pagar para a modificação dessa ação. Se as pessoas de Nova York estiverem dispostas a pagar para preservar o ar limpo em Tóquio, então isso será uma evidência de que a qualidade do ar em Tóquio afeta o bem-estar das pessoas que vivem em Nova York. Se as pessoas que vivem em Chicago não estiverem dispostas a pagar nada para limpar o Rio Ohio, concluiremos que a qualidade da água desse rio não possui nenhum efeito sobre o bem-estar dessas pessoas. A presença ou ausência de disposição a pagar, em outras palavras, é o índice econômico que indica se podemos ou não considerar que uma ação afeta alguém.

Recursos de livre acesso

Uma fonte de custos externos foi amplamente estudada por economistas ambientais (e também pelos economistas dos recursos naturais): os recursos de livre acesso. Um **recurso de livre acesso** é um recurso, ou instalação, que está aberto ao acesso não controlado para os indivíduos que desejarem utilizá-lo. Um exemplo clássico é uma organização de pesca oceânica na qual qualquer pessoa disposta a comprar um barco e começar a pescar é livre para fazê-lo. Outros exemplos podem ser um pasto aberto a qualquer um que queira levar seus animais para pastar, uma floresta onde qualquer um pode entrar e cortar madeira ou um parque público de livre acesso.

Nessas situações, temos, de fato, problemas de direito de propriedade – sua definição, distribuição e/ou fiscalização. Se alguém é proprietário de um pasto ou de uma floresta, presumivelmente evitará a entrada de invasores, ou talvez cobre pelo uso dos recursos ou controle a taxa de acesso. Já quando um recurso ou instalação é aberto ao acesso irrestrito, não é possível garantir que sua taxa de uso seja mantida no nível que maximizaria seu valor geral.[5]

Para compreender isso, considere o seguinte exemplo. Quatro empresas similares estão situadas às margens de um lago. As empresas usam o lago na produção de sua produção e descarregam emissões nas suas águas. Devido às emissões, cada empresa precisa tratar a água retirada do lago antes de usá-la na

[5] É disso que trata a "tragédia dos comuns", como foi popularmente chamada por Garrett Hardin em "Tragedy of the Commons", *Science*, 162, December 13, 1968, pp. 1.243-1.248. Seu exemplo foi um pasto de acesso aberto em que todos os fazendeiros tinham o direito de alimentar suas ovelhas.

produção. Os custos de tratamento de cada empresa dependem da qualidade ambiente do lago, que, obviamente, depende do total de emissões das quatro empresas. Suponha que o custo do tratamento da água corresponda atualmente a US$ 40.000 por ano para cada empresa. Uma nova empresa está pensando em iniciar operações no lago; se adicionar suas emissões não tratadas àquelas das quatro empresas atuais, piorará a qualidade da água ambiente e elevará o custo do tratamento da água de cada empresa para US$ 60.000 por ano. Quando a quinta empresa toma decisões quanto à sua localização e produção, leva em consideração vários custos operacionais, que incluem os US$ 60.000 por ano em custos de tratamento de água, mas os custos sociais totais relacionados à água, decorrentes das decisões da empresa, são mais altos. Haverá também custos externos infligidos sobre as quatro outras empresas caso a quinta empresa se instale às margens do lago, que somam US$ 20.000 cada em custos adicionais de tratamento de água. Os custos sociais marginais do abastecimento de água depois dessa nova situação serão de US$ 140.000, consistindo em US$ 60.000 de custos internos para a nova empresa mais US$ 80.000 (US$ 20.000 x 4) de custos externos infligidos sobre as empresas que já atuam às margens do lago. Essas externalidades geralmente são chamadas de externalidades de livre acesso porque resultam do acesso irrestrito ao lago.

Consideramos as externalidades decorrentes das decisões da quinta empresa, mas tudo é simétrico, pois poderíamos dizer exatamente a mesma coisa sobre cada uma das outras empresas. Cada uma toma suas decisões sem considerar os custos externos infligidos sobre as outras. É a natureza recíproca dessas externalidades que as distingue do tipo que discutimos antes (p.ex., a fábrica de papel a montante infligindo custos externos às pessoas que vivem a jusante), mas o efeito é o mesmo: externalidades que levam a taxas de produção altas demais em comparação às taxas socialmente eficientes.

Como outro exemplo de problema de livre acesso, considere uma estrada que esteja aberta a qualquer um que deseje utilizá-la. Uma estrada não é um recurso natural, mas uma instalação criada pelo homem. No entanto, a essência do problema do acesso irrestrito é idêntica, e talvez seja mais fácil de ser compreendida com esse exemplo específico; faremos suposições simplificadoras a fim de realçar as questões fundamentais. Há uma estrada que conecta dois pontos – o Ponto A e o Ponto B. As figuras da Tabela 4.1 mostram o tempo médio de deslocamento gasto indo do Ponto A até o Ponto B por essa estrada em função do número de motoristas que a utiliza. Assim, se houver apenas 10 viajantes na estrada, por exemplo, serão necessários 10 minutos para se chegar de A a B (estamos considerando um limite de velocidade que é imposto). Da mesma forma, quando há 20 ou 30 motoristas na estrada, o tempo médio de deslocamento ainda será de 10 minutos, mas quando o tráfego aumenta para 40 viajantes, o tempo médio de deslocamento aumentará para 11 minutos. Isso ocorre devido ao congestionamento; os carros começam a entrar um na frente do outro, e a velocidade média cai. À medida que o número de motoristas continua a crescer, o congestionamento aumenta, elevando ainda mais os tempos de deslocamento.

Agora, considere que você queira usar essa estrada para ir de A a B e que já haja 50 carros na pista. Suponha, ainda, que usando uma rota alternativa esse trajeto levará 18 minutos. O estado do tráfego e os tempos de deslocamento resultantes

TABELA 4.1 Tempos de deslocamento em relação ao número de carros na estrada

Número de carros	Tempo de deslocamento entre A e B
10	10
20	10
30	10
40	11
50	12
60	14
70	18
80	24

são dados. Como tomar essa estrada lhe economizará quatro minutos em relação à rota alternativa, sua decisão individual seria usar a estrada. Contudo, do ponto de vista da "sociedade", que, nesse caso, consiste em você mais todos os outros motoristas da estrada, isso não é eficiente. Quando você entrar na estrada, que já está com 50 carros, o congestionamento adicional gerará um aumento de dois minutos no tempo de deslocamento para as pessoas que já estão lá. Assim, sua economia individual de quatro minutos será neutralizada por custos de deslocamento adicionais de 100 minutos (50 carros x 2 minutos por carro) da parte dos outros motoristas; isso significa que se todos os minutos forem considerados igualmente valiosos haverá uma perda social líquida de 96 minutos se você decidir usar a estrada.

O problema surge porque há acesso irrestrito à estrada, e ao usá-la as pessoas podem infligir custos externos sobre as outras na forma de mais congestionamento e maiores tempos de deslocamento. O mesmo tipo de efeito ocorre quando um pescador entra em uma organização pesqueira; ao pescar uma parte do estoque de peixes, ele deixa menos peixes a serem pescados pelos outros pescadores. Quando um fazendeiro coloca um animal em um pasto comum, reduz a forragem disponível para outros rebanhos nesse pasto. Quando uma pessoa corta madeira de uma floresta comum, deixa menos árvores para outros usuários e lhes dificulta a obtenção da madeira para uso próprio. Podemos ver que isso está relacionado à noção de custos externos; os custos adicionais que um usuário de um recurso de propriedade comum inflige a outros usuários desse recurso são, na verdade, custos externos a esse usuário, mas internos para o grupo de usuários como um todo. Quando um único indivíduo está tomando uma decisão sobre se e como utilizar um recurso de propriedade comum, leva em consideração os custos e benefícios que recaem diretamente sobre ele. Algumas pessoas podem altruisticamente também levar em consideração as externalidades da propriedade comum que elas infligem sobre as outras, mas a maioria não faz isso. E, assim como no exemplo da estrada, o resultado é uma taxa de uso maior do que se exige em termos de eficiência social.

Assim, quando há custos externos presentes, os mercados privados normalmente não produzem quantidades socialmente eficientes. Essa falha de mercado pode justificar políticas públicas que levem a economia em direção à eficiência. Isso pode ser feito, às vezes, com mudanças nas regras, como as de direitos de propriedade, para que o mercado funcione de maneira eficiente. Já outros casos podem exigir uma intervenção pública mais direta. Retomaremos esses assuntos na Parte 4. Agora, passaremos para o lado da demanda do mercado e consideraremos outra importante fonte de falha de mercado: os benefícios externos.

BENEFÍCIOS EXTERNOS

Um **benefício externo** é um benefício que recai sobre alguém que está fora ou é externo à decisão sobre consumir ou usar o bem ou recurso que causa a externalidade. Quando o uso de um item leva a um benefício externo, a disposição do mercado a pagar por esse item subestima a disposição social a pagar. Suponha que um cortador de grama mais silencioso gerasse US$ 50 por ano em benefícios extras a um comprador. Esse valor, portanto, é o máximo que essa pessoa estaria disposta a pagar por essa máquina. O uso do novo cortador de grama também geraria US$ 20 de benefícios extras para o vizinho, devido aos níveis reduzidos de ruídos no decorrer do ano. Esses US$ 20 de benefícios para o vizinho são benefícios externos para quem comprou o cortador; sua decisão de compra é baseada apenas nos benefícios que recaem sobre ele. Assim, a disposição marginal a pagar por um cortador de grama mais silencioso é US$ 50, enquanto os benefícios sociais marginais (a "sociedade", nesse caso, inclui apenas o comprador e seu vizinho) são de US$ 70 (US$ 50 do comprador e US$ 20 do vizinho).

Como outro exemplo de um benefício externo, considere um fazendeiro cujas terras se encontram nos arredores de uma área urbana. O fazendeiro cultiva a terra e vende seus produtos para as pessoas da cidade. É claro que a principal preocupação do fazendeiro é a renda que ele pode obter com a operação, e as decisões sobre insumos e produções são tomadas de acordo com seus efeitos sobre essa renda. No entanto, as terras mantidas na agricultura produzem vários outros benefícios, incluindo um hábitat para pássaros e outros pequenos animais e valores paisagísticos para os transeuntes. Esses benefícios, embora internos do ponto de vista da sociedade, são externos do ponto de vista do fazendeiro. Eles não aparecem em lugar nenhum em sua posição de lucros e perdas. Nesse caso, o valor agrícola da terra para o fazendeiro subestima a disposição social a pagar para manter as terras na agricultura.

Muitos bens não envolvem benefícios externos. De fato, quando os economistas discutem os conceitos básicos da oferta e demanda, os exemplos usados são normalmente bens simples que não criam essa complicação. Os fazendeiros produzem e fornecem tantos milhares de melões; as curvas individual e de mercado referentes à demanda por melões são fáceis de compreender. Se quisermos saber o número total de melões comprados, podemos simplesmente somar o número comprado por cada pessoa do mercado – o consumo de cada pessoa não afeta mais ninguém: nesse caso, a curva de demanda de mercado representa com precisão a disposição marginal a pagar agregada dos consumidores. Já em casos que envolvem benefícios externos, isso não é mais válido. Talvez a melhor maneira de compreender isso seja considerar um tipo de bem que inerentemente envolve benefícios externos de grande escala – o que os economistas chamaram de "bens públicos".

Bens públicos

Considere um farol. Esse é um serviço prestado a marinheiros em alto-mar para que eles possam se localizar e evitar naufragar à noite. O farol possui uma característica técnica interessante: se seus serviços são disponibilizados para um marinheiro em alto-mar, eles imediatamente tornam-se disponíveis a todos os outros que se encontram na vizinhança. Se os serviços são disponibilizados a uma pessoa, outras não poderão ser excluídas do uso dos mesmos serviços. Essa é a característica distintiva de um **bem público**. É um bem que, se disponibilizado para uma pessoa, automaticamente se torna disponível para outras.

Outro exemplo de bem público é o sinal de rádio. Quando uma estação de rádio transmite um sinal, ele está disponível para qualquer pessoa que tenha um receptor. Cada indivíduo pode escutar a transmissão sem diminuir sua disponibilidade para todas as outras pessoas dentro do alcance da estação. Observe cuidadosamente que esse não é o tipo de estrutura de propriedade da organização fornecedora que torna público um bem público. Os semáforos normalmente são de propriedade pública, mas as estações de rádio em geral, são de propriedade privada, salvo exceções. Um bem público distingue-se pela sua natureza técnica e não pelo tipo de organização que o disponibiliza.

Estamos interessados em bens públicos porque a qualidade ambiental é essencialmente um bem público. Se o ar estiver limpo para uma pessoa em uma área urbana, automaticamente estará limpo para todos daquela comunidade. Os benefícios, em outras palavras, recaem sobre todos da comunidade. Os mercados privados tendem a fornecer bens públicos abaixo dos níveis eficientes. Para compreender o motivo, vejamos outro exemplo muito simples: considere um pequeno lago de água doce, com três casas ocupadas em suas margens. Os moradores das casas usam o lago para fins recreativos, mas infelizmente a água do lago foi contaminada por uma antiga fábrica que foi fechada. O contaminante é medido em partes por milhão (ppm). No presente, o lago contém 5 ppm dessa substância. Porém, é possível limpá-lo usando um processo de tratamento bem caro. Cada proprietário está disposto a pagar certo valor para a qualidade da água melhorar. A Tabela 4.2 mostra essa disposição marginal a pagar, considerando valores inteiros de qualidade da água. Ela também mostra a disposição marginal a pagar agregada, que é a soma dos valores individuais, e o custo marginal de limpar o lago – novamente apenas para valores inteiros de qualidade da água. Observe que o custo marginal é crescente; à medida que o lago se torna mais limpo, o custo marginal de obter

TABELA 4.2 Demanda individual e agregada pela diminuição da poluição do lago

Nível do contaminante (ppm)	Disposição marginal a pagar (US$ por ano)			DMAP agregada	Custo marginal da limpeza
	Morador A	Morador B	Morador C		
4	110	60	30	200	50
3	85	35	20	140	65
2	70	10	15	95	95
1	55	0	10	65	150
0	45	0	5	50	240

melhorias continuadas aumenta. O custo marginal e a disposição marginal a pagar agregada são iguais para 2 ppm. Para níveis piores do que esse (maior ppm), a disposição marginal a pagar agregada por um lago mais limpo excede o custo marginal de atingir o resultado do processo. Logo, do ponto de vista desses três moradores tomados em conjunto, melhorar a qualidade da água é algo desejável, mas, para níveis de qualidade melhores do que 2 ppm, a disposição total a pagar é menor do que os custos marginais. Assim, 2 ppm é o nível socialmente eficiente de qualidade da água no lago.

Isso está representado graficamente na Figura 4.4, que mostra a disposição marginal a pagar de cada um dos três moradores. Ao somar as curvas de demanda individuais por bens privados, podemos somar as quantidades individuais

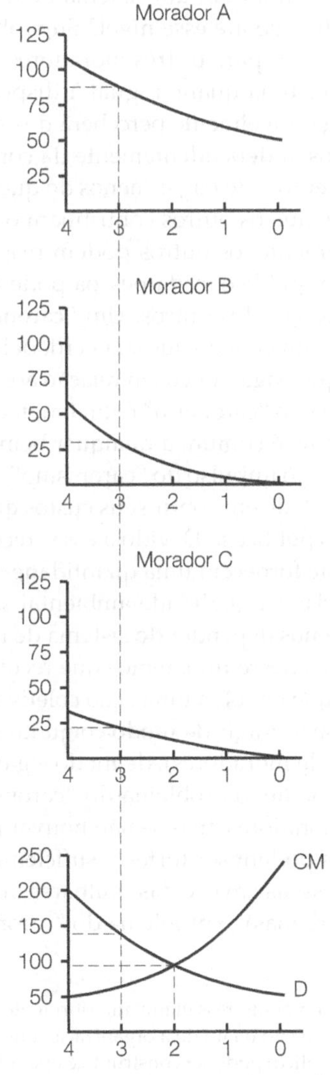

FIGURA 4.4 Disposição a pagar agregada por um bem público.

demandadas por cada preço para obter a quantidade demandada agregada. Porém, com um bem público, as pessoas de fato estão consumindo as mesmas unidades; então, temos que somar a disposição marginal a pagar individual em cada quantidade para obter a função demanda agregada, como mostra a Figura 4.4. Com um nível de qualidade da água a 3 ppm, por exemplo, as disposições marginais a pagar são, respectivamente, US$ 85, US$ 35 e US$ 20 para os indivíduos A, B e C. Assim, a disposição marginal a pagar agregada para esse nível de qualidade da água é US$ 140. O gráfico inferior (CM) mostra a função disposição marginal a pagar agregada/demanda chamada de D, a função custo marginal (CM) e o nível eficiente de qualidade da água.

Já sabendo o nível eficiente de qualidade da água e considerando que os empreendedores estão sempre à procura de novas oportunidades de lucro, poderíamos agora confiar em um sistema de mercado competitivo para reduzir o contaminante do lago até esse nível? Suponha que uma empresa privada tente vender seus serviços para os três moradores. A empresa se dirige para a pessoa A e tenta receber uma quantia igual à disposição a pagar daquela pessoa. No entanto, ela presumivelmente perceberá que quando o lago estiver limpo, estará limpo para todos, independentemente da contribuição de cada morador. Então, A pode ter o incentivo de pagar menos do que sua verdadeira disposição a pagar, na esperança de que os outros contribuam o suficiente para cobrir os custos da limpeza. Obviamente, os outros podem reagir da mesma maneira. Quando se trata de um bem público, cada pessoa pode ter um incentivo para "pegar uma carona" nos esforços dos outros. Um "**caroneiro**" (*free rider*) é uma pessoa que paga menos por um bem do que sua verdadeira disposição marginal a pagar, isto é, uma pessoa que paga pouco em relação aos benefícios que recebe.

O problema do "caroneiro" é um fenômeno ubíquo no mundo dos bens públicos; na verdade, é comum a qualquer bem cujo consumo produza benefícios externos. Devido ao impulso do "caronismo", empresas privadas motivadas pelo lucro têm dificuldade em cobrir seus custos quando entram no negócio de fornecimento de bens públicos.[6] Devido a essas receitas reduzidas, as empresas privadas normalmente fornecem uma quantidade *insuficiente* de bens e serviços desse tipo. As melhorias na qualidade ambiental são, essencialmente, bens públicos. Como não podemos depender do sistema de mercado para fornecer quantidades eficientes de bens desse tipo, temos que recorrer a alguma outra instituição não mercadológica que envolva uma ação coletiva. No exemplo do lago, os moradores podem conseguir agir de modo conjunto **privadamente** (talvez por meio de uma associação de moradores), de modo a garantir contribuições para a limpeza do lago. Obviamente, o problema do "caroneiro" ainda existirá mesmo para a associação de moradores, mas se não houver muitos deles o contato pessoal e as pressões morais podem ser fortes o suficiente para superar o problema. Quando há muitas pessoas envolvidas (milhares ou mesmo milhões, como em muitas grandes áreas urbanas), o problema do "caroneiro" pode ser tratado de maneira

[6] Essa frase enfatiza o ponto ressaltado anteriormente: é a natureza técnica do bem que o torna público ou privado, e não o fato de a organização que o fornece ser pública ou privada. Um semáforo (um bem público) pode ser construído e operado por uma empresa privada; seguros (um bem privado) podem ser fornecidos por uma agência pública.

eficiente somente com a ação governamental mais direta. Isso abre o enorme tema de **políticas públicas** de qualidade ambiental, um assunto que discutiremos bastante neste livro.

Resumo

O principal objetivo deste capítulo foi discutir a operação dos mercados privados e, então, aplicar o modelo de mercado a situações que envolvem a qualidade ambiental. Os mercados são lugares onde compradores e vendedores interagem a respeito das quantidades e dos preços de determinados bens e serviços. Os desejos dos compradores são representados pela curva de demanda agregada, que mostra as quantidades demandadas a preços alternativos. As capacidades de oferta do vendedor são representadas pelas curvas de oferta, que, em última análise, se baseiam nos custos de produção subjacentes e mostram as quantidades disponíveis a diversos preços alternativos. A interseção entre as curvas de oferta e demanda mostra um par único de quantidade e preço que pode satisfazer a compradores e vendedores simultaneamente. Para muitos tipos de bens e serviços, os resultados de mercado (níveis de produção e preço) também podem ser resultados socialmente eficientes – aqueles cuja disposição marginal a pagar agregada na sociedade é igual aos custos sociais marginais agregados da produção. Quando os resultados do mercado não são socialmente eficientes, temos um caso de falha de mercado.

São discutidas, então, duas das principais situações em que podem ocorrer falhas de mercados. O principal motivo, em termos conceituais, é a existência de custos externos e benefícios externos. No que diz respeito ao meio ambiente, os custos externos são os danos provocados pelos impactos ambientais que não são considerados nas decisões tomadas pelas empresas, pelos órgãos governamentais ou pelos consumidores. Um caso clássico é a poluição da água por uma fábrica de papel localizada a montante que prejudica as pessoas que usam a água a jusante. Outro caso importante envolve os custos externos que os usuários de um recurso de livre acesso infligem uns sobre os outros por meio do uso irrestrito desse recurso. Os benefícios externos são benefícios que recaem sobre pessoas que não são os compradores ou receptores diretos de um bem. O caso clássico de benefícios externos envolve os chamados bens públicos: bens ou serviços que, quando disponíveis para uma pessoa, tornam-se automaticamente disponíveis para outras.

Não se pode confiar nos mercados para o fornecimento de níveis eficientes de qualidade ambiental na presença de custos e benefícios externos, bens públicos e recursos de propriedade comum. Alguns tipos de ações fora do mercado realizadas por grupos privados ou públicos podem entrar em jogo para retificar essas situações.

Perguntas para discussão

1. Suponha que os discretos números a seguir mostrem os valores inteiros de DMAP e CM, de acordo com a Figura 4.1. Determine a taxa de produção socialmente eficiente e mostre que, para qualquer outro nível de produção, os benefícios líquidos para a sociedade serão menores (os valores de DMAP e CM precisam ser interpretados com cuidado. O custo marginal de aumentar a produção de quatro para cinco unidades, por exemplo, é de US$ 9, o mesmo valor pelo qual o custo diminui ao passarmos de cinco para quatro unidades.)

Produção	1	2	3	4	5	6	7	8	9	10
DMAP	20	18	16	14	12	10	8	6	4	2
CM	5	6	7	8	9	11	15	21	30	40

2. Considere novamente a questão 2 do Capítulo 3. Suponha que o custo marginal de se produzir o produto mencionado seja constante a US$ 5 por item. Qual é a taxa de produção socialmente eficiente?
3. A seguir, temos os segmentos das curvas de demanda de três indivíduos pela qualidade da água de um pequeno lago. A qualidade da água é expressa em partes por milhão (ppm) de oxigênio dissolvido (OD). A qualidade da água melhora quando possui níveis mais altos de OD. As curvas de demanda mostram a qualidade da água desejada por cada indivíduo em relação aos custos marginais das melhorias da qualidade da água (o custo marginal de se elevar o nível de OD no lago).
   a. Encontre a curva de disposição marginal a pagar agregada dessas três pessoas.
   b. Se o custo marginal real de aumentar o OD é US$ 12, qual é o nível socialmente eficiente de OD no lago, considerando que essas três pessoas sejam as únicas envolvidas?

Custo marginal de elevar o nível de OD (dólares por ppm)	Nível de OD desejado (ppm)		
	A	B	C
10	0	0	1
8	0	1	2
6	1	2	3
4	2	3	4
2	3	4	5
0	4	5	6

4. Considere a definição de bens públicos apresentada no capítulo. Um ônibus é um bem público? E um telefone público? E um parque público?

5. Considere o exemplo dos três moradores ao redor do lago (descritos na Tabela 4.2); o lago é limpo até o nível eficiente, e os custos totais da limpeza são divididos igualmente pelos três moradores (use apenas valores inteiros). Os três moradores sairão ganhando? Que problemas isso gera no que diz respeito à divisão dos custos de bens públicos?

Para leituras e *sites* adicionais pertinentes ao material deste capítulo, veja www.grupoa.com.br.

CAPÍTULO 5

A economia da qualidade ambiental

No capítulo anterior, concluímos que o sistema de mercado deixado por si só provavelmente não funcionará bem quando questões de poluição ambiental estiverem envolvidas. Quer dizer, normalmente não produzirá resultados socialmente eficientes. Isso nos leva à seguinte **questão política**: se não gostamos do modo como as coisas estão se transformando, que passos precisamos dar para mudar a situação?[1]

A questão política inclui diversos outros assuntos estritamente relacionados:

- Identificação do nível mais apropriado de qualidade ambiental que precisamos buscar.
- Divisão da tarefa e dos custos necessários para se alcançar as metas de qualidade ambiental.
- Distribuição apropria dos benefícios e custos para a sociedade.

Neste capítulo, abordaremos essas questões de forma conceitual; nos próximos, veremos alternativas políticas específicas.

Antes de desenvolver um modelo político simples, precisamos enfatizar novamente que uma política pública eficiente depende de boas informações sobre como os sistemas ambientais de fato funcionam. Isso pode ser chamado de base científica da política ambiental – isto é, o estudo sobre a forma como as empresas e os consumidores normalmente tomam decisões na economia de mercado, sobre a emissão de resíduos e a forma como são emitidos no ambiente natural e o comportamento desses resíduos nesse ambiente, produzindo danos a humanos e não humanos. Milhares de cientistas já trabalharam e continuam a trabalhar com tais questões para esclarecer essas diversas conexões. Ainda serão necessários grandes esforços para expandir a base científica sobre a qual desenvolver a política ambiental.

[1] Isso remonta à distinção feita anteriormente entre economia positiva e normativa no início do Capítulo 1. Explicar por que há certa quantidade de dióxido de enxofre (SO_2) no ar em um momento específico é uma questão de economia positiva; decidir o melhor a ser feito sobre isso é um caso de economia normativa.

CONTROLE DA POLUIÇÃO – UM MODELO GERAL

Diversos tipos de poluentes ambientais obviamente exigem diversos tipos de políticas públicas, mas a fim de criar as análises políticas necessárias, é melhor começarmos com um modelo bem simples que estabeleça a base da situação política. A essência do modelo consiste em uma simples situação de ***trade-off*** que caracteriza todas as atividades de controle da poluição. Por um lado, reduzir as emissões reduz os danos provocados pela poluição ambiental às pessoas; por outro, na redução das emissões são usados recursos que poderiam ter sido utilizados de outra maneira.

Para ilustrar esse *trade-off*, considere uma simples situação em que uma empresa (uma fábrica de papel, por exemplo) esteja emitindo resíduos de produção em um rio. Quando esses resíduos são carregados a jusante, eles tendem a ser transformados em constituintes químicos menos prejudiciais, mas o rio passa por uma grande área metropolitana antes que esse processo esteja completo. As pessoas dessa área usam as águas do rio para várias finalidades, inclusive para recreação (passeios de barco, pescaria) e como uma fonte para o sistema municipal de abastecimento de água. Quando o rio se torna poluído com resíduos industriais, as pessoas que se encontram a jusante são prejudicadas pelos impactos causados sobre esses e outros serviços prestados pelo rio. Assim, de um lado do *trade-off* estão os **danos** que as pessoas experimentam quando o meio ambiente é degradado.

A montante, a fábrica de papel responsável poderia reduzir a quantidade de efluente lançada no rio tratando seus resíduos antes de descarregá-los e também reciclando certos materiais que são lançados no rio. Esse ato de reduzir ou abater uma fração de seus resíduos exige determinada quantidade de recursos, cujos custos afetarão o preço do papel que a fábrica produz.[2] Esses **custos de abatimento ou controle** são o outro lado do *trade-off* do controle da poluição.

DANOS CAUSADOS PELA POLUIÇÃO

Por *danos* entendemos serem todos os impactos negativos que os usuários do ambiente experimentam em decorrência da sua degradação. Esses impactos negativos são de vários tipos, é claro, e variam de um ativo ambiental para outro. No exemplo da poluição do rio, danos foram causados às pessoas que não mais podiam usar o rio para recreação ou que passaram a ter uma chance maior de contrair doenças transmitidas pela água e a todos os moradores da cidade que tinham que pagar mais para tratar a água antes que ela pudesse ser reutilizada no abastecimento.

A poluição do ar produz danos à saúde humana. O número excessivo de mortes relacionadas a doenças como câncer de pulmão, bronquite crônica e enfisema está ligado a elevados níveis de diversos poluentes, como material particulado, fibras de amianto e emissões de rádon. A poluição do ar pode degradar

[2] A palavra *recursos* possui um duplo significado em economia. Por um lado, é uma maneira abreviada de se referir aos recursos naturais. Por outro, é usada de maneira mais geral para se referir aos insumos que são utilizados para a produção.

materiais (todas as importantes esculturas renascentistas instaladas ao ar livre em Florença tiveram que ser abrigadas para protegê-las da poluição do ar) e deteriorar o ambiente visual. A Tabela 5.1 mostra a variedade de impactos produzidos pelos principais poluentes do ar nos Estados Unidos medidos como **danos reduzidos** (isto é, benefícios) devido à Lei do Ar Puro dos Estados Unidos.

Além dos danos causados aos seres humanos, a destruição ambiental pode ter importantes impactos sobre vários elementos do ecossistema não humano. Alguns deles, como a destruição de informações genéticas encontradas em espécies de plantas e animais levadas à extinção, acabarão tendo importantes implicações

TABELA 5.1 Benefícios estimados (danos reduzidos) em 2010 devido às reduções de poluentes regulados pela Lei do Ar Puro dos Estados Unidos

	US$ milhões (em dólares de 2010)*
Mortalidade**	153.000
Doenças crônicas	
Bronquite crônica	8.601
Asma crônica	276
Hospitalizações	
Doenças respiratórias	200
Doenças cardiovasculares	599
Atendimentos de emergência relacionados à asma	1,5
Doenças menores	
Bronquite aguda	3,2
Sintomas das vias respiratórias superiores	29
Sintomas das vias respiratórias inferiores	9,5
Doenças respiratórias	9,7
Asma moderada/grave	20
Ataques de asma	84
Pressão no peito, falta de ar	17
Dias de trabalho perdidos	522
Dias de restrição leve das atividades devido a sintomas respiratórios***	1.843
Bem-estar	
Diminuição da produtividade do trabalho	1.091
Visibilidade–fator recreativo	4.454
Agricultura	845
Acidificação	77
Extração comercial de madeira	922
Total	168.960

*Isso significa que as estimativas para 2010 foram feitas considerando-se dólares de 1990; isto é, foram corrigidas pela inflação prevista entre 1990 e 2010.

**Esse é o valor estimado associado à redução da mortalidade prematura.

***Dias de restrição leve das atividades (*Minor restricted activity days*, MRADs) decorrentes de 19 diferentes sintomas respiratórios relacionados na lei.

Fonte: U.S. EPA, "The Benefits and Costs of the Clean Air Act of 1990 to 2010," *EPA Report to Congress, EPA-410-R-99-001*, Washington, D.C., November 1999, p. 102.

para os humanos. Estimar os danos ambientais é uma das principais tarefas enfrentadas pelos cientistas e economistas ambientais. Dedicaremos o Capítulo 7 a uma discussão desse problema.

Função de danos

Em geral, quanto maior a poluição, maiores os danos por ela causados. Para descrever a relação entre poluição e danos, usaremos a ideia de uma **função de danos.** Ela mostra a relação entre a quantidade de um resíduo e os danos por ele causados. Há dois tipos de função de danos:

- **Função de danos por emissões** mostra a conexão entre a quantidade de resíduo emitido de uma fonte ou grupo de fontes e os danos resultantes.
- **Função de danos ambientais** mostra a relação entre a concentração de determinados poluentes no ambiente e os danos resultantes.

A função de danos pode ser expressa de diversas formas, mas nosso principal modelo fará uso da **função de danos marginais.** Essa função mostra a **variação** nos danos decorrentes da variação de uma unidade nas emissões ou na concentração ambiente. Quando necessário, também podemos usar essas relações para discutir os danos totais porque sabemos que, graficamente, as áreas sob a função de danos marginais correspondem aos danos totais.

A altura e forma de uma função de danos dependem do poluente e das circunstâncias envolvidas. Várias funções de danos marginais são representadas na Figura 5.1. As duas funções superiores representam funções de danos marginais por emissões; os eixos horizontais medem a quantidade de um efluente emitida no ambiente durante um período de tempo específico. As unidades exatas (libras, toneladas, etc.) em qualquer caso particular dependem do poluente específico envolvido. Os eixos verticais medem os danos ambientais. Em termos físicos, os danos ambientais podem incluir muitos tipos de impactos: quilômetros de costas litorâneas poluídas, inúmeras pessoas contraindo doenças pulmonares, inúmeros animais extintos, grandes quantidades de água contaminadas e assim por diante. Cada caso de poluição ambiental normalmente envolve múltiplos tipos de impactos cuja natureza dependerá do poluente envolvido e do momento e local em que ele é emitido. Para considerar esses impactos de maneira abrangente, precisamos agregá-los em uma única dimensão. Para esse fim, usamos uma escala monetária. Às vezes é fácil expressar danos em unidades monetárias – por exemplo, os gastos "defensivos" das pessoas que se protegem contra a poluição (por exemplo: maior isolamento contra ruídos). Porém, normalmente isso é muito difícil, como veremos.

A Figura 5.1*a* mostra os danos marginais com um crescimento modesto no início – porém, mais rápido à medida que as emissões vão aumentando. O trabalho desenvolvido por cientistas e economistas ambientais parece sugerir que essa é uma forma típica para muitos tipos de poluentes, embora provavelmente não sirva para todos eles. Para níveis baixos de emissões, os danos marginais podem ser comparativamente baixos; as concentrações ambientes são tão modestas que apenas as pessoas mais sensíveis da população são afetadas. No entanto, quando os níveis de emissões aumentam, os danos se acumulam, e em níveis de emissões

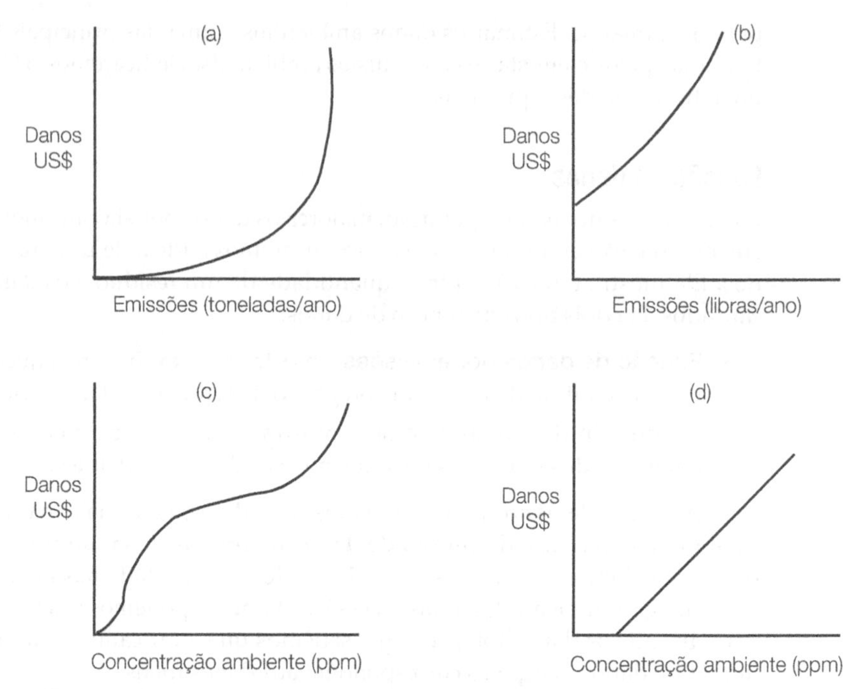

FIGURA 5.1 Função de danos marginais representativa.

ainda mais altos, os danos marginais se tornam muito elevados, já que os impactos ambientais se tornam dispersos e intensos.

Na Figura 5.1*b*, temos uma função de danos marginais (por emissões) que possui a mesma forma geral que a Figura 5.1*a* (isto é, mostra danos marginais crescentes), mas começa em um nível muito mais alto no eixo vertical e se eleva muito mais acentuadamente. A figura pode representar uma substância tóxica que possui um efeito mortal mesmo para níveis muito baixos de emissões.

As Figuras 5.1*c* e 5.1*d* são funções de danos marginais ao ambiente. Enquanto os eixos verticais possuem um índice monetário de danos, os eixos horizontais possuem um índice de concentração ambiente, como partes por milhão (ppm). A Figura 5.1*c* mostra uma complicada função crescente para concentrações baixas que tende a se estabilizar até que concentrações muito mais altas sejam alcançadas, depois das quais os danos aumentam rapidamente. Isso pode se aplicar, por exemplo, a um poluente do ar que cause danos característicos entre membros da sociedade particularmente sensíveis à presença de concentrações relativamente baixas – e entre todas as pessoas quando há concentrações muito altas –, enquanto nas faixas intermediárias, os danos marginais não aumentam rapidamente. A Figura 5.1*d* demonstra uma função de danos marginais ao ambiente que começa à direita da origem e, então, aumenta linearmente com a concentração ambiente.

As Figuras 5.1*a* e 5.1*d* ilustram uma característica que, na verdade, é bem controversa. Elas têm **limites;** isto é, valores de emissões ou concentrações ambientes abaixo das quais os danos marginais são iguais a zero. Assim, o poluente pode aumentar até esses limites sem causar nenhum aumento nos danos. Como veremos nos capítulos seguintes, a suposta existência ou inexistência de um limite na função de danos para determinados poluentes teve importantes impactos sobre as políticas de controle ambientais do mundo real. Muito já se discutiu sobre a existência de limites à função de danos de certos tipos de poluentes.

Funções de danos marginais

Precisamos analisar de maneira mais profunda o conceito de função de danos porque ele será usado posteriormente para expressar e analisar vários tipos diferentes de problemas de poluição e abordagens de políticas públicas. Por conseguinte, a Figura 5.2 mostra duas funções de danos marginais por emissões.[3] É importante lembrar que, assim como as curvas de demanda e oferta discutidas anteriormente, elas se referem a um momento específico; mostram as emissões e os danos marginais para determinado período de tempo. Há algumas maneiras de se pensar nisso. Uma delas é supor, a fim de simplificar, que o gráfico se refere a um poluente estritamente não cumulativo. Assim, todos os danos ocorrem no mesmo período em que as emissões são feitas. Em uma suposição um pouco mais complexa, para poluentes que se acumulam com o passar do tempo a função de danos mostraria o valor total que as pessoas atribuem aos danos correntes e futuros. No Capítulo 6, discutiremos esse conceito mais aprofundadamente.

Inicialmente, considere apenas uma das funções de danos marginais da Figura 5.2 – a inferior, chamada de DM_1. Em capítulos anteriores, discutimos a relação entre quantidades marginais e totais, como a relação entre custos marginais e custos totais; aqui, temos a mesma relação. A altura da curva de danos mostra

[3] A função de danos marginais sobe para a direita porque a quantidade sobre o eixo x representa as emissões, que começam em zero e aumentam para a direita. Reduzir a poluição é, assim, movimentar-se para a esquerda, e os benefícios produzidos por essa redução são exibidos pela redução nos danos marginais em um movimento para a esquerda. Em alguns modelos, porém, o que é indexado no eixo horizontal são as *reduções* em relação aos níveis atuais de emissões. Então, um movimento para a direita corresponde a uma redução na poluição, e a função de danos marginais se parece com uma função de benefícios marginais padrão, como aquela exibida na figura abaixo.

É claro que qualquer uma das abordagens permite a mesma análise. Escolhemos a primeira (poluição crescendo para a direita) porque ela significa que a origem corresponde ao nível de poluição zero. Em nossos modelos, a função de danos marginais crescente pode sugerir uma curva de custo marginal crescente. Em essência, é assim, embora nesse caso o custo marginal se refira ao custo marginal social de aumentar a poluição.

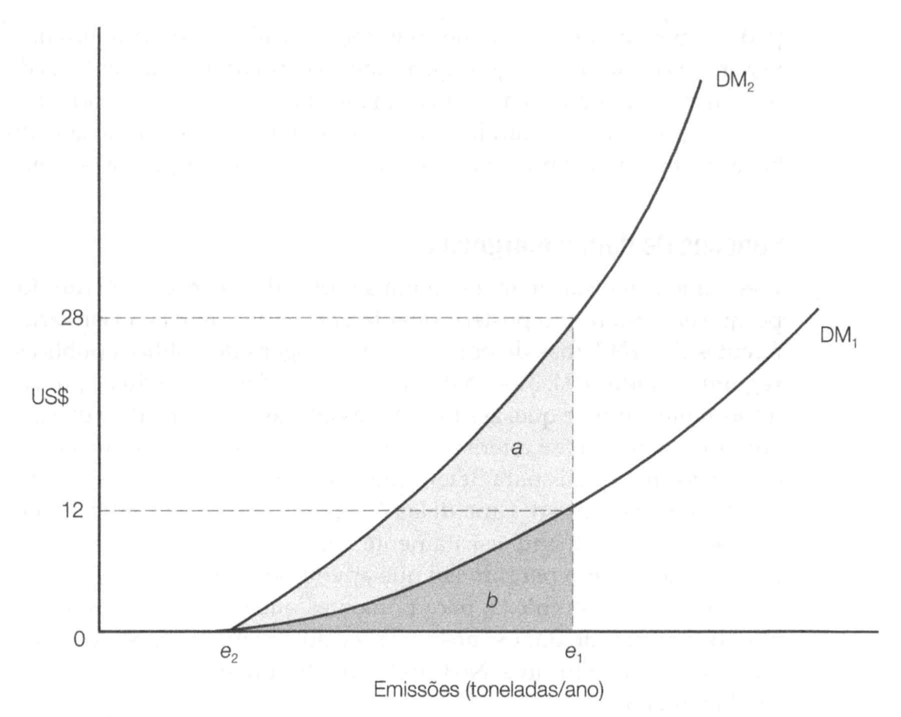

FIGURA 5.2 Anatomia de uma função de danos marginais.

como os danos totais mudariam se houvesse uma pequena variação na quantidade de emissões. Quando o nível de efluente está no ponto marcado como e_1, por exemplo, os danos marginais são US$ 12. Quer dizer, se as emissões aumentassem em uma tonelada a partir do ponto e_1, os danos experimentados pelas pessoas expostas a essas emissões aumentariam em US$ 12. Seguindo a mesma linha de raciocínio, se as emissões diminuíssem em uma pequena quantidade no ponto e_1, os danos totais seriam reduzidos em US$ 12. Como a altura da curva, medida no eixo y, mostra os danos marginais, a área sob a curva entre o ponto onde ela é zero e algum outro ponto, como o chamado e_1, mostra os danos totais associados a esse nível de emissões. No caso da função de danos marginais DM_1 e do ponto e_1, os danos totais são iguais à quantidade monetária expressa pela área triangular limitada pelo eixo x, a curva DM_1 e a quantidade de efluentes e_1. Essa é a área b na Figura 5.2.

Quais fatores podem explicar a diferença entre DM_1 e DM_2 na Figura 5.2? Consideremos que elas se apliquem ao mesmo poluente. Para qualquer nível de emissões dado, os danos marginais são mais altos para a DM_2 do que para a DM_1. No nível de emissões e_1, por exemplo, um pequeno aumento nos efluentes aumentaria os danos em US$ 12 se a função de danos marginais fosse DM_1, mas aumentaria os danos em US$ 28 se fosse DM_2. Lembre-se de que qualquer função de danos mostra os impactos da emissão de determinado efluente em determinado momento e local; assim, uma possível explicação indicaria que DM_2 se refere a uma situação em que muitas pessoas são afetadas por um poluente – uma grande área urbana, por exemplo –, enquanto DM_1 se refere a uma área rural com população mais esparsa – menos pessoas, menos danos.

Alguns fatores que deslocam a função de danos para cima são:

a. Diferenças na população exposta, como a presença de mais pessoas.

b. Diferentes períodos de tempo, causados, por exemplo, pela inversão da temperatura que "prende" os poluentes sobre a cidade, produzindo concentrações ambientes relativamente altas. A curva DM_1 seria a função de danos, mas somente quando padrões de ventos normais prevalecem, de modo que a maior parte dos efluentes é soprada a sotavento e para fora daquela área. Assim, os mesmos níveis de emissão em dois momentos diferentes poderiam gerar níveis de danos substancialmente diferentes devido ao funcionamento do ambiente natural.

c. Novas estimativas científicas sobre o impacto devido à poluição. Como DM_2 se encontra acima de DM_1, ela corresponde não somente a danos marginais mais altos, mas também a danos totais mais altos. No nível de emissões e_1, os danos totais são iguais à área b quando a função de danos é DM_1, mas equivalem à área $(a + b)$ quando a função de danos é DM_2.

Danos ambientais e incerteza

As funções de danos que acabamos de traçar parecem ser muito claras e não ambíguas. No mundo real, no entanto, elas raramente são assim. Normalmente, há muito mais incerteza em torno das conexões entre as emissões de poluição e os vários tipos de danos, como impactos sobre a saúde humana, danos ao ecossistema e assim por diante. Quando dizemos "incerteza", não estamos sugerindo que na verdade a poluição causa menos danos do que poderíamos ter imaginado – mas, em vez disso, que a quantidade exata de danos causados por diferentes níveis de poluição é difícil de ser medida com precisão. A incerteza na natureza afeta a relação entre as emissões e as condições ambientais, e a incerteza nas relações humanas afeta os danos resultantes. Essa incerteza é exacerbada, pois grande parte dos danos deverá ocorrer em um futuro distante, o que dificulta uma previsão exata.

Outro fator importante é nossa suposição implícita de que as funções de danos são **reversíveis**. Se as emissões aumentam, os danos aumentam; e se as emissões diminuem, os danos voltam ao seu nível anterior. Isso pode ser adequado para muitos poluentes: mais ozônio, mais asma; menos ozônio e os casos de asma diminuem. Contudo, para muitos poluentes isso pode não ser verdade. O acúmulo de gases causadores do efeito estufa pode, talvez, iniciar mudanças globais que são essencialmente irreversíveis. Até mesmo algumas mudanças locais podem ser irreversíveis; níveis mais altos de poluição levam a mudanças no ecossistema que, por sua vez, levam-nos a novas situações, das quais não há um retorno fácil. Uma vez que um aquífero subterrâneo tenha sido contaminado, por exemplo, ele pode nunca mais voltar a ser o mesmo.

Os economistas ambientais, em cooperação com cientistas ambientais, epidemiologistas e outros profissionais especializados, têm trabalhado para desenvolver meios de medir as funções de danos com maior precisão. Nos próximos capítulos, veremos alguns desses métodos. Neste capítulo, simplesmente usaremos o conceito de função de danos para estudar as escolhas essenciais que a sociedade deve tomar nas questões relacionadas ao controle da poluição.

Danos e o tempo

Outro importante fator que precisamos reconhecer no caso da função de danos causados pela poluição é o tempo. Muitos poluentes são persistentes; uma vez emitidos, permanecem no ambiente por muitos anos, potencialmente causando danos até um futuro distante. Por exemplo, a emissão de gases do efeito estufa hoje contribui para um acúmulo na atmosfera que terá repercussões no futuro – e algumas dessas repercussões ocorrerão em um futuro muito distante. Além disso, impactos ecológicos e sobre a saúde podem resultar de exposições de longo prazo a poluentes, o que pode criar uma defasagem de tempo potencialmente grande entre as emissões e seus danos. Obviamente, isso cria problemas na estimativa da função de danos – ou seja, prever com uma precisão razoável quais danos futuros ocorrerão em decorrência das emissões atuais. Isso levanta também o problema de como devemos comparar danos futuros a danos atuais. Teremos mais a dizer sobre esse problema nos capítulos seguintes.

O conceito de danos já foi considerado; agora, é necessário analisar o outro lado da relação de *trade-off* mencionada anteriormente. É tentador não fazê-lo depois de concluir erroneamente que as próprias funções de danos nos dão todas as informações necessárias para tomar decisões sobre o controle da poluição. Podemos nos sentir tentados a dizer, por exemplo, que a sociedade precisa lutar para manter os níveis de emissão em torno do ponto e_2, no qual os danos marginais são zero, ou talvez até mesmo em torno da origem, o que corresponde a um ponto em que as emissões são zero. Para certos poluentes e situações, o nível eficiente de emissões pode ser, de fato, zero, mas para determinar isso temos que analisar o outro lado do problema: os custos de abatimento ou controle, considerados a seguir.

CUSTOS DE ABATIMENTO

Os **custos de abatimento** ou **controle** são os custos da redução da quantidade de resíduos emitida no meio ambiente ou da diminuição das concentrações ambientes. Pense na fábrica de papel localizada a montante, citada anteriormente. Em seu curso normal de operações, ela produz uma grande quantidade de resíduos orgânicos. Baseando-se na suposição de que a fábrica tem livre acesso ao rio, conclui-se que a maneira mais barata de se livrar desses resíduos é simplesmente descarregá-los no rio; porém, normalmente a empresa possui os meios tecnológicos e gerenciais para reduzir essas emissões. Os custos de se envolver nessas atividades são chamados de "custos de abatimento", porque são os custos derivados do abatimento (ou da redução) da quantidade de resíduos lançados no rio. Ao gastar recursos nessa atividade, a fábrica de papel pode abater suas emissões; em geral, quanto maior o abatimento, maior o custo.

Os custos de abatimento normalmente diferem de uma fonte para outra, dependendo de diversos fatores. Os custos de redução das emissões de SO_2 das centrais elétricas obviamente serão diferentes dos custos de redução das fumaças tóxicas de usinas químicas, por exemplo. Mesmo para fontes que produzem o mesmo tipo de efluente, os custos de abatimento provavelmente serão diferentes devido a diferenças nas características tecnológicas da operação. Uma fonte pode ser relativamente nova e usar tecnologia produtiva moderna, enquanto outra pode ser antiga, usando uma tecnologia mais altamente poluente. Na discussão a seguir, tenha em mente que o termo *abatimento* é usado com a conotação mais ampla possível e inclui várias formas de reduzir as emissões: mudanças na tecnologia de produção, troca de insumos, reciclagem de resíduos, tratamento, abandono de uma área, entre outras.

Funções de custos de abatimento

Representamos essa ideia graficamente usando o conceito de função de **custos marginais de abatimento**. As unidades sobre os eixos são as mesmas de antes: quantidades de poluentes sobre o eixo horizontal e valor monetário sobre o eixo vertical. Os custos marginais de abatimento por emissões mostram os custos adicionais para se alcançar uma diminuição de uma unidade nos níveis de emissões ou então os custos economizados, se as emissões forem aumentadas em uma unidade. No eixo horizontal, as curvas de custos marginais de abatimento se originam em níveis de emissões não controladas, isto é, níveis de emissões anteriores à realização de qualquer atividade de abatimento. A partir desse ponto, os custos marginais de abatimento mostram os custos marginais de produzir reduções nas emissões. Assim, essas curvas de custo marginais aumentam da direita para a esquerda, representando os custos marginais de reduzir as emissões.[4] O Quadro 5.1 mostra dados da função de custo de abatimento referente à limpeza das águas de Boston Harbor, Estados Unidos; já a Figura 5.3 mostra três funções de custos marginais de abatimento alternativas.

A Figura 5.3*a* mostra os custos marginais de abatimento aumentando muito modestamente na primeira vez em que as emissões são reduzidas – e crescendo muito rapidamente à medida que as emissões vão se tornando relativamente baixas. A Figura 5.3*b* mostra custos marginais de abatimento que aumentam rapidamente desde o início.

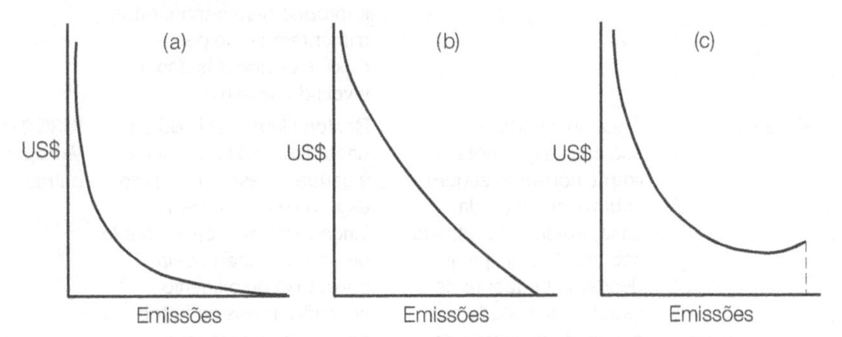

FIGURA 5.3 Funções de custos marginais de abatimento representativas.

[4] No Capítulo 3, mostramos curvas de custo marginais crescentes para a direita. Aqui, o gráfico vai na direção oposta porque estamos produzindo *reduções* nas emissões.

QUADRO 5.1 A função de custos de abatimento relativa à limpeza de Boston Harbor[1]

Custo/família/ano	O que se obtém	Efeitos sobre a comunidade e o meio ambiente	Legalidade
US$ 0,00	Ausência de água encanada; ausência de canos de esgoto para remover o esgoto das casas.	Vida urbana impossível; consumo de água supostamente potável leva a doenças; lagos e rios locais são drenados para fornecimento de água; falta de água; esgoto nas ruas causa epidemias; poços e rios locais destruídos pelo esgoto; grandes alterações na vida animal e na ecologia urbana.	(US$ 0) Ilegal: Violação da Lei das Águas Puras dos Estados Unidos (CWA*) e outras.
US$ 125,00	Água encanada em sua casa; água potável limpa, consumo seguro; o esgoto não é removido de sua casa.	Vida urbana sofrível devido à presença de esgoto não tratado nas ruas; epidemias causadas pelo esgoto não tratado; rios, lagos e mar poluídos com bactérias; destruição de poços e rios locais pelo esgoto; grandes alterações na vida animal e na ecologia urbana; não é seguro nadar; contaminação dos frutos do mar pescados na costa.	(US$ 125) Ilegal: Violação da CWA e outras.
US$ 175,00	Água encanada em sua casa; água potável limpa, consumo seguro; esgoto encanado descarregado no mar – ausência de tratamento.	Mar impróprio para banho e com mau cheiro; riscos à saúde apresentados pelo esgoto sem tratamento; mar poluído pelo esgoto e excesso de nutrientes; contaminação dos mariscos; impróprio para banho; ratos alimentam-se de peixes mortos devido aos baixos níveis de oxigênio.	(US$ 175) Ilegal: Violação da CWA e outras.
US$ 225,00	Água encanada em sua casa; água potável limpa, consumo seguro; esgoto removido da casa; tratamento primário sob condições típicas; descarga frequente de esgoto não tratado por canais de descarga de esgoto combinado.	Boston Harbor poluído por bactérias e toxinas; riscos à saúde apresentados pelo esgoto sem tratamento lançado no mar; crescimento de peixes limitado pela baixa taxa de oxigênio no verão; todos os frutos do mar (exceto lagostas) contaminados; praias fechadas frequentemente no verão.	(US$ 225) Ilegal: Violação da CWA e outras.

Custo/família/ano	O que se obtém	Efeitos sobre a comunidade e o meio ambiente	Legalidade
US$ 725,00	Água encanada em sua casa; água potável limpa, consumo seguro; esgoto removido da casa; tratamento primário sob condições típicas; tratamento secundário sob condições típicas; muitas descargas anuais de esgoto não tratado, por canais de descarga de esgoto.	Melhorias no mar em relação ao presente; poluição por bactérias e baixos níveis de oxigênio causados por descargas do sistema de esgoto combinado; todos os frutos do mar (exceto lagostas) contaminados; praias fechadas frequentemente no verão.	(US$ 725) Legal: Sob condições típicas. (US$ 725) Ilegal: Violação da CWA durante fortes tempestades de chuva.
US$ 800,00	Água encanada em sua casa; água potável limpa, consumo seguro; esgoto removido da casa; tratamento primário; tratamento secundário e reciclagem de sedimentos; canos de descarga de esgoto longos; armazenagem para águas do sistema de esgoto combinado; descargas infrequentes de esgoto sem tratamento pelo sistema de esgoto combinado.	Melhorias no mar em relação ao presente; frutos do mar pescados na região podem ser consumidos; poucas ou nenhuma das praias fechadas durante o verão; mar próprio para banho em boas condições.	(US$ 800) Legal: Exigências da CWA cumpridas.
US$ 1.200,00	Água encanada em sua casa; água potável limpa, consumo seguro; esgoto removido da casa; tratamento primário; tratamento secundário e reciclagem de sedimentos; tratamento terciário; canos de descarga de esgoto longos; contenção das águas do sistema de esgoto combinado.	O esgoto não causa nenhum efeito nas imediações; ambiente marinho saudável; mar próprio para o banho.	(US$ 1.200) Legal: Exigências da CWA excedidas.

[1] Custos de abatimento em dólares por família ao ano. Não são, estritamente, custos marginais de abatimento, mas podem ser determinados ao se considerar as diferenças nos custos entre os vários níveis.
* N. de T.: CWA é a sigla de *Clean Water Act*, ou Lei das Águas Puras dos Estados Unidos.
Fonte: Material do quadro exibido no New England Aquarium, Boston, Estados Unidos, 2000. Agradecimentos a Stephen Costa, que encontrou esse material.

A Figura 5.3*c* mostra uma curva de custo marginal de abatimento que possui uma fase inicial decrescente, seguida por valores crescentes; isso pode caracterizar uma situação em que pequenas reduções podem ser manipuladas somente por meios técnicos que exigem um investimento inicial substancial.

Para reduções um pouco maiores, os custos marginais realmente podem diminuir se essas técnicas puderem ser utilizadas mais completamente. No entanto, em última análise, os custos marginais de abatimento aumentam. Precisamos ter em mente que, ao lidarmos com custos de abatimento, estamos lidando com um conceito de custo similar ao que foi discutido no Capítulo 3. O nível de custos encontrado na realização de qualquer tarefa específica depende da tecnologia disponível para realizá-la e das aptidões gerenciais que se aplicam ao trabalho envolvido. É bem possível arcar com custos de abatimento extremamente altos se as tecnologias erradas forem utilizadas ou se o que está disponível for usado incorretamente. Em outras palavras, as funções de custos marginais de abatimento representadas devem ser compreendidas como os custos **mínimos** para que as reduções nas emissões sejam alcançadas.

Funções de custos de abatimento

Para investigar mais profundamente o conceito de custos marginais de abatimento, considere a Figura 5.4, que mostra duas curvas de custos marginais de abatimento. Por enquanto, consideraremos a curva superior, chamada de CAM_2. Ela começa com um nível de efluentes chamado de $\bar{e}$, o nível de emissões não controlado. Daí, ela se inclina ascendentemente para a esquerda. Começando no nível não controlado, as primeiras unidades de redução da emissão podem ser alcançadas com um custo marginal relativamente baixo. Pense novamente na fábrica de papel. Essa primeira pequena diminuição pode ser obtida com a adição de um modesto tanque de decantação, mas à medida que os níveis de emissão

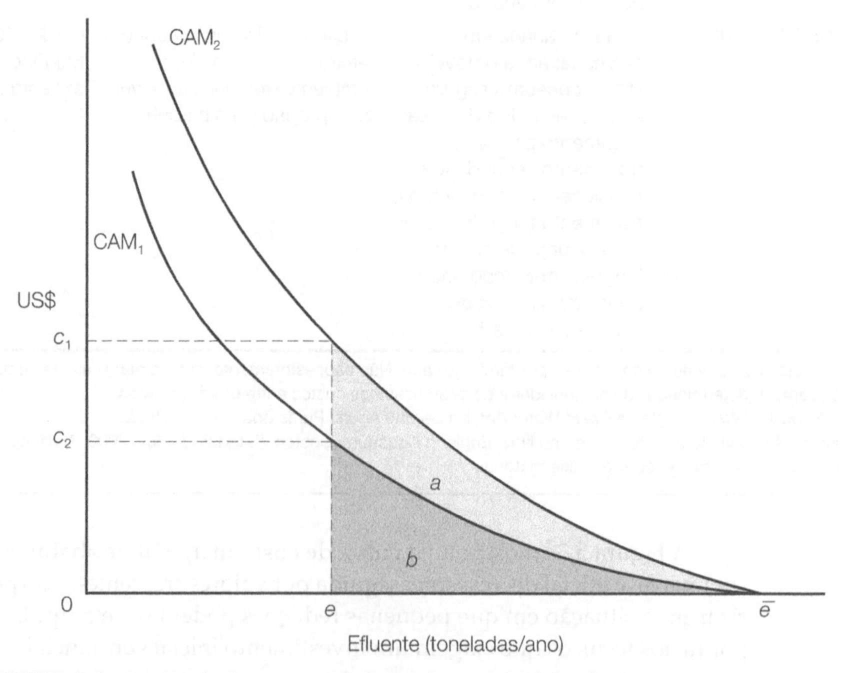

FIGURA 5.4 Anatomia de uma curva de custo marginal de abatimento.

são reduzidos ainda mais, o custo marginal de alcançar reduções adicionais aumenta. Por exemplo, para obter uma redução de 30-40%, a fábrica de papel pode ter que investir em novas tecnologias que sejam mais eficientes na utilização da água. Uma redução de 60-70% nos efluentes pode exigir novas e substanciais tecnologias de tratamento, além de todos os passos dados anteriormente, enquanto uma redução de 90-95% poderia exigir equipamentos muito caros para reciclar praticamente todos os resíduos de produção da fábrica. Assim, quanto maior a redução nas emissões, maiores os custos marginais de produzir novas reduções. Isso gera uma função de custos marginais de abatimento que fica mais inclinada à medida que as emissões são reduzidas.[5]

É claro que existe um limite superior para esses custos de abatimento. A opção extrema por uma única fábrica ou fonte de poluição é cessar as operações, alcançando, dessa maneira, nível zero de emissões. Os custos dependerão das circunstâncias. Se a fonte for apenas uma pequena fábrica dentro de uma grande indústria que consiste em muitas fábricas como essa, os custos do fechamento podem não ser tão grandes. Na verdade, isso pode ter muito pouco impacto sobre o preço final para os consumidores daquilo que esteja sendo produzido (por exemplo, o papel da fábrica), embora o impacto local sobre empregos e bem-estar da comunidade possa ser substancial. No entanto, se estivermos falando dos custos marginais de abatimento de toda uma indústria – produção de energia elétrica no meio-oeste dos Estados Unidos, por exemplo –, a opção de fechamento como maneira de alcançar emissões zero teria custos enormes.

A função de custos marginais de abatimento pode expressar os custos marginais **reais** de uma fonte ou grupo de fontes ou os custos marginais de abatimento **mais baixos possíveis**. Os custos reais, é claro, são determinados pelas tecnologias e procedimentos que as empresas adotaram no passado para reduzir as emissões. Estas podem ter sido afetadas por uma variedade de fatores, inclusive falta de visão gerencial ou regulamentações públicas de controle da poluição. Porém, para usar o modelo a fim de estudar questões de eficiência social e custo-efetividade, não queremos os custos reais, mas os custos de abatimento mais baixos possíveis. Nesse caso, temos que supor que as fontes adotaram qualquer meio tecnológico e gerencial disponível para alcançar reduções das emissões pelos custos mais baixos possíveis. Em outras palavras, as fontes devem estar agindo de uma maneira **custo-efetiva**.

Assim como em qualquer gráfico marginal, podemos representar não somente os valores marginais, mas também os totais. Se as emissões estão atualmente no nível de *e* toneladas por ano, o valor sobre o eixo vertical mostra o custo marginal de se alcançar uma unidade a mais de redução das emissões. A área sob a curva de custo de abatimento, entre sua origem no ponto $\bar{e}$ e qualquer nível específico de emissões, é igual aos **custos totais** de abatimento das emissões até

[5] Lembre que a quantidade indexada no eixo horizontal é a quantidade de emissões, começando em zero na esquerda. Assim, os custos marginais de abatimento de reduzir as emissões aumenta à medida que nos deslocamos para a esquerda, isto é, à medida que diminuímos as emissões. No Capítulo 3, introduzimos as curvas de custo marginais que tinham a forma convencional crescente para a direita à medida que a produção aumentava. Se indexássemos a *quantidade de emissões reduzidas* começando do zero, então a curva de CAM de fato seria crescente para a direita. Achamos mais intuitivo, porém, fazer a origem corresponder ao nível zero de emissões.

aquele nível. Por exemplo, com a curva chamada de CAM_2, o custo de abatimento total por obter um nível de emissões de *e* toneladas por ano é igual à área sob a curva entre *e* e $\bar{e}$, a área $(a + b)$ – lembrando que estamos lendo o gráfico da direita para a esquerda.

Considere agora a outra curva de custo marginal de abatimento exibida na Figura 5.4, chamada de CAM_1. Sua principal característica é se encontrar abaixo de CAM_2; isso significa que ela corresponde a uma situação em que os custos marginais de abatimento para qualquer nível de emissões são mais baixos do que os da CAM_2. Para *e* toneladas por ano de emissões, por exemplo, os custos marginais de se abater uma tonelada extra são apenas c_2 no caso da CAM_1, o que é substancialmente mais baixo do que os custos marginais de abatimento da CAM_2 nesse ponto. O que poderia explicar a diferença? Considere que se trata do mesmo poluente em cada caso. Uma possibilidade é sua aplicação a diferentes fontes – por exemplo, uma fábrica que foi construída há muitos anos e outra, construída mais recentemente, que usa diferentes tecnologias de produção. A fábrica mais nova possibilita uma redução de emissões menos onerosa.

Outra possibilidade é a relação da CAM_1 e da CAM_2 ao mesmo poluente e à mesma fonte, mas em diferentes momentos. A curva mais baixa representa a situação depois de uma tecnologia de controle da poluição ter sido desenvolvida, enquanto a mais alta se aplica à situação antes da mudança. As mudanças tecnológicas, em outras palavras, resultam em uma diminuição da curva de custos marginais de abatimento de determinado poluente. É possível representar graficamente o custo anual que essa fonte economizaria, supondo que a taxa de emissões seja *e* antes e depois da mudança. Antes da adoção da nova tecnologia, o custo total de abatimento para alcançar o nível de efluentes *e* era igual a $(a + b)$ por ano e, depois da mudança, *b* ao ano. Portanto, as economias de custo anuais decorrentes da mudança tecnológica são *a*. Esse tipo de análise será importante quando examinarmos diferentes tipos de políticas de controle da poluição, porque um dos critérios que iremos usar para avaliá-las será o grau de incentivo na forma de economia de custos que elas oferecem para as empresas se envolverem em pesquisa e desenvolvimento a fim de que produzam novas tecnologias de controle da poluição.

Custos marginais de abatimento agregados

A discussão anterior tratou a função de custos marginais de abatimento como algo que se aplica a uma única empresa – como o exemplo de uma única fábrica de papel às margens de um rio. Suponha, no entanto, o custo marginal de abatimento de um grupo de empresas, talvez um grupo de empresas da mesma indústria ou um grupo de empresas localizadas na mesma região. A maioria das políticas ambientais, principalmente nos níveis estadual ou federal, tem o objetivo de controlar as emissões de grupos de fontes de poluição, e não apenas de poluidores individuais. Considere, ainda, que as funções individuais de custos marginais de abatimento difiram entre as várias empresas. Um exemplo: controlar os poluentes orgânicos em Boston Harbor ou na Baía de São Francisco, nos Estados Unidos, exigiria o controle das emissões de uma grande variedade de fontes em diferentes indústrias, com diferentes tecnologias de produção e, portanto, funções individuais de custos marginais de abatimento muito diferentes.

Nesse caso, teríamos que construir a **função de custos marginais de abatimento** geral (ou **agregada**) para o grupo de empresas, somando suas curvas individuais de custos marginais de abatimento.

Embora isso soe simples – e, basicamente, *seja* simples –, essa função nos leva a um dos conceitos mais importantes por trás do desenho de uma política ambiental eficiente. É crucial ter em mente a ideia central da função de custos de abatimento. É uma função que mostra a maneira *menos onerosa* de alcançar reduções nas emissões de uma empresa individual – se estivermos analisando uma função individual de custos marginais de abatimento – ou de um grupo de fontes poluidoras – se estivermos considerando a função agregada de custos marginais de abatimento.

No lado esquerdo da Figura 5.5, temos duas funções individuais de custos marginais de abatimento, chamadas de Fonte A e Fonte B. Observe que elas não são as mesmas (mas lembre-se de que as escalas são as mesmas; isto é, estamos lidando com o mesmo poluente). A CAM_A começa em 20 toneladas/semana e se eleva rapidamente à medida que as emissões diminuem. A CAM_B também começa no nível de descarga sem controle de 20 toneladas/semana, mas não aumenta muito rapidamente. Por que a diferença? Talvez a Fonte B seja uma fábrica nova com alternativas tecnológicas muito mais flexíveis de controle da poluição. Ou talvez as duas fontes, embora produzindo o mesmo tipo de efluente, estejam fabricando diferentes bens de consumo e usando diferentes técnicas de produção. Qualquer que seja o motivo, elas têm diferentes curvas de custos marginais de abatimento.

A curva agregada de custo marginal de abatimento é um somatório, ou agregação, dessas duas relações individuais. Contudo, como as curvas individuais são diferentes, o modo como são agregadas faz muita diferença. O problema é que quando há duas fontes (ou qualquer outro número maior do que um) com diferentes custos de abatimento, o custo total dependerá do modo como as emissões totais são alocadas entre as diferentes fontes. O princípio a ser seguido é somar as duas funções individuais de modo a gerar os custos marginais de abatimento agregados mais baixos possíveis; para isso, deve-se somá-las horizontalmente e selecionar determinado nível de custo marginal de abatimento – por exemplo, *w*, na Figura 5.5. Esse nível de custo marginal de abatimento é associado a um nível de efluente de 10 toneladas/semana da Fonte A e a um nível de efluentes de aproximadamente

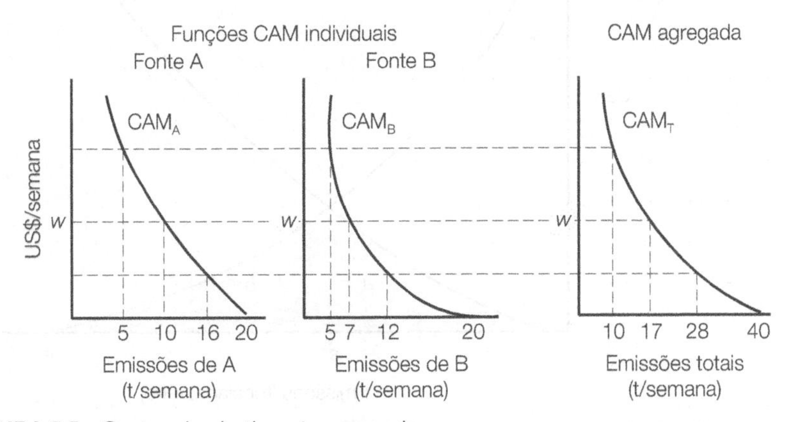

FIGURA 5.5 Custos de abatimento agregado.

7 toneladas/semana da Fonte B. Assim, na curva agregada, um custo marginal de abatimento de w seria associado a um nível de efluentes de 10 toneladas + 7 toneladas = 17 toneladas/semana. Todos os outros pontos sobre a curva de custos marginais de abatimento são encontrados da mesma maneira, somando-se horizontalmente as curvas individuais de custos marginais de abatimento.

De fato, o que fizemos aqui foi invocar o importante **princípio da equalização na margem,** uma ideia já introduzida no Capítulo 3. Para obter a curva de custos marginais de abatimento agregada mínima, o nível agregado de emissões precisa ser distribuído entre as diferentes fontes para que, assim, todos tenham os mesmos custos marginais de abatimento. Comecemos no ponto de 10 toneladas/semana sobre a curva agregada. Obviamente, esse total de 10 toneladas poderia ser distribuído entre as duas fontes de diversas maneiras: 5 toneladas de cada fonte, ou 8 toneladas de uma e 2 de outra e assim por diante. Apenas uma alocação, no entanto, dará os custos marginais de abatimento agregados mais baixos possíveis; essa é a alocação que leva as diferentes fontes ao ponto em que elas têm exatamente os mesmos custos marginais de abatimento. No fim deste capítulo, voltaremos a esse princípio da equalização na margem, ilustrando-o com um exemplo numérico simples.

O NÍVEL DE EMISSÕES SOCIALMENTE EFICIENTE

Consideramos separadamente a função de danos marginais e a função de custos marginais de abatimento relacionadas a determinado poluente, descarregado em determinado local e momento; agora está na hora de juntar essas duas relações. Isso é feito na Figura 5.6, que mostra um conjunto de curvas de danos marginais e de custos marginais de abatimento com formatos convencionais chamadas

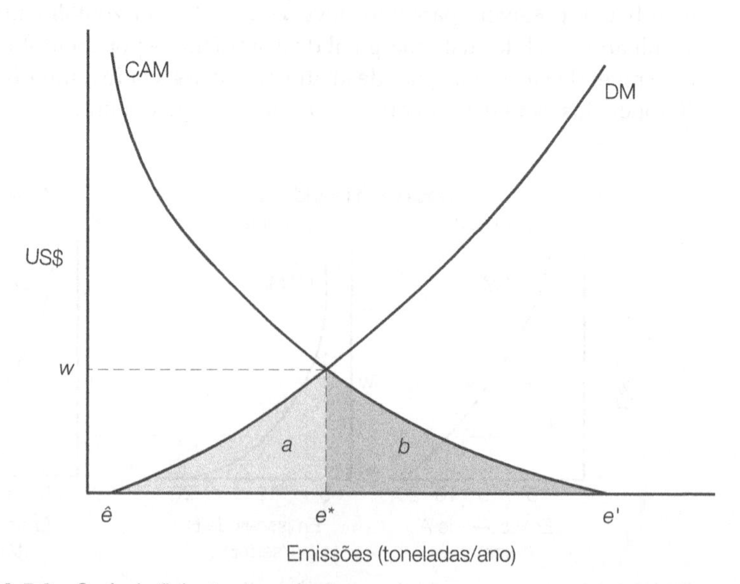

FIGURA 5.6 O nível eficiente de emissões.

respectivamente de DM e CAM. Os danos marginais têm um limite no nível de emissão $\hat{e}$, enquanto o nível de emissões sem controle é e'.

O nível eficiente de emissões é definido como o nível em que os danos marginais são iguais aos custos marginais de abatimento. Qual é a justificativa para isso? Observe o *trade-off* inerente ao fenômeno da poluição: mais emissões expõem a sociedade, ou parte dela, a maiores custos decorrentes de danos ambientais. Menos emissões envolvem a sociedade em custos mais altos na forma de recursos dedicados a atividades de abatimento. O nível eficiente de emissões é, assim, o nível em que esses dois tipos de custos neutralizam exatamente um ao outro – isto é, quando os **custos marginais de abatimento são iguais aos custos marginais dos danos.** Esse é o nível de emissões e^* na Figura 5.6. Os custos de danos marginais e de abatimento marginais são iguais um ao outro e também ao valor w nesse nível de emissões.

Também obteremos esse resultado ao considerar os valores totais, porque sabemos que os totais são as áreas sob as curvas marginais. Assim, a área triangular marcada como a (limitada pelos pontos $\hat{e}$ e e^* e a função de danos marginais) representa os danos totais existentes quando as emissões estão no nível e^*, enquanto a área triangular b mostra os custos totais de abatimento nesse nível de emissões. A soma dessas duas áreas ($a + b$) é uma medida dos custos sociais totais decorrentes de e^* toneladas por ano desse poluente específico. O ponto e^* é o único ponto em que essa soma é minimizada. Observe que o tamanho da área a não precisa ser igual ao tamanho da área b.

Pode-se ter a impressão, com base na localização do ponto e^* sobre o eixo x, de que essa análise levou à conclusão de que o nível eficiente de emissões é sempre aquele que envolve uma quantidade relativamente grande de emissões e danos substanciais ao meio ambiente. Não é esse o caso; o que estamos desenvolvendo é uma maneira conceitual de analisar um *trade-off*. No mundo real, todo problema de poluição é diferente. Com essa análise, temos uma maneira generalizada de enquadrar o problema, que obviamente precisa ser adaptada à situação específica de cada caso de poluição ambiental. A Figura 5.7, por exemplo, representa três diferentes situações que podem caracterizar poluentes ambientais específicos. Em

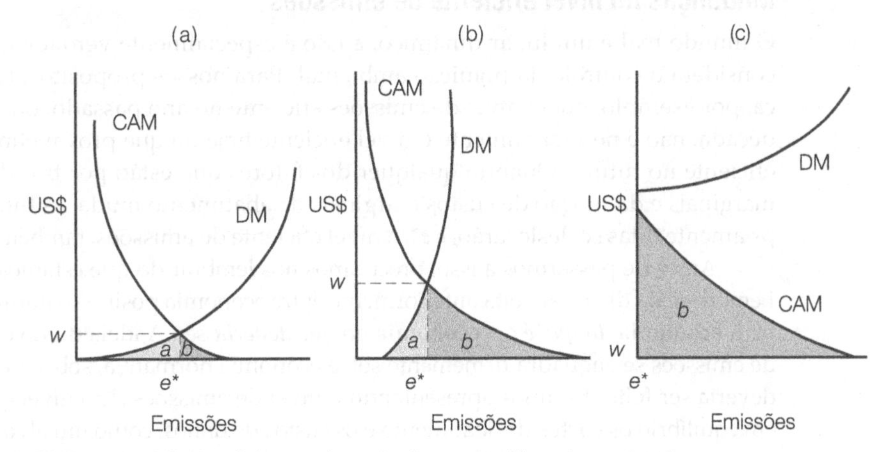

FIGURA 5.7 Níveis eficientes de emissões para diferentes poluentes.

cada caso, e^* representa o nível eficiente de emissões e w mostra os danos marginais e os custos marginais de abatimento para essa quantidade de emissões. A Figura 5.7*a* mostra um poluente para o qual e^* está bastante à direita de zero (como o eixo horizontal não possui unidades, obviamente não fica exatamente claro o que "bastante à direita" realmente significa). Os danos marginais nesse ponto são bem pequenos, e o mesmo ocorre para os danos totais e os custos de abatimento, como mostra o pequeno tamanho dos triângulos correspondentes a esses valores. O motivo disso é que esse é um poluente para o qual tanto os custos marginais de abatimento quanto os danos marginais aumentam muito lentamente no início.

A Figura 5.7*b* mostra uma situação em que a função de abatimento marginal inicialmente se eleva de forma moderada e, depois, rapidamente, enquanto a função de danos marginais cresce muito rapidamente desde o início. Nesse caso, e^* está bastante à direita de zero, e w se encontra bem acima do que estava no primeiro diagrama (considerando que todos os eixos verticais desses diagramas tenham a mesma escala). Observe, no entanto, que em e^* os custos totais de abatimento são substancialmente mais altos do que os danos, como indicam os tamanhos relativos dos triângulos que medem esses valores totais (*a* e *b*). O que isso enfatiza é que não é a igualdade entre os custos totais de abatimento e os danos totais que define o nível eficiente de efluentes, mas a igualdade entre os **custos marginais de abatimento** e os **danos marginais.**

Na Figura 5.7*c*, o nível eficiente de emissões é zero. Não há ponto de interseção entre as duas funções no gráfico; a área *a* nem mesmo aparece no gráfico. A única maneira de fazê-las se cruzarem é, de alguma forma, estendê-las para a esquerda do eixo vertical, mas isso implicaria emissões que poderiam ser negativas, o que é algo a ser evitado. O que torna $e^* = 0$ é que a função de danos marginais não começa em zero, mas sim bem no alto do eixo y, o que implica que mesmo a primeira quantidade desse poluente colocada no meio ambiente gera grandes danos (talvez o diagrama se aplique a algum material extremamente tóxico). Com relação a isso, os custos marginais de abatimento são baixos, gerando um nível eficiente de emissões zero.

Mudanças no nível eficiente de emissões

O mundo real é um lugar dinâmico, e isso é especialmente verdade quando se considera o controle da poluição ambiental. Para nossos propósitos, isso implica, por exemplo, que o nível de emissões eficiente no ano passado, ou na última década, não é necessariamente o nível eficiente hoje ou que provavelmente será eficiente no futuro. Quando qualquer dos fatores que estão por trás dos danos marginais e da função de custos marginais de abatimento muda, as funções propriamente ditas se deslocarão, e e^*, o nível eficiente de emissões, também mudará.

Antes de passarmos a isso, precisamos nos lembrar do que estamos fazendo. Lembre-se da distinção feita anteriormente entre economia positiva e normativa, entre a **economia** ***do que é*** e a **economia** ***do que deveria ser.*** A ideia do nível eficiente de emissões se enquadra firmemente sob a economia normativa, sob a ideia do que deveria ser feito. Estamos apresentando o nível de emissões e^*, o nível que coloca em equilíbrio os custos de abatimento e os custos de danos, como um alvo desejável para as políticas públicas. Não confunda isso com o nível real de emissões; se o mundo funcionasse de tal modo que o nível real de emissões fosse sempre igual ao nível eficiente ou próximo dele, presumivelmente não teríamos que nos preocupar em intervir com políticas ambientais de um tipo ou de outro. Obviamente, o mundo não funciona assim, e é por isso que precisamos recorrer a políticas públicas.

A Figura 5.8 mostra diversas maneiras pelas quais e^* pode mudar quando os fatores subjacentes mudam. A Figura 5.8*a* mostra os resultados de um deslocamento para cima na função de danos marginais, de DM_1 para DM_2. Uma das maneiras de isso acontecer seria por meio do crescimento populacional. Em 1990, a DM_1 poderia se aplicar a uma municipalidade, à qual a DM_2 se aplicaria em 2010, depois do crescimento da população. Mais pessoas significa que determinada quantidade de efluente causará mais danos.[6] Isso leva à conclusão intuitivamente direta de que o nível eficiente de emissões cai de e^*_1 para e^*_2. Com uma função de danos marginais mais alta, a lógica do *trade-off* da eficiência nos levaria a dedicar mais recursos ao controle da poluição.

A Figura 5.8*b* mostra o caso de um deslocamento na função de custos marginais de abatimento, de CAM_1 para CAM_2. O que poderia ter causado isso? O mais óbvio, talvez, seja uma mudança na tecnologia de controle da poluição. Como enfatizado anteriormente, os custos de abatimento dependem crucialmente da tecnologia disponível para reduzir os fluxos de efluentes: tecnologia de tratamento, tecnologia de reciclagem, tecnologia de combustíveis alternativos e assim por diante. Novas técnicas vão surgindo porque recursos, talentos e energia são dedicados à pesquisa e ao desenvolvimento. Então, o deslocamento para baixo nos custos marginais de abatimento representados na Figura 5.8 pode ser o resultado do desenvolvimento do novo tratamento ou de tecnologias de reciclagem que tornam menos onerosa a redução do fluxo de efluentes desse poluente especí-

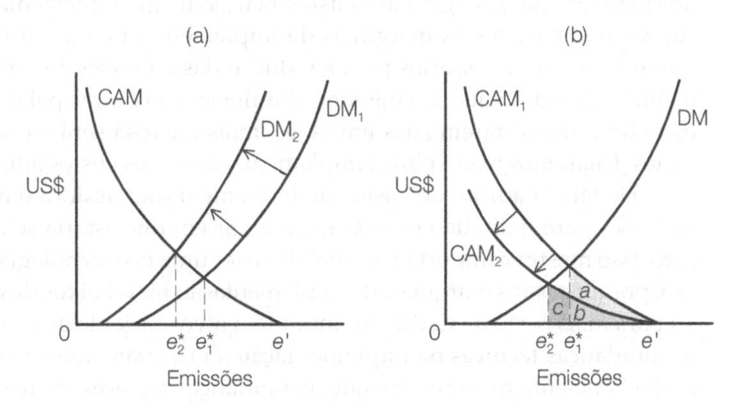

FIGURA 5.8 Mudanças em e*, o nível eficiente de emissões.

[6] Obviamente, esse diagrama também poderia se aplicar a uma situação diferente. DM_1 poderia ser a função de danos pertencente a uma região rural de ocupação relativamente esparsa; DM_2 poderia ser a função de danos marginais pertencente a uma área urbana mais populosa. Tudo o que foi dito sobre a relação entre e^*_1 e e^*_2 se aplica também a casos como esse, em que estamos comparando dois lugares diferentes ao mesmo tempo, além da comparação anterior do mesmo lugar em dois momentos diferentes.

fico. Não deve ser muito surpreendente que isso leve a uma redução no nível de emissões, como indica a mudança de e^*_1 para e^*_2. Podemos observar que isso poderia levar a um aumento ou a uma diminuição no custo total de abatimento das emissões. Antes da mudança, os custos totais de abatimento representavam uma quantidade igual à área $(a + b)$, isto é, a área sob CAM_1 entre o nível não controlado e' e a quantidade e^*_1. Depois da mudança, os custos totais de abatimento se tornam iguais à área $(b + c)$, e a questão do aumento ou da diminuição dos custos totais de abatimento no nível eficiente de emissões depende dos tamanhos relativos das duas áreas *a* e *c*, que, por sua vez, dependem da forma das curvas e do grau de deslocamento da curva de custos marginais de abatimento; quanto maior o deslocamento, mais provável será que o nível eficiente de custos totais de abatimento depois da mudança exceda os custos anteriores à mudança.[7]

CUSTOS DE IMPLEMENTAÇÃO

Até agora, a análise considerou apenas os custos privados da redução das emissões; porém, elas não ocorrem a menos que se dediquem recursos à sua implementação. Para incluir todas as fontes de custo, precisamos adicionar à análise os **custos de implementação**. Alguns deles são privados, como aqueles derivados de uma maior documentação de registros pelos poluidores, mas a maioria são custos públicos relacionados a vários aspectos regulatórios do processo de implementação.

A Figura 5.9 mostra um simples modelo de controle da poluição com custos de implementação adicionados. À função de custos marginais de abatimento adicionaram-se os custos marginais de implementação, gerando a função total de custo marginal chamada de CAM + I. A distância vertical entre as duas curvas de custo marginais é igual aos custos marginais de implementação. No gráfico, supõe-se que os custos marginais de implementação – os custos adicionais de implementação necessários para a redução das emissões em uma unidade – aumentam à medida que as emissões diminuem. Em outras palavras, quanto mais os poluidores cortarem suas emissões, mais onerosa será a execução de novos cortes. Falaremos mais sobre a implementação e seus custos adiante.

De fato, a adição de custos de implementação desloca o nível eficiente de emissões para a direita em relação ao lugar em que estaria se os custos fossem zero. Isso mostra a importância vital de se ter uma boa tecnologia de implementação, porque custos marginais de implementação mais baixos deslocariam a CAM + I para mais perto da CAM, diminuindo o nível eficiente de emissões. Na verdade, **mudanças técnicas na implementação** têm exatamente o mesmo efeito sobre o nível eficiente de emissões que as mudanças técnicas exercem sobre o abatimento de emissões. Discutiremos mais o assunto de implementção em capítulos posteriores, especialmente no Capítulo 11.

---

[7] Esses diagramas também podem ser usados para examinar algumas das implicações de possíveis erros. Por exemplo, suponha que as autoridades públicas de controle achassem que o custo marginal de abatimento real fosse CAM_1, mas, na verdade, como há uma maneira mais barata de reduzir esse efluente que elas desconhecem, os custos marginais de abatimento são, de fato, CAM_2. Então, concluiríamos que o nível eficiente de efluente é e^*_1, enquanto na verdade ele é representado por e^*_2. Poderíamos estar determinando um alvo que envolve emissões excessivas.

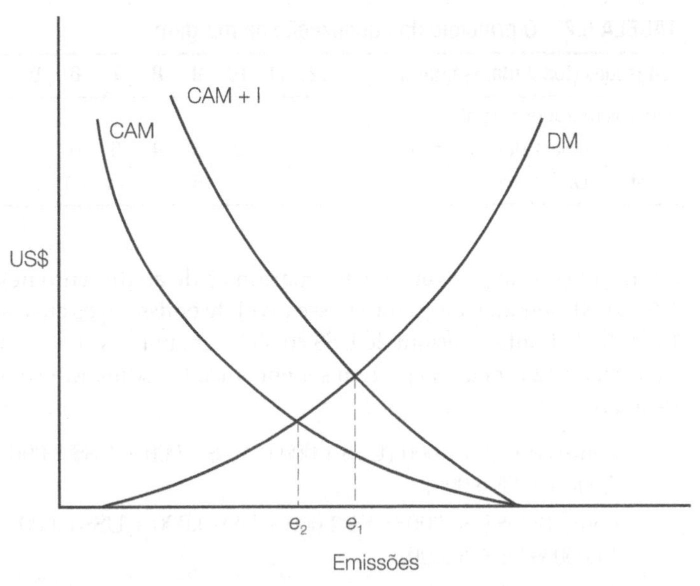

FIGURA 5.9 Custos de implementação.

O PRINCÍPIO DA EQUALIZAÇÃO NA MARGEM APLICADO A REDUÇÕES DE EMISSÕES

Antes de continuar, faremos uma última análise muito explícita do princípio da equalização na margem. No presente contexto, a aplicação desse princípio diz o seguinte: se há **múltiplas fontes** de determinado tipo de poluente com **diferentes custos marginais de abatimento**, e se desejarmos reduzir as emissões agregadas pelo **menor custo possível** (ou, como alternativa, obter a maior redução possível nas emissões para determinado custo), então as emissões de várias fontes devem ser reduzidas de acordo com o **princípio da equalização na margem.**

Como ilustração, considere os números da Tabela 5.2. Eles mostram explicitamente os custos marginais de abatimento de cada uma das duas empresas que emitem determinado resíduo no meio ambiente. Se nenhuma das fontes fizer nenhum esforço para controlar as emissões, cada uma emitirá 12 toneladas por semana. Se a Fonte A reduzir suas emissões em 1 tonelada, para 11 toneladas/semana, isso custará US$ 1.000/semana; se ela reduzir os efluentes ainda mais, para 10 toneladas/semana, seus custos de abatimento aumentarão em US$ 2.000/semana e assim por diante. Observe que as relações dos custos marginais de abatimento das duas fontes são diferentes: os custos da Fonte B aumentam mais rapidamente do que aqueles da Fonte A.

Suponha que inicialmente cada fábrica esteja lançando emissões no nível não controlado; o total de emissões seria, então, de 24 toneladas/semana. Agora, considere que as emissões gerais devem ser reduzidas para a metade do nível presente, ou um total de 12 toneladas/semana. Uma maneira de fazer isso seria a realização de cortes **equiproporcionais**. Como queremos uma redução total de 50%, cada fonte precisa reduzir em 50%. Se a Fonte A fosse cortada em 50%, para

TABELA 5.2 O princípio da equalização na margem

Emissões (toneladas/semana)	12	11	10	9	8	7	6	5	4	3	2	1	0
Custos marginais de abatimento:													
Fonte A (US$ 1.000/semana)	0	1	2	3	4	5	6	8	10	14	24	38	70
Fonte B (US$ 1.000/semana)	0	2	4	6	10	14	20	25	31	38	58	94	160

6 toneladas/semana, seus custos marginais de abatimento nesse nível seriam de US$ 6.000/semana, enquanto nesse nível de emissões os custos marginais de abatimento da Fonte B seriam de US$ 20.000/semana. Os custos totais de abatimento do total de 12 toneladas podem ser encontrados somando-se os custos marginais de abatimento:

Fonte A: US$ 21.000 (US$ 1.000 + US$ 2.000 + US$ 3.000 + US$ 4.000 + US$ 5.000 + US$ 6.000)

Fonte B: US$ 56.000 (US$ 2.000 + US$ 4.000 + US$ 6.000 + US$ 10.000 + US$ 14.000 + US$ 20.000)

Total US$ 77.000/semana.

No entanto, a redução geral para 12 toneladas/semana pode ser alcançada com um custo total substancialmente mais baixo. Sabemos disso porque a redução equiproporcional viola o princípio da equalização na margem; os custos marginais de abatimento não são igualados quando cada fonte reduz seus efluentes para 6 toneladas/semana. Seriam necessárias diferentes taxas de emissões para as duas fontes com as quais, simultaneamente, elas não emitirão mais do que 12 toneladas de efluentes e terão os mesmos custos marginais de abatimento. Essa condição é satisfeita se a Fonte A emitir 4 toneladas e a Fonte B emitir 8 toneladas. Essas taxas somam 12 toneladas ao todo e dão a cada fonte um custo marginal de abatimento de US$ 10.000/semana. Calculando os custos totais de abatimento para esses níveis de emissões, temos:

Fonte A: US$ 39.000 (US$ 1.000 + US$ 2.000 + US$ 3.000 + US$ 4.000 + US$ 5.000 + US$ 6.000 + US$ 8.000 + US$ 10.000)

Fonte B: US$ 22.000 (US$ 2.000 + US$ 4.000 + US$ 6.000 + US$ 10.000)

Total US$ 61.000/semana.

O princípio da equalização na margem foi seguido, e a redução desejada nas emissões totais foi obtida, mas com uma economia de US$ 16.000/semana em comparação a uma redução equiproporcional.

Assim, vemos que um plano de redução das emissões que segue a regra da equalização na margem gera uma redução das emissões com custo mínimo. Outra maneira de dizer isso é que, para qualquer quantidade específica de dinheiro dedicada à redução dos efluentes, a redução quantitativa máxima no total de efluentes pode ser obtida somente ao se seguir o princípio da equalização na margem. Porém, a importância desse princípio não pode ser exagerada. Ao definir os níveis eficientes de emissões, consideramos que estávamos trabalhando com a função de custo marginal de abatimento mais baixa possível. A única maneira de alcançar isso é controlar as fontes individuais de acordo com a regra da equalização na margem. Se estamos projetando políticas públicas sob a regra das reduções equiproporcionais nas várias fontes, as funções de custos marginais de abatimento serão mais altas do que deveriam. E o valor do custo extra desse problema de poluição poderia ter sido usado para solucionar outro problema de poluição. Como um dos resultados, o nível eficiente de emissões será mais alto do que deveria, ou, dito de outra forma, procuraremos reduções nas emissões que serão menores do que aquelas socialmente eficientes.

Resumo

Neste capítulo, vimos um simples modelo de controle da poluição. Ele se baseia na noção de um *trade-off* entre danos ambientais e custos de abatimento da poluição. Introduzimos a noção de **função de danos marginais,** mostrando os danos sociais marginais decorrentes de níveis variáveis de emissões ou de poluentes no ambiente. Então, estudamos as relações de **custo marginal de abatimento,** inicialmente para uma fonte de poluição individual e, então, para um grupo dessas fontes. Juntando esses dois tipos de relações, definimos um **nível eficiente de emissões:** aquele nível em que os danos marginais e os custos marginais de abatimento são iguais. Nesse nível de emissões, os custos sociais totais e o total de custos de abatimento e de danos são minimizados.

O nível eficiente de emissões está sujeito a mudanças quando há alterações em seus fatores subjacentes. O crescimento populacional e os resultados de estudos científicos podem deslocar a função de danos marginais; mudanças tecnológicas podem fazer as funções de custos marginais de abatimento se deslocar. Ilustramos um caso em que o nível eficiente de determinado poluente é zero. Finalmente, analisamos a aplicação do princípio da equalização na margem ao controle da poluição. Esse princípio afirma que, quando múltiplas fontes têm diferentes custos marginais de abatimento, igualar esses custos será a maneira mais barata possível de alcançar uma redução nas emissões totais.

Porém, é necessário ter cautela. O modelo apresentado neste capítulo é muito geral, e corre-se o risco de causar uma impressão extremamente simplista dos problemas de poluição do mundo real. Na verdade, há poucos casos reais de poluição ambiental em que os danos marginais e as funções de abatimento marginal são determinados com absoluta certeza. O mundo natural é complexo demais, e as respostas humanas e não humanas são difíceis demais de identificar com completa clareza. Além disso, há poluidores de todos os tipos, tamanhos e circunstâncias econômicas, e são necessárias enormes quantidades de recursos para aprender até mesmo as coisas mais simples sobre os custos de abatimento da poluição em casos concretos. A tecnologia de controle da poluição está sofrendo rápidas mudanças, então o que é eficiente hoje não necessariamente será eficiente amanhã. No entanto, o modelo simples é útil para pensarmos no problema fundamental de controle da poluição, e ainda será útil nos capítulos seguintes, sobre as várias abordagens à política ambiental.

Perguntas para discussão

1. Prove (graficamente) que o ponto chamado e^* na Figura 5.6 é, de fato, o ponto que minimiza os custos sociais totais, a soma dos custos de abatimento e de danos (faça isso mostrando que, em qualquer outro ponto, esse custo total será mais alto).
2. Considere que às margens de um rio se localizam várias fábricas de papel, e que cada uma descarrega poluentes em suas águas. Suponha que alguém invente uma nova tecnologia para tratar esse fluxo de resíduos que, se adotada pelas fábricas de papel, poderia diminuir substancialmente as emissões. Quais são os impactos dessa invenção sobre (*a*) o nível real de emissões e (*b*) o nível eficiente de emissões?
3. Em uma comunidade suburbana, tanques sépticos domésticos são responsáveis pela contaminação de um lago local. Qual é o efeito de um aumento no número de residências na comunidade sobre os níveis atual e eficiente da qualidade da água no lago?
4. A seguir, temos os custos marginais de abatimento de três empresas relacionados à quantidade de emissões. Cada empresa emite hoje 10 toneladas/semana; assim, o total de emissões é de 30 toneladas/semana. O total de emissões deve ser reduzido em 50%, para 15 toneladas por semana. Compare os custos totais de fazer isso: (*a*) com uma diminuição equiproporcional nas emissões e (*b*) com uma diminuição que siga o princípio da equalização na margem.

Emissões (toneladas/semana)	10	9	8	7	6	5	4	3	2	1	0
Custos marginais de abatimento:											
Empresa 1 (US$/t)	0	4	8	12	16	20	24	28	36	46	58
Empresa 2 (US$/t)	0	1	2	4	6	8	12	20	24	28	36
Empresa 3 (US$/t)	0	1	2	3	4	5	6	7	8	9	10

5. Considere que uma nova lei é aprovada, passando a exigir que navios petroleiros usem certos tipos de regras de navegação nas águas costeiras dos Estados Unidos. Suponha que logo no ano seguinte ocorra um grande acidente envolvendo um petroleiro e haja derramamento de petróleo nessas águas. Isso significaria que a lei não teve efeito algum?

Para leituras e *sites* adicionais pertinentes ao material deste capítulo, veja www.grupoa.com.br.

PARTE III

ANÁLISE AMBIENTAL

Nos últimos capítulos, usamos os conceitos de custos de abatimento e de danos sem nos preocuparmos muito sobre como as verdadeiras magnitudes desses conceitos podem ser medidas em situações específicas; nos próximos três capítulos, isso será retificado. Vários tipos de análises foram desenvolvidos ao longo dos anos para fornecer avaliações ambientais, econômicas e sociais que possam ser usadas para informar o processo político. No próximo capítulo, lidaremos com os marcos estruturais delas. Do ponto de vista da economia, a análise de custo-benefício é a principal ferramenta analítica e, por isso, grande parte do capítulo será dedicada a uma discussão de seus principais elementos. Nos dois capítulos seguintes, veremos mais de perto os métodos disponíveis para estimar os custos e benefícios das decisões de política ambiental.

CAPÍTULO 6

Estruturas de análise

As decisões políticas exigem informações, e embora a disponibilidade de boas informações não signifique automaticamente que as decisões também sejam boas, sua *in*disponibilidade quase sempre contribui para decisões ruins. Há várias estruturas alternativas para gerar e apresentar informações úteis para os decisores políticos, exigindo diferentes habilidades e procedimentos de pesquisa. Veremos brevemente as mais importantes delas antes de abordarmos a análise de custo-benefício.

ANÁLISE DE IMPACTOS

Impacto é uma palavra muito geral; é o efeito de qualquer política adotada ou proposta. Como há muitos tipos de efeitos, há muitos tipos diferentes de análises de impacto.

Análise de impactos ambientais

Basicamente, uma análise de impacto ambiental (AIA) é a identificação e o estudo de todas as repercussões ambientais significativas decorrentes de uma medida tomada. Sua maior parte se concentra em impactos esperados que ocorrerão em decorrência de uma decisão proposta, embora as AIAs retrospectivas também sejam de grande valor, especialmente quando são feitas para verificar se as previsões anteriores foram precisas. As AIAs podem ser realizadas para qualquer ação social, pública ou privada, industrial ou doméstica, local ou nacional. Elas são, em sua maioria, o trabalho de cientistas naturais que se concentram em acompanhar e descrever os impactos físicos de projetos ou programas, seguindo as complexas conexões que transmitem esses impactos pelo ecossistema. Porém, elas não tratam diretamente da atribuição de valores sociais a esses impactos.

Muitos países possuem leis que exigem estudos de impactos ambientais quando se considera a implantação de programas e projetos públicos substanciais – além de projetos privados, em alguns casos. Nos Estados Unidos, as análises de impactos ambientais são determinadas pela **Lei de Políticas Ambientais Nacionais dos Estados Unidos de 1970** (*National Environmental Policy Act*, NEPA).

Embora as análises de impactos ambientais (DIAs) sejam primordialmente o trabalho de cientistas naturais, a economia também desempenha um importante papel. Os impactos ambientais não se transmitem somente por conexões ecológicas, mas também pelas conexões econômicas. Considere, por exemplo, a construção de uma represa que inundará o vale de certo rio, fornecendo, ao mesmo tempo, novas possibilidades recreativas aquáticas. Uma parte substancial do impacto ambiental será decorrente da própria inundação e das perdas resultantes de animais e plantas, da recreação nas corredeiras do rio, de terras cultiváveis, entre outros. No entanto, grande parte dele também poderá vir de mudanças de comportamento entre as pessoas afetadas pelo projeto. Os turistas entrando e saindo da região poderiam afetar a poluição do ar e gerar congestionamentos no tráfego; a construção de novos edifícios residenciais ou comerciais estimulada pelas oportunidades de recreação poderiam ter impactos ambientais negativos. Assim, para estudar toda a amplitude dos impactos ambientais da represa, seria necessário incluir não somente os efeitos físicos do represamento da água, mas também analisar como as pessoas irão reagir e se adaptar a essas novas possibilidades.

Análise de impactos econômicos

Quando o interesse está centrado no modo como uma ação – seja uma nova lei, uma nova descoberta tecnológica, uma nova fonte de produtos importados, entre outros – afetará um sistema econômico, de modo geral ou nas suas várias partes, estamos tratando da **análise de impactos econômicos**. Na maioria dos países, principalmente naqueles em desenvolvimento, normalmente há um grande interesse no impacto das regulações ambientais sobre as taxas de crescimento econômico. Às vezes, o foco será o rastreamento das ramificações de um programa público para certas variáveis que sejam consideradas particularmente importantes. Pode-se estar especialmente interessado, por exemplo, no impacto de uma regulação ambiental sobre o nível de emprego, no impacto de restrições sobre importações na taxa de avanço tecnológico em uma indústria, nos efeitos de uma lei ambiental sobre o crescimento da indústria de controle da poluição, na resposta da indústria de alimentos a novas regulações de embalagens e assim por diante.

As análises de impacto econômico podem se concentrar em qualquer nível. Grupos ambientais locais podem estar interessados no impacto de uma lei de proteção a zonas úmidas sobre a taxa de crescimento populacional e a base de cálculo dos impostos em sua comunidade. Grupos regionais podem estar interessados nos impactos de uma regulação nacional sobre suas circunstâncias econômicas específicas. No nível global, uma importante questão é determinar como os esforços para controlar as emissões de dióxido de carbono (CO_2) podem afetar as taxas de crescimento relativo de países ricos e pobres. Qualquer que seja o nível, a análise de impactos econômicos exige uma compreensão fundamental do funcionamento das economias e de como suas várias partes se encaixam.

Análise de impactos regulatórios

As agências regulatórias e outras são responsáveis pelo conjunto de possíveis impactos que podem decorrer de qualquer regulação em vigor ou proposta. O que se desenvolveu com o tempo, portanto, é o conceito de **análise de impactos regulatórios** (AIR), que pretende, de maneira sistemática e abrangente, identificar e estimar os impactos decorrentes das regulações. Muitos países têm exigências para a realização desses tipos de estudos, que diferem um pouco quanto aos tipos de impactos analisados e os procedimentos usados para colocá-los em prática.[1] Nos Estados Unidos, as AIRs essencialmente envolvem **análises de custo-benefício** de opções regulatórias. Discutiremos a análise de custo-benefício mais adiante neste capítulo.

ANÁLISE DE CUSTO-EFETIVIDADE

Considere que uma comunidade determina que seu suprimento atual de água está contaminado por uma substância química e precisa trocá-lo por outra fonte de suprimento. Há diversas possibilidades: a comunidade poderia perfurar novos poços que chegassem a um aquífero não contaminado, construir um conector até o sistema de abastecimento de água de uma cidade vizinha ou construir seu próprio reservatório de superfície. Uma **análise de custo-efetividade** estimaria os custos dessas diferentes alternativas para compará-las com base, por exemplo, nos custos por milhão de galões de água entregues pelo sistema de abastecimento da cidade. A análise de custo-efetividade, em outras palavras, considera o objetivo dado e, então, calcula os custos das várias maneiras alternativas de alcançar essa meta.

A Tabela 6.1 mostra alguns dados de custo-efetividade para o controle das emissões de monóxido de nitrogênio (NOx) por fontes móveis. O Distrito da Gestão de Qualidade do Ar da Costa Sul, na Califórnia (South Coast Air Quality Management District) oferece verbas a grupos locais, primordialmente empresas, para que elas empreendam as ações necessárias para reduzir as emissões de NOx. Para ajudar a decidir quais programas financiar, analisa-se a custo-efetividade esperada de cada

TABELA 6.1 Custo-efetividade de diferentes projetos para reduzir as emissões de NOx no sul da Califórnia

Ação	Dólares por libra de emissões de NOx reduzidas
Recondicionamento de motores *off-road* a diesel	2,46
Substituição de equipamentos varredores de pista por equipamentos movidos a gás	2,72
Substituição de ônibus convencionais por ônibus movidos a Gás Natural Comprimido (GNC)	6,34
Implementação de *vans* e caminhões movidos a GNC	3,85
Implementação de videoconferências	22,47
Emissão de passes para uso do transporte público	74,52
Oferecimento de incentivos em dinheiro para carona solidária	2,62
Implementação de serviços de translado a aeroportos movidos a GNC	11,22
Substituição de lanchas da indústria cinematográfica	0,38

Fonte: South Coast Air Quality Management District, Air Quality Investment Program, Summary of Proposals Received, First, Second, and Third Quarters, 2003.

[1] Ver, por exemplo, Organization for Economic Cooperation and Development, Regulatory Impact Analysis (RIA) Inventory, 2004, http://www.oecd.org/dataoecd/22/9/35258430.pdf.

proposta considerando os dólares por libra de emissões de NOx reduzidas. A mais baixa delas, uma proposta para substituir lanchas usadas na indústria cinematográfica, é de apenas US$ 0,38 por libra, enquanto a mais alta é de US$ 74,62 por libra.

A custo-efetividade é desejável por si só; significa obter "mais (resultado) por menos (dinheiro)". No entanto, ela também está por trás da ideia de eficiência. Para que uma política seja eficiente, deve pelo menos ser custo-efetiva.

AVALIAÇÃO DE DANOS

Em 1980, a Lei de Responsabilidade, Compensação e Resposta Ambiental Abrangente entrou em vigor. Essa lei permite que os governos federal, estadual e local dos Estados Unidos ajam como fiduciários de recursos naturais de propriedade pública e processem judicialmente pessoas responsáveis pela liberação de materiais prejudiciais que causem danos a esses recursos. Isso levou a um tipo de estudo chamado de **avaliação de danos**, cujo objetivo é estimar o valor dos danos causados a um recurso de modo que esses valores possam ser recuperados junto àqueles que foram responsabilizados pelo tribunal. O Departamento do Interior dos Estados Unidos (DOI) tem o dever de determinar como os danos devem ser medidos nesses casos.

O DOI conclui que os danos devem ser iguais ao menor valor entre (1) o **valor do recurso perdido** ou (2) o **valor de restauração do recurso** a seu estado anterior. Considere a tabela seguinte, que representa os valores dos recursos e os valores de restauração de vários casos:

	A	B
Valor do recurso perdido	US$ 1,2 milhão	US$ 1,6 milhão
Custo de restauração	US$ 0,6 milhão	US$ 3,8 milhões

Para o caso A, o valor do recurso perdido com uma descarga de petróleo ou resíduo perigoso é de US$ 1,2 milhão, mas o custo de restaurar o recurso ao seu estado anterior é de apenas US$ 0,6 milhão; assim, esse último é tomado como a verdadeira medida dos danos. No caso B, o valor do recurso perdido, US$ 1,6 milhão, é substancialmente menor do que os custos de restauração; portanto, o valor do recurso é que seria usado para avaliar os danos.

Os valores econômicos perdidos associados a uma redução na qualidade de um recurso natural podem decorrer de muitas fontes, como recreação no local, usado para acampamento, caminhada ou passeios de *snowmobile*; serviços de transporte; usos extrativos de recursos naturais, como produção de energia e mineração; e ainda usos de fluxos de água para irrigação ou abastecimento municipal e industrial de água. A tarefa de medir esses valores é muito similar aos passos dados nos estudos padrão de custo-benefício quanto ao uso de recursos naturais e ambientais, discutidos a seguir.

Atualmente, os custos de restauração são as medidas preferidas dos danos. Os custos de restauração, por definição, incluem restauração, reabilitação, substituição, e/ou aquisição de recursos equivalentes. O Quadro 6.1 apresenta uma discussão de um caso desses. Algumas das dificuldades na estimativa dos custos de restauração são:

- A determinação de qual realmente era a qualidade original ou de base de referência do recurso.
- A escolha entre maneiras alternativas de restaurar um recurso de maneira custo-efetiva.
- A determinação de um recurso natural ou ambiental de valor equivalente ao recurso que foi perdido.

É visível a impossibilidade de discutir restauração em termos físicos sem considerar seus custos monetários.

PIB "Verde"

Nos últimos anos, houve um aumento no interesse de determinar uma medida agregada da saúde ambiental de um país análoga ao produto interno bruto (PIB), uma medida do *status* econômico de um país. O PIB mede a produção anual total de bens e serviços, e seu conceito e métodos de cálculo foram desenvolvidos na

QUADRO 6.1 Restauração ambiental sob a lei de avaliação de danos

Em 7 de dezembro de 1997, aproximadamente 55 milhões de galões de água de processo (e altamente ácida) foram descarregados no Rio Alafia (o Derramamento) pela ____________, Inc., fábrica de fertilizantes de Mulberry, em Polk County (Flórida, Estados Unidos). As águas ácidas viajaram mais de 30 milhas a jusante, prejudicando hábitats de águas doces em suas zonas superiores e hábitats estuarinos próximos à sua foz, matando peixes, outros animais aquáticos e plantas do ponto de descarga até a foz do rio, indo até a baía de Tampa. Isso também adicionou quantidades substanciais de nutrientes na baía. Várias agências públicas trabalharam juntas para avaliar tanto os danos aos recursos naturais como as perdas causadas pelo derramamento e exigir que a ____________, Inc. pagasse uma indenização por essas perdas. Como consequências desses esforços, fechou-se um acordo com a empresa e sua seguradora, em 2002, que exigia o pagamento de US$ 3,65 milhões ao longo de cinco anos para compensar a perda desses recursos públicos. As leis aplicáveis e os termos desse acordo exigiam que esses fundos fossem usados para planejar, implementar e fiscalizar ações de restauração que tratassem das perdas causadas aos recursos naturais. Aproximadamente US$ 1,3 milhão dos fundos, mais uma parte dos juros obtidos desde o acordo, estão disponíveis para planejar e implementar projetos de restauração para compensar os recursos estuarinos perdidos devido ao derramamento. Outros US$ 2,363 milhões estão disponíveis para planejar e implementar projetos de restauração de hábitats de águas doces ribeirinhas para compensar os danos causados às águas doces...

A meta de restauração, identificada no DARP/EA Final, foi substituir a biomassa de peixes, caranguejos e camarões perdida devido ao derramamento. O DARP/EA Final selecionou dois tipos de projetos – a restauração das zonas úmidas estuarinas e a criação de um recife de ostras – que julgou apropriados para alcançar essa meta. As zonas úmidas e os recifes melhoram os ecossistemas fornecendo um viveiro, refúgio e forragem para peixes e outros organismos aquáticos, assim como um ninho e forragem para pássaros, proteção contra erosão e melhoria da qualidade da água, além de melhorar as experiências recreativas das pessoas que pescam ou observam a vida selvagem.

Fonte: "Estuarine Restoration Implementation Plan for the December 7, 1997 Alafia River Spill," Environmental Protection Commission of Hillsborough County, Florida Department of Environmental Protection, National Oceanic and Atmospheric Administration, August 17, 2007.

Nota: DARP/EA significa Damage Assessment Restoration Plan/Environmental Assessment (Plano de Avaliação de Danos e Restauração/Avaliação Ambiental).

década de 1930, quando os decisores políticos daqueles anos de depressão econômica perceberam que não tinham como saber se a economia estava crescendo, retraindo-se ou se estava estagnada. O PIB foi solidamente criticado por excluir muitos serviços com valor real, como os trabalhos domésticos "não remunerados", mas tem sido um índice de extremo êxito e possibilitado a criação de políticas macroeconômicas cada vez mais bem-sucedidas para a administração da economia.

No entanto, o PIB não contém informações sobre a saúde ambiental de um país. Em alguns casos, chega até mesmo a ser perverso: níveis maiores de poluição, que levam a maiores esforços para seu controle, na verdade são registrados como um aumento no PIB. Esses fatos levaram à noção de um **PIB "Verde"**, que registraria aumentos ou diminuições na quantidade e na qualidade da dotação de recursos naturais e ambientais de um país. O Quadro 6.2 apresenta uma discussão sobre um relatório recente que recomenda essa ideia.

QUADRO 6.2 PIB "Verde"

Ao longo dos 80 últimos anos, as medidas de atividade econômica simples e limitadas dos Estados Unidos deram lugar a um sistema incrivelmente sofisticado de contas nacionais. Na década de 1930, se você quisesse saber o estado da economia dos Estados Unidos, teria que contar o número de vagões de carga que viajavam entre Nova York e Chicago e o número de pessoas desempregadas que se podiam ver nas ruas. Tudo o que se tinha eram impressões da economia, e não medidas que permitissem diagnósticos, previsões e remediações.

O país está em um momento similar hoje no que diz respeito à economia natural – bens e serviços ambientais pelos quais a população não paga, mas que possibilitam todas as outras atividades econômicas. Sabe-se que a economia natural está sob pressão e claramente em declínio em algumas áreas.

O PIB permite-nos ver a economia de mercado que ele mede. As contas verdes farão a mesma coisa. Sem elas, os países estarão fadados a surpresas – uma incapacidade de experimentar e aprender e uma responsabilização pública insuficiente. Os sistemas contábeis existem devido a uma simples verdade humana: a complexidade é esmagadora, seja se considerarmos uma família, uma empresa ou uma nação. A contabilidade abarca essa complexidade, mas, em última análise, simplifica isso em uma mensagem clara.

É necessário um análogo ambiental ao PIB – uma maneira científica, consistente e apolítica de medir a saúde da economia natural. As contas integradas permitirão identificar as tendências ambientais adversas mais importantes e intervir como for necessário.

Uma contabilidade econômica exige duas coisas. Em primeiro lugar, são necessárias definições claras dos bens e serviços a serem contabilizados. A fim de evitar a dupla contagem, o PIB considera somente bens e serviços finais e não todos os outros insumos usados para criá-los (embora índices de insumos também façam parte das contas nacionais). Um índice ambiental deveria ter a mesma propriedade: a saber, deveria contabilizar apenas os bens e serviços ambientais *finais*.

Considere uma população de salmão criada de forma recreativa ou comercial. A população de salmão é um bem final, mas a cadeia alimentar da qual o salmão depende, não.

Outros bens e serviços ambientais finais incluem *commodities* como abastecimento de água, madeira e espaço aberto. Essas *commodities* devem ser medidas como quantidades específicas relativas a determinado lugar e momento, pois seu valor depende de onde e de quando estão disponíveis. Também são bens ambientais finais a qualidade do ar, da água e do solo. Além disso, é necessário medir os serviços ambientais, como aqueles relacionados à diminuição de riscos de inundações, incêndios e doenças, pois esses também têm valor.

Em segundo lugar, é necessário atribuir pesos a esses bens e serviços finais, de modo que diferenças no valor dos bens e serviços se reflitam no índice. Como o objetivo de um índice ambiental é avaliar as contribuições dos bens públicos, temos que encontrar um substituto para os preços de mercado.

Fonte: Trecho retirado de James Boyd, "A Plea for Environmental Accounts," in *Issues of the Day*, Ian W. H. Perry and Felicia Day, eds., Washington, D.C., RFF 2010.

ANÁLISE DE CUSTO-BENEFÍCIO

A análise de custo-benefício está para o setor público assim como uma análise de lucros e perdas está para uma empresa. Se uma empresa fabricante de automóveis estiver contemplando a possibilidade de introduzir um novo carro, desejará ter uma ideia de como sua lucratividade seria afetada. Por um lado, estimaria os custos de produção e distribuição: mão de obra, matérias-primas, energia, equipamentos de controle de emissões, transporte e assim por diante.[2] Por outro lado, estimaria as receitas por meio da análise de mercado. Então, compararia as receitas esperadas aos custos previstos. A análise de custo-benefício é um exercício análogo para programas do setor público. Isso significa que há duas diferenças cruciais entre a análise de custo-benefício e o exemplo do carro: ela é uma ferramenta para ajudar a tomar **decisões públicas** do ponto de vista da sociedade em geral, em vez de considerar apenas uma única empresa com fins lucrativos, e normalmente é feita para políticas e programas que têm **tipos de produtos não comercializados,** como as melhorias na qualidade ambiental.

A análise de custo-benefício tem duas vidas interligadas. A primeira, entre seus praticantes: economistas dentro e fora de agências públicas que desenvolveram as técnicas, tentaram produzir dados melhores e ampliaram o escopo da análise. A segunda, entre políticos e administradores que determinaram as regras e procedimentos que governam o uso da análise de custo-benefício para a tomada de decisões públicas. Nos Estados Unidos, a análise de custo-benefício foi usada pela primeira vez em conjunto com a Lei de Controle de Inundações dos Estados Unidos, de 1936. Essa lei especificava que a participação federal em projetos de controle de inundações nos principais rios do país seria justificável "se os benefícios obtidos por quem quer que seja forem maiores do que os custos estimados". A fim de determinar se esse critério foi ou não satisfeito para qualquer projeto proposto de controle de inundações ou da construção de grandes barragens, era necessário desenvolver procedimentos para medir esses benefícios e custos.

Esses procedimentos foram alterados de tempos em tempos à medida que a análise de custo-benefício foi evoluindo e amadurecendo. O *status* e o papel da análise de custo-benefício na tomada de decisões sobre recursos naturais e ambientais públicos foram objeto de contínuas discussões, além de conflitos políticos e administrativos.

Em 1981, o presidente Reagan emitiu uma ordem executiva exigindo que fossem feitas análises de custo-benefício para todas as principais regulações do governo norte-americano. No início da década de 1990, o presidente Clinton renovou essa exigência de uma forma levemente revisada. O Congresso aprovou várias leis exigindo a realização de análises de custo-benefício para programas federais: a Lei Reguladora do Direito de Saber (*Regulatory Right to Know Act*), a Lei de Revisão do Congresso (*Congressional Review Act*) e a Lei de Reforma dos Mandatos Não Financiados (*Unfunded Mandates Reform Act*). Os defensores dessas leis discutem que essa legislação é uma maneira de garantir que os custos re-

[2] É claro, ela provavelmente não consideraria os custos dos danos causados pela poluição do ar infligidos sobre as pessoas que respiram as emissões dos novos carros; se todos fizessem isso sem serem exigidos, provavelmente não estaríamos estudando esse assunto.

cebam o peso apropriado na regulação pública. Os oponentes dizem que, como os benefícios são difíceis de medir, essas exigências dificultam a busca de regulações públicas que sejam socialmente benéficas.[3]

A estrutura básica

Como sugere o nome, a análise de custo-benefício envolve medir, somar e comparar todos os benefícios a todos os custos de determinado projeto ou programa público. Há, essencialmente, quatro passos em uma análise de custo-benefício:

1. Especificar claramente o projeto ou programa.
2. Descrever quantitativamente os insumos e produtos do programa.
3. Estimar os custos e benefícios sociais desses insumos e produtos.
4. Comparar esses benefícios e custos.

Cada um desses passos incorpora diversos passos componentes. Ao fazer uma análise de custo-benefício, o primeiro passo é decidir sob que **perspectiva** o estudo será realizado. A análise de custo-benefício é uma ferramenta de análise pública, mas, na verdade, há diversos "públicos". Se estivéssemos fazendo um estudo de custo-benefício para uma agência nacional, o público seria todas as pessoas que vivem naquele país. Já se fôssemos empregados por uma cidade ou uma agência de planejamento regional para fazer uma análise de custo-benefício de um programa ambiental local, sem dúvida nos focalizaríamos nos custos e benefícios que recaem sobre as pessoas que vivem nessas áreas. Na outra extremidade, o surgimento de questões ambientais globais nos força a empreender algumas análises de custo-benefício a partir de uma perspectiva mundial.

O passo 1 também inclui uma **especificação completa dos principais elementos do projeto ou programa:** localização, época, grupos envolvidos, conexões com outros programas e assim por diante. Há dois principais tipos de programas ambientais públicos para os quais são realizadas análises de custo-benefício:

1. ***Projetos físicos*** que envolvem a produção pública direta: estações de tratamento de resíduos, projetos de restauração de praias, incineradores de resíduos perigosos, projetos de melhoria de hábitats, aquisição de terras para preservação, etc.
2. ***Programas regulatórios*** que têm como objetivo fazer cumprir as leis e regulações ambientais, como padrões de controle da poluição, escolhas tecnológicas, práticas de descarga de resíduos, restrições sobre construções em determinadas áreas, etc.

Depois que o projeto ou programa é especificado, o passo seguinte é determinar a amplitude total de suas **consequências**. Para projetos físicos, isso significa especificar os insumos e produtos acarretados pelo projeto. Para alguns projetos, isso é razoavelmente fácil. Ao planejar uma estação de tratamento de águas

[3] Para uma discussão desses e de outros exemplos do uso da análise de custo-benefício no desenho de políticas ambientais, ver Winston Harrington, Lisa Heizerling and Richard D. Morgenstern, eds., *Reforming Regulatory Impact Analysis*, Washington, D.C., Resources for the Future Press, 2009.

residuais, a equipe de engenharia será capaz de fornecer uma especificação física completa das instalações, juntamente aos insumos necessários para construí-la e mantê-la em operação. Para um incinerador, seria necessário estimar tanto os custos convencionais de operar a estação quantos os custos ambientais decorrentes de quaisquer emissões que a estação pudesse produzir.

Para programas regulatórios pode ser difícil estimar o conjunto integral de consequências importantes. Isso envolve prever como os membros da comunidade regulada (centrais elétricas, refinarias de petróleo, proprietários de automóveis, construtoras, etc.) responderão às novas regulações, que trarão alterações tanto nos seus padrões de comportamento quanto nas tecnologias que poderiam ser adotadas para fins de controle da poluição.

Além disso, devem se considerar também os impactos secundários – isto é, impactos em outros setores que têm conexões com aquele que está sendo regulado. É nesse passo que é necessário reconhecer pela primeira vez a grande importância do tempo. Os projetos ou programas relativos ao meio ambiente normalmente não duram apenas um ano, mas se estendem por longos períodos de tempo. Então, o trabalho de especificar consequências envolve a previsão de eventos futuros, geralmente bem distantes no tempo. Isso ratifica a necessidade de se ter uma boa compreensão de questões como padrões de crescimento futuro, futuras taxas de mudanças tecnológicas e possíveis mudanças nas preferências dos consumidores.

O passo seguinte é atribuir valores às consequências – isto é, estimar benefícios e custos em termos comparáveis. Poderíamos fazer isso em qualquer unidade, mas geralmente os benefícios e custos são medidos em valores monetários. Isso não significa que são medidos pelo valor de mercado, pois em muitos casos lidaremos com efeitos (especialmente do lado do benefício) que não são diretamente registrados nos mercados. Além disso, não apenas os valores monetários contam; o que precisamos é de uma única medida que traduza todos os impactos de um projeto ou programa a fim de torná-los comparáveis entre si e com outros tipos de atividades públicas. Em última análise, certos impactos ambientais de um programa podem ser irredutíveis a valores monetários devido à impossibilidade de medir quanto as pessoas valorizam esses impactos. Nesse caso, é importante complementar os resultados monetários da análise de custo-benefício com estimativas desses impactos intangíveis.

Por fim, temos que **comparar custos e benefícios.** Para compreender o que isso envolve, considere os números apresentados no Quadro 6.3. Eles mostram os principais custos e benefícios de padrões mais rígidos aplicados a operações de centrais elétricas a carvão na manipulação da enorme geração de resíduos da combustão do material. A maioria desses resíduos é colocada em grandes reservatórios (tanques para armazenar sedimentos ou resíduos), mas um problema com um deles em 2008 levou a esforços para que se estabelecesse um controle mais rígido. Os resultados são exibidos no Quadro 6.3.

Custos e benefícios podem ser comparados de diversas maneiras: os **benefícios líquidos** são simplesmente os benefícios totais menos os custos. No exemplo, eles são de US$ 6,863 bilhões – US$ 1,474 bilhão = US$ 5,389 bilhões. Outro critério às vezes utilizado é a razão **custo-benefício,** que simplesmente é o coeficiente entre os benefícios e os custos, ou a quantidade de benefícios produzida por cada dólar de custos. No exemplo, esse coeficiente é US$ 6.863 ÷ US$ 1.474 = 4,66.

QUADRO 6.3 Custos e benefícios das novas regulações que exigem que as centrais elétricas a carvão melhorem sua manipulação de resíduos da combustão do carvão (RCC)

Em resposta a um grande acidente industrial, a EPA iniciou uma ação para colocar o controle de resíduos da combustão de carvão (RCC) sob a estrutura regulatória da Lei de Recuperação e Recursos de 1976 dos Estados Unidos (*Resource Conservation and Recovery Act of 1976*). Seus esforços incluíram uma série de estudos de custo-benefício de diferentes exigências tecnológicas para manipular esse tipo de resíduo. Uma alternativa era exigir que todos os reservatórios de RCC (tanques para armazenar sedimentos ou resíduos) existentes apresentassem revestimentos compostos dentro de cinco anos. Os benefícios e custos estimados dessa opção eram os seguintes:

	Milhões de dólares, preços de 2009 taxa de desconto de 7%, vida de 50 anos	
Benefícios:		
Valor de se evitar os riscos de câncer humano	37	
Economia com custos de remediação de águas subterrâneas	34	
Economia com custos de limpeza	670	
Uso benéfico futuro induzido dos RCC*	6.122	
Total		6.863
Custos:		
Controles de engenharia	491	
Exigências regulatórias complementares	107	
Conversão para descarte seco dos RCC	876	
Total		1.474
Benefícios líquidos		5.389

*Ao aumentar o custo de manipulação dos RCC, supõe-se que as empresas sejam mais criativas para encontrar mercados para o uso benéfico dos RCC por outras indústrias.

Fonte: U.S. EPA, Office of Resource Conservation and Recovery, *Regulatory Impact Analysis for EPA's Proposal RCCA Regulation of Coal Combustion Residues (CCR) Generated by the Electric Utility Industry*, Washington, D.C., April 30, 2010.

Escopo do programa

Um importante problema na análise de custo-benefício é decidir sobre o **escopo** do projeto ou programa. É necessário especificar completamente a escala ou o escopo da análise. Na realidade, porém, é sempre possível tornar um projeto ou programa maior ou menor. Como podemos ter certeza de que o programa que estamos avaliando possui o escopo apropriado?

Para explorar essa questão, considere a Figura 6.1. Ela mostra o modelo padrão de controle de emissões desenvolvido no último capítulo, com as funções de danos marginais (DM) e de custo marginal de abatimento (CMA). Suponha que o nível corrente de emissões seja e_1; isto é, as emissões são essencialmente não controladas. Propõe-se um programa de controle que diminuiria as emissões para e_2. Para esse programa, os benefícios totais (o número total de danos reduzidos) são $(a + b)$, enquanto os custos totais de abatimento são b. Portanto, os benefícios líquidos são a.

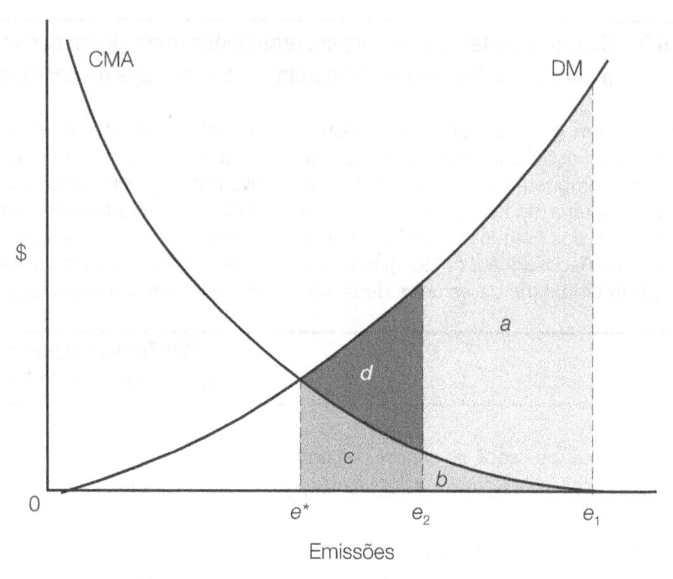

FIGURA 6.1 Estabelecendo a escala de um programa público.

Porém, para que um programa de redução das emissões gerasse benefícios líquidos máximos, as emissões deveriam ser reduzidas para e^*, o nível em que DM = CMA. Aqui, os benefícios líquidos seriam iguais a $(d + a)$. Entretanto, ao fazer uma análise de custo-benefício de determinada proposta, como podemos ter certeza de que estamos lidando com um valor como e^* na figura, e não e_2?

Nesse caso, o procedimento geral é realizar **análises de sensibilidade** sobre esses resultados. Isso significa recalcular os custos e benefícios de programas um pouco maiores e um pouco menores do que aquele exibido no exemplo. Poderíamos analisar um programa que possui reduções de emissões um pouco mais restritas, com os recursos apropriados de implementação, e outro um pouco menos restritivo. Se o programa escolhido tiver a escala apropriada, cada uma dessas variações produzirá benefícios líquidos menores.

O coeficiente custo-benefício geralmente é usado em discussões públicas na descrição de projetos ou programas ambientais, mas a escala eficiente do programa não é aquela que gera o maior coeficiente custo-benefício. No nível de emissões e^*, o coeficiente custo-benefício é igual a $(a + b + c + d) + (b + c)$. No nível de emissões e_2, o coeficiente custo-benefício é $(a + b) + b$, maior do que o coeficiente de e^*. O coeficiente custo-benefício pode ser usado para nos certificarmos de que os benefícios excedem os custos, mas se for usado além disso é um indicador enganoso no planejamento do escopo apropriado de programas públicos.

Sob determinadas circunstâncias, pode haver motivo para determinar que a escala de um programa seja menor do que aquele que maximizaria os benefícios líquidos. Considere uma agência pública regional encarregada de fiscalizar o cumprimento das leis contra poluição do ar em duas áreas urbanas de médio porte. Ela conta com um orçamento fixo e predeterminado de US$ 1 milhão para gastar. Há duas possibilidades: (1) colocar todo esse dinheiro em um programa de fiscalização em uma das cidades ou (2) dividi-lo entre dois programas, um em cada cidade. Suponha que os valores sejam os seguintes:

	Custos ($)	Benefícios ($)	Benefícios líquidos ($)	Coeficiente custo-benefício
Programa em uma cidade	1.000.000	2.000.000	1.000.000	2,0
Programa em duas cidades				
Cidade A	500.000	1.200.000	700.000	2,4
Cidade B	500.000	1.200.000	700.000	2,4

Nesse caso, a agência pode ter melhores resultados com seu orçamento fixo se colocá-lo em dois programas com metade da escala em vez de alocá-lo apenas em um. Assim, a abordagem correta é alocar os recursos de modo que os benefícios líquidos produzidos pelo orçamento total sejam maximizados.

Desconto no tempo

Passaremos agora para o importante problema da comparação dos custos e benefícios que ocorrem em pontos muito diferentes no tempo. Em um programa de controle da poluição, por exemplo, como comparar os altos custos de capital do primeiro ano dos equipamentos de abatimento com os custos de longo prazo de sua manutenção? E quanto ao problema do aquecimento global, como comparar os custos atuais (e muito altos) de controlar as emissões de CO_2 com os benefícios, que só vão começar a ser obtidos depois de várias décadas? Considere dois programas: um com benefícios líquidos relativamente altos que se materializarão em um futuro bem distante e outro com benefícios líquidos menores que ocorrerão em um futuro próximo. Como comparar essas duas opções? O procedimento padrão para tratar problemas como esse é a técnica dos **descontos**, empregada para somar e comparar custos e benefícios que ocorrem em diferentes pontos no tempo. Os descontos têm duas facetas: seus mecanismos e o raciocínio por trás da escolha das taxas de desconto a serem usadas em casos específicos. Veremos cada uma delas separadamente.

Um custo que ocorrerá daqui a 10 anos não tem a mesma importância de um custo que ocorre hoje. Considere, por exemplo, uma cobrança de US$ 1.000 que precisa ser paga hoje. Para isso, o devedor deve ter US$ 1.000 no banco ou em seu bolso, com os quais pagará a cobrança. No entanto, considere uma cobrança de US$ 1.000 que deve ser paga não hoje, mas daqui a 10 anos. Se a taxa de juros que o devedor pode obter em um banco é de 5% – e ele espera que esse nível seja mantido –, caso deposite US$ 613,90 no banco hoje, esse valor aumentará para US$ 1.000 em 10 anos, exatamente quando precisar dele. A fórmula para calcular essa soma de juros compostos é

$$\text{US\$ } 613{,}90\,(1 + 0{,}05)^{10} = \text{US\$ } 1.000$$

Agora, vejamos a situação oposta: qual é o **valor presente** para o devedor dessa obrigação de US$ 1.000 daqui a 10 anos? Se valor presente é o que ele teria que colocar no banco hoje para ter exatamente o que precisa daqui a 10 anos, obtemos isso reordenando a expressão anterior:

$$\text{Valor presente} = \frac{\text{US\$ } 1.000}{(1+0,05)^{10}} = \text{US\$ } 613,90$$

O valor presente é encontrado descontando-se o custo futuro de volta ao longo do período de 10 anos pela taxa de juros de 5%, agora chamada de taxa de desconto.[4] Se ela fosse maior – por exemplo, 8% – o valor presente seria mais baixo – US$ 463,20. Quanto maior a taxa de desconto, menor o valor presente de qualquer quantidade futura em dólar.

O mesmo vale para um benefício. Suponha que você espere que alguém vá lhe dar um presente de US$ 100, mas somente ao fim de seis anos. Isso não teria o mesmo valor para você do que receber US$ 100 hoje (isto é, não teria o mesmo valor presente). Se a taxa de desconto aplicável é de 4%, o valor presente desse presente futuro é

$$\frac{\text{US\$ } 100}{(1+0,04)^{6}} = \text{US\$ } 79,03$$

Os descontos são muito usados nas análises de custo-benefício. Seu principal papel é auxiliar na agregação de uma série de custos e benefícios distribuídos ao longo da vida de um projeto ou programa. Considere os seguintes valores ilustrativos, mostrando os benefícios de dois diferentes programas ao longo de suas curtas vidas:

	Benefícios (US$) no ano			
	1	**2**	**3**	**4**
Projeto A	20	20	20	20
Projeto B	50	10	10	10

Se simplesmente somarmos esses benefícios ao longo dos quatro anos de cada projeto, eles terão o mesmo total: US$ 80. Mas o Projeto A tem uma série de benefícios anuais iguais, enquanto B possui benefícios substanciais no primeiro período e benefícios mais baixos daí em diante. Para comparar os benefícios totais dos dois projetos, temos que calcular o **valor presente** dos benefícios totais de cada programa. Para fins ilustrativos, usaremos uma taxa de desconto de 6%.

$$VP_A = \text{US\$ } 20 + \frac{\text{US\$ } 20}{1+0,06} + \frac{\text{US\$ } 20}{(1+0,06)^2} + \frac{\text{US\$ } 20}{(1+0,06)^3} = \text{US\$ } 73,45$$

$$VP_B = \text{US\$ } 50 + \frac{\text{US\$ } 10}{1+0,06} + \frac{\text{US\$ } 10}{(1+0,06)^2} + \frac{\text{US\$ } 10}{(1+0,06)^3} = \text{US\$ } 76,73$$

Observe que ambos os valores presentes são menores do que as somas descontadas dos benefícios. Isso sempre ocorrerá quando uma parte dos benefícios

[4] Em geral, a fórmula de desconto é $VP = f/(1+d)^t$, onde *f* é o valor futuro, *d* é a taxa de desconto e *t* é o número de anos envolvidos.

de um programa for obtida em anos futuros. Observe também que o valor presente dos benefícios de B excede os de A, porque mais dos benefícios de B estão concentrados no início da vida do programa. Quer dizer, o perfil temporal dos benefícios de B é mais fortemente concentrado nos primeiros anos do que o perfil temporal dos benefícios de A.

São feitos cálculos similares para os custos a fim de encontrar o valor presente do fluxo de custos anuais de um programa. E aplica-se o mesmo raciocínio: os descontos reduzem o valor presente de um dólar tanto mais quanto mais distante no futuro esse custo for incorrer. O valor presente do fluxo de benefícios menos o valor presente dos custos fornece o valor presente dos benefícios líquidos. Como alternativa, poderíamos calcular para cada ano na vida de um projeto os seus *benefícios líquidos* e, então, calcular o valor presente desse fluxo de benefícios líquidos da mesma maneira, somando seus valores descontados.

Escolha da taxa de desconto

Descontar no tempo é uma maneira de agregar uma série de benefícios líquidos futuros em uma estimativa de valor presente e, por isso, o resultado dependerá da taxa de desconto específica que será usada. Uma taxa baixa implica que um dólar daqui a um ano será muito similar em valor a um dólar em qualquer outro ano. Uma taxa alta implica que um dólar no curto prazo vale muito mais do que um dólar no futuro. Assim, quanto mais alta for a taxa de desconto, mais seremos encorajados a colocar nossos recursos em programas cujos retornos são relativamente altos (isto é, altos benefícios e/ou baixos custos) no curto prazo. Quanto mais baixa for a taxa de desconto, ao contrário, mais seremos levados a selecionar programas que têm altos benefícios líquidos no futuro mais distante.

A escolha de uma taxa de desconto tem sido um assunto controverso ao longo dos anos, e podemos apenas resumir alguns dos argumentos aqui. Em primeiro lugar, é importante ter em mente a diferença entre taxas de juros **reais** e **nominais**. Taxas de juros nominais são as taxas que realmente vemos no mercado. Se ajustarmos uma taxa nominal pela inflação, teremos uma taxa de juros real. Suponha que você deposite US$ 100 em um banco a uma taxa de juros de 8%. Em 10 anos, seu depósito teria crescido para US$ 216, mas isso em termos monetários; ao longo desse período de 10 anos, os preços aumentaram 3% por ano em média. Então, o valor real de seu depósito acumulado seria menor; na verdade, a taxa de juros real segundo a qual seu depósito teria se acumulado seria de apenas 5% (8% – 3%); assim, em termos reais, seu depósito valeria apenas US$ 161 depois dos 10 anos.[5] Por isso, temos que tomar cuidado com a taxa de juros que usamos para descontar. Se as estimativas de custo forem custos reais esperados, isto é, ajustadas pela inflação esperada, será melhor usar taxas de juros reais para fins de descontos. Se nossas estimativas de custos forem valores nominais, então usaremos uma taxa de juros nominal na análise de desconto.

A taxa de desconto reflete a visão da geração atual sobre o peso relativo dado aos benefícios e custos que ocorrem em diferentes anos. Uma maneira de pensar

[5] Essas são aproximações. O depósito, na verdade, valeria US$ 160,64, e a taxa real de acúmulo seria de 4,89%.

nisso é considerar que a taxa de desconto deve refletir o modo como as próprias pessoas pensam no tempo. Qualquer pessoa normalmente irá preferir ter um dólar hoje a ter um dólar daqui a 10 anos; na linguagem da economia, elas têm uma taxa positiva de **preferência no tempo.** As pessoas tomam decisões de poupança ao colocar dinheiro em contas bancárias que pagam certas taxas de juros. Essas taxas das contas poupança mostram que juros os bancos devem oferecer para que as pessoas abram mão do consumo hoje. Portanto, podemos acreditar que a taxa média das contas de poupança reflita a taxa de preferência temporal das pessoas.

O problema com isso é que há outras maneiras de determinar as taxas de preferência no tempo das pessoas, que não necessariamente geram a mesma resposta. Os economistas da Resources for the Future[6] concluíram uma grande pesquisa na qual pediam que indivíduos escolhessem entre receber US$ 10.000 hoje ou valores mais altos em cinco ou dez anos. As respostas geraram taxas de desconto implícitas de 20% para um horizonte de tempo de cinco anos e de 10% para um horizonte de tempo de dez anos, valores substancialmente mais altos do que as taxas de juros de poupança oferecidas pelos bancos na época da pesquisa.

Outra abordagem para se pensar na taxa de desconto baseia-se na noção de produtividade marginal de investimento. Quando são feitos investimentos em empresas produtivas, as pessoas preveem que o valor dos retornos futuros compensarão os custos de investimento de hoje; caso contrário, esses investimentos não seriam feitos. O raciocínio aqui é que quando os recursos são usados no setor público para programas de recursos naturais e ambientais, precisam render, em média, taxas de retorno para a sociedade equivalentes às que poderiam ter sido obtidas no setor privado. A produtividade do setor privado se reflete nas taxas de juro que os bancos cobram de seus mutuários empresariais. Assim, segundo essa abordagem, deveríamos usar como taxa de desconto uma taxa que refletisse as taxas de juros que as empresas privadas pagam quando contraem empréstimos para fins de investimento. Elas são, em geral, mais altas do que as taxas de juros de contas poupança.

Descontos e gerações futuras

A lógica de uma taxa de desconto, mesmo que muito pequena, é inexorável (verificar os valores no Quadro 6.4). Um bilhão de dólares descontado ao longo de um século a uma taxa de 5% tem um valor presente de apenas pouco mais de US$ 7,6 milhões. A geração presente, considerando a duração de sua própria expectativa de vida, pode não estar interessada em programas que apresentam retornos muito altos, mas de tão longo prazo como esse.

A lógica é ainda mais convincente se considerarmos um custo futuro. Um dos motivos pelos quais os descontos são mal vistos pelos ambientalistas é seu possível efeito de suavizar os danos futuros decorrentes das atividades econômicas de hoje. Suponha que a geração de hoje esteja considerando tomar certas medidas que tenham determinados benefícios de curto prazo de US$ 10.000 por

[6] A Resources for the Future (RFF) é uma famosa organização de Washington especializada em pesquisas nas áreas de economia de recursos naturais e economia ambiental. A organização publica um periódico trimestral discutindo seu trabalho. Essas informações são provenientes de RFF, *Resources*, 108, Summer 1992, p. 3.

QUADRO 6.4 Os efeitos dos descontos

Descontar é um processo que expressa para as pessoas o valor de benefícios e custos atuais que se materializarão em algum momento no futuro. À medida que aumenta o intervalo de tempo entre hoje e o ponto em que esses benefícios ou custos realmente ocorrem, seu valor presente diminui. A figura a seguir mostra quanto o valor presente de US$ 100 de benefícios, descontados a 3%, diminuem à medida que o momento em que eles serão recebidos se afasta para um futuro mais distante.

Da mesma forma, para determinado período de tempo, o valor presente diminuirá à medida que a taxa de desconto aumentar. A figura a seguir mostra como o valor presente de um benefício de US$ 100, a ser recebido daqui a 100 anos, diminui à medida que a taxa de desconto aumenta.

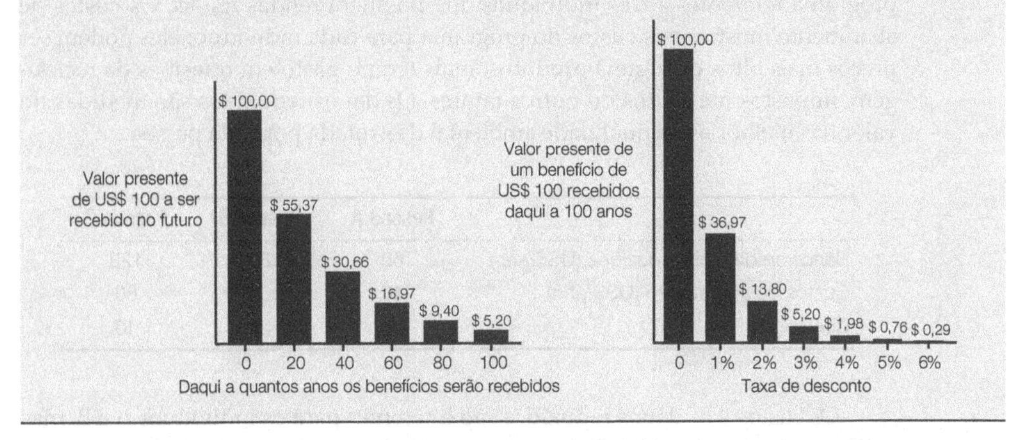

ano por 50 anos, mas que, a partir do 50º ano, custarão US$ 1 milhão por ano *para sempre*. Não é impossível que essa seja a opção enfrentada pelas gerações atuais sobre energia nuclear ou aquecimento global. Para as pessoas que estão vivas hoje, o valor presente desse fluxo perpétuo de custos futuros descontados a 10% é de apenas US$ 85.000. Esses custos podem não pesar especialmente sobre as decisões tomadas pela geração atual. O valor presente dos benefícios (US$ 10.000 por ano por 50 anos a 10% ou US$ 99.148) excede o valor presente dos custos futuros. Do ponto de vista atual, portanto, essa pode parecer uma boa escolha, apesar do ônus do custo perpétuo que recairá sobre todas as gerações futuras.

Contudo, quando as gerações futuras são envolvidas, a questão de qual desconto usar é mais controversa. A maioria dos economistas e decisores políticos, embora nem todos, provavelmente concordaria que alguma taxa de desconto positiva é apropriada. Provavelmente a maioria também concordaria que ela deve ser bastante baixa (1%, 2%?), mas para taxas acima desse valor não há alternativa que tenha muitos adeptos. Falaremos mais sobre esse assunto em capítulos posteriores, especialmente quando considerarmos os impactos de longo prazo do aquecimento global.

Questões distributivas

A relação entre benefícios totais e custos totais é uma questão de eficiência econômica. A distribuição é uma questão de quem obtém os benefícios e quem arca com os custos. Em programas do setor público, as questões distributivas devem ser consideradas juntamente a questões relativas à eficiência, o que implica que as análises de custo-benefício têm que incorporar estudos sobre como os benefícios líquidos são distribuídos entre diferentes grupos da sociedade.

A distribuição de benefícios e custos é primordialmente uma questão de equidade, ou justiça. Há dois principais tipos de equidade: a horizontal e a vertical. Na **equidade horizontal,** pessoas que se encontram na mesma situação são tratadas da mesma maneira. Um programa ambiental que tem o mesmo impacto sobre um habitante urbano com uma renda de US$ 20.000 do que o impacto que exerce sobre um habitante rural com a mesma renda é horizontalmente equitativo. Considere os valores a seguir, que ilustram de forma simples os valores anuais de determinado programa referentes a três indivíduos que possuem rendas iguais. Os custos de abatimento mostram os custos do programa para cada indivíduo; eles podem ser preços mais altos de alguns produtos, mais tempo gasto em questões de reciclagem, impostos mais altos ou outros fatores. Os danos reduzidos são medidas do valor das melhorias na qualidade ambiental desfrutada por cada pessoa.

	Pessoa A	Pessoa B	Pessoa C
Danos ambientais reduzidos (US$/ano)	60	80	120
Custos de abatimento (US$/ano)	40	60	80
Diferença	20	20	40

Os custos e os danos reduzidos são diferentes para os indivíduos A e B, mas a diferença entre eles (US$ 20/ano) é a mesma; logo, a diferença como uma fração da renda é a mesma. No que diz respeito a duas pessoas, portanto, o programa é horizontalmente equitativo. Entretanto, isso não ocorre para o indivíduo C, porque essa pessoa tem uma diferença líquida de US$ 40/ano. Como a Pessoa C supostamente tem a mesma renda que as outras duas pessoas, elas claramente saem ganhando com esse programa; a equidade horizontal não foi alcançada nesse caso.

A **equidade vertical** se refere ao modo como uma política é impingida sobre as pessoas que se encontram em diferentes circunstâncias, em particular aquelas que tenham diferentes níveis de renda. Considere os valores da Tabela 6.2. Eles mostram os impactos, expressos em valores monetários, de três programas de qualidade ambiental diferentes sobre três pessoas cujas rendas são respectivamente baixa, média e alta. Entre parênteses, ao lado de cada valor, vemos o percentual da renda da pessoa que esse valor representa. Observe, por exemplo, a linha da "diferença" do Programa 1; ela mostra a diferença entre o benefício do programa (considerando os danos ambientais reduzidos impingidos sobre a pessoa) e seus custos (considerando até que ponto ela terá que arcar com uma parte dos custos de abatimento do programa). Observe que essa diferença líquida representa 1% da renda de cada pessoa. Esse é um *impacto proporcional;* isto é, que afeta as pessoas de cada nível de renda na mesma proporção.

O Programa 2, por outro lado, é *regressivo;* ele fornece benefícios líquidos proporcionalmente mais altos às pessoas de renda alta, se comparados aos benefícios das pessoas de renda baixa. O Programa 3 possui um impacto *progressivo,* porque os benefícios líquidos representam uma proporção mais alta da renda da pessoa de baixa renda do que a da pessoa de alta renda. Assim, um programa ambiental

TABELA 6.2 Equidade vertical*

	Pessoa A		Pessoa B		Pessoa C	
Renda	5.000		20.000		50.000	
Programa 1						
Danos reduzidos	150	(3,0)	300	(1,5)	600	(1,2)
Custos de abatimento	100	(2,0)	100	(0,5)	100	(0,2)
Diferença	50	(1,0)	200	(1,0)	500	(1,0)
Programa 2						
Danos reduzidos	150	(3,0)	1.400	(7,0)	5.500	(11,0)
Custos de abatimento	100	(2,0)	800	(4,0)	3.000	(6,0)
Diferença	50	(1,0)	600	(3,0)	2.500	(5,0)
Programa 3						
Danos reduzidos	700	(14,0)	2.200	(11,0)	3.000	(6,0)
Custos de abatimento	200	(4,0)	1.000	(5,0)	1.500	(3,0)
Diferença	500	(10,0)	1.200	(6,0)	1.500	(3,0)

*Os valores desta tabela mostram os valores monetários anuais. Os números entre parênteses mostram o percentual da renda que esses números representam.

(ou qualquer programa, na verdade) é proporcional, progressivo ou regressivo, a depender do efeito líquido dessa política – isto é, se seu impacto for igual, maior ou menor sobre as pessoas de baixa renda do que sobre as pessoas de alta renda.

Deve-se notar que, embora os efeitos líquidos de um programa possam ser distribuídos de uma maneira, os componentes individuais não precisam necessariamente ser distribuídos dessa mesma forma. Por exemplo, embora os efeitos gerais do Programa 2 sejam regressivos, os custos de abatimento desse programa são, na verdade, distribuídos progressivamente (isto é, o ônus do custo é proporcionalmente maior para pessoas de alta renda). Nesse caso, a redução de danos é distribuída tão regressivamente que o programa, de modo geral, é regressivo. O mesmo ocorre no Programa 3; embora ele seja progressivo de modo geral, os custos de abatimento são distribuídos regressivamente.

Essas definições dos impactos distributivas podem ser enganosas. Um programa tecnicamente regressivo pode, na verdade, distribuir a maior parte de seus benefícios líquidos para pessoas de baixa renda. Suponha que uma política aumentasse a renda líquida de uma pessoa rica em 10%, mas aumentasse cada uma das rendas de mil pessoas de baixa renda em 5%. Essa política é tecnicamente regressiva, embora seja mais do que provável que a maioria de seus benefícios líquidos agregados vá para pessoas de baixa renda.

Normalmente, é difícil estimar os impactos distributivos de programas ambientais, sejam eles individuais ou totais. Fazer isso exige dados muito específicos que mostram os impactos por grupos de renda, raça/etnia ou outros fatores. Nos últimos anos, os epidemiologistas levantaram dados ambientais e de saúde de melhor qualidade classificados de acordo com o nível de renda, raça e outras variáveis socioeconômicas. Ainda não temos boas estimativas sobre como os custos de programas são distribuídos entre esses grupos, pois isso depende de fatores complexos relacionados à cobrança de impostos, aos padrões de consumo, à disponibilidade de alternativas, entre outros. Apesar das dificuldades, porém, as análises de custo-benefício devem tentar investigar o mais de perto possível o modo como os agregados são distribuídos pela população.

Embora seja importante compreender os aspectos distributivos dos programas de controle da poluição, questões de equidade global são cruciais para problemas como o aquecimento global e as medidas que podem ser tomadas para combatê-lo. O aquecimento global afeta os países de diferentes maneiras. A economia da maioria dos países desenvolvidos, por exemplo, depende fortemente dos setores de manufatura e serviços, e estes não estão nem um pouco relacionados ao tempo e ao clima. Seguros, tratamentos de saúde, atividades bancárias e entretenimento são práticas que podem ser realizadas em qualquer lugar e se deslocar de um lugar para outro facilmente. Da mesma maneira, a maior parte das atividades de manufatura não depende do tempo, embora, obviamente, estejam sujeitas a interrupções de curto prazo caso sejam forçadas a se deslocar para algum outro lugar. Por outro lado, as economias que dependem fortemente de agricultura, atividades de extração florestal e pesca têm muito mais chances de sofrer impactos, pois são atividades que dependem do tempo. Porém, esses são setores altamente importantes em muitos países menos desenvolvidos, que também são os países que têm números relativamente mais altos de pessoas com níveis de renda e riqueza mais baixos. Tudo isso significa que o aquecimento global provavelmente terá um impacto fortemente regressivo no mundo, prejudicando muito mais os mais pobres do que os mais ricos.

ANÁLISE DE RISCO

Nunca podemos prever o que está por vir com absoluta certeza; a incerteza sobre os custos e benefícios futuros pode ser causada por muitos fatores. É difícil prever exatamente as preferências das gerações futuras, que podem pensar em qualidade ambiental de uma maneira diferente da qual pensamos hoje. As complexidades dos sistemas meteorológicos mundiais tornam muito incerto prever os fatores ambientais globais futuros. Avanços incertos nas tecnologias de controle da poluição poderiam mudar totalmente os futuros custos de abatimento. Novos produtos químicos – e até mesmo muitos que existem há vários anos – podem causar danos que ainda são inexatos.

Devido aos altos níveis de incerteza dos fatores ambientais, os analistas políticos procuram desenvolver modos de análise especificamente direcionados ao fator de risco das decisões ambientais. A **análise de risco** envolve, essencialmente, três passos:

- **Avaliação de risco** O estudo das fontes de riscos e de como as pessoas normalmente respondem a eles.
- **Valoração de risco** O estudo sobre os valores (considerando conceitos como a disposição a pagar, por exemplo) que as pessoas atribuem à redução dos riscos.
- **Gerenciamento de risco** O estudo sobre como diferentes políticas afetam os níveis de riscos ambientais aos quais as pessoas são expostas.

Avaliação de risco

Considere um aterro no qual uma substância química perigosa foi descartada por vários anos. Os residentes de uma comunidade próxima dependem de um aquífero subterrâneo local para seu abastecimento de água. A avaliação de risco, nesse caso, é a estimativa da extensão do risco que o aterro apresenta para a comunidade e consiste em vários passos:

1. **Análise de exposição** Engenheiros, hidrologistas e outros profissionais especializados devem determinar a probabilidade da migração da substância química para o aquífero e seu possível grau de exposição aos cidadãos da comunidade. Talvez outras vias de exposição também tenham que ser consideradas.
2. **Análise de dose-resposta** Os cientistas devem determinar a relação entre os níveis de exposição à substância química e seus impactos, como incidências de câncer. Relações como essa são determinadas por cientistas de laboratório e por epidemiologistas.
3. **Caracterização de risco** Combinar os passos (1) e (2) possibilita estimar os riscos específicos enfrentados por membros da comunidade, considerando, por exemplo, o número de mortes prematuras que se pode esperar.

Valoração de risco

Embora o trabalho de avaliação de risco seja da competência de físicos, químicos e cientistas da área de saúde, a valoração do risco é primordialmente competência dos economistas. Se o terreno do aterro for limpo, e isso levar a um nível reduzido de riscos à saúde para as pessoas que se encontram nas proximidades, quanto isso realmente valeria para elas?

A fim de responder perguntas como essa, são necessários conceitos especiais. Um deles é o de **valor esperado**. Quando eventos futuros são probabilísticos, podemos estimar o valor mais provável ou esperado de sua ocorrência. Considere o problema de prever o número de mortes por câncer causadas pelo terreno de aterro de resíduos perigosos. Os cientistas nos dizem que as probabilidades de contrair câncer dessa fonte, em qualquer ano, são aquelas exibidas na Tabela 6.3. Esses dados mostram uma **distribuição de probabilidade** de mortes por câncer excessivas. Por exemplo, a probabilidade de não haver nenhuma morte é de 0,80, enquanto a probabilidade de ocorrer uma morte é de 0,14; duas mortes, 0,05 e assim por diante.[7] A probabilidade de obter quatro mortes a mais é tão baixa que podemos considerá-la zero. O valor esperado de mortes por câncer é encontrado calculando-se a média ponderada, em que cada número de mortes na distribuição é multiplicado por sua probabilidade de ocorrência. De acordo com esse cálculo, o número esperado de mortes por ano é 0,27.

Agora podemos lidar com a questão da **valoração**. Considere que, segundo uma estimativa, limpar o terreno do aterro de substâncias perigosas diminua o número esperado de mortes prematuras de 0,27 para 0,04. Quanto isso vale para as pessoas da comunidade? Sabemos, por experiência, que os resultados cientí-

[7] Esses valores são apenas ilustrativos.

TABELA 6.3 Calculando o valor esperado de mortes anuais por câncer devido a produtos químicos perigosos no aterro

Número de mortes	Probabilidade	Valor esperado de mortes
0	0,80	0 × 0,80 = 0,00
1	0,14	1 × 0,14 = 0,14
2	0,05	2 × 0,05 = 0,10
3	0,01	3 × 0,01 = 0,03
4	0,00	4 × 0,00 = 0,00
		Valor esperado: 0,27

ficos de riscos relativos decorrentes de diferentes fontes podem não concordar muito bem com a maneira como as pessoas se sentem em relação a diferentes tipos de risco. Por exemplo, as pessoas podem estar dispostas a pagar somas substanciais para retirar uma substância química de seu sistema de abastecimento de água embora os riscos à saúde sejam muito baixos, mas talvez não estejam dispostas a pagar muito por cintos de segurança melhores, o que de forma geral reduziria muito seu risco.

Uma maneira de pensar no modo como as pessoas avaliam situações arriscadas é analisar como elas reagem a casos que têm valores esperados similares, mas perfis de risco muito diferentes.

Considere os seguintes valores:

Programa A		Programa B	
Benefícios líquidos	**Probabilidade**	**Benefícios líquidos**	**Probabilidade**
US$ 500.000	0,475	US$ 500.000	0,99
US$ 300.000	0,525	– US$ 10.000.000	0,01
Valor esperado:	US$ 395.000	Valor esperado:	US$ 395.000

Esses dois programas têm exatamente o mesmo valor esperado. Considere que haja apenas uma escolha entre os dois, que talvez esteja relacionada à escolha por uma central elétrica nuclear *versus* uma central convencional para a geração de eletricidade. Com o Programa A, os benefícios líquidos são incertos, mas os resultados não são extremamente diferentes, e as probabilidades são similares – é uma proposta muito perto de 50–50. O Programa B, no entanto, possui um perfil muito diferente. A probabilidade é muito alta, e os benefícios líquidos serão de US$ 500.000, mas há uma pequena probabilidade de um desastre que traria grandes benefícios líquidos negativos. Se estivéssemos tomando decisões estritamente baseados nos valores esperados, trataríamos esses projetos como iguais; poderíamos tirar cara ou coroa para decidir qual deles escolher. Se fizéssemos isso, estaríamos exibindo um comportamento **neutro a riscos** – tomar decisões estritamente baseadas nos valores esperados. Porém, se essa fosse uma decisão que tivesse que ser tomada de uma vez só, poderíamos talvez decidir que a baixa probabilidade de uma grande perda no caso do Programa B representa um risco ao qual não queremos nos expor. Nesse caso, poderíamos ser **avessos a riscos**, preferindo o Programa A ao B.

Há muitos casos no controle da poluição ambiental em que a aversão a riscos é, indubitavelmente, a melhor política. O surgimento de mudanças atmosféricas em escala planetária abre a possibilidade de deslocamentos humanos catastróficos no futuro. A escala potencial desses impactos defende uma abordagem conservadora avessa a riscos para as decisões atuais. Decisões avessas a riscos também são necessárias no caso de extinção de espécies; uma série de decisões atuais incrementais e aparentemente pequenas pode gerar um declínio catastrófico nos recursos genéticos no futuro, com impactos potencialmente drásticos sobre o bem-estar humano. As questões globais não são as únicas para as quais pode ser prudente evitar baixos riscos de resultados que teriam grandes benefícios líquidos negativos. A contaminação de um importante aquífero subterrâneo é uma possibilidade enfrentada por muitas comunidades locais. Além disso, em qualquer atividade em que estão envolvidos riscos para a vida humana, as pessoas comuns provavelmente serão avessas a riscos.

Gerenciamento de risco

Depois de ficarem cientes do modo como as pessoas valoram os riscos e conhecerem o grau de risco inerente em situações de danos ambientais, os tomadores de decisão estarão prontos para considerar políticas e regulações criadas para gerenciar esses riscos. Isso pode incorporar a **análise de risco-benefício**.

Suponha que uma agência administrativa, como a Agência de Proteção Ambiental dos Estados Unidos (EPA), esteja considerando se determinado pesticida deve ou não ser permitido no mercado. Ela pode realizar um estudo comparando tanto os benefícios que os fazendeiros e consumidores obteriam na forma de economias nos custos de produção quando o pesticida é usado como os em maiores riscos à saúde dos fazendeiros que manuseariam o pesticida. Risco estendido possivelmente aos consumidores, se houver resíduos de pesticidas na colheita que chega ao mercado. Em essência, essa é uma análise de custo-benefício em que o lado dos custos é tratado mais explicitamente em termos de riscos.

Outro tipo de análise é a **análise comparativa de risco**, que foca a análise de diferentes opções políticas e os níveis de riscos por elas acarretados. No exemplo do aterro, as autoridades podem analisar as diferentes maneiras de gerenciar o aterro e o abastecimento de água (fazer a cobertura de seu terreno, procurar fontes alternativas de abastecimento de água), considerando os níveis de risco aos quais cada alternativa expõe as pessoas nas comunidades afetadas.

Resumo

Em capítulos anteriores, colocamos a questão das melhorias ambientais no formato de um *trade-off* em que a disposição a pagar (benefícios) estaria de um lado e os custos de abatimento, do outro. Neste capítulo, começamos a nos concentra no problema de como medir esses custos e benefícios. Para fazer essa mensuração, os pesquisadores precisam usar alguma estrutura analítica subjacente para contabilizar esses custos e benefícios. Consideramos vários tipos de estruturas (análise de impactos e análise de custo-efetividade) e, então, determinamos a principal abordagem usada na economia de recursos naturais e na economia ambiental: a análise de custo-benefício. O restante do capítulo foi dedicado a uma discussão das principais questões conceituais envolvidas na análise de custo-benefício. São elas:

- Os passos analíticos fundamentais envolvidos
- O estabelecimento da escala apropriada de um projeto ou programa
- A diferença entre benefícios líquidos e a razão custo-benefício como um critério de decisão
- Desconto no tempo
- Questões distributivas
- Análise de risco

Depois de discutir a estrutura fundamental da análise de custo-benefício, passaremos, nos dois próximos capítulos, a uma discussão dos problemas sobre como realmente medir os custos e benefícios de programas ambientais específicos.

Perguntas para discussão

1. Suponha que as autoridades responsáveis pelo controle da poluição do ar no sul da Califórnia proponham um controle das emissões provenientes de fontes móveis exigindo que 10% de todos os novos carros vendidos na região sejam movidos a eletricidade. Compare as diferentes perspectivas que estariam envolvidas na análise dessa proposta com (*a*) uma análise de impactos econômicos, (*b*) uma análise de custo-efetividade e (*c*) uma análise de custo-benefício.
2. Considere a comparação de duas maneiras de proteção contra a poluição do ar proveniente de fontes móveis: a instalação de controles adicionais sobre o motor interno de combustão ou o desenvolvimento de um tipo de motor totalmente diferente que seja mais "limpo". Como as mudanças na taxa de desconto provavelmente afetariam a comparação entre essas duas opções?
3. A seguir, temos alguns valores ilustrativos de custos e benefícios decorrentes de um programa para restringir as emissões de determinado poluente. As emissões atuais são de 10 toneladas por mês. Identifique o nível de emissões para o qual os benefícios líquidos seriam maximizados. Mostre que esse não é o mesmo que o nível de emissões que gera o maior coeficiente custo-benefício. Explique a discrepância.

Emissões (toneladas/mês)	10	9	8	7	6	5	4	3	2	1	0
Benefícios (US$ mil)	0	4	8	18	32	44	54	62	68	72	74
Custos (US$ mil)	0	2	4	6	9	14	21	36	48	64	86

4. Considere que os custos de um programa de controle da poluição ambiental devem ser iguais a US$ 80 por ano, e que se estime que os benefícios sejam de US$ 50 por ano por 50 anos e, a partir de então, US$ 150 por ano. Com uma taxa de desconto de 4%, quais são os benefícios líquidos desse programa? Quais seriam os benefícios líquidos a uma taxa de desconto de 2%? Comente a diferença.
5. Ao determinar políticas públicas relativas a riscos ambientais, devemos baseá-las nos níveis de risco aos quais as pessoas acham que são expostas ou nos níveis de risco determinados por cientistas?

Para leituras e *sites* adicionais pertinentes ao material deste capítulo, veja www.grupoa.com.br.

CAPÍTULO 7

Análise de custo-benefício: benefícios

Quando relembramos as ressalvas feitas à distribuição de renda e à disponibilidade de informações, fizemos também a conexão entre benefícios e disposição a pagar. Vimos que os benefícios de um bem são iguais àquilo que as pessoas estão dispostas a pagar por ele. A questão é: como estimar a disposição a pagar em casos específicos? Para bens e serviços vendidos nos mercados, isso pode ser relativamente fácil. Para estimar a disposição a pagar por batatas, por exemplo, podemos observar pessoas comprando batatas – tantas batatas por determinados preços – e desenvolver uma boa ideia do valor que as pessoas atribuem a esse item. Isso não funcionará, no entanto, para a valoração de mudanças na qualidade ambiental. Não há mercados em que as pessoas compram e vendem unidades de qualidade ambiental e, por isso, temos que recorrer a meios indiretos. Como um economista ambiental descreveu: "a estimativa de benefícios geralmente envolve o tipo de trabalho de um detetive para juntar as pistas sobre os valores que os indivíduos atribuem [a serviços ambientais] quando respondem a outros sinais econômicos".[1]

A mensuração de benefícios é uma atividade realizada em muitos níveis. Para um analista que trabalha em uma agência ambiental, ela pode se tornar um exercício de equacionar números. Tantos acres de leitos de moluscos destruídos (informação fornecida por um biólogo marinho) vezes o preço corrente dos moluscos (fornecido por uma rápida visita à peixaria local) é igual aos danos da poluição da água no estuário "X". Na outra extremidade, considerando um economista ambiental cujo interesse é ampliar sua técnica, essa mensuração pode ser um exercício de encontrar meios sofisticados de retirar informações sutis de novos conjuntos de dados. Nosso caminho neste capítulo estará entre esses dois extremos. Estudaremos as principais técnicas que os economistas ambientais têm desenvolvido para medir os benefícios das melhorias na qualidade ambiental. O objetivo é compreender a lógica econômica por trás dessas técnicas sem que fiquemos paralisados pelos detalhes teóricos e estatísticos.

---

[1] A. Myrick Freeman III, "Benefits of Pollution Control," in U.S. Environmental Protection Agency, *Critical Review of Estimating Benefits of Air and Water Pollution Control*, Washington, D.C., EPA 600/5-78-014, 1978, pp. 11–16.

A FUNÇÃO DE DANOS: ASPECTOS FÍSICOS

Quando a degradação ambiental ocorre, danos são produzidos; o modelo de controle das emissões do Capítulo 5 baseia-se, em parte, na relação entre as emissões e os danos marginais. Assim, os **benefícios** das melhorias da qualidade ambiental decorrem da redução dos danos produzida por essas melhorias. Para medir uma função de danos causados por emissões, é necessário seguir estes passos:

1. Medir as **emissões.**
2. Determinar os níveis resultantes de qualidade ambiente utilizando **modelos de dispersão.**
3. Estimar os níveis de **exposição humana** que essas emissões produziriam.
4. Estimar os **impactos físicos** desses níveis de exposição.
5. Determinar os **valores** associados a esses impactos físicos.

O trabalho principal dos economistas ambientais está relacionado ao passo 5, e dedicaremos a maior parte do capítulo a essa atividade. Comecemos, entretanto, com alguns breves comentários sobre nossos quatro primeiros passos.

Alguns dos danos mais importantes causados pela poluição ambiental são aqueles relacionados à saúde humana. Há muito se acredita que especialmente a poluição do ar aumenta a mortalidade e a morbidez[2] entre as pessoas expostas. Esse dado certamente se refere às liberações episódicas de poluentes tóxicos, mas também à exposição de longo prazo a poluentes como dióxido de enxofre (SO_2) e materiais particulados. Acredita-se que doenças como bronquite, enfisema, câncer de pulmão e asma sejam atribuíveis em parte ao ar poluído. A poluição da água também produz danos à saúde, principalmente por meio dos suprimentos de água potável contaminada. Logo, a mensuração dos danos à saúde humana causados pela poluição ambiental é uma tarefa crucial para os economistas ambientais.

Muitos fatores afetam a saúde humana – estilos de vida, dieta, fatores genéticos, idade, etc. – além dos níveis de poluição ambiente. Para separar os efeitos da poluição, há que se considerar todos os outros fatores para não se correr o risco de atribuir efeitos à poluição que, na verdade, são causados por alguma outra coisa (por exemplo, fumo). Isso exige grandes quantidades de dados precisos sobre fatores de saúde, além de inúmeros fatores causais suspeitos. Esse é o principal trabalho dos **epidemiologistas,** que deduzem resultados estatísticos de grandes conjuntos de dados para estabelecer relações entre a exposição à poluição ambiente e efeitos adversos à saúde. Um dos primeiros estudos da poluição do ar e saúde humana nos Estados Unidos foi realizado por Lave e Seskin na década de 1970.[3] Os dados eram de 1969 e se referiam às informações publicadas sobre as áreas estatísticas metropolitanas padrão dos Estados Unidos (SMSAs). Eles concluíram que, em geral, uma redução de 1% na poluição do ar gera uma

[2] Morbidez refere-se à incidência de problemas de saúde e pode ser expressa de muitas maneiras: em dias perdidos de trabalho, dias de hospitalização e duração de determinados sintomas, entre outras.

[3] Lester B. Lave and Eugene P. Seskin, *Air Pollution and Human Health*, Johns Hopkins Press, Baltimore, MD, 1977.

redução de 0,12% nas taxas de mortalidade. Nas últimas décadas, foram realizados literalmente milhares de outros estudos para investigar a conexão entre a poluição e a saúde humana, considerando tanto a mortalidade prematura quanto a morbidez. Um estudo financiado pelo conselho de Recursos Atmosféricos da Califórnia (CARB, *California Air Resources Board*) mostrou relações claras entre a exposição de crianças a poluentes do ar e a redução das funções pulmonares.[4] Um estudo realizado por Ritz mostrou uma relação entre anomalias congênitas e a exposição de mulheres grávidas a poluentes do ar.[5] Bell e colegas estudaram dados e mostraram uma relação pronunciada entre os níveis de ozônio na atmosfera e o aumento no risco de mortalidade.[6] Estudos desse tipo estão aumentando gradualmente nosso conhecimento sobre o modo como os poluentes ambientais afetam a saúde e o bem-estar dos seres humanos, assim como a saúde de muitas partes não humanas do mundo natural. O passo seguinte, no qual a economia ambiental tem um importante papel, é valorar esses resultados de modo que as informações possam ser usadas em tipos clássicos de estudos de custo-benefício.

MEDINDO OS CUSTOS DE DANOS DIRETAMENTE

Há inúmeras situações em que poderia ser possível medir diretamente os custos monetários da saúde e de outros tipos de resultados.

Custos da saúde

A maior preocupação com a diminuição da qualidade do ar e da água diz respeito aos impactos causados à saúde humana. Uma das maneiras de avaliar os danos nesse caso é estimar o aumento dos custos médicos e de outros custos associados a doenças especificamente ligadas à poluição. Essa abordagem é chamada de **custos da doença** (CdD). A Tabela 7.1, por exemplo, mostra dados de um recente estudo desse tipo sobre asma, uma doença que cresceu rapidamente nos últimos anos – e que os pesquisadores acreditam estar relacionada à poluição do ar. As estimativas são divididas em custos diretos e indiretos. Os custos diretos são os custos de visitas médicas a hospitais ou a consultórios médicos somados aos custos de medicamentos usados no combate à asma. Os custos indiretos estão relacionados aos custos de oportunidade de tempo de trabalho perdido para as pessoas que adoecem, aos dias perdidos no calendário escolar e à perda da produtividade econômica de pessoas que morrem prematuramente devido à doença.

Sob a perspectiva dos CdD, os benefícios do controle da poluição serão as reduções nos custos relacionados à saúde resultantes dessa prática. Essas reduções poderiam ser consideradas uma avaliação mínima, ou o limite inferior desses benefícios, porque as melhorias na saúde também produzem melhorias na

---

[4] California Air Resources Board, "The Children's Health Study," CARB, Sacramento, 2002.

[5] Beate Ritz *et al.*, "Ambient Air Pollution and Risk of Birth Defects in Southern California," *American Journal of Epidemiology*, 155(1), January 2002, pp. 17–25.

[6] Michelle L. Bell *et al.*, "Ozone and Short-Term Mortality in 95 U.S. Urban Communities, 1987–2000," *Journal of the American Medical Association*, 292(19), November 2004, pp. 2372–2378.

TABELA 7.1 Custo estimado da asma em adultos nos Estados Unidos

	Custo em US$ por adulto/ano	
Custos diretos:		
Medicamentos	1.605	
Visitas ao hospital	805	
Outros (principalmente, médicos)	770	
Subtotal		3.180
Custos indiretos:		
Interrupção total do trabalho	1.062	
Dias perdidos de trabalho	486	
Outros	184	
Subtotal		1.732
Total geral		4.912

Fonte: M. G. Cisternas *et al.*, "A Comprehensive Study of the Direct and Indirect Costs of Adult Asthma," *Journal of Allergy and Clinical Immunology*, 111(6), June 2003, pp. 1212–1218.

qualidade de vida daqueles que são afetados. Muitos pesquisadores da área da saúde procuraram criar índices que captassem as melhorias nos parâmetros de saúde física causadas pela diminuição da poluição ambiental.

Nessas pesquisas, eles atribuíram valores numéricos a vários estados de saúde – tanto à mortalidade quanto à morbidez – para desenvolver medidas agregadas de resultados de saúde. Esses índices às vezes são "monetizados" para desenvolver estimativas de valores de resultados de saúde que possam ser comparados aos custos monetários de controle da poluição. Eles não dependem, no entanto, do conceito básico da disposição a sacrificar uma medida de valor. Retomaremos isso mais adiante, ainda neste capítulo.

Os efeitos da poluição sobre os custos de produção

A poluição do ar pode reduzir a colheita das plantações expostas e reduzir também as taxas de crescimento de árvores das quais são extraídas valiosas madeiras. Já a poluição da água pode afetar adversamente empresas e municípios que a usam para fins produtivos ou para uso doméstico, e a diminuição de sua qualidade também pode ter um impacto negativo sobre indústrias de pesca comercial. A contaminação do solo pode ter sérios impactos sobre a produção agrícola; no local de trabalho, a poluição pode reduzir a eficiência dos trabalhadores e, geralmente, aumentar a taxa de deterioração de máquinas e instalações. Nesses casos, os efeitos da poluição são sentidos na produção de bens e serviços. Os danos causados pela poluição interferem de alguma forma nesses processos de produção, tornando-os mais onerosos do que seriam em um mundo menos poluído.

O modo como realmente medimos os benefícios relacionados à produção da redução da poluição dependerá das circunstâncias. Considere um pequeno grupo de produtores agrícolas em certa região afetado por uma fábrica que se encontra a barlavento. Os poluentes da fábrica diminuíram o rendimento; assim, a redução das emissões fará o rendimento aumentar. A colheita produzida é vendida no mercado nacional e seu preço não será afetado por mudanças na produção dessa região específica. Essa situação é ilustrada na Figura 7.1. Nesse diagrama, O_1 é a curva de oferta desse grupo de fazendeiros antes da melhoria da qualidade do ar; O_2 é a curva de oferta depois da melhoria. O preço da produção é p_1. Antes da mudança, esses fazendeiros produziam um nível de produção q_1, e depois da melhoria, esse nível aumentou para q_2.

Uma maneira de aproximar os benefícios dessa melhoria ambiental é medir o valor do aumento da produção desse grupo de fazendeiros, o que pode ser obtido pelo aumento da produção, $q_2 - q_1$, multiplicado pelo preço da colheita. Isso gera uma estimativa que corresponde à área ($d + e$) na Figura 7.1.

Inúmeros estudos já foram realizados seguindo essa linha de raciocínio.[7] Murphy *et al.*[8] estudaram os efeitos sobre a agricultura de eliminar emissões precursoras de ozônio de veículos motores nos Estados Unidos. Eles estimaram que os benefícios dessa mudança para o setor agrícola representariam US$ 3,5 a 6,1 bilhões por ano. Outro estudo foi realizado por Page *et al.*[9] para medir as perdas de colheita relacionadas à poluição do ar em uma área que compreende seis estados. Eles estimaram as perdas anuais na produção de grãos de soja, trigo e milho e depois agregaram essas estimativas para obter o valor presente das perdas totais durante o período de 1976 a 2000, chegando a uma estimativa final de aproximadamente US$ 7 bilhões.

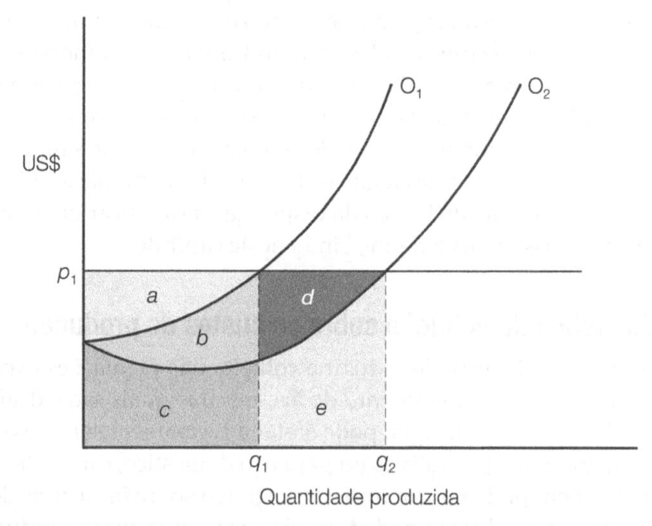

FIGURA 7.1 Benefícios decorrentes da redução dos custos de produção.

---

[7] Eles são analisados em Gardner M. Brown Jr. and Mark L. Plummer, "Market Measures of User Benefits," in *Acid Deposition: State of Science and Technology*, Report 27, Methods for Valuing Acidic Deposition and Air Pollution Effects, National Acid Precipitation Assessment Program, Washington, D.C., U.S. Superintendent of Documents, 1990, pp. 27–73.

[8] James Murphy, Mark Delucchi, Donald McCubbin, and H. J. Kim, "The Cost of Crop Damage Caused by Ozone Air Pollution from Motor Vehicles." Institute of Transportation Studies. Paper UCD-ITS-REP-99-03, April 1, 1999, http://repositories.cdlib.org/itsdavis/UCD-ITS-REP-99-03.

[9] W. P. Page, G. Abogast, R. Fabian, and J. Ciecka, "Estimation of Economic Losses to the Agricultural Sector from Airborne Residuals in the Ohio River Basin," *Journal of Air Pollution Control Association*, 32(2), February 1982, pp. 151–154.

É possível adotarmos uma abordagem mais refinada. O problema em considerar apenas o valor do aumento da produção é a mudança dos custos de produção, que também pode ter ocorrido. Quando a poluição do ar diminui, os fazendeiros podem, de fato, aumentar o uso de certos insumos e cultivar essas terras de maneira mais intensiva. Como incluímos essa possibilidade? Podemos analisar a mudança total usando as rendas líquidas dos fazendeiros (valor total da produção menos os custos totais de produção).

A situação antes da mudança:

Valor total da produção: $a + b + c$

Custos totais: $b + c$

Renda líquida: a

A situação depois da mudança:

Valor total da produção: $a + b + c + d + e$

Custos totais: $c + e$

Renda líquida: $a + b + d$

Assim, a melhoria na renda líquida é $(a + b + d) - a$, ou um valor igual à área $b + d$ na Figura 7.1.

O modo de medir esse valor dependerá de quanta informação foi obtida. Se já estudamos essas fazendas e conhecemos suas curvas de oferta antes e depois da mudança, poderemos medir o aumento da renda líquida diretamente. Se as curvas de oferta não são conhecidas, podemos analisar o aumento do valor de terrenos agrícolas na região. Em muitos casos, aumentos desse tipo na renda líquida são capitalizados no valor das terras, e podemos usar o **aumento do valor da terra** para estimar os benefícios das melhorias ambientais.

Danos materiais

Os poluentes do ar causam danos às superfícies expostas, às superfícies metálicas das máquinas, às superfícies de pedra de edifícios e às estátuas e superfícies pintadas de todos os tipos de itens. Os poluentes mais fortemente responsáveis por esses danos são os compostos de enxofre, material particulado, oxidantes e monóxido de nitrogênio. A maior parte dos danos é causada pelo aumento da deterioração, que deve ser neutralizado pelo aumento da manutenção e pela substituição mais precoce de objetos e peças. No caso de esculturas ao ar livre, os danos são causados às qualidades estéticas dos objetos.

Nesse caso, a relação dose-resposta mostra a extensão da deterioração associada à exposição a quantidades variáveis de poluentes do ar. As relações físicas fundamentais podem ser investigadas no laboratório, mas para aplicação a qualquer área específica, há que se ter dados sobre as várias quantidades de materiais expostos que realmente existem na região em estudo. Assim, é possível estimar a quantidade total de deterioração de materiais que ocorreria durante um ano de exposição ao ar na região estudada, com sua carga "normal" de vários poluentes – e é necessário atribuir um valor a essa deterioração. Adotando estritamente uma função de danos, podemos estimar o aumento no custo da manutenção (mão de obra, tinta, etc.) necessária para reparar essa deterioração[10], mas isso seria subestimar os verdadeiros danos da perspectiva da disposição a pagar. Uma parte dos danos seria estética – a diminuição dos valores visuais de edifícios e superfícies pintadas menos agradáveis aos olhos. Podemos chegar a esses valores por meio de métodos de valoração contingente, que discutiremos posteriormente. Além disso, a abordagem dos custos de manutenção não estaria completa se devido à poluição as construtoras trocassem os materiais usados para reduzir os danos.

Problemas com as abordagens de danos diretos

O principal problema com as estimativas de danos diretos é que na maioria das vezes elas são bastante incompletas. Considere a mensuração dos danos à saúde utilizando o cálculo da produtividade perdida e das despesas médicas. Observamos, em primeiro lugar, que essas tendem a ser medidas de mercado. Elas medem o valor de bens e serviços comercializados que uma pessoa pode produzir em média. Por isso, as muitas contribuições que as pessoas fazem fora de um mercado, tanto dentro quanto fora de seus lares, às vezes não são contadas. Esse método também atribuiria valor zero a uma pessoa com deficiências físicas que não pode trabalhar ou a um aposentado. Há também inúmeros benefícios monetários, além dos psicológicos, recebidos pelos outros – amigos e parentes, por exemplo – que a medida de produtividade não inclui. Ela também não inclui a dor e o sofrimento causados por doenças. Podem-se tirar conclusões similares sobre o uso de despesas médicas para estimar os danos decorrentes da diminuição da qualidade ambiental. Considere a estimação dos danos causados por uma gripe. Chegamos a uma estimativa de US$ 1,27, o custo da aspirina que uma pessoa consome para reduzir seu desconforto. Essa provavelmente seria uma séria subestimativa dos verdadeiros danos causados pela gripe. Se perguntassem quanto essa pessoa estaria disposta a pagar para evitar a gripe, a resposta provavelmente seria substancialmente mais alta do que o custo da aspirina. Esse talvez seja um exemplo injusto, porque as grandes despesas médicas de uma pessoa que sofre de câncer de pulmão induzido pela poluição do ar são muito mais significativas do que uma caixa de aspirinas, mas o princípio é igualmente válido.

Outro grande problema das tentativas de se medir funções de danos diretamente é a mudança das pessoas e dos mercados, que se ajustam à poluição ambiental. Nesse caso, para incluirmos totalmente os danos causados pela poluição, teríamos que considerar esses ajustes. Os fazendeiros cujas colheitas são afetadas pela poluição podem passam a plantar outras coisas, enquanto o preço das colheitas prejudicadas pode mudar, afetando os consumidores. As pessoas geralmente mudam seu comportamento ao enfrentar a poluição do ar ou da água, envolvendo-se no que é chamado de **comportamento preventivo,** ou fazendo mudanças no seu estilo de vida. Esses efeitos são difíceis de medir quando usa-

[10] Essa abordagem foi retirada de R. L. Horst, E. H. Manuel Jr., R. M. Black III, J. K. Tapiero, K. M. Brennan, and M. C. Duff, *A Damage Function Assessment of Building Materials: The Impact of Acid Deposition*, Washington, D.C., U.S. Environmental Protection Agency, 1986.

mos uma abordagem direta para medir os danos. Por esse motivo, temos que voltar ao nosso conceito fundamental para determinar valores: a disposição a pagar.

DISPOSIÇÃO A PAGAR

Há essencialmente três maneiras para se tentar descobrir quanto as pessoas estão dispostas a pagar por melhorias na qualidade ambiental. Podemos ilustrá-las considerando um caso de poluição sonora. As estradas de alta velocidade (vias expressas, autoestradas e rodovias) são um elemento do mundo moderno, e uma importante característica dessas estradas é a geração de ruído decorrente do tráfego, que causa danos às pessoas que moram nas redondezas. Considere que nosso trabalho seja estimar quanto essas pessoas estão dispostas a pagar pela redução do ruído do tráfego. Como podemos fazer isso?

1. Os próprios moradores podem ter arcado com despesas para reduzir os níveis de ruído dentro de casa. Eles podem, por exemplo, ter instalado um isolamento extra nas paredes ou colocado vidros duplos nas janelas. Quando as pessoas fazem despesas como essas, revelam algo sobre sua disposição a pagar por um ambiente mais silencioso. Assim, se encontrarmos casos em que são comprados bens de mercado a fim de afetar a exposição do consumidor ao ambiente circundante, poderemos analisar essas compras pelo que elas dizem a respeito do valor que as pessoas atribuem a mudanças nesse ambiente. O termo técnico para isso é o estudo de **custos de prevenção**.
2. O ruído na vizinhança da estrada pode ter afetado os preços que os residentes próximos pagaram por suas casas. Se duas casas tivessem exatamente as mesmas características em todos os aspectos, exceto o nível de ruído exterior, esperaríamos que aquela que se encontra no ambiente mais barulhento fosse menos valiosa para compradores potenciais do que aquela que se encontra no ambiente mais silencioso. Se o mercado imobiliário for competitivo, o preço da casa mais barulhenta será menor do que o da outra. Assim, analisando a diferença nos preços das casas, podemos estimar o valor que as pessoas atribuem a uma menor poluição sonora. Portanto, a qualquer momento que o preço de um bem varie de acordo com suas características ambientais é possível analisar essas variações nos preços para determinar quanto essas pessoas estão dispostas a pagar por essas características.
3. A terceira maneira é enganosamente simples: uma pesquisa feita entre os moradores perguntando quanto eles estariam dispostos a pagar por reduções nos níveis de ruído ao redor e dentro de suas casas. Essa abordagem de pesquisa direta recebeu muita atenção de economistas ambientais ultimamente, principalmente devido à sua flexibilidade. O método desse tipo de abordagem com pesquisas chama-se **valoração contingente.** Praticamente qualquer elemento do ambiente natural que possa ser descrito com precisão para as pessoas pode ser estudado por esse método.

Os dois primeiros métodos envolvem o estudo das escolhas dos indivíduos e buscam descobrir os valores implícitos que os levaram a tomar aquelas decisões. Por esse motivo, eles muitas vezes são chamados de métodos de **preferência reve-**

lada, já que os indivíduos estão, essencialmente, revelando seus valores subjacentes. O terceiro método envolve perguntar às pessoas diretamente quais são suas disposições a pagar e, portanto, é chamado de abordagem da **preferência declarada**. No restante do capítulo, examinaremos algumas aplicações desses métodos usados para estimar os benefícios de melhorias na qualidade ambiental.

DISPOSIÇÃO A PAGAR: MÉTODOS DE PREFERÊNCIA REVELADA

Por trás dessas abordagens indiretas há o raciocínio de que, quando as pessoas fazem escolhas de mercado entre certos itens que possuem diferentes características relacionadas ao meio ambiente, elas revelam o valor que atribuem a esses fatores ambientais. Talvez o mais importante é o que elas revelam sobre os valores da saúde e da vida humana.

Usar a disposição a pagar para medir os benefícios à saúde é um método que tem a vantagem de ser consistente com outros tipos de estudos sobre a demanda econômica e de reconhecer que, mesmo a respeito de algo tão importante como a saúde, o que deve ser contado é a avaliação que as pessoas fazem de seu valor. No entanto, esse conceito deve ser usado com cuidado. Em qualquer situação do mundo real, a disposição a pagar implica na capacidade de pagar; uma pessoa não pode expressar disposição a pagar por algo se não tiver a renda ou riqueza necessária para tal. Assim, devemos estar atentos aos níveis de renda das pessoas cuja demanda estamos tentando medir. Se a análise incluir um número substancial de pessoas de baixa renda, a disposição a pagar medida pode ser mais baixa do que o justificável. Talvez não seja interessante diminuir a estimativa dos benefícios à saúde de um programa ambiental simplesmente porque a população-alvo possui rendas mais baixas do que a média.

Outra característica da saúde como um bem econômico normal é a disposição das pessoas a pagar pela saúde de outras. Não me importo se minha filha come carne; a disposição a pagar de minha filha é uma boa expressão de sua demanda por carne. No entanto, importo-me com sua saúde, e por isso adicionaria à sua disposição a pagar por boa saúde uma soma substancial, por minha conta. Assim, medidas estritamente individualistas da disposição a pagar por melhorias à saúde podem subestimar os verdadeiros benefícios de programas que melhoram a saúde.

O valor da saúde humana expresso em custos evitados

A poluição do ar e da água pode produzir diversos problemas de saúde, desde leves desconfortos no peito ou dores de cabeça até episódios agudos que exigem hospitalização. As pessoas geralmente fazem gastos para tentar evitar ou prevenir esses problemas, e esses custos de prevenção são uma expressão de sua disposição a pagar para evitá-los. Foram feitos inúmeros estudos analisando gastos de prevenção para identificar o que eles dizem sobre a disposição a pagar.[11] Uma

[11] Eles foram analisados em Maureen L. Cropper and A. Myrick Freeman III, "Environmental Health Effects," in John B. Braden and Charles D. Kolstad (eds.), *Measuring the Demand for Environmental Quality*, North-Holland, Amsterdam, 1991, pp. 200–202.

pesquisa com uma amostra de pessoas na área de Los Angeles (Estados Unidos) em 1986 analisou as despesas que elas faziam para evitar uma variedade de sintomas respiratórios. As despesas incluíam, por exemplo, cozinhar com eletricidade em vez de gás, operar um aparelho de ar condicionado em casa e dirigir com o ar condicionado do carro ligado. Suas estimativas da disposição a pagar para evitar vários sintomas respiratórios variavam de US$ 0,97 para falta de ar a US$ 23,87 para a sensação de pressão no peito.

Análises de custos de prevenção também são feitas para a valoração da qualidade da água, devido a uma disponibilidade normalmente ampla de alternativas ao uso de água de qualidade duvidosa, como filtros de água e água engarrafada. No outro extremo, o comportamento preventivo tem sido estudado para se estimar o valor de uma vida estatística, um conceito discutido de maneira mais aprofundada na próxima seção.[12]

O valor da vida humana expresso em taxas salariais

A diminuição da qualidade do ar e a água contaminada podem levar à deterioração da saúde e até à morte. Como esses impactos devem ser valorados? É tentador dizer que "a vida humana não tem preço", mas não é assim que as pessoas se comportam no mundo real. Podemos verificar, com uma observação casual, que os indivíduos na verdade não se comportam como se o prolongamento da vida ou a prevenção de doenças fosse, em certo sentido, uma finalidade suprema à qual todos os seus recursos devem ser dedicados. Vemos as pessoas se envolverem em atividades arriscadas, em certo sentido trocando riscos pelos benefícios recebidos. Quase todo mundo dirige um carro, algumas pessoas fumam, algumas escalam montanhas, muitas se esforçam para ficar bronzeadas, etc. Também vemos pessoas que alocam parte de sua renda para a redução de riscos: compram cadeados, instalam alarmes anti-incêndio, evitam lugares escuros à noite. Além disso, observamos pessoas que fazem julgamentos diferenciais sobre seu próprio valor: pais compram mais seguro de vida do que pessoas solteiras, etc. Tudo isso sugere que as pessoas tratam o risco de morte de maneira razoavelmente racional e que poderíamos usar a disposição a pagar como uma maneira de avaliar os benefícios de reduzir o risco de morte ou de doenças.

Temos, porém, que ser claros sobre o que exatamente isso envolve. Existe uma piada sobre um milionário avarento que é assaltado enquanto desce uma rua. O ladrão aponta uma arma para ele e diz "o dinheiro ou a vida" e a vítima responde: "ah, deixe-me pensar". Estimar o valor da disposição a pagar por uma vida humana não envolve esse tipo de situação. Não se pergunta às pessoas qual sua disposição a pagar para salvar suas vidas. Sob determinadas circunstâncias, uma pessoa presumivelmente estaria disposta a dar tudo o que possui, mas esse não é o tipo de situação que as pessoas normalmente enfrentam. Quando se expressa uma disposição a pagar para reduzir a poluição do ar, o conceito relevante é o **valor de uma vida estatística** (VVE) e não a vida de um indivíduo específico.

---

[12] Glenn C. Blomquist, "Self Protection and Averting Behavior, Values of Statistical Lives, and Benefit Cost Analysis of Environmental Policy," *Review of Economics of the Household*, 2(1), 2004, pp. 89–110.

Isso não significa que as pessoas só se importam com pessoas típicas ou aleatórias e não com pessoas específicas. Elas obviamente se sentem mais próximas de seus parentes, amigos e vizinhos do que de estranhos. O que está envolvido nesse conceito é o valor que as pessoas atribuem ao rearranjo das condições de vida de um grande grupo de pessoas considerando, por exemplo, a redução da exposição desse grupo a poluentes ambientais para diminuir a probabilidade de que algum **indivíduo aleatoriamente determinado** do grupo sofra doenças ou morte prematura. Suponha, por exemplo, que na média uma pessoa num grupo de 100 mil pessoas estivesse disposta a pagar US$ 20 para diminuir a probabilidade de uma morte aleatória entre membros desse grupo de sete em 100 mil para seis em 100 mil. Então, a disposição a pagar total é de US$ 20(100mil) = US$ 2 milhões, que é o valor de uma vida estatística baseado na disposição a pagar.

A abordagem preferencial para medir a disposição a pagar pela redução de riscos de vida (e a que se revelou a mais desenvolvida) é aquela feita a partir dos **estudos da taxa salarial industrial.** Suponha que haja dois empregos, similares em todos os aspectos exceto em um, pois devido ao tipo de máquina usada, o risco de vida é um pouco mais alto em um do que em outro. Inicialmente, as taxas salariais nas duas indústrias para os dois empregos é a mesma. Nesse caso, seria obviamente preferível trabalhar na indústria mais segura – mesmo salário, risco menor. Os trabalhadores deveriam, então, tentar passar da indústria perigosa para a segura. Isso tenderia a forçar uma diminuição no salário da indústria segura e um aumento no salário da indústria perigosa, à medida que as empresas tentassem evitar que os trabalhadores deixassem aquela indústria. Assim, um diferencial salarial seria desenvolvido entre as duas indústrias; o valor dessa diferença mostraria como os trabalhadores valoram as diferenças entre elas no que diz respeito ao risco de vida. O diferencial salarial, em outras palavras, representa uma valoração implícita de uma vida estatística. Ao analisar diferenças salariais como essa, podemos obter uma medida dos benefícios que as pessoas obteriam reduzindo as mortes prematuras relacionadas à poluição.

A Tabela 7.2 resume alguns dos resultados recentes de estudos sobre taxas salariais, cujo objetivo era estimar o valor de uma vida estatística nos Estados Unidos. Observe que as estimativas variam de US$ 700 mil a mais de US$ 10 milhões. O que explica essas diferenças? A maioria delas provavelmente se explica pelo uso de dados e técnicas estatísticas diferentes. Realizar esses estudos é difícil porque há muitos outros fatores que devem ser levados em consideração e dificuldade em obter os dados exatamente corretos. Por exemplo, a maioria dos dados de salários e acidentes de trabalho se aplica a agrupamentos por indústria, e dentro desses grupos pode haver uma variação substancial entre as empresas individuais – e não somente devido a diferenças tecnológicas entre elas, mas também porque algumas empresas podem ter feito muito mais do que outras para tornar o ambiente de trabalho mais seguro. Os estudos de taxas salariais baseiam-se em um funcionamento razoavelmente eficiente do mercado de mão de obra, e esse pode não ser o caso em algumas indústrias. Os acordos sindicais, o conluio entre gerentes de empresas e a falta de informação pode comprometer o processo competitivo de determinação salarial em algumas indústrias. Esses problemas não significam que esses estudos não sejam úteis, mas apenas que ainda não chegamos a um ponto em que eles nos forneçam dados consistentes.

TABELA 7.2 Valor implícito de uma vida estatística estimada em recentes estudos sobre o mercado de mão de obra

Um estudo estatístico	Valor da vida em 2000 (US$ milhões)
Moore e Viscusi (1990)	20,8
Kniesner e Leeth (1991)	0,7
Gegax, Gerking e Schulze (1991)	2,1
Leigh (1991)	7,1-15,3
Berger e Gabriel (1991)	8,6-10,9
Leigh (1995)	8,1-16,8
Dorman e Hagstrom (1998)	8,7-20,3
Lott e Manning (2000)	1,5-3,0

Fontes: M. C. Berger and P. E. Gabriel, "Risk Aversion and the Earnings of U.S. Immigrants and Natives," *Applied Economics*, 23, 1991, pp. 311–318; T. J. Kniesner and J. D. Leeth, "Compensating Wage Differentials for Fatal Injury Risk in Australia, Japan, and the United States," *Journal of Risk and Uncertainty*, 4(1), 1991, pp. 75–90; J. P. Leigh, "No Evidence of Compensating Wages for Occupational Fatalities," *Industrial Relations*, 30(3), 1991, pp. 382–395; J. P. Leigh, "Compensating Wages, Value of a Statistical Life, and Inter--Industry Differentials," *Journal of Environmental Economics and Management*, 28(1), 1995, pp. 83–97; J. R. Lott and R. L. Manning, "Have Changing Liability Rules Compensated Workers Twice for Occupational Hazards? Earnings Premiums and Cancer Risks," *Journal of Legal Studies*, 29, 2000, pp. 99–130; M. J. Moore and W. K. Viscusi, "Models for Estimating Discount Rates for Long-Term Health Risks Using Labor Market Data," *Journal of Risk and Uncertainty*, Vol. 3, 1990, pp. 381–401; P. Dorman and P. Hagstrom, "Wage Compensation for Dangerous Work Revisited," *Industrial and Labor Relations Review*, 52(1), 1998, pp. 116–135; and D. Gegax, S. Gerking, and W. Schulze, "Perceived Risk and the Marginal Value of Safety," *Review of Economics and Statistics*, 73(4), 1991, pp. 589–596.

Valoração da saúde infantil

A maioria dos estudos sobre disposição a pagar (DAP) na área de saúde focaliza as valorações de adultos. Contudo, um grande percentual das pessoas afetadas pela poluição ambiental é formado pelas crianças, e não está claro que as estimativas de DAP de adultos também sejam aplicáveis a elas, que podem ser mais fortemente afetadas do que os adultos por determinadas concentrações de poluentes no ar e na água. E as crianças não estão em posição de oferecer, por si, informações sobre a DAP por sua saúde. Assim, o que precisamos é de estimativas da DAP de adultos para a redução dos riscos à saúde das crianças, que podem ser bem diferentes da DAP que considera somente eles, os adultos. Por exemplo, Liu e colegas descobriram que a DAP de uma mãe para a saúde de seu filho é maior do que a DAP de sua própria saúde.[13] Blomquist e colegas levantaram dados sobre o uso de cintos de segurança e descobriram que eles sugeriam um VVE de US$ 3,7 milhões para uma criança com menos de cinco anos de idade e US$ 2,8 milhões para adultos.[14]

[13] J.-T. Liu, J. K. Hammitt, J.-D. Wang, and J.-L. Liu, "Mother's Willingness to Pay for Her Own and Her Child's Health: A Contingent Valuation Study in Taiwan," *Health Economics*, 9, 2000, pp. 319–326.

[14] Glenn C. Blomquist, Ted R. Miller, and David T. Levy, "Values of Risk Reduction Implied by Motorist Use of Protection Equipment: New Evidence from Different Populations," *Journal of Transport Economics and Policy*, 30, 1996, pp. 55–66.

O valor da qualidade ambiental capturado nos preços de moradias

Os estudos sobre taxas salariais que acabamos de ver estimam quanto as pessoas estão dispostas a pagar para serem expostas a um menor risco de vida, o que é uma consequência específica da exposição a níveis mais baixos de poluição ambiental. No entanto, um ambiente limpo traz benefícios mais amplos do que apenas benefícios à saúde. Uma abordagem mais abrangente é examinar a disposição a pagar para viver em um ambiente menos poluído. Isso incluiria os efeitos sobre a saúde, mas também outras dimensões, como os impactos estéticos.

Considere duas casas exatamente iguais, com as mesmas características físicas (número de quartos, área construída, idade, etc.) e os mesmos fatores de localização (distância dos vizinhos, distância do comércio, etc.). No entanto, uma casa está localizada em uma área com níveis substanciais de poluição do ar e a outra se encontra em uma área com ar relativamente limpo. Seria de se esperar que os preços de mercado dessas duas casas diferissem devido às variações na qualidade do ar. Essa conclusão pode ser generalizada para um grande mercado habitacional envolvendo muitas propriedades. A qualidade do ar circundante é essencialmente uma característica da localização de uma casa; então, quando as casas forem compradas e vendidas no mercado, essas diferenças tenderão a ser "capitalizadas" nos preços.[15] Obviamente, moradias diferem entre si em muitos aspectos, não apenas na qualidade do ar. Então, é necessário levantar grandes quantidades de dados sobre muitas propriedades e, depois, usar técnicas estatísticas para identificar o papel desempenhado pela poluição do ar, além de outros fatores.[16]

Depois de levantar dados suficientes e realizar as análises estatísticas apropriadas, teremos uma relação como a exibida na Figura 7.2. Ela mostra que, à medida que o conteúdo de material particulado no ar circundante aumenta, os preços das casas diminuem, se todos os outros fatores forem fixos. Informações desse tipo podem ser usadas, então, para estimar a disposição marginal a pagar (benefícios) pelas pequenas diminuições na exposição a material particulado. Smith e Huang recentemente analisaram diversos estudos desse tipo. Eles descobriram que, em geral, a disposição marginal a pagar por uma diminuição de uma unidade na exposição a material particulado total em suspensão (MPTS) estava na faixa de US$ 100 a 300 na maioria dos estudos.[17] Outro estudo sobre os preços de casas, realizado por Chattopadhyay, estimou que as pessoas estão dispostas a pagar em média cerca de US$ 310 por uma diminuição de uma unidade na exposição a MP10.[18]

---

[15] Essa "*capitalização*" significa que os preços das casas se ajustam de modo a refletir o valor presente do fluxo de danos futuros aos quais os proprietários estariam expostos se vivessem nessas casas.

[16] O nome técnico desse tipo de abordagem é análise "hedônica". Quando o preço de alguma coisa está relacionado às muitas características que ela possui, podemos estudar padrões de diferenças de preço para deduzir o valor que as pessoas atribuem a essas características.

[17] O MPTS é expresso em microgramas por metro cúbico. Ver V. Kerry Smith and Ju-Chin Huang, "Can Markets Value Air Quality? A Meta Analysis of Hedonic Property Value Models," *Journal of Political Economy*, 103(1), 1995, pp. 209–227.

[18] MP10 refere-se à concentração de material particulado composto de partículas menores do que 10 mícrons de diâmetro. Ver S. Chattopadhyay, "Estimating the Demand for Air Quality: New Evidence Based on the Chicago Housing Market," *Land Economics*, 75(1), February 1999, pp. 22–38.

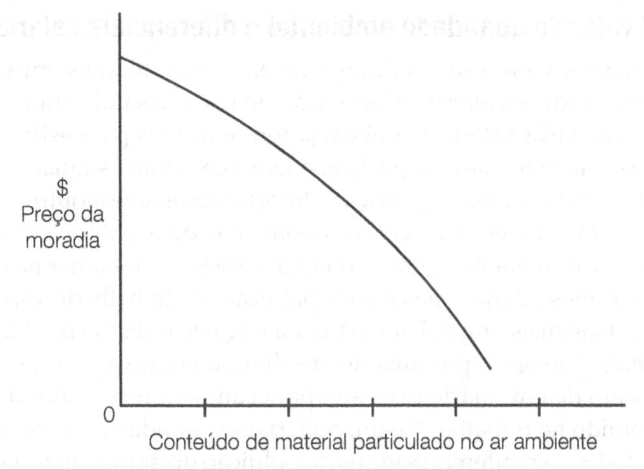

FIGURA 7.2 Relação entre concentração ambiente de SO_2 e preços de moradias.

A mesma abordagem pode ser usada em alguns casos de poluição da água. No Capítulo 4, usamos o exemplo da poluição de um lago para introduzir o conceito de bem público. Agora, suponha que um lago seja rodeado por diversas residências. O preço de mercado delas é afetado por muitas coisas, como sua idade, tamanho, condições, etc., além da qualidade da água do lago. Se a água do lago for degradada com o tempo, seria de se esperar que os valores de mercado das propriedades ao seu redor diminuíssem. A deterioração da qualidade da água significa que os proprietários obterão menos utilidade por viver nessa vizinhança (os outros fatores permanecendo fixos) e isso será capitalizado nos valores das casas. Uma abordagem para medir os benefícios de limpar o lago é estimar o aumento geral nos valores das propriedades que se localizam ao redor do lago. Temos que lembrar, porém, que provavelmente essa será uma estimativa apenas parcial dos benefícios totais. Se não proprietários tiverem acesso ao lago ou parque, eles também estarão obtendo benefícios, mas esses não apareceriam na mudança de valor das propriedades. As mudanças no valor das propriedades como forma de medir os benefícios decorrentes da redução da poluição também podem ser usadas em outras situações, como a valoração dos danos decorrentes do ruído ao redor de aeroportos e de grandes estradas e a medição dos benefícios decorrentes de parques urbanos.

Os estudos de preços de moradias também podem ser usados para estimar VVEs. Casas próximas de áreas contaminadas listadas como prioridades do programa *superfund sites** do governo dos Estados Unidos, por exemplo, expõem os residentes a níveis mais altos de riscos, seus preços são mais baixos do que o de outras – e essa diferença no preço pode fornecer um VVE implícito. Em um estudo, por exemplo, os pesquisadores descobriram que isso gerava um VVE de US$ 4,7 milhões.[19]

---

* N. do T.: Lei dos Estados Unidos que estabelece a limpeza de locais contaminados – os *superfund sites.*

[19] Ted Gayer, James T. Hamilton, and W. Kip Viscusi, "Private Values of Risk Trade-offs at Superfund Sites: Housing Market Evidence on Learning About Risk," *Review of Economics and Statistics*, 82, 2000, pp. 439–451.

O valor da qualidade ambiental e diferenciais salariais interurbanos

Falamos sobre usar as diferenças nas taxas salariais entre diferentes empregos para medir o valor da diminuição de riscos à saúde em razão da poluição. Estudos de taxas salariais também já foram usados para estimar o valor de viver em um ambiente mais limpo. Considere duas cidades iguais em todos os aspectos – mas uma com maior poluição atmosférica do que a outra.

Inicialmente, as taxas salariais nas duas cidades são iguais. Como todo o resto é exatamente igual, seria mais desejável trabalhar na cidade menos poluída – mesmos salários, mas menos poluição. Os trabalhadores, então, migrariam para a cidade mais limpa. Para manter a força de trabalho na cidade mais poluída, será necessário optar por uma dessas duas alternativas: a limpeza do ar ou o oferecimento de um salário mais alto para compensar os danos de se respirar o ar mais poluído no trabalho. Assim, poderíamos estudar os diferenciais salariais entre as cidades com diferentes graus de poluição do ar para medir o valor que as pessoas atribuem a um ar mais limpo, uma maneira de estimar os benefícios de limpar o ar nas cidades mais poluídas.

O valor das amenidades ambientais expresso em custos de viagem

Um dos primeiros métodos que os economistas ambientais usaram para estimar a demanda por amenidades ambientais usa os custos de viagem como um substituto para o preço. Embora não se possa observar pessoas comprando unidades de qualidade ambiental de maneira direta, podemos observá-las se deslocando para desfrutar, por exemplo, de experiências recreativas em parques nacionais e estaduais, nadando e pescando em lagos e rios, entre outros. O deslocamento custa caro, leva tempo, além das despesas de viagem. Tratando esses custos de deslocamento como um preço que as pessoas têm que pagar para desfrutar da amenidade ambiental, podemos estimar, sob certas circunstâncias, uma função de demanda por essas amenidades.

Obtendo dados desses custos de viagem para um grande número de pessoas, podemos construir estimativas da disposição a pagar agregada por determinadas amenidades ambientais. É claro que é necessário obter mais informações do que apenas seus custos de deslocamento. As famílias diferem em inúmeros fatores, não somente quanto aos custos de deslocamento até esse parque. Elas têm diferentes níveis de renda, sua presença em parques alternativos é mais ou menos constante, as experiências recreativas disponíveis são diferentes para uma e outra, etc. Assim, as pesquisas precisam levantar grandes quantidades de dados sobre muitos visitantes para que possam separar estatisticamente todas essas várias influências sobre as taxas de visitação dos parques.

Essa abordagem pode ser usada para estimar os benefícios de se melhorar a qualidade do ambiente no local de visitação, como a melhoria na qualidade da água em um lago recreativo para que a pesca seja melhor. Para fazer isso, temos que levantar informações não somente sobre os custos de viagem dos turistas recreativos a um único local de recreação, mas também sobre os custos de viagem para muitos locais diferentes com diferentes características naturais. Então, podemos analisar os efeitos sobre a visitação de vários aspectos qualitativos de diferentes locais. A partir disso, podemos, então, determinar sua disposição a pagar por melhorias nessas mudanças qualitativas.

DISPOSIÇÃO A PAGAR: MÉTODOS DE PREFERÊNCIA DECLARADA

Agora, chegamos a um conceito que pode parecer uma maneira mais direta de avaliar a disposição a pagar. É o método da **preferência declarada**. Essa abordagem envolve pedir diretamente às pessoas que indiquem sua disposição a pagar por algum elemento ambiental ou algum resultado que está estritamente ligado ao estado do meio ambiente.

O melhor método conhecido de preferência declarada é uma técnica chamada de **valoração contingente** (VC). Nesse método, pede-se aos indivíduos que respondam qual seria sua disposição a pagar em situações contingentes. Se estivéssemos interessados em medir a disposição a pagar das pessoas por algo como batatas, poderíamos nos posicionar em lojas e observá-las fazendo escolhas em situações reais. Contudo, quando não há mercados reais para algo como certa característica de qualidade ambiental, podemos apenas perguntar como as pessoas escolheriam *se* estivessem diante de um mercado que vendesse essas características.

Os métodos de valoração contingente têm sido utilizados em dois tipos de situações: (1) para estimar valorações de elementos específicos do meio ambiente, como o valor de amenidades relativas a vista, qualidade recreativa de praias, preservação de espécies de animais selvagens, congestionamento em áreas selvagens, experiências de caça e pesca, descarga de resíduos tóxicos, preservação de rios selvagens, entre outros;[20] e (2) para estimar as valorações que as pessoas atribuem aos resultados relacionados à qualidade ambiental. Uma importante justificativa para regulamentações ambientais mais rígidas sempre disse respeito às melhorias à saúde humana que elas produzem. O que é importante são as valorações que as pessoas atribuem a coisas como redução nos riscos de mortalidade prematura, menor risco de doenças pulmonares crônicas, menor risco de asma, etc.

Na verdade, os métodos de valoração contingente também se aplicam para temas não ambientais e são usados para estimar o valor de programas de redução dos riscos de ataques cardíacos, o valor de informações sobre os preços nos supermercados e o valor de um programa de acompanhamento de idosos. Com o passar do tempo, o método foi desenvolvido e refinado de modo a fornecer o que muitos consideram medidas confiáveis dos benefícios de diversos bens públicos, especialmente a qualidade ambiental.

Os passos fundamentais de uma análise de VC são os seguintes:

1. Identificação e descrição da característica de qualidade ambiental ou resultado de saúde a ser avaliado.
2. Identificação de respondentes a serem contatados, incluindo procedimentos de amostragem usados para selecionar respondentes.
3. Elaboração e aplicação de um questionário de pesquisa por meio de entrevistas pessoais, por telefone ou por correio (atualmente, grupos focais são às vezes utilizados).

[20] Para uma análise de muitos desses estudos e dos problemas gerais da análise de VC, ver Robert Cameron Mitchell and Richard T. Carson, *Using Surveys to Value Public Goods: The Contingent Valuation Method*, Washington, D.C., Resources for the Future, 1989; and Ronald G. Cummings, David S. Brookshire, and William D. Schulze, *Valuing Environmental Goods: An Assessment of the Contingent Valuation Method*, Rowland and Allanheld Publishers, Totowa, NJ, 1986.

4. Análise de resultados e agregação de respostas individuais para estimar valores para o grupo afetado pela mudança ambiental.

Pode-se compreender melhor a natureza da análise de VC observando-se mais de perto a fase de elaboração do questionário.

Valoração de uma amenidade ambiental

Nesse caso, o questionário é elaborado de modo a obter dos respondentes sua disposição a pagar por algum elemento do meio ambiente. O questionário normalmente possui três componentes:

1. Uma declaração clara de exatamente qual elemento ou amenidade ambiental as pessoas estão sendo solicitadas a avaliar.
2. Um conjunto de perguntas que descreverá o respondente de maneiras economicamente relevantes, considerando renda, localização residencial, idade e uso de bens relacionados.
3. Uma pergunta ou conjunto de perguntas elaborado para obter respostas sobre a disposição a pagar dos respondentes.

A finalidade central do questionário é suscitar os respondentes a fornecer sua estimativa do que o serviço ambiental vale para eles. Em termos econômicos, isso significa fazê-los revelar o valor máximo que eles estariam dispostos a pagar para não continuar sem o serviço em questão. Inúmeras técnicas são utilizadas para chegar a essa resposta. A mais óbvia é pedir às pessoas para fornecer diretamente um número sem nenhuma indução ou sondagem da parte do entrevistador. Outras abordagens incluem usar um jogo de valores ofertados (lances), no qual o entrevistador começa com um lance baixo e aumenta progressivamente o valor até o usuário indicar que o limite foi alcançado. Ou alternativamente, o entrevistador pode começar com um valor alto e diminuí-lo gradativamente para descobrir qual o valor limite do respondente. Outro método é dar aos respondentes cartões-resposta impressos com uma faixa de valores e, então, pedir-lhes para escolher sua disposição a pagar máxima. O Quadro 7.1 apresenta alguns exemplos de perguntas usadas em vários estudos de valoração contingente.

Uma grande vantagem da valoração contingente é sua flexibilidade e aplicabilidade a uma ampla gama de amenidades ambientais, e não apenas àquelas que podem, de alguma forma, ser medidas juntamente com algum bem comercializável. Praticamente qualquer coisa que possa ser compreendida pelos respondentes pode ser estudada com essa técnica.

A VC foi usada pela primeira vez em 1963 por Bob Davis para estimar os benefícios de oportunidades recreativas ao ar livre no interior do Maine (Estados Unidos). Ele descobriu que as famílias tinham uma disposição modal a pagar pelo uso da área de recreação no interior entre US$ 1,00 e 2,00 por dia.[21]

---

[21] Robert K. Davis, "The Value of Big Game Hunting in a Private Forest," in *Transactions of the Twentyninth North American Wildlife Conference*, Wildlife Management Institute, Washington, D.C., 1964.

QUADRO 7.1 Amostra de perguntas usadas em vários estudos de valoração contingente

ESTUDO PARA ESTIMAR OS BENEFÍCIOS DE MELHORIAS NA QUALIDADE DAS ÁGUAS DOCES NACIONAIS

1. Quantas pessoas nessa família são menores de 18 anos?
2. Durante os 12 últimos meses, você ou qualquer membro de sua família passeou de barco, pescou, caminhou ou fez esqui aquático em um rio, lago, lagoa ou riacho?

Vemos a seguir as metas nacionais de poluição da água:

Meta C – 99% das águas doces devem ser próprias pelo menos para passeios de barco.

Meta B – 99% das águas doces devem ser próprias pelo menos para a pesca.

Meta A – 99% das águas doces devem ser próprias pelo menos para o nado.

1. Qual é o valor mais alto que você estaria disposto a pagar por ano:
   a. para atingir a Meta C?
   b. para atingir a Meta B?
   c. para atingir a Meta A?
3. Considerando as categorias de renda listadas no cartão em anexo, qual melhor descreve a renda total que você e todos os membros de sua família ganharam em 20__?

ESTUDO PARA ESTIMAR O VALOR DA RESTAURAÇÃO DO SALMÃO

Suponha que, devido a cortes orçamentários, todos os financiamentos estaduais e federais para continuar os esforços de restauração do salmão atlântico no Rio Connecticut tenham sido suspensos. Sem esses financiamentos, o salmão atlântico logo seria extinto no rio. Uma fundação privada é formada para continuar os esforços de restauração do salmão e será financiada por doações privadas. Imagine que na próxima semana um representante lhe pedirá uma doação.

A doação básica custaria US$ _____. Com esse nível de financiamento, o salmão atlântico continuaria a existir na seção sul do rio, mas em números tão pequenos que poucas pessoas os veriam e sua pesca não seria permitida. Tendo em mente os seus gastos atuais e seus outros compromissos financeiros, você pagaria esse valor?

1. SIM. Na verdade, eu pagaria até US$ _______. (Favor escrever a quantia MÁXIMA que você pagaria.)
2. NÃO. A quantia é alta demais. Eu pagaria US$ ______. (Favor escrever a quantia MÁXIMA que você pagaria.)

Fontes: Water quality: Robert Cameron Mitchell and Richard T. Carson, *Using Surveys to Value Public Goods: The Contingent Valuation Method*, Resources for the Future, Washington, D.C., 1989. Salmon restoration: Tom Stevens, Martha K. Field, Thomas A. More, and Ronald J. Glass, "Contingent Valuation of Rare and Endangered Species: An Assessment," in *Benefit and Cost Transfers in Resource Planning*, 7th Interim Report, W-133, 1994.

Um estudo de valoração contingente de caça a pássaros em Delaware (Estados Unidos) descobriu que a disposição média a pagar por um pato abatido era US$ 82,17; esse valor era influenciado, entre outras coisas, pela quantidade de congestionamento na área de caça.[22]

J. Loomis e colegas descobriram que na média o respondente em sua pesquisa de VC estaria disposto a pagar US$ 21 por mês pela melhoria da qualidade da água do Rio Platte.[23]

[22] John MacKenzie, "A Comparison of Contingent Preference Models," *American Journal of Agricultural Economics*, 75, August 1993, pp. 593–603.

[23] John Loomis, Paula Kent, Liz Strange, Kurt Fausch, and Alan Covich, "Measuring the Total Economic Value of Restoring Ecosystem Services in an Impaired River Basin: Results from a Contingent Value Survey," *Ecological Economics*, 33(1), 2000, pp. 103–117.

Banzhaf *et al.* descobriram que os residentes da região de Adirondack, em Nova York, estariam dispostos a pagar entre US$ 48 e 107 por melhorias ecológicas no ar e na água que poderiam ser decorrentes das regulamentações ambientais propostas.[24]

Holmes *et al.*, usando uma abordagem de valoração contingente, descobriram que proprietários de terrenos ribeirinhos do Rio Little Tennessee estariam dispostos a pagar US$ 89,50 por pé ao longo do rio por atividades de restauração.[25]

Brookshire e Coursey realizaram um estudo de VC para determinar a disposição a pagar por uma mudança na densidade arbórea em um parque urbano de 200 para 250 árvores por acre. A disposição a pagar mediana entre seus respondentes foi US$ 9,30. Ao obter essas respostas, os pesquisadores mostravam aos respondentes imagens do parque com diferentes densidades arbóreas.[26]

Stevens *et al.* usaram a VC para estimar os benefícios que as pessoas receberiam pela redução dos danos devidos à poluição do ar causada por centrais elétricas nas Montanhas Brancas, em Nova Hampshire. Esses eram danos a amenidades causados pela redução da visibilidade em paisagens panorâmicas. Os respondentes viam uma série de fotos geradas por computador de uma paisagem mostrando vários graus de visibilidade correspondentes a diferentes níveis de controle da poluição. Para níveis moderados de melhoria da visibilidade, a disposição a pagar variava de US$ 3 a 12.[27]

Valoração de resultados no domínio da saúde

Uma grande justificativa para muitas regulamentações ambientais é a redução dos danos causados pela poluição à saúde humana. Estudos epidemiológicos estabeleceram conexões entre a presença de poluentes no ar e na água e uma variedade de impactos adversos sobre a saúde. Foram realizados estudos de valoração contingente para valorar efeitos considerando a disposição a pagar para evitá-los.

Esses estudos foram de dois tipos gerais: estudos que estimavam a disposição a pagar para evitar a mortalidade prematura e estudos que estimavam a disposição a pagar para alcançar certas reduções na morbidez. Estes últimos podem ser subdivididos em estudos de doenças crônicas, como bronquite, asma e estudos de problemas de saúde agudos, mas temporários.[28]

[24] Spencer Banzhaf, Dallas Burtraw, David Evans, and Alan Krupnick, "Valuation of Natural Resource Improvements in the Adirondacks," paper presented at National Center for Environmental Economics, Environmental Protection Agency workshop, October 26–27, 2004.

[25] Thomas P. Holmes, John C. Bergstrom, Eric Huszar, Susan B. Kask, and Fritz Orr III, "Contingent Valuation, Net Marginal Benefits, and the Scale of Riparian Ecosystem Restoration," *Ecological Economics*, 49(1), May 2004, pp. 19–30.

[26] David S. Brookshire and Don L. Coursey, "Measuring the Value of Public Goods: An Empirical Comparison of Elicitation Procedures," *American Economic Review*, 77(4), September 1987, pp. 554–566.

[27] T. H. Stevens, Ina Porras, John Hastrad, Wendy Harper, Cleve Willis, and L. Bruce Hill, "The Value of Visibility: A Comparison of Stated Preference Methods," forthcoming in *Journal of Regional Analysis and Policy*.

[28] Para uma discussão desses assuntos, ver Alan J. Krupnick, *Valuing Health Outcomes: Policy Choices and Technical Issues*, Resources for the Future, Washington, D.C., 2004.

TABELA 7.3 Benefícios e custos de uma proposta para controlar as emissões de uma central elétrica a fim de reduzir a poluição interestadual

Benefícios	Milhões (dólares americanos em 2007)
Mortalidade prematura	US$ 270.000
Bronquite crônica	US$ 4.200
Ataques cardíacos não fatais	US$ 1.700
Hospitalizações	US$ 130
Outros relacionados à saúde	US$ 50
Visibilidade recreativa	US$ 4.100
Outros não relacionados à saúde	US$ 1.500
Total	US$ *281.680*
Custos	US$ 810

Fontes: U.S. EPA, Office of Air and Radiation, *Regulatory Impact Analysis for the Federal Implementation Plan to Reduce Interstate Transport of Fine Particulate Matter and Ozone in 27 States*; Correction of SIP Approvals for 22 States, June 2011.

Nos estudos sobre mortalidade, os resultados foram expressos como probabilidades, isto é, a disposição a pagar por uma redução de determinado valor na probabilidade de morte prematura. Discutimos anteriormente como as respostas ao caso podem ser usadas para estimar o valor de uma vida estatística (VVE).[29] Estudos de doenças crônicas normalmente também são direcionados a medidas probabilísticas, como a disposição a pagar para diminuir a probabilidade de contrair bronquite crônica. Problemas de saúde agudos normalmente são valorados como se tivéssemos certeza de que podemos evitá-los, como a disposição a pagar para evitar uma gripe comum ou uma visita à sala de emergência de um hospital.

A Tabela 7.3 mostra alguns resultados recentes sobre benefícios relacionados à saúde produzidos por um plano proposto pela Agência de Proteção Ambiental dos Estados Unidos (EPA) para reduzir o fluxo de poluição do ar interestadual causado por centrais elétricas. Essas estimativas baseiam-se primordialmente em estudos sobre a disposição a pagar por resultados de saúde. Observe que a maior fonte de benefícios relacionados à saúde é a redução nas mortes prematuras causadas pela poluição do ar.

Problemas na análise de valoração contingente

O aspecto mais problemático da valoração contingente é seu caráter hipotético. Quando as pessoas compram batatas, para voltar ao nosso exemplo, devem "agir de acordo com o que dizem". É uma situação real e, se forem feitas escolhas erradas, as pessoas sofrerão consequências reais. Em um questionário de VC, no entanto, não há a presença das mesmas implicações do mundo real. As pessoas enfrentam uma situação hipotética e podem dar respostas hipotéticas não governadas pela disciplina de um mercado real. Pensando nisso, surgem duas questões: (1) as pessoas conhecerão suficientemente suas preferências reais de modo a

[29] Ver referência anterior, p. 146-147.

serem capazes de dar respostas válidas e (2) se elas conhecerem suas preferências, terão incentivos a mentir para o investigador?

Todos desenvolvem a experiência de comprar algumas coisas, mas não outras, no mercado. Na Nova Inglaterra do século XVII, as pessoas compravam e vendiam lugares nos bancos da Igreja. Em alguns países, documentos oficiais emitidos por funcionários públicos exigiam propinas monetárias padronizadas. Na sociedade contemporânea, há preços cotados para melões e sangue. Quando as pessoas enfrentam preços de mercado por um bem ou serviço ao longo de determinado período de tempo, têm tempo para aprender sobre seus valores, ajustar suas compras e determinar uma disposição a pagar que represente precisamente suas preferências. No entanto, quando solicitadas a atribuir um valor monetário a algo que normalmente não possui um preço cotado, pode ser muito mais difícil declarar sua verdadeira disposição a pagar. Quanto você estaria disposto a pagar por 10 pores do sol bonitos a mais por ano? As pessoas também desenvolvem ideias ao longo do tempo sobre a extensão apropriada do mercado quando alocam certos bens e serviços ou são solicitadas a atribuir um valor a algo que está atualmente além do mercado; além disso, suas respostas podem refletir não somente o valor de determinado item, mas algo sobre o tipo de sistema econômico em que gostariam de viver, o que é uma questão muito mais ampla.

A outra questão é se normalmente é possível esperar que os respondentes tenham incentivos para mentir sobre sua verdadeira disposição a pagar. Características de qualidade ambiental são bens públicos, como vimos no Capítulo 4. Pode-se esperar que as pessoas subestimem suas preferências por esses tipos de bens quando esperam que suas respostas sejam utilizadas para estabelecer planos de pagamento por esses bens. Se, contudo, em estudos de VC, não há ameaças de que as respostas possam ser usadas, por exemplo, para determinar impostos a serem pagos pelo item em avaliação; então, talvez essa fonte de viés seja improvável. O viés oposto pode ser mais provável. As pessoas podem ser levadas a fornecer uma estimativa inflada de sua disposição a pagar, talvez na esperança de que os outros façam o mesmo, percebendo que sua fração do custo de disponibilizar o item será, de qualquer maneira, muito pequena.

Já se realizaram centenas de estudos de valoração contingente para estimar a disposição a pagar por qualidade ambiental. Apesar das dificuldades, a análise de VC oferece grande flexibilidade e uma chance de estimar muitos valores que nenhuma outra técnica pode superar. Porém, a técnica ainda está evoluindo e podemos esperar que, com o tempo, ela produza estimativas cada vez mais confiáveis do valor que as pessoas atribuem a ativos ambientais de todos os tipos.

PROBLEMAS NA ESTIMATIVA DE BENEFÍCIOS

Ainda há muitos problemas na estimativa dos benefícios trazidos por melhorias na qualidade ambiental; é sempre difícil conseguir bons dados. Técnicas melhores são sempre úteis para separar os efeitos de outros fatores e isolar os verdadeiros impactos ambientais. Temos que pensar mais nos problemas conceituais que ainda permanecem, e indicaremos brevemente alguns deles.

Desconto no tempo

Um dos mais importantes é problema do **desconto no tempo.** Devemos descontar benefícios futuros, como discutimos no último capítulo – e, em caso afirmativo, que taxa de desconto é apropriada? Quando descontamos o valor futuro de algo, reduzimos seu valor presente, e quanto mais distante no futuro esses benefícios forem realizados, menor será seu valor presente. Assim, os descontos tendem a diminuir o valor relativo de programas que produzem benefícios em um futuro distante e aumentar o valor relativo daqueles que produzem benefícios nos próximos anos. Isso pode fazer sentido para certos tipos de benefícios. Hoje, as pessoas presumivelmente atribuiriam mais valor à redução de mortes prematuras relacionadas a problemas ambientais no próximo ano do que à redução de mortes prematuras daqui a 50 anos. No entanto, há algumas questões ambientais significativas, como o aquecimento global, cujos impactos substanciais provavelmente ocorrerão em um futuro distante: nesse caso, os descontos tendem a reduzir substancialmente a importância dos programas que abordam essa questão.

Não há solução fácil para esse problema. Não podemos simplesmente rejeitar totalmente o desconto no tempo; mesmo as gerações futuras provavelmente não concordariam se pudessem revelar seus desejos hoje. Porém, a geração presente está, sem dúvida, orientada ao curto prazo; a ênfase na história recente é demasiada e a consideração das possibilidades futuras é insuficiente. Para a sociedade como um todo é apropriado adotar-se uma perspectiva de longo prazo. Como mencionamos no capítulo anterior, talvez a melhor abordagem seja combinar desconto no tempo com a ideia de sustentabilidade, lembrando que eles são apropriados enquanto não resultem numa redução no capital ambiental da sociedade no longo prazo.

Disposição a pagar versus disposição a aceitar

Uma maneira alternativa de tratar o problema de valorar melhorias ambientais é perguntar às pessoas quanto elas estariam **dispostas a aceitar** para abrir mão de determinada amenidade ambiental. Para valorar uma melhor qualidade do ar, poderíamos perguntar quanto as pessoas estariam dispostas a pagar por uma pequena melhoria ou quanto teriam que receber para que fossem compensadas por uma pequena redução na qualidade do ar. Suponha que as autoridades públicas estejam pensando em colocar um incinerador de resíduos perigosos em determinada comunidade. Como uma medida dos danos sofridos pela comunidade, poderíamos tomar a quantidade de dinheiro necessária para fazer os membros da comunidade aceitarem o incinerador de bom grado (em vez da quantia que eles estariam dispostos a pagar para não aceitá-lo).

É claro que a disposição a aceitar não é restringida pela renda, como a disposição a pagar. Então, pode não ser nenhuma surpresa que, diante de perguntas sobre sua disposição a aceitar, a resposta das pessoas normalmente seja mais alta do que as respostas sobre sua disposição a pagar em relação ao mesmo item. Até certo ponto, essa diferença pode depender do que foi perguntado. Para uma pequena variação, pode-se esperar que as duas medidas estejam próximas. Suponha que o item envolvido seja um único melão. Se estou disposto a pagar US$ 1,99 por mais um melão, isso também provavelmente estará perto do que seria necessário para compensar minha perda de um único melão, mas para variações maiores (que são chamadas de variações não marginais) isso talvez não seja o caso. Se estivermos falando, por exemplo, de grandes variações na poluição do ar em meu bairro que substancialmente afetarão meu bem-estar, as duas medidas podem ser bem diferentes.

Os economistas adotam diversas abordagens para resolver esses problemas. Uma delas é analisar minuciosamente o questionário e o modo como as perguntas são feitas aos respondentes. Sabe-se, por experiência, que as respostas diferem de acordo com o modo como as perguntas são enunciadas; portanto, uma possibilidade é que as diferenças entre a disposição a pagar e a disposição a aceitar sejam atribuíveis primordialmente ao modo como as perguntas são apresentadas. A outra abordagem é substituir os princípios econômicos tradicionais, que implicam que não deveria haver diferença entre essas duas medidas, por novos conceitos que possam explicar essa diferença.

Valores de não uso

Quando as pessoas compram batatas, supomos que o fazem porque pretendem comê-las; o valor das batatas para as pessoas está em seu valor de *uso*. Esse raciocínio se estende também aos ativos ambientais, mas, nesse caso, talvez o valor não acabe aí. Quando as pessoas doam dinheiro para a preservação de ativos ambientais singulares que elas talvez nem mesmo vejam – exceto, quem sabe, em fotografias –, algo deve estar envolvido que não seja o valor de uso. A disposição a pagar das pessoas por essas características ambientais também deve envolver certos **valores de não uso.** Uma possibilidade é que, embora não estejam em uma posição de experimentar diretamente determinado ativo ambiental, as pessoas geralmente querem preservar a opção de fazê-lo no futuro. **Valor de opção** é a quantia que uma pessoa estaria disposta a pagar para preservar a opção de experimentar determinada amenidade ambiental no futuro. As pessoas podem até estar dispostas a pagar para preservar algo que, muito provavelmente, nunca verão – a fauna e a flora africanas, por exemplo. Nesse caso, o que está envolvido é seu **valor de existência,** uma disposição a pagar simplesmente para ajudar a preservar a existência de alguma amenidade ambiental. Tais valores altruístas podem estar focalizados, até certo ponto, nas gerações futuras, caso em que podem ser chamados de **valores de legado.** Por fim, podemos adicionar um **valor de preservação,** que é um valor não necessariamente relacionado ao uso humano do meio ambiente, mas, em vez disso, à manutenção da saúde do meio ambiente para promover seu uso continuado por todos os organismos vivos. Um dos motivos pelos quais os estudos de valoração contingente se tornaram mais comuns é a possibilidade de enunciar essas perguntas e envolver esses valores de não uso.

Resumo

A mensuração de benefícios é um dos principais focos dos estudos compreendidos pela economia ambiental. Novas técnicas estão sendo desenvolvidas para desvelar valores que antes não eram visíveis. Dos órgãos legislativos e tribunais judiciais, surgiu uma vigorosa demanda por informações sobre benefícios nos quais se pudessem basear leis e acordos judiciais. Agências ambientais públicas dedicaram tempo e esforços consideráveis à geração de estimativas de benefícios a fim de justificar os preceitos de suas políticas. Depois de analisar brevemente o que queremos dizer com *benefícios*, discutimos algumas das principais técnicas que os economistas ambientais usam para medi-los. Impactos à saúde, anteriormente avaliados pela estimativa direta de danos, agora são mais frequentemente avaliados pelos procedimentos de disposição a pagar, especialmente por estudos de taxas salariais que mostram como as pessoas valoram riscos à saúde. Abordamos também os estudos dos preços da moradia, estudos de custos de produção e estudos de custos de viagem. Finalmente, analisamos a técnica de valoração contingente. Essa técnica permite que os benefícios sejam mensurados ao longo de uma faixa muito mais ampla de fenômenos ambientais do que o permitido por outras técnicas. De fato, as técnicas de valoração contingente permitem aos analistas ir além dos valores de uso tradicionais, explorando algumas das fontes menos tangíveis, mas não menos reais, de benefícios ambientais, como o valor de opção, o valor de existência e o valor de preservação.

Perguntas para discussão

1. Suponha que você seja contratado pelos proprietários de casas localizadas ao redor de um lago para determinar os benefícios de melhorar a qualidade da água no lago. Como você poderia realizar essa tarefa?
2. Um dos principais estudos usados para avaliar a decisão da EPA de banir a gasolina com chumbo estimou que os custos médicos e de reabilitação educacional evitados dessa proibição representariam cerca de US$ 225 milhões. Quais são as vantagens e desvantagens de usar esse número como uma medida dos benefícios relacionados à saúde propiciados pela proibição? (Para ler mais sobre esse assunto, veja Albert L. Nichols, "Lead in Gasoline," in Richard D. Morgenstern, ed., *Economic Analysis at EPA, Assessing Regulatory Impact*, Resources for the Future, Washington, D.C., 1997, pp. 49–86.)
3. Suponha que você queira determinar a disposição a pagar agregada entre estudantes de sua faculdade pela redução de lixo no chão da faculdade. Como você poderia fazer isso?
4. Qual é o significado incomum que os economistas dão à expressão "o valor de uma vida humana"? Quais são as diferentes maneiras de estimar esse valor?
5. Elabore algumas perguntas similares às que são usadas na valoração contingente para avaliar o valor para as pessoas de melhorar a qualidade do ar num sítio natural, como, por exemplo, o Grand Canyon.
6. Entreviste 10 outros estudantes, perguntando quanto eles estariam dispostos a pagar por uma visita à praia de que mais gostam. Que perguntas qualificadoras seus respondentes fizeram antes de conseguirem atribuir um valor monetário? Quais são alguns dos fatores que influenciam o valor da disposição a pagar determinado pelas pessoas?

Para leituras e *sites* adicionais pertinentes ao material deste capítulo, veja www.grupoa.com.br

CAPÍTULO 8

Análise de custo-benefício: custos

Neste capítulo, veremos o aspecto dos custos da análise de custo-benefício. A importância de uma mensuração precisa dos custos sempre foi subestimada. Os resultados de uma análise de custo-benefício podem ser afetados tão facilmente pela superestimação dos custos quanto pela subestimação dos benefícios. Nos países em desenvolvimento, onde as pessoas atribuem uma prioridade mais alta ao crescimento econômico, é crucial saber como os programas ambientais afetarão essa taxa de crescimento e como os custos serão distribuídos entre diferentes grupos sociais. Em países industrializados, a oposição a políticas ambientais geralmente está centrada em seus custos estimados; isso indica que aqueles que fazem as análises de custo-benefício desses programas estão concentrados em obter as estimativas de custo certas. Neste capítulo, faremos algumas considerações gerais sobre custos e, então, discutiremos algumas questões e exemplos específicos de estimação de custos.

A PERSPECTIVA DO CUSTO: QUESTÕES GERAIS

A análise de custos pode ser feita em muitos níveis. Em seu nível mais simples, ela focaliza os custos de uma regulação ambiental ou de um único projeto ambiental para uma única comunidade ou empresa, considerando projetos como uma estação de tratamento de águas residuais, um incinerador ou o projeto de restauração de uma praia. O motivo de considerar esse nível o mais simples é o modo como a análise é executada, geralmente por meio do orçamento de um projeto de engenharia bem definido e limitado e para a qual o "resto do mundo" pode ser considerado constante.

No nível seguinte, temos os custos para uma indústria, ou talvez para uma região, de cumprir as leis ambientais ou de adotar certas tecnologias. Agora não é mais possível depender de simples suposições de engenharia; temos que fazer as coisas de modo a prever com precisão razoável como grupos de empresa poluidoras responderão a mudanças nas leis sobre emissões ou como eles responderão a mudanças nas regulações relativas à reciclagem. Surgirão problemas, porque nem todas as empresas são similares – algumas são pequenas, outras grandes, algumas são antigas, outras recentes e assim por diante – e cada uma delas normalmente terá múltiplas possibilidades de reações às normas regulatórias.

Em um nível mais alto, nossa preocupação pode ser em relação aos custos de alcançar metas ambientais definidas para uma economia inteira. Estimar os custos no nível nacional exige uma abordagem totalmente diferente, pois tudo está interligado; quando são aprovadas leis de controle da poluição, uma reverberação de ajustes ocorre em toda a economia. Acompanhá-los exige **dados macroeconômicos** e, normalmente, modelos agregados bem sofisticados. Depois de vermos diversas questões envolvidas na estimação de custos, lidaremos com o assunto nesses diferentes níveis.

O PRINCÍPIO DO COM/SEM

Existe um importante princípio que devemos ter sempre em mente neste livro. Ao fazer uma análise de custo-benefício da maneira como as empresas responderão a novas leis, usaremos o princípio do **com/sem**, e não o do **antes/depois**. Queremos estimar as diferenças nos custos que os poluidores teriam com a nova lei *em comparação aos custos em que teriam incorrido na ausência da lei.* Isso não é o mesmo que a diferença entre seus novos custos e os seus custos antes da lei. Considere os seguintes valores ilustrativos que se aplicam a uma empresa manufatureira para a qual foi proposta uma regulação de controle da poluição.

Custos estimados de produção:

Antes da lei:	US$ 100
No futuro sem a lei:	US$ 120
No futuro com a lei:	US$ 150

Seria um erro concluir que os custos extras da regulação de controle da poluição seriam de US$ 50 (custos futuros com a regulação menos custos antes da regulação). Essa é uma aplicação do princípio do antes/depois, e não reflete com precisão os verdadeiros custos da regulação. Isso ocorre porque, na ausência de qualquer nova lei, espera-se que os custos de produção aumentem (p.ex., devido a custos extras de combustível não relacionados a regulações ambientais). Assim, o verdadeiro custo da lei é encontrado pela aplicação do princípio do com/sem, representando US$ 30 (custos no futuro com a lei menos custos futuros sem a lei). É claro que isso dificulta todo o trabalho da estimação de custos, porque queremos saber não os custos históricos de uma empresa ou grupo de indústrias, mas quais seriam seus custos futuros se elas continuassem a operar sem as novas leis ambientais.

O cenário do princípio do com/sem exige uma **análise de linha de base**, a estimação dos níveis de custo futuros na ausência da regulação. O que torna a análise de linha de base tão difícil é o fato de que as mudanças técnicas futuras (melhores procedimentos, melhores equipamentos, etc.) diminuirão os custos, e, normalmente, é muito difícil prever com precisão a rapidez com que essas mudanças técnicas ocorrerão.

MELHORIAS DA QUALIDADE AMBIENTAL COM CUSTO ZERO

Às vezes, as melhorias ambientais podem ser obtidas a um custo social zero – exceto pelo custo político de se fazer as mudanças necessárias nas leis ou regulações públicas. Em praticamente todo tipo de sistema político, normalmente algumas leis e práticas administrativas são instituídas primordialmente para beneficiar certos grupos da sociedade por motivos políticos em vez de procurar fazer um uso economicamente eficiente do recurso ou alcançar merecidas redistribuições de renda. Essas regulações, além de transferir renda para os grupos favorecidos, geralmente têm efeitos ambientais negativos.

Considere, por exemplo, o **seguro contra inundações da zona costeira** nos Estados Unidos. Seguros comerciais de propriedades construídas na zona costeira normalmente oferecem prêmios de seguro tão altos devido às perdas esperadas causadas por inundações que poucos proprietários podem arcar com uma apólice. O governo norte-americano e, às vezes, os governos estaduais geralmente subsidiam o seguro de zonas costeiras para que as pessoas que constroem nessas áreas possam conseguir seguros por preços bem mais baixos do que o comercial. O efeito disso foi uma redução nos custos monetários privados de construir e manter casas na zona costeira; assim, muito se construiu nessas áreas com seus impactos ambientais concomitantes. Uma redução nesses subsídios públicos para os proprietários de imóveis nas zonas costeiras não somente funcionaria no sentido de reduzir esses impactos ambientais, mas também levaria a um aumento na renda nacional. Obviamente, os proprietários de imóveis nas zonas costeiras sofreriam perdas.

Há muitos outros exemplos como esse. Os **subsídios agrícolas** em muitos países desenvolvidos fornecem o incentivo para o desenvolvimento de métodos de produção baseados em agrotóxicos, o que resulta tanto em uma maior produção agrícola quanto na poluição de fontes não pontuais da água e do ar. A redução desses subsídios agrícolas aumentaria a renda nacional e reduziria os impactos ambientais – embora obviamente alguns fazendeiros saíssem perdendo.

A DISTRIBUIÇÃO DOS CUSTOS

Os custos sociais gerais das regulações ambientais são importantes para a avaliação de sua custo-efetividade. No entanto, mais do que isso, um importante fator por trás de muitas controvérsias políticas é a **distribuição** desses custos totais entre diferentes grupos da sociedade. As regulações ambientais podem, inicialmente, levar a aumentos nos custos de produção na indústria à qual se aplicam quando as empresas tomam as medidas por elas exigidas. Contudo, as mudanças não ficarão restritas a essa indústria somente. À medida que as empresas alterarem sua tecnologia de produção, conjuntos de insumos e outros aspectos de suas operações, seus **preços** provavelmente mudarão, tanto para os produtos quanto para insumos. Então, algumas ou talvez todas as consequências da regulação serão repassadas aos consumidores e às empresas fornecedoras de insumos. Os funcionários das empresas regulamentadas sofrem impactos quando as taxas de produção aumentam ou diminuem nas indústrias afetadas. Muito frequentemente, há importantes diferenças **regionais** nesses impactos, porque geralmente as indústrias são mais concentradas em certas regiões do que em outras. É importante, então, considerar não somente os custos totais, mas também como esses custos são distribuídos.

CONCEITOS DE CUSTO

Custos de oportunidade

Em economia, o conceito de custos mais fundamental é o de **custo de oportunidade.** O custo de oportunidade para a utilização de recursos[1] de determinada maneira é o maior valor que esses recursos teriam produzido se não tivessem sido usados da maneira considerada. Se os recursos forem usados para produzir carros, eles não poderão ser usados para produzir alguma outra coisa. Se os recursos forem usados para fiscalizar o cumprimento de regulações de controle da poluição, não poderão ser usados para implementar regulações de uso das terras. São os valores abdicados desses usos alternativos que constituem os custos de oportunidade de se tomar determinadas medidas.

Todos os tipos de empresas, indústrias, agências e outros grupos incorrem em custos. Da perspectiva de uma empresa privada, o custo de oportunidade de produzir um bem ou serviço é o que poderia ter sido produzido se ela tivesse escolhido um tipo de produto diferente. Temos que diferenciar **custos privados** de **custos de oportunidade sociais,** que representam os custos para a sociedade de usar recursos de determinada maneira – o que significa todos os custos, independentemente de quem arca com eles. Discutimos anteriormente como os custos sociais incluem custos privados; porém, eles também incluem **custos externos**, na forma de custos de danos decorrentes da poluição incorridos por terceiros (sempre que eles existirem).[2]

Às vezes, itens que um grupo privado pode considerar um custo (por exemplo, um imposto) não são um custo do ponto de vista da sociedade. Às vezes, itens que determinados decisores não consideram custos realmente não têm custos sociais. Suponha que uma comunidade esteja pensando em construir uma ciclovia para aliviar o congestionamento e a poluição do ar no centro da cidade. Sua principal preocupação é o que a cidade terá que pagar para construir a ciclovia: sua construção custará US$ 1 milhão, mas 50% disso virá do governo estadual ou federal. Da perspectiva da cidade, o custo da ciclovia será de US$ 500 mil, mas do ponto de vista da sociedade, o custo de oportunidade integral da ciclovia será de US$ 1 milhão.

Quando a maioria das pessoas pensa em custos, normalmente pensa em despesas monetárias. Geralmente, o custo monetário de algo é uma boa medida de seus custos de oportunidade – mas, muitas vezes, não. Suponha que a ciclovia será construída com o direito de passagem de uma antiga ferrovia que não tem nenhum outro uso alternativo; a cidade terá que pagar à ferrovia US$ 100 mil por esse direito de passagem. Esse dinheiro certamente é uma despesa que a cidade terá que fazer, mas não é verdadeiramente parte dos custos de oportunidade de

[1] *Recursos* é uma palavra que pode ter dois significados: é uma maneira curta de dizer *recursos naturais* ou uma referência geral análoga à palavra *insumos*. Nesse contexto, estamos considerando o segundo sentido.

[2] Ver Capítulo 4, p. 69.

construir a ciclovia, porque a sociedade não abdica de nada ao dedicar o antigo direito de passagem ao novo uso.

Temos também que distinguir entre custo de oportunidade e **pagamento por transferência** – uma quantia monetária que passa de uma pessoa ou grupo a outro, sem afetar compromissos de recursos reais ou verdadeiros custos de oportunidade. No Capítulo 12, discutiremos os impostos sobre poluição (às vezes chamados de "cobranças"), cobrados dos poluidores por quaisquer quantidades de emissões que produzam. Ao avaliar os custos desse tipo de programa, incluiríamos qualquer custo real incorrido pelos poluidores para reduzir suas emissões. Contudo, os encargos monetários que eles pagam para a agência governamental gestora são, na verdade, pagamentos por transferência que passam de um grupo (as empresas poluidoras) a outro (os beneficiários dos impostos pagos).

Custos ambientais

Pode parecer paradoxal que programas de controle e proteção ambiental possam ter custos ambientais, mas o fato é que isso ocorre. Programas mais específicos de redução das emissões são baseados em meios; isto é, são direcionados a reduzir as emissões em um meio ambiental específico como ar ou água. Assim, quando as emissões em um meio são reduzidas, elas podem aumentar em outro. Reduzir a descarga de resíduos domésticos não tratados em rios ou oceanos deixa quantidades de resíduos sólidos que precisam ser descartados – talvez por meio de espalhamento no solo ou incineração. Reduzir as emissões de dióxido de enxofre (SO_2) lançadas no ar por centrais elétricas utilizando a tecnologia de lavagem de gases da chaminé também deixa como resíduo um sedimento altamente concentrado que precisa ser descartado de alguma forma. O ato de incinerar resíduos sólidos domésticos também cria emissões no ar.

Trocas de meios não são a única fonte de impactos ambientais que decorrem dos programas de melhorias ambientais. Podem ocorrer efeitos diretos – por exemplo, o escoamento de sedimentos de canteiros de obras para novas estações de tratamento ou redes de esgotos – e também impactos imprevistos quando as empresas ou consumidores se ajustam a novos programas. Os produtores de gasolina reduziram as quantidades de chumbo em seus produtos, mas como os consumidores ainda insistiam em motores de alto desempenho, adicionavam outros compostos que acabavam gerando seus próprios impactos ambientais. Com o início dos programas comunitários para cobrar dos consumidores pelo descarte de resíduos sólidos, houve aumentos substanciais no descarte ilegal pelos cantos das calçadas ou em áreas remotas.

Alguns dos impactos ambientais potenciais desses projetos ou programas públicos podem ser **mitigados**; isto é, medidas podem ser tomadas para reduzi-los ou evitá-los. Mais recursos de fiscalização podem ajudar a controlar o descarte ilegal; medidas extras podem ser tomadas para reduzir os impactos causados por canteiros de obras, técnicas especiais para reduzir os resíduos de incineradores podem ser utilizadas e assim por diante. Esses custos de mitigação devem ser incluídos como parte dos custos totais de qualquer projeto ou programa. Além disso, os custos ambientais restantes devem ser contrapostos à redução geral dos danos ambientais aos quais o programa está primordialmente direcionado.

Custos de implementação

As regulações ambientais não são autofiscalizáveis. Há que se dedicar recursos para monitorar o comportamento de empresas, agências e indivíduos sujeitos a essas regulações e também para sancionar violações. Instalações ambientais públicas, como as estações de tratamento de águas residuais e incineradores, devem ser monitoradas para que se tenha certeza de que elas estão sendo operadas corretamente.

Há uma importante aplicação da ideia da oportunidade no caso da implementação das normas regulatórias. Muitas leis ambientais são fiscalizadas por agências cujos orçamentos de fiscalização não são estritamente talhados para as responsabilidades que têm a cumprir. Assim, os orçamentos podem ser estáveis ou mesmo decrescentes, ao mesmo tempo em que novas leis ambientais são aprovadas. A fiscalização do cumprimento de novas leis pode exigir que se desloquem recursos de fiscalização de outras leis que já estavam em vigor. Nesse caso, os custos de oportunidade da fiscalização do cumprimento de novas leis devem incluir os níveis mais baixos de cumprimento em áreas que agora estão sujeitas a menos fiscalização.

CUSTOS DE INSTALAÇÕES INDIVIDUAIS

Talvez o tipo de análise de custos mais fácil de visualizar seja aquele que envolve um único projeto de algum tipo. Há muitos tipos de programas de qualidade ambiental que envolvem a construção de instalações físicas com verbas públicas (embora a análise fosse ser a mesma independentemente do tipo de propriedade), como as estações públicas de tratamento de águas residuais, nas quais se gastou centenas de milhões de dólares nas últimas décadas nos Estados Unidos. Outros exemplos incluem projetos de controle contra inundações, instalações de manipulação de resíduos sólidos, incineradores de resíduos perigosos, projetos de restauração de praias, parques públicos, áreas de preservação ambiental, etc.

Projetos como esses, que envolvem instalações, são individuais e substancialmente singulares, embora, é claro, tenham objetivos similares e usem tecnologias similares àquelas que são usadas para muitos outros projetos. Para estimar seus custos, conta-se inicialmente com as especificações técnicas e de engenharia, desenvolvidas pela experiência com tipos similares de instalações. Considere o exemplo simples exibido na Tabela 8.1. Ele fornece os custos estimados de um novo projeto que conta com 130 unidades de geração de energia eólica propostas para um banco de areia à costa de Cape Cod, em Massachusetts (EUA). A usina teria 130 turbinas eólicas para a geração de energia elétrica, com uma conexão em terra firme à rede elétrica da Nova Inglaterra. A capacidade calculada da usina seria de 468 megawatts, mas a quantidade de energia que ela realmente produziria durante um ano depende, é claro, da velocidade e duração do vento. O projeto seria construído e operado por uma empresa privada, mas o interesse público é forte devido a possíveis custos ambientais.

A tabela mostra os custos de capital, os custos iniciais de aquisição e instalação das turbinas, juntamente aos custos de conectá-las à rede elétrica. Seus totais são exibidos, assim como sua forma anualizada, ou seja, os custos capitais

TABELA 8.1 Custos projetados de uma usina elétrica de capacidade de 468-MW movida a energia eólica em Nantucket Sound

	Total (US$1.000)	Anual (US$1.000)[a]
Custos de capital		
Fundações	143.200	16.800
Turbinas	456.800	53.700
Conexões à rede elétrica	161.000	18.900
Outros	134.300	15.800
Total	895.300	105.200
Custos de desativação[b]	24.804	2.914
Operações e manutenção		27.000
Custos ambientais		
Custos ecológicos		Insignificantes
Custos paisagísticos		(não estimados)
Total geral		135.100
(Custos por kw instalado US$ 289,00)		
(Custos por kw-hr previsto US$ 0,0518)		

[a]Baseado em uma taxa de juros de 10%.
[b]As turbinas têm uma vida projetada de 20 anos; custos de desativação são os custos de desinstalar todo o sistema ao fim de sua vida útil.
Fonte: Adaptado do U.S. Army Corps of Engineers, *Draft Environmental Impact Statement on the Cape Wind Energy Project*, Section 3.0.

alocados à operação durante um ano, que dependem de hipóteses sobre a taxa de desconto e vida útil do projeto. Os custos anuais de operação e manutenção também são mostrados.

Os custos ambientais podem ter duas classificações: custos ecológicos e custos decorrentes dos aspectos paisagísticos do projeto. O primeiro inclui possíveis impactos sobre peixes e aves, além de possíveis interrupções de atividades recreativas marinhas; estima-se que sejam de magnitude insignificante. A proposta foi especialmente controversa devido aos possíveis impactos negativos sobre a qualidade paisagística da região: as turbinas serão visíveis de lugares que atraem centenas de milhares de visitantes e residentes para os quais os valores paisagísticos da região são de grande importância. No entanto, o estudo não tenta quantificar esse tipo de custo.[3]

À exceção dos custos ambientais não mitigados, esses custos são todos valores de despesas, e somente uma inspeção minuciosa poderia dizer se eles representam verdadeiros custos de oportunidade sociais. Suponha que na fase de construção diversos desempregados da região sejam contratados. Embora os custos de construção incluam seus salários, seus custos de oportunidade seriam zero porque a sociedade não teria que abdicar de nada quando eles fossem trabalhar na usina. Pode ser que as terras nas quais a usina será localizada sejam terras da cidade que seriam doadas. Nesse caso, não há custos de aquisição dessas terras,

[3] O estudo foi realizado pelo Corpo de Engenheiros do Exército dos Estados Unidos; para mais detalhes, ver a fonte indicada na Tabela 8.1.

mas haverá um custo de oportunidade relacionado ao valor que elas teriam em seu segundo melhor uso. Suponha que a empresa de construção consiga obter empréstimos subsidiados de bancos locais (empréstimos com taxas de juros mais baixas do que as taxas de mercado). Então, o verdadeiro custo de oportunidade da construção será mais alto do que os custos monetários indicados. Isso também é válido para qualquer custo operacional que pudesse potencialmente se qualificar para obter subsídios relativos a energias renováveis. Não há regras específicas para fazer esses ajustes; apenas o conhecimento das situações específicas pode revelar quando esses ajustes serão suficientemente importantes e onde há dados suficientes disponíveis para a realização do projeto.

CUSTOS DE UMA REGULAÇÃO LOCAL

As regulações ambientais frequentemente são aprovadas no nível local e afetam as empresas circundantes. Na verdade, na economia política do controle da poluição, é geralmente o medo desses impactos locais que impede as comunidades de aprovar essas regulações. O medo da perda de empregos e as perdas secundárias causadas a outras empresas em decorrência da diminuição dos mercados locais agigantam-se no nível local; a partir de uma perspectiva nacional, os custos de oportunidade são menos severos.

Suponha que, em determinada cidadezinha, haja um pomar de macieiras que gera uma quantidade substancial de empregos. Os gerentes do pomar usam grandes quantidades de agrotóxicos para controlar pragas e doenças, e o escoamento desses agrotóxicos ameaça o abastecimento de água local. A comunidade, então, aprova uma lei municipal exigindo que o pomar pratique **manejo integrado de pragas (MIP)**, um nível mais baixo de uso de agrotóxicos associado a algum outro meio para compensar essa redução, e, com as práticas de MIP, os custos de produção de maçãs nesse pomar aumentam.[4] Quais são os custos sociais dessa regulação?

Se o pomar colher e vender o mesmo número de maçãs que produzia anteriormente, os verdadeiros custos de oportunidade sociais da regulação corresponderão ao aumento dos custos de produção. Se os consumidores locais estiverem dispostos a pagar preços um pouco mais altos pelas maçãs cultivadas localmente, parte desse custo pode ser repassado para esses consumidores. Suponha, no entanto, que as condições competitivas impossibilitem o pomar de vender suas maçãs por qualquer preço mais alto do que o anterior. Nesse caso, os custos de produção mais altos devem ser refletidos em rendas mais baixas para os proprietários do pomar – ou talvez para os trabalhadores, se eles aceitarem salários mais baixos.

Suponha que o pomar estivesse justamente chegando ao ponto de equilíbrio anterior à lei municipal do MIP e que o estatuto leve a aumentos tais nos custos que a produção diminua substancialmente; na verdade, para fins de argumentação, considere que o pomar tenha que finalizar suas operações. Claramente haverá custos locais: trabalhadores do pomar ficarão desempregados, os proprietários do pomar e os comerciantes locais perderão renda, devido à diminuição de seus

[4] Na verdade, várias autoridades e estudos científicos sugerem que algumas práticas de MIP podem, de fato, diminuir os custos em relação a técnicas de cultivo com o uso intensivo de agrotóxicos.

mercados. No entanto, essas rendas perdidas provavelmente não serão integralmente custos de oportunidade sociais, a menos que os trabalhadores fiquem permanentemente desempregados. Supondo que eles tenham outras oportunidades de emprego (isso exige, obviamente, que a economia esteja operando em pleno emprego), suas novas rendas neutralizarão, pelo menos parcialmente, as rendas perdidas que eles recebiam anteriormente; certos custos de oportunidade válidos, na forma de custos de ajuste, podem existir quando trabalhadores e proprietários precisam se mudar para novos empregos.

E quanto ao valor das maçãs que não serão mais produzidas nesse pomar? Se considerarmos que há muitos outros pomares nas cidades vizinhas e em outras regiões para preencher essa lacuna, sem nenhum aumento significativo nos custos, então essa produção perdida será neutralizada pelos outros. Os preços para o consumidor ficarão estáveis e os custos de oportunidade sociais dessa reordenação marginal da produção de maçãs serão praticamente nulos.

Em resumo, quando estamos lidando com uma única lei local que afeta uma empresa, e a economia se encontra em pleno emprego ou próxima disso, os ajustes de recursos que se seguem garantem que os custos de oportunidade sociais sejam pequenos, limitando-se aos custos de realmente realizar tais ajustes. Do ponto de vista da comunidade afetada, é claro, os custos parecerão altos, devido à perda de renda local causada pelo aumento dos custos de produção de maçãs.

CUSTOS DE REGULAÇÃO DE UMA INDÚSTRIA

Não se pode chegar a essas conclusões se uma regulação ambiental é imposta a uma indústria inteira. Custos de produção mais altos para a indústria são verdadeiros custos de oportunidade sociais, porque exigem recursos extras que poderiam ter sido usados para outro fim. No entanto, ao lidar com indústrias inteiras não podemos fazer a suposição, como fizemos com o pomar de maçãs, de que essa produção poderia ser facilmente absorvida pelos outros.

Considere inicialmente a abordagem padrão para estimar o aumento nos custos de produção da indústria: a mensuração das **despesas adicionais** que uma indústria teria quando passasse a cumprir a regulação ambiental. A estimação de custo, nesse caso, exige que o analista preveja como os poluidores responderão às regulações ambientais e, então, estime os custos dessa resposta. Se a regulação for muito específica, exigindo, por exemplo, que as empresas manufatureiras instalem determinado equipamento de controle da poluição ou que fazendeiros adotem certas práticas de cultivo para evitar escoamentos do solo, a estimação de custos pode ser bem simples. Já se a regulação dá aos poluidores uma flexibilidade razoável em determinar sua resposta, pode ser difícil prever exatamente o que eles farão e, portanto, quais serão seus custos.

Suponha, por exemplo, que diversas fábricas de papel sejam obrigadas a reduzir suas emissões em determinado percentual e que nós (um órgão público) desejemos estimar o impacto disso sobre os custos de produção das empresas da indústria. De fato, queremos estimar a função de custo de abatimento agregado para esse grupo de empresas. Fazer isso com uma precisão razoável exige conhecimentos suficientes sobre o comércio de papel para que se possa prever como as empresas responderão, que técnicas de tratamento usarão, como poderão mudar seus processos internos de produção, etc. Considere agora que queiramos estimar os custos de uma proibição de certo tipo de agrotóxico usado no controle de pragas. Nesse caso, a análise deve identificar as alternativas disponíveis aos fazendeiros para a substituição do agrotóxico, os impactos que isso causaria no rendimento, quanto mais de mão de obra e outros insumos seriam necessários e assim por diante.

Um exemplo

A Lei do Ar Puro dos Estados Unidos exige que as fábricas com emissões significativas de poluentes atmosféricos perigosos (HAP ou *Hazardous Air Pollutants*) instalem tecnologias de controle máximo alcançável (MACT ou *Maximum Available Control Technology*) para controlar essas emissões. Uma dessas indústrias é a indústria de produtos de madeira que consiste em todos os tipos de fábricas que produzem madeira compensada, pisos de madeira, madeira processada, suportes de madeira e vários outros produtos. Ao estabelecer o MACT para uma determinada fábrica, a EPA precisa analisar os custos que essas fábricas enfrentariam ao cumprir diversos padrões de tecnologia. Como na maioria dos estudos sobre custos regulatórios, há fábricas demais na indústria para se fazer um estudo detalhado de cada uma.

Uma maneira comum de proceder em casos como esse é estimar os custos para um número relativamente pequeno de empresas dentro de cada segmento claramente definido da indústria e depois usar esses dados para extrapolar os custos para todas as empresas do setor. A Tabela 8.2, por exemplo, apresenta os dados de custo representativos de uma pequena empresa do segmento de madeira compensada folheada do setor de produtos de madeira. A primeira seção da tabela mostra os **custos de investimento** necessários para instalar os novos

TABELA 8.2 Custos anuais para a instalação de uma tecnologia de controle máximo alcançável (MACT) para poluentes atmosféricos perigosos (HAPs) em uma fábrica de madeira compensada folheada

Item de custo		Custos por ano (US$)
Custos de investimento:		
Aquisição	1.100.000	
Instalação	320.000	
Custos anuais:*		
Custos de capital		120.000
Mão de obra:		
Operação		154.000
Manutenção		68.000
Suprimentos		28.000
Energia		17.000
Testes, monitoramentos e relatórios		43.000
Custos anuais totais		430.000

*Anualizados a 7%, considerando que os equipamentos tenham uma vida útil de 15 anos.

Fonte: Adaptado de U.S. EPA, *Economic Impact Analysis of the Plywood and Composite Wood Products*, NESHAP Final Report, Office of Air Quality, November 2002.

equipamentos que permitirão às empresas a redução nos seus fluxos de emissões. Esses são custos de investimento inicial em novas máquinas e equipamentos necessários para reduzir as emissões. A segunda parte da tabela mostra os **custos anualizados**. Eles incluem os itens convencionais como energia e mão de obra e também os custos de investimento anualizados.

A tabela mostra um item referente a "testes, monitoramento e relatórios", que reflete a preocupação com os reais custos de implantação das regulações, que historicamente nem sempre são expressos adequadamente. Uma parte substancial desses custos será arcada pelas próprias fontes.

Os custos totais anuais são exibidos como US$ 430 mil para a empresa considerada. Havia 61 dessas empresas quando o estudo foi realizado; assim, os custos totais nacionais esperados para cumprir a regulação nesse setor são de US$ 26,2 milhões. A custo-efetividade dessa despesa é estimada em US$ 43 mil por tonelada de emissões reduzidas. Observe que esses custos estão incompletos em pelo menos um sentido. Em programas regulatórios de qualquer tipo, são necessários recursos públicos de fiscalização a fim de obter um cumprimento em grande escala por parte das empresas regulamentadas. A Tabela 8.2 não contém nada sobre esses custos, mas, em uma análise de custo-benefício social completa, eles obviamente teriam sido incluídos.

Fontes de dados de custo

Onde se conseguem os dados de custo necessários para amostrar essas empresas representativas? Muitos dos dados de custo fundamentais são gerados por meio de **levantamentos de custos** nas empresas existentes. De fato, são enviados questionários para essas empresas solicitando informações sobre o número de funcionários, processos usados, custos de energia e materiais, etc. Com um questionário suficientemente detalhado e uma taxa de resposta das empresas razoavelmente alta, os pesquisadores esperam obter uma boa ideia das condições de custo fundamentais presentes na indústria e de como elas podem ser afetadas por regulações ambientais.

Um problema dos levantamentos de custos é que eles normalmente são melhores para conseguir dados sobre custos passados do que sobre custos futuros de novas regulações. As empresas podem informar dados de custos passados provavelmente com mais confiabilidade do que podem estimar custos futuros do cumprimento de restrições ambientais. Dados históricos podem não ser um bom guia para o futuro, especialmente porque as regulações ambientais quase que por definição apresentam às empresas novas situações. Nesses casos, é comum complementar os dados do levantamento com dados técnicos de engenharia que podem ser mais bem adaptados ao custeamento de novas técnicas e procedimentos que as empresas possam vir a adotar.

A abordagem da "empresa representativa", apesar de cobrir um grande número de empresas de uma indústria, tem seus próprios problemas, especialmente quando essas empresas são substancialmente heterogêneas entre si. Ao seguir esse procedimento, a EPA encontra o problema de saber se os custos das fábricas reais da indústria, cada uma delas incomparável até certo ponto, podem ser representados com precisão por uma estimativa de custo agregada. Nesse caso, *com precisão* significa perto o suficiente para que cada empresa individual não se sinta inclinada a processar a agência alegando que suas situações de custo incomparáveis estão mal representadas pelos valores da empresa "representativa". Muitas batalhas judiciais já foram travadas por esse motivo.

Má representação dos custos

Como as empresas regulamentadas são, elas mesmas, a fonte de grande parte dos dados de custo usados para desenvolver as regulações, claramente existe a dúvida de saber se essas empresas fornecem ou não dados precisos. Ao superestimar os custos de alcançar certas reduções nas emissões, as empresas podem querer convencer as agências reguladoras a promulgar regulações mais fracas do que aquelas que promulgariam se tivessem uma ideia precisa dos custos. Em audiências públicas para estabelecer regulações de controle de emissões, é muito comum ver as empresas alegarem vigorosamente que será injustificadamente oneroso cumprir as regulações. Há evidências de que muitas dessas alegações foram exageradas no passado. Essa questão surgirá diversas vezes quando examinarmos os incentivos que circundam os diferentes tipos de políticas ambientais. De fato, as empresas regulamentadas têm informações privadas sobre seus custos, dados que as agências reguladoras geralmente não possuem.

Controle da poluição: custos reais versus custos mínimos

Os custos exibidos na Tabela 8.2 mostram os custos estimados para o setor de madeira compensada folheada cumprir os padrões ambientais impostos por lei. É importante saber se esses custos são os custos *mínimos* necessários para alcançar as reduções determinadas. Isso é importante porque, como vimos no Capítulo 5, o nível eficiente de emissões ou de qualidade ambiente é definido pelo *trade-off* entre os custos de abatimento das emissões e os danos ambientais por elas causados. Se os custos de abatimento usados para definir o nível eficiente forem maiores do que precisam ser, o ponto assim definido será apenas um resultado **pseudoeficiente**.

Quando há uma única instalação envolvida, temos que depender do julgamento da engenharia para garantir que a proposta técnica representa a maneira menos onerosa de alcançar os objetivos. Quando há um setor industrial envolvido, entram em jogo fatores tanto técnicos quanto econômicos. Como discutido anteriormente, a fim de que os custos gerais de determinada redução de emissões sejam alcançados, o princípio da equalização na margem precisa ser cumprido. Frequentemente, as regulações ambientais funcionam contra isso, determinando que diferentes fontes adotem essencialmente os mesmos níveis de reduções de emissões ou instalem os mesmos tipos gerais de tecnologia de controle da poluição. Como veremos em capítulos posteriores, muitas leis ambientais são baseadas em decisões operacionais especificadas administrativamente que precisam ser tomadas pelas empresas. Essas decisões podem não possibilitar ou permitir que as empresas alcancem o abatimento de emissões pelo custo mínimo. Assim, custos de indústria como aqueles exibidos na Tabela 8.2 podem não representar os custos de abatimento mínimos.

Não há solução fácil para esse dilema. Se solicitamos para alguém uma análise de custo-benefício de determinada regulação ambiental, presumivelmente ele vai se comprometer em avaliar a regulação como ela já fosse decidida. Em casos como esse sem, dúvida seria melhor para a análise se o analista indicar que há maneiras menos onerosas de alcançar os benefícios.

O efeito que os ajustes na produção exercem sobre os custos

O aumento nas despesas de abatimento pode não ser uma medida precisa dos custos de oportunidade quando se considera todo um setor. Isso porque os **ajustes de mercado** provavelmente alterarão o papel e o desempenho da indústria na economia mais ampla. Por exemplo, quando os custos de uma indústria competitiva diminuem, o preço de sua produção aumenta, normalmente causando uma redução na quantidade demandada. Isso é ilustrado na Figura 8.1, que mostra as curvas de oferta e demanda de dois setores. Por conveniência, as curvas de oferta foram traçadas horizontalmente, representando custos marginais de produção que não variam com a quantidade produzida. Considere a Figura 8.1*a*. A função de oferta inicial é C_1; então, a quantidade produzida inicial é q_1. A lei de controle da poluição faz os custos de produção aumentarem, o que é representado por um deslocamento para cima da curva C_1 para C_2. Calculemos agora o aumento do custo de produzir a taxa inicial de produção. Esse seria um valor igual à área $(a + b + c)$. O custo comparável na Figura 8.1*b* é $(d + e + f)$. Essa abordagem para medir custos, no entanto, superestima o verdadeiro aumento nos custos porque quando os custos e preços aumentam, a quantidade demandada e a produção diminuem.

O nível de diminuição da produção dependerá da inclinação da curva de demanda. Na Figura 8.1*a*, a produção diminui somente de q_1 para q_2, mas na Figura 8.1*b*, com a curva de demanda mais plana, a saída diminuirá de r_1 para r_2, uma quantidade muito maior. A medida correta do custo para a sociedade é $(a + b)$ na Figura 8.1*a* e $(d + e)$ na Figura 8.1*b*. Observe que a abordagem original da estimação de custos, em que se calcula o aumento no custo da produção corrente, é uma aproximação muito melhor para o verdadeiro ônus sobre a sociedade na Figura 8.1*a* em comparação ao exposto na Figura 8.1*b*. Isso porque o ajuste de saída é muito maior no segundo. A lição que tiramos disso é que se os aumentos das despesas forem considerados verdadeiros custos de oportunidade, devem ser calculados levando-se em consideração os ajustes no preço e na produção que ocorrem nas indústrias afetadas pelas regulações ambientais.

A Figura 8.1 também pode ilustrar algo sobre a distribuição dos custos de controle da poluição. As empresas das indústrias afetadas arcam com esses custos no início, mas o ônus final dependerá de como o aumento no custo será repassado aos consumidores ou aos trabalhadores e acionistas. Observe que, na Figura 8.1*a* e na 8.1*b*, os preços de mercado dos bens aumentaram no valor do aumento nos custos, mas a resposta é bem diferente. Na Figura 8.1*a*, os consumidores continuam a comprar uma quantidade próxima daquela que compravam antes; pouco ajuste é necessário na diminuição da produção na indústria. Assim, trabalhadores e acionistas nessa indústria serão relativamente pouco afetados. Na Figura 8.1*b*, o mesmo aumento no preço leva a uma queda maior na produção. Os consumidores contam com bens substitutos para os produtos quando o preço dessa produção aumenta; de fato, eles podem escapar de todo o ônus do aumento de preço. O ajuste da indústria, no entanto, é grande. Os recursos, particularmen-

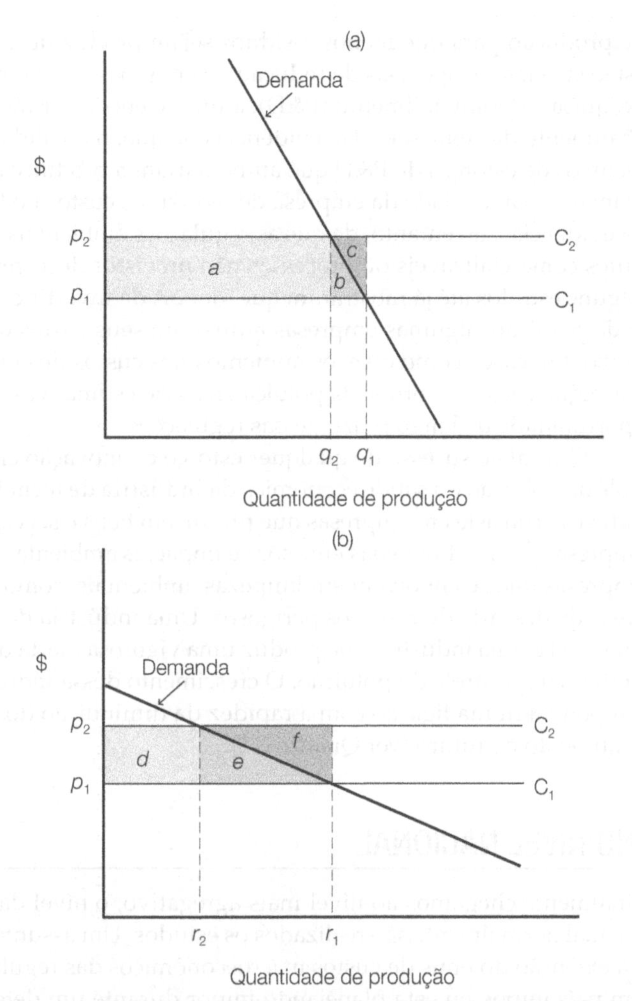

FIGURA 8.1 Ajustes na produção de indústrias sujeitas a regulações de controle da poluição.

te trabalhadores, terão que sair da indústria e tentar encontrar emprego em outro lugar. Se conseguirem, os custos poderão ser apenas custos de ajustes temporários; caso contrário, os custos serão de muito mais longo prazo.

Mudanças técnicas de longo prazo e custos de controle da poluição

No curto prazo, as empresas devem fazer qualquer ajuste que puderem dentro das restrições de tecnologia e procedimentos operacionais disponíveis. No longo prazo, no entanto, os custos podem mudar porque as tecnologias e procedimentos podem ser alterados. A **pesquisa e desenvolvimento** nos campos da ciência e da engenharia geram maneiras novas e melhores (menos onerosas) de controlar as emissões. Algumas são simples, como uma nova maneira de manipular e tratar resíduos; outras são mais profundas, como uma mudança na tecnologia básica de produção para que menos resíduos sejam produzidos. Quando as empresas estão sujeitas a exigências de redução de emissões, recebem um incentivo para a pesquisa e desenvolvimento (P&D), a fim de encontrar melhores tecnologias de abatimento das emissões. Há evidências de que, na realidade, isso pode desviar recursos de esforços de P&D que aumentariam a produtividade, afetando, dessa maneira, a capacidade da empresa de reduzir os custos no longo prazo. Também há evidências, no entanto, de que as regulações ambientais tenham levado a produtos comercializáveis ou processos não previstos decorrentes de sua pesquisa. Alguns estudos até já mostraram que, depois de investir em P&D para o controle da poluição, algumas empresas reduziram seus custos de produção de longo prazo. Em casos como esse, os aumentos nos custos de curto prazo decorrentes das regulações de controle da poluição não são estimativas precisas dos custos de oportunidade de longo prazo dessas regulações.

Crucial ao sucesso de qualquer esforço de inovação em tecnologias de controle da poluição é a saúde econômica da **indústria de tecnologia ambiental.** Essa indústria consiste em empresas que produzem bens e serviços usados por outras empresas para reduzir suas emissões e impactos ambientais. Ela contém também empresas que se envolvem em limpezas ambientais, como a limpeza de antigas áreas de descarte de resíduos perigosos. Uma indústria de tecnologia ambiental saudável é uma indústria que produz uma vigorosa oferta de novas tecnologias e práticas de controle da poluição. O crescimento dessa indústria com o passar do tempo terá muita ligação com a rapidez da diminuição dos custos marginais de abatimento no futuro (ver Quadro 8.1).

CUSTOS NO NÍVEL NACIONAL

Finalmente chegamos ao nível mais agregativo, o nível da **economia nacional**, no qual normalmente são realizados os estudos. Um assunto de interesse comum é a extensão do ônus de custos macroeconômicos das regulações ambientais que um país impõe ou está planejando impor durante um determinado período de tempo. Às vezes, o interesse se centra na totalidade das regulações em vigor e às vezes se considera as regulações específicas que, no entanto, terão um amplo impacto sobre a economia nacional, como um programa de redução das emissões de dióxido de carbono (CO_2).

Há, fundamentalmente, duas maneiras de abordar esse assunto: **de baixo para cima** e **de cima para baixo.** A abordagem "de baixo para cima" analisa as despesas realizadas em toda a economia para fins de controle da poluição, cujas várias regulações são impostas às empresas na economia. Em resposta, elas instalam e operam uma grande variedade de meios tecnológicos para reduzir as emissões. Essas despesas são subtraídas de outras quantidades produzidas (supondo um nível de pleno emprego) devido ao desvio de insumos para tal fim. Podem ser feitas pesquisas abrangendo toda a economia para estimar a grandeza dessas despesas com o controle da poluição. Alguns resultados são exibidos na Tabela 8.3 que apresenta os custos de abatimento de poluição (PCAP) como um percentual do PIB de diversas economias em torno de 2007. Eles variam de 0,5% na Austrália a 2% na Áustria.

QUADRO 8.1 A indústria ambiental

A indústria ambiental norte-americana teve receitas totais de mais de US$ 316 bilhões em 2010 e empregou mais de 1,6 milhão de pessoas. Esses números são substancialmente maiores do que os valores comparáveis de 1990, como os dados a seguir indicam. Mais da metade da indústria, na verdade, compreende serviços, enquanto o restante se baseia em tecnologia e equipamentos. O crescimento inicial da indústria se baseou na "limpeza" dos pecados do passado, ou seja, no controle de emissões de instalações obsoletas. O crescimento no futuro dependerá mais dos avanços na área de prevenção da poluição.

Indústria ambiental – Receitas e emprego por segmento: 1980 a 2010

[59,0 representa US$59.000.000.000. Cobre aproximadamente 59 mil empresas de capital privado e público envolvidas em atividades ambientais.]

	Receita (bilhões de dólares)			Emprego (1.000)		
Segmento da indústria	**1990**	**2002**	**2010**	**1990**	**2002**	**2010**
Total da indústria	152,3	221,3	316,3	1.223,8	1.510,0	1.657,3
Serviços analíticos[1]	1,5	1,3	1,8	18,0	15,0	19,2
Trabalhos de tratamento de águas residuais[2]	19,8	30,2	46,9	88,8	123,7	178,9
Manuseio de resíduos sólidos[3]	26,1	42,7	52,4	205,5	284,4	271,2
Manuseio de resíduos perigosos[4]	6,3	4,7	8,7	53,9	38,6	42,0
Remediação/serviços industriais	11,1	11,1	12,2	133,3	105,9	101,0
Consultoria e engenharia	12,5	18,7	26,2	147,1	193,7	242,0
Equipamentos e produtos químicos para água	13,5	20,8	27,2	92,7	135,3	159,3
Manufatura de instrumentos	2,0	3,9	5,5	18,0	30,9	37,5
Equipamentos de controle da poluição do ar[5]	13,1	18,6	14,9	96,4	126,0	95,6
Equipamentos para manuseio de resíduos[6]	8,7	9,9	11,1	69,6	74,1	73,7
Tecnologia de processamento e prevenção	0,4	1,4	1,9	9,3	30,9	26,4
Empresas de utilidade pública relacionadas à água[7]	19,8	32,3	42,1	98,5	139,1	167,2
Recuperação de recursos[8]	13,1	14,1	25,2	142,9	110,1	91,5
Sistemas e geração de energia limpa[9]	4,3	11,5	40,1	49,9	102,3	150,9

[1]Cobre testes laboratoriais e serviços ambientais.
[2]Em sua grande parte, receitas recebidas por entidades municipais.
[3]Cobre atividades como coleta, transporte, estações de transferência, descarte, propriedade de aterros e manuseio de resíduos sólidos.
[4]Transporte e descarte de resíduos perigosos, hospitalares e nucleares.
[5]Inclui fontes estacionárias e móveis.
[6]Inclui veículos, contêineres, navios cargueiros e equipamentos de processamento e remediação.
[7]Receitas geradas com a venda de água.
[8]Receitas geradas com a venda de metais, papel, plástico e outros materiais recuperados.
[9]Inclui dispositivos de captação e conservação de energia solar, eólica e geotérmica.

Fonte: Environmental Business International, Inc., San Diego, CA, *Environmental Business Journal*, monthly (copyright) (as published in *Statistical Abstract of the United States*: 1999, p. 251, 2003, and 2012, p. 232).

TABELA 8.3 Despesas de controle da poluição como um percentual do PIB, organização selecionada para os países da Organização para a Cooperação e Desenvolvimento Econômico (OCDE), último ano disponível

País	PAC como percentual do PIB
Austrália	0,5
Áustria	2,0
Canadá	1,2
Dinamarca	1,8
França	1,3
Alemanha	1,6
Japão	1,4
México	0,7
Suécia	1,1
Turquia	1,1
Reino Unido	0,6
Estados Unidos	1,6

Fonte: Organização para a Cooperação e Desenvolvimento Econômico, "Pollution Abatement and Control Expenditure in OECD Countries," ENV/EPO/SE (2007), Paris, March 6, 2007.

No longo prazo, números como esses podem não fornecer um quadro totalmente preciso do impacto dos controles da poluição na economia nacional. Os gastos com instalações, equipamentos, mão de obra e outros insumos para reduzir as emissões podem afetar outros setores econômicos que não são diretamente cobertos pelas regulações ambientais e interações macroeconômicas desse tipo precisam ser consideradas para se obter um quadro mais completo. Uma indústria sujeita a controles ambientais e que esteja tentando diminuir suas emissões impõe exigências cada vez maiores aos outros setores – como o setor de construção, que responde aumentando a produção.

As mudanças econômicas de longo prazo – crescimento ou declínio – são uma questão de acumulação de capital: capital humano e capital físico. Dependem, também, de mudanças técnicas: obter quantidades maiores de produção a partir de dada quantidade de insumos. Então, uma questão importante é entender como as leis ambientais afetarão a acumulação de capital e a taxa de inovação técnica. Desviar insumos dos setores convencionais para atividades de controle da poluição pode diminuir a taxa de acumulação nestes setores. Pode-se esperar que isso reduza a taxa de crescimento da produtividade (unidade produzida por unidade de insumo) na produção convencional e, assim, reduzir a velocidade das taxas de crescimento gerais. Os impactos sobre a taxa de inovações técnicas na economia talvez sejam mais ambíguos, como mencionado anteriormente. Se tentativas de inovação no controle da poluição reduzem os esforços pró-inovação em outros setores, o impacto sobre o crescimento futuro pode ser negativo; entretanto, esforços para reduzir as emissões talvez tenham um impacto positivo sobre a taxa geral de inovações técnicas, o que teria um efeito positivo. É necessário que se pesquise mais essa questão.

A maneira padrão de proceder na elaboração dessas relações é realizar uma análise de cima para baixo que usa **modelagem macroeconômica**. A questão fundamental é saber se as despesas de controle da poluição resultaram em uma diminuição do desempenho econômico nacional – e, em caso afirmativo, o nível dessa diminuição. Para explorá-la, são construídos modelos matemáticos usando as diversas variáveis macroeconômicas de interesse, como a produção total, talvez subdividida em vários subsetores econômicos: emprego, investimento de capital, preços, custos de controle da poluição e assim por diante. Os modelos são inicialmente aplicados usando dados históricos, o que mostra como vários fatores subjacentes contribuíram para a taxa de crescimento geral da economia. Então, são novamente aplicados sob a suposição de que as despesas de controle da poluição, na verdade, não foram feitas. Isso traz novos resultados observados no crescimento agregado da produção, do nível de emprego, etc., que podem ser comparados com a primeira aplicação. As diferenças são atribuídas às despesas de controle da poluição.

CUSTOS FUTUROS E MUDANÇAS TECNOLÓGICAS

Muitas das grandes controvérsias da política ambiental envolvem diferenças de opinião quanto aos prováveis custos futuros de controle da poluição, especialmente as consequências futuras sobre os custos de decisões tomadas hoje. Um bom exemplo disso é o custo da redução de emissões de CO_2 para diminuir os efeitos do aquecimento global. Nos Estados Unidos, grande parte da oposição declarada a empreender reduções vigorosas nas emissões de CO_2 se baseia na preocupação de que os custos futuros dessas reduções serão altos demais. Outros dizem que os custos não precisam necessariamente ser altos se forem usadas as abordagens políticas mais eficientes.

Se o tempo para isso for curto, os custos futuros dependerão da adoção de tecnologias disponíveis atualmente. Essas tecnologias podem ser razoavelmente famosas (por exemplo, os conversores catalíticos em automóveis); nesse caso, não será muito difícil estimar quais serão esses novos custos de controle da poluição. Grande parte da discussão anterior deste capítulo se baseia nessa perspectiva.

No entanto, caso o tempo considerado seja mais longo, 10 anos ou mais (como certamente ocorre com o aquecimento global), não é mais fácil saber que mudanças tecnológicas ocorrerão, quando elas estarão disponíveis para adoção difundida e que impactos elas terão sobre os custos de controle da poluição. Grande parte das discussões e pesquisas, por exemplo, foram direcionadas à ideia de uma massiva passagem a um sistema que usa o hidrogênio como combustível em carros e caminhões. Não é fácil verificar quando isso pode chegar e que impactos podem ser causados, ou se outras tecnologias talvez sejam mais apropriadas e viáveis. Em outras palavras, no longo prazo, estimar os custos futuros provavelmente será muito difícil.

Um dos aspectos importantes disso é observar como a pesquisa, o desenvolvimento e a adoção de novas tecnologias de controle da poluição respondem a políticas e regulações ambientais. Esse é um assunto que encontraremos diversas vezes na próxima parte do livro, que lida com os diferentes tipos de políticas de controle da poluição.

Resumo

Neste capítulo, analisamos algumas das maneiras como os custos são estimados em estudos de custo-benefício. Começamos com uma discussão sobre o conceito fundamental de custos de oportunidade, diferenciando-o da noção de custo como uma despesa. Depois, vimos a estimação de custos e sua aplicação a diferentes níveis da atividade econômica. A primeira foi uma análise de custo de uma única instalação, representada pelos custos estimados de uma estação de tratamento de águas residuais. Então, consideramos os custos de uma regulação ambiental empreendida por uma única comunidade, distinguindo entre custos para a comunidade e custos de oportunidade para toda a sociedade.

Passamos o foco, então, à estimação de custos para toda uma indústria, dando atenção especial à diferença entre custos de curto e de longo prazo e o problema de alcançar custos mínimos. Finalmente, expandimos nossa perspectiva para a economia nacional como um todo e vimos que, nesse nível, custos significam a perda em valor de produção comercializada decorrente de regulações ambientais.

▶ Perguntas para discussão

1. Nos dois últimos anos, os custos de abatimento das emissões na indústria X representaram cerca de US$ 1 milhão por ano. Uma nova regulação levará a custos de abatimento de US$ 1,8 milhão por ano. Isso significa que a regulação gerará um aumento nos custos de abatimento de US$ 800 mil por ano? Explique.
2. A fim de proteger a qualidade de seus recursos hídricos próximos, uma comunidade impõe uma restrição a qualquer construção a menos de 100 pés de uma zona úmida. Como você poderia estimar os custos sociais dessa regulação?
3. "Os custos de alcançar reduções de emissões no futuro dependerão fortemente dos tipos de políticas usadas para reduzir as emissões hoje". Explique.
4. Um imposto sobre a gasolina é proposto a fim de levantar dinheiro para as atividades de controle da poluição de diversas agências públicas. O imposto será de US$ 0,10 por galão. Considere que, no ano passado, 10,3 milhões de galões de gasolina foram usados por motoristas (esse é um número meramente ilustrativo). Isso significa que podemos esperar US$ 1,03 milhão em receitas provenientes desse imposto? Explique.
5. A maioria das indústrias é composta de empresas que, embora produzam mais ou menos a mesma coisa, são muito diferentes; algumas são grandes, e outras, pequenas; algumas são lucrativas, outras não; algumas se localizam em determinada parte do país, outras estão em outros lugares; algumas talvez tenham empreendido certa quantidade de redução das emissões voluntariamente, outras não, etc. Como isso complica o trabalho de estimar os custos sociais totais das regulações de controle da poluição?

Para leituras e *sites* adicionais pertinentes ao material deste capítulo, veja www.grupoa.com.br.

PARTE IV

ANÁLISE DE POLÍTICAS AMBIENTAIS

O problema das políticas públicas surge quando há uma discrepância entre o nível real de qualidade ambiental e o nível desejado. Como essa situação pode ser mudada? Algo deve ser feito para mudar o modo como as pessoas se comportam no sistema, tanto no que diz respeito à produção quanto ao consumo. As atuais práticas de política pública que abordam essa questão são as seguintes:

- Políticas descentralizadas
  - Leis de responsabilidade civil
  - Mudanças nos direitos de propriedade
  - Ação voluntária
- Políticas de comando e controle
  - Padrões
- Políticas baseadas em incentivos
  - Impostos e subsídios
    - Direitos de emissão transferíveis

Nos capítulos desta parte, discutiremos cada uma dessas abordagens políticas – mas, antes disso, temos que tratar brevemente uma questão anterior: quais critérios são apropriados para avaliar políticas alternativas e identificar a mais adequada para qualquer problema ambiental específico? Consideraremos diversos desses critérios no próximo capítulo e, então, analisaremos mais profundamente as abordagens políticas específicas que acabamos de listar.

CAPÍTULO 9

Critérios para a avaliação de políticas ambientais

Há muitos tipos de políticas ambientais. Cada um prevê que os administradores e poluidores responderão de determinadas maneiras, além de possuir características específicas que lhes dão mais chances de sucesso em algumas circunstâncias do que em outras. Quando avaliamos a eficiência e compatibilidade de uma política para tratar de determinado problema no controle da poluição ambiental, é importante ter em mente de forma bem clara um conjunto de **critérios para a avaliação de políticas.** Os critérios que serão usados em capítulos posteriores para discutir políticas ambientais específicas são os seguintes:

- Eficiência
- Custo-efetividade
- Equidade
- Incentivos para inovações tecnológicas
- Implementação
- Observância de preceitos morais

EFICIÊNCIA

Uma situação é eficiente se produzir para a sociedade um máximo de benefícios líquidos. Observe que dissemos "sociedade": a eficiência às vezes é confundida com o máximo da renda líquida de alguém. Embora a eficiência não elimine essa possibilidade, ela é substancialmente mais do que isso, pois envolve o máximo dos benefícios líquidos, considerando todos os que fazem parte da sociedade.

Eficiência, no caso do controle da poluição, implica um equilíbrio entre custos de abatimento e danos. Uma política eficiente nos leva ao ponto, ou próximo ao ponto (referente às emissões ou à qualidade ambiental), em que os custos marginais de abatimento e os danos marginais são iguais.

Uma maneira de pensar nas políticas ambientais é imaginá-las ao longo de um *continuum* em que vão de **centralizada** a **descentralizada**. Uma política centralizada exige que alguma agência administrativa controladora seja responsável por determinar o que será feito. Para alcançar a eficiência em uma política centralizada, a agência reguladora encarregada deve ter conhecimento das funções de custo marginal de abatimento e de danos marginais e, então, tomar medidas que levem a situação até o ponto em que essas funções sejam iguais.

Uma política descentralizada obtém resultados a partir da interação de muitos decisores individuais que, essencialmente, estão fazendo sua própria avaliação da situação. Em uma abordagem descentralizada, as interações dos indivíduos envolvidos servem para revelar as informações relevantes sobre os custos marginais de abatimento e os danos marginais e para ajustar a situação em direção ao ponto em que eles se tornam iguais.

CUSTO-EFETIVIDADE

Geralmente, os danos ambientais não podem ser medidos com precisão, e isso às vezes torna útil empregar a relação **custo-efetividade** como um critério primordial de avaliação de políticas. Uma política é custo-efetiva se produz a máxima melhoria ambiental possível com os recursos empregados ou se alcança determinada quantidade de melhoria ambiental pelo mínimo custo possível. Para que uma política seja eficiente, deve ser custo-efetiva, mas o inverso não necessariamente é verdadeiro: uma política pode ser custo-efetiva mesmo que seja direcionada ao alvo errado. Suponha que o objetivo é limpar a região do porto de Nova York, independentemente dos benefícios. Ainda estaríamos interessados em encontrar políticas que alcançassem esse objetivo de maneira custo-efetiva; no entanto, para que uma política seja socialmente eficiente, ela não somente deve ser custo-efetiva, mas também equilibrar custos e benefícios. Para ser eficiente, o projeto de limpeza da região do porto deve equilibrar benefícios marginais e custos marginais de limpeza.

Essa capacidade de alcançar reduções de emissões custo-efetivas (ou seja, gerar a máxima melhoria com os recursos empregados) também é importante por outro motivo. Se os programas não forem custo-efetivos, os decisores políticos e gestores tomarão decisões usando uma função de custos de abatimento agregado mais alta do que precisaria ser e, assim, estabelecerão metas menos restritivas se considerarmos as quantidades desejadas de reduções das emissões. Isso é exibido na Figura 9.1, para um caso de emissões de dióxido de enxofre (SO_2). Com uma política que *não é* custo-efetiva, o custo marginal de abatimento percebido é o mais alto, chamado de CMA_1; já com uma abordagem que *é* custo-efetiva, os custos marginais de abatimento seriam CMA_2. Assim, com a função DM exibida, o nível de emissões a_1 parece ser o nível eficiente de poluição; com um programa custo-efetivo, o nível eficiente seria a_2. O verdadeiro problema de arcar com custos mais altos do que o necessário é que a sociedade ficará inclinada a estabelecer objetivos baixos demais para a quantidade de redução de emissões desejada.

Eficiência e custo-efetividade são importantes porque, embora preservar os recursos ambientais seja muito importante, essa é apenas *uma* das muitas coisas desejáveis que as pessoas tentam obter. Seus defensores normalmente estão convencidos de que seus objetivos automaticamente fazem seus custos valer a pena, mas o sucesso de uma política ambiental depende de convencer um grande número de pessoas de que ela foi projetada de maneira eficiente. Assim, os recursos dedicados à melhoria da qualidade ambiental devem ser empregados de tal maneira

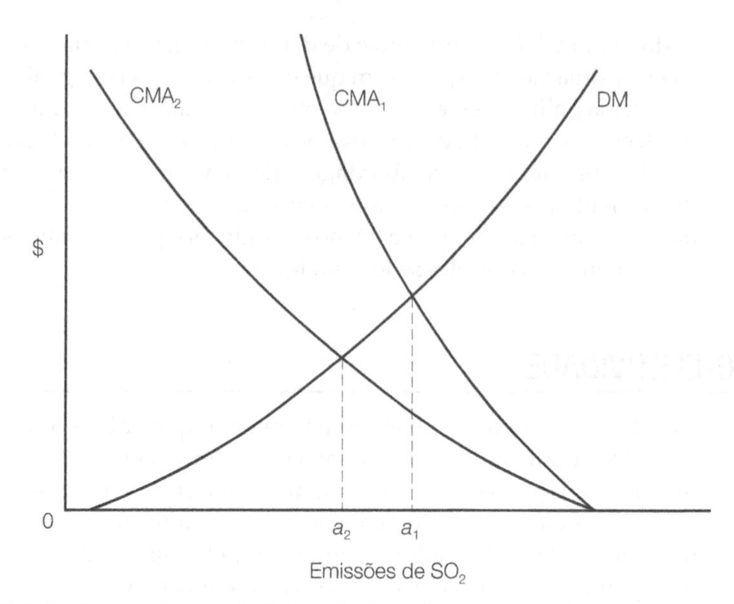

FIGURA 9.1 Confundindo o nível de emissões eficientes quando as tecnologias de abatimento não são custo-efetivas.

que causem o máximo impacto. Isso é especialmente importante em economias menos desenvolvidas, em que as pessoas têm menos recursos para investir em programas ambientais e não podem arcar com políticas que não sejam custo-efetivas e eficientes. A custo-efetividade também se torna uma importante questão em países industrializados durante épocas de recessão ou estagnação econômica.

A custo-efetividade (e a eficiência, já que custo-efetividade faz parte da eficiência) claramente envolve custos de controle da poluição. Informações precisas sobre custos de controle da poluição constituem, na maioria das vezes, **informações privadas** em um sistema de mercado. Os decisores de políticas públicas normalmente não têm informações totalmente precisas sobre os custos de controle da poluição que as empresas e as indústrias enfrentam no mundo real. O que temos aqui é o que os economistas chamam de **informações assimétricas**; os poluidores têm informações melhores sobre os custos de diferentes tecnologias de controle da poluição do que os decisores de políticas públicas. Como veremos, diferentes tipos de política de controle da poluição criam diferentes níveis de incentivos para os poluidores no que diz respeito a um controle da poluição custo-efetivo que faça pleno uso de suas próprias informações privadas sobre os custos de tecnologias alternativas de controle da poluição.

EQUIDADE

A **equidade**, ou justeza, é outro importante critério para avaliar uma política ambiental (ou qualquer política, na verdade). Equidade é, antes de tudo, uma questão de moralidade e de como os custos e benefícios de melhorias ambientais devem ser distribuídos entre os membros da sociedade. A equidade também é importante do ponto de vista da eficiência das políticas, porque elas podem não ser defendidas com tanto entusiasmo na arena política se forem consideradas não equitativas. Entretanto, temos que reconhecer que não há acordo sobre que peso deve ser atribuído aos dois objetivos: eficiência e distribuição. Considere os seguintes valores hipotéticos, que podem estar relacionados, por exemplo, aos custos e benefícios de diversas abordagens alternativas de controle da poluição do ar em determinada região.

				Distribuição dos benefícios líquidos	
Programa	**Custo total**	**Benefício total**	**Benefício líquido**	**Grupo X**	**Grupo Y**
A	50	100	50	25	25
B	50	100	50	30	20
C	50	140	90	20	70
D	50	140	90	40	50

As três primeiras colunas mostram, respectivamente, o custo total, o benefício total e o benefício líquido. O Grupo X e o Grupo Y referem-se, respectivamente, a um grupo de baixa renda e a um grupo de alta renda. Os programas A e B possuem os mesmos benefícios, mas estes são distribuídos mais progressivamente em B do que em A. Podemos concordar que B é preferível a A porque possui o mesmo benefício líquido e efeitos distribucionais "melhores". Agora compare os programas B e C. O benefício líquido do Programa C é muito mais alto do que em B. Infelizmente, ele não é distribuído tão progressivamente quanto os benefícios de B; na verdade, eles são distribuídos com mais inclinação para pessoas de alta renda. Como devemos escolher entre B e C? Alguns podem defender que B é o melhor, por motivos distribucionais; outros podem defender C devido à sua eficiência geral. Compare também os Programas B e D. Nesse caso, D possui a vantagem, considerando a eficiência geral, embora, como no caso de C, uma fração maior do benefício líquido vá para pessoas de renda mais alta. Aqui vemos também que as pessoas de baixa renda se sairiam melhor com o programa D do que se sairiam com o programa B, em termos absolutos – mas não em termos relativos. Por esse motivo, D pode ser o programa preferido.

Considere, por outro lado, que o Grupo X e o Grupo Y referem-se a pessoas em duas regiões diferentes do país. Agora, vemos que há uma questão de **equidade inter-regional.** Se soubéssemos, por exemplo, que foi na região do Grupo Y que se originou o problema abordado por esses possíveis programas, C e D podem com certeza ser considerados não equitativos, porque a maior parte do benefício líquido vai para essa região.

As considerações a respeito da equidade também são um assunto importante na criação de políticas ambientais internacionais. Como discutiremos em capítulos posteriores sobre problemas ambientais globais e internacionais, os países em diferentes etapas de desenvolvimento têm diferentes visões sobre como os ônus dos programas internacionais de controle da poluição devem ser distribuídos. Essas visões são influenciadas por considerações sobre o que parece ser justo à luz das amplas disparidades econômicas ao redor do mundo.

Justiça ambiental

As considerações de equidade estão por trás de algo que recentemente se tornou proeminente: o movimento pela **justiça ambiental**. Há uma preocupação de que as minorias raciais e as pessoas com baixa renda sejam desproporcionalmente expostas a contaminantes ambientais, tanto fora de casa, por meio da poluição do ar e da água, quanto dentro de casa e no trabalho (como a exposição ao chumbo). A principal preocupação é com a exposição aos poluentes provenientes de áreas de resíduos perigosos. A questão é saber se tais áreas estão ou não desproporcionalmente localizadas em áreas onde há populações relativamente grandes de pessoas de baixa renda e pertencentes a minorias – e, em caso afirmativo, o que pode ser feito a respeito da perspectiva política.

Os efeitos distribucionais das políticas tradicionais de comando e controle normalmente são difíceis de determinar. Como veremos em capítulos posteriores, as políticas baseadas em incentivos, que geralmente envolvem receitas arrecadadas por ógãos públicos, podem ser elaboradas de modo a alcançar os impactos distribucionais que os decisores acharem adequados.[1]

INCENTIVOS PARA MELHORIAS TECNOLÓGICAS

Em nossos estudos de política ambiental, grande parte do foco normalmente é colocado sobre o desempenho de autoridades públicas, porque elas parecem ser a fonte dessa política. No entanto, o que precisamos ter em mente de maneira clara é que são as decisões de partes privadas, empresas e consumidores que realmente determinam o grau e a extensão dos impactos ambientais.[2] E que os incentivos dados a essas partes privadas determinam como e onde esses impactos serão reduzidos. Assim, um critério muito importante a ser usado para avaliar qualquer política ambiental é verificar se essa política fornece um forte **incentivo** para indivíduos e grupos encontrarem **maneiras novas e inovadoras de reduzir seus impactos** sobre o ambiente. Afinal, a política deve atribuir toda a iniciativa e o ônus aos órgãos públicos ou fornecer incentivos para que partes privadas dediquem sua energia e criatividade a encontrar novas maneiras de reduzir os impactos ambientais?

É fácil acabar não compreendendo a importância disso ao se concentrar nas funções específicas de custos de abatimento e de danos numa análise padrão. Elas mostram o nível eficiente de emissões com a tecnologia atual – porém, em um prazo mais longo, é importante que tentemos deslocar as funções com novas tecnologias. É particularmente importante tentar deslocar para baixo a função de custo marginal de abatimento para tornar mais barato garantir reduções nas emissões, pois isso justificará níveis mais altos de qualidade ambiental. As mu-

[1] Ver Capítulos 12 e 13.

[2] Temos que ter em mente, no entanto, que muitos casos graves de destruição ambiental foram causados por entidades públicas.

danças tecnológicas que surgem de programas de pesquisa e desenvolvimento (P&D) deslocam a função de custo marginal de abatimento para baixo, e o mesmo ocorre com educação e treinamento, que permite que as pessoas trabalhem e solucionem problemas de maneira mais eficiente. Então, em última análise, queremos saber se e até que ponto determinada política ambiental contém incentivos para os poluidores procurarem melhores formas de reduzir a poluição. Quanto maiores forem esses incentivos, melhor será a política, pelo menos nesse critério. Como veremos, uma importante crítica feita a grande parte do histórico da política ambiental é a falta de criação de incentivos fortes desse tipo.[3]

O desenvolvimento e a adoção generalizada de novas tecnologias de controle da poluição são um complexo processo socioeconômico que requer a alocação de recursos para a invenção e o desenvolvimento, as patentes e as leis de direitos autorais e as decisões sobre adoção por fontes existentes e novas, além da escolha das empresas que fornecem partes da infraestrutura necessária para novas tecnologias. Novas invenções, e as ideias por trás delas, são da natureza dos bens públicos, e vimos anteriormente que os mercados privados normalmente fazem uma oferta insuficiente desses bens – e, assim, a taxa de mudanças tecnológicas na área de controle da poluição pode se tornar lenta demais na ausência de políticas públicas que as promovam.

Um importante fator para tal é o efeito de incentivo produzido pelas rígidas normas de controle da poluição. É difícil supor, por exemplo, que a sociedade consiga que esforços suficientes sejam dedicados a mudanças técnicas para reduzir o custo da redução das emissões do dióxido de carbono (CO_2) se, essencialmente, não houver nenhuma política pública que exija a redução dessas emissões. Em alguns casos, os decisores políticos podem utilizar regulações que forcem **adoções tecnológicas** – isto é, regulações exigindo que os poluidores encontrem tecnologias inovadoras a fim de alcançar as metas de controle da poluição com custos razoáveis.

Um grande fator motivador de inovações tecnológicas é a situação da **indústria de tecnologia ambiental**. Como mostramos no último capítulo,[4] essa indústria consiste em diversas empresas que produzem novas tecnologias e procedimentos operacionais que devem ser usados pelas empresas poluidoras para auxiliar na redução de suas emissões de maneira mais custo-efetiva. A saúde e o vigor da indústria de tecnologia ambiental, portanto, são de suma importância para melhorias tecnológicas de longo prazo. Além disso, a saúde econômica dessa indústria está diretamente ligada à natureza e à rigidez das regulações ambientais.

IMPLEMENTABILIDADE

Talvez haja uma tendência natural entre as pessoas a acreditar que a ação de decretar uma lei leva automaticamente à retificação do problema ao qual se dirige. Entre alguns da comunidade ambiental, essa tendência é extremamente forte, mas qualquer um que tenha um conhecimento mesmo que superficial sobre políticas públi-

[3] Ver, por exemplo, Byron Swift, "Barriers to Environmental Technology Innovation and Use," Environmental Law Institute, January 1998.

[4] Ver Quadro 8.1, p. 171.

cas sabe que isso não é verdade. Leis precisam ser **cumpridas.** A implementação exige tempo e recursos, assim como qualquer outra atividade, e como os orçamentos públicos são sempre limitados, as exigências da fiscalização devem ser equilibradas com as exigências de outras funções públicas.[5] A importância das questões pode ser apreciada com a leitura de relatórios de problemas de fiscalização da EPA, a agência de proteção ambiental americana; o resumo de um desses relatórios é apresentado no Quadro 9.1. Tudo isso significa que a implementabilidade de uma política é um importante critério para avaliar determinadas políticas.

Há dois passos principais a serem dados na implementação: o **monitoramento** e a **penalização.** A prática do monitoramento refere-se à medição do desempenho de poluidores em comparação à qualquer exigência estabelecida na lei em questão. O objetivo da fiscalização é fazer as pessoas cumprirem a lei aplicada. Assim, parte do monitoramento normalmente é essencial; a única política para a

QUADRO 9.1 A importância da implementação

A seguir, temos trechos de um relatório do Departamento Geral de Contabilidade dos Estados Unidos (GAO) sobre os esforços da EPA para fiscalizar o cumprimento de regulações sobre a exportação de resíduos eletrônicos.

As regulações americanas sobre resíduos perigosos não impedem a exportação de produtos eletrônicos usados potencialmente perigosos, principalmente pelos seguintes motivos:

- *As regulações existentes da EPA focalizam-se somente em TRCs [tubos de raios catódicos].* Outros produtos eletrônicos exportados fluem praticamente sem restrições, mesmo para países em que eles podem vir a ser mal manipulados, e isso em grande parte porque as regulações relevantes dos Estados Unidos sobre resíduos perigosos avaliam somente como os produtos reagirão em aterros do país sem revestimento.
- *As empresas contornam facilmente a lei de TRCs da EPA.* Passando-se por compradores estrangeiros de TRCs quebrados em Hong Kong, Índia, Paquistão e outros países, os analistas da GAO encontraram 43 empresas norte-americanas que expressaram interesse em exportá-los. Algumas das empresas, inclusive as que se gabam publicamente de suas práticas ambientais exemplares, estavam dispostas a exportar TRCs em aparente violação à lei de TRCs. O GAO forneceu à EPA os nomes dessas empresas por solicitação da própria agência.
- *Há falta de fiscalização por parte da EPA.* Desde que a lei de TRCs entrou em vigor, em janeiro de 2007, as autoridades de Hong Kong interceptaram e devolveram aos portos norte-americanos 26 contêineres com TRCs exportados ilegalmente. A EPA penalizou, desde então, um só violador, e mesmo assim somente depois de a carga ter sido identificada pelo GAO. As autoridades da EPA reconheceram problemas no cumprimento da lei de TRCs, mas disseram que, dada a relativa novidade da norma, eles estavam se concentrando em informar a comunidade regulamentada. Essa explicação, no entanto, é solapada pela observação do GAO sobre o aparente interesse por parte de muitas empresas em violar a lei, mesmo quando estavam cientes dela. Finalmente, a EPA pouco fez para declarar a extensão do não cumprimento da lei e as autoridades da agência dizem que não têm planos nem um calendário para desenvolver um programa de fiscalização.

Fonte: U.S. General Accounting Office Electronic Waste, GAO-08-1166T, Washington, D.C., Sept. 17, 2008.

[5] Também é óbvio que a implementação de uma lei é um jogo político. As autoridades políticas podem aumentar ou diminuir a atividade de fiscalização até que elas correspondam a seus posicionamentos quanto à rigidez das regulamentações ambientais.

qual isso não é válido é a persuasão moral. Monitorar o comportamento poluidor é muito mais complicado do que acompanhar a temperatura, por exemplo. A natureza não se importa e, então, não tentará por vontade própria defraudar e enganar o processo de monitoramento. Já os poluidores podem encontrar maneiras de frustrá-lo: quanto mais sofisticado e complicado for o processo, mais fácil será encontrar maneiras de evadi-lo. Nos últimos anos, foram feitos grandes avanços no desenvolvimento de tecnologias de monitoramento, particularmente para grandes fontes de poluentes lançados no ar e na água.

Já a penalização refere-se à tarefa de processar judicialmente aqueles cujo monitoramento apontou uma violação da lei. Esse pode parecer um passo simples; se forem encontrados violadores, simplesmente os levamos ao tribunal e impomos as penalidades especificadas na lei em questão – mas as coisas são muito mais complicadas do que isso. Processos judiciais exigem tempo, energia e recursos. Com muitas leis e ainda mais violadores, processar todos geraria um ônus esmagador sobre o sistema legal. Em muitos casos, os dados por trás das sanções são imperfeitos, levando a interpelações e conflitos onerosos. Para criar um efeito de demonstração, pode ser desejável que as autoridades sancionem apenas algumas das violações mais flagrantes, mas isso abre o problema de tentar determinar quais violadores selecionar. Muito frequentemente, as autoridades tentam conseguir o cumprimento voluntário das leis e encorajam os violadores a remediar a situação sem penalizações.

Há um paradoxo no processo de sancionamento. Pode-se achar que quanto maiores forem as possíveis sanções – multas mais altas, longas penas de prisão, etc. –, mais se impedirá futuras violações. Contudo, o outro lado da moeda é o fato de que quanto maiores forem as penalidades, mais relutantes os tribunais serão em aplicá-las. A ameaça de prender os violadores ou mesmo de impor duras penalidades financeiras pode, por sua vez, ameaçar o sustento econômico de grande número de pessoas. Os tribunais normalmente relutam em deixar muitas pessoas desempregadas e, então, podem optar por penalidades menos drásticas do que aquelas permitidas por lei. Assim, o processo de sancionamento pode se tornar muito mais complicado do que o simples modelo sugere.

QUESTÕES DE BALANÇO DE MATERIAIS

Relembrando o Capítulo 2, precisamos considerar os aspectos do **balanço de materiais** do controle da poluição. Dada determinada quantidade de resíduos, se o fluxo que entra em um meio ambiental (como a água) for reduzido, o fluxo que entra nos outros (ar e/ou terra) tem que aumentar. Assim, uma importante dimensão de uma política de controle da poluição é o modo como ela trata esses possíveis problemas de **transferência de resíduos entre os meios**. A primeira coisa a fazer é reconhecer casos em que podem ser encontrados importantes problemas dessa natureza. A segunda é moldar as políticas de modo a reduzir seu impacto potencial. Isso pode ser feito, por exemplo, simplesmente vetando certas ações ou, se houver informações suficientes disponíveis, especificando *trade-offs* aceitáveis entre tecnologias e meios ambientais – isto é, permitindo apenas transferências que substancialmente reduzam os danos totais de determinada quantidade de resíduos.

CONSIDERAÇÕES MORAIS

Discutimos anteriormente questões relativas à distribuição de renda e aos impactos de diferentes políticas ambientais sobre pessoas com diferentes níveis de renda. Essas são questões éticas sobre as quais diferentes pessoas têm diferentes opiniões, mas que precisam ser discutidas no momento de escolher entre políticas públicas alternativas. Porém, as considerações morais se estendem além dessas questões distribucionais. Os sentimentos inatos que as pessoas têm sobre o que é certo e o que é errado indubitavelmente afetam o modo como elas veem as diferentes políticas ambientais. Tais sentimentos devem ser ponderados juntamente com os critérios mais técnicos discutidos anteriormente.

Tomemos, por exemplo, a questão de escolher entre impostos e subsídios sobre efluentes. Ambas são políticas de incentivo econômico e podem ter aproximadamente o mesmo efeito em determinados casos de controle da poluição. Do ponto de vista da eficiência, pode-se discutir quais subsídios seriam melhores. Os poluidores podem muito bem responder mais rapidamente e com maior disposição a um programa de subsídios do que a um programa que provavelmente lhes custará muito dinheiro. Do ponto de vista estrito que considera necessário limpar o meio ambiente o mais rápido possível, os subsídios podem ser mais eficientes; entretanto, isso pode ir de encontro à noção ética de que as pessoas que estão causando um problema não devem ser "recompensadas" por parar de causá-lo, que é a maneira como os subsídios muitas vezes são vistos.

Algumas pessoas levariam essa ideia adiante, discutindo que devemos considerar o comportamento poluidor essencialmente imoral, para começo de conversa, e adotar políticas que tendam a reconhecê-lo como tal[6]. Segundo esse critério, políticas que declaram categoricamente a ilegalidade de certos tipos de comportamento poluidor são preferíveis àquelas que não o fazem. Outra ideia baseada na moralidade é que aqueles que causam um problema devem arcar com a maior parte do ônus de atenuá-lo. Vemos isso, por exemplo, em discussões sobre questões ambientais globais. As nações industriais, especialmente as mais economicamente desenvolvidas, são as principais responsáveis pelo acúmulo de CO_2 na atmosfera e pela deterioração da camada protetora de ozônio. Muitas pessoas acreditam que esses países devem arcar com a maior parte do ônus da correção dessa situação.

FALHA DE GOVERNO

No Capítulo 4, discutimos a ideia de falha de mercado, uma situação em que, devido a externalidades de um tipo ou de outro, os mercados não regulados podem não gerar resultados eficientes e equitativos. Isso é especialmente válido no caso da poluição, devido à natureza de bem público da qualidade ambiental. Isso leva, por sua vez, à conclusão de que são necessárias políticas públicas para retificar a situação.

[6] Frank Ackerman and Lisa Heinzerling, *Priceless: On Knowing the Price of Everything and the Value of Nothing*, The New Press, New York, 2004.

Porém, é importante reconhecer outro tipo de falha que torna o resultado de uma política pública um tanto problemático. É o que chamamos de **falha de governo**, que ocorre quando tendências e incentivos sistemáticos dentro de legislaturas e agências reguladoras funcionam contra o atingimento de políticas públicas eficientes e equitativas.

Se medidas públicas sempre fossem empreendidas por pessoas sensatas procurando atender racionalmente aos interesses públicos, talvez pudéssemos estar confiantes de que essas políticas públicas iriam melhorar consistentemente o problema da poluição. No entanto, isso infelizmente não condiz com a realidade. O processo de desenho de políticas públicas é um fenômeno político, além de um processo de solução de problemas. Como tal, os resultados obtidos também são afetados pelos caprichos de lutas políticas, pelas contínuas tentativas de acumular e exercer influência e por simples protagonismo e teatralidade política. O resultado desse processo pode não se parecer nem um pouco com políticas públicas informadas e racionais que promovam o bem-estar da sociedade. Porém, isso não é uma justificativa para não se fazer nada; ao contrário, é um motivo para querermos garantir que as políticas e regulações ambientais tenham objetivos claramente declarados, meios bem elaborados e maneiras transparentes de avaliar resultados.

Resumo

A finalidade deste capítulo é analisar diversos critérios que podem ser úteis na avaliação de políticas ambientais em diferentes circunstâncias. São eles:

- Eficiência
- Custo-efetividade
- Equidade
- Incentivos a inovações tecnológicas
- Implementação
- Observância de preceitos morais

Considerando esses critérios, passamos a discutir os vários tipos de políticas ambientais. Começamos com várias abordagens descentralizadas tradicionais, prosseguindo com uma análise sobre o uso de padrões – uma abordagem centralizada que foi a mais usada historicamente. Finalmente, vimos o tipo de política que chamamos de políticas baseadas em incentivos.

▶ Perguntas para discussão

1. "Eficiência implica custo-efetividade, mas custo-efetividade não implica eficiência". Explique essa afirmação.
2. A política ambiental às vezes é criticada por ser uma preocupação de brancos de classe média. Como você poderia interpretar esse posicionamento, usando os conceitos apresentados neste capítulo?
3. Você acha que os impactos do programa para controlar a poluição causada por automóveis têm distribuição progressiva ou regressiva? E quanto ao programa para garantir a qualidade dos sistemas públicos de abastecimento de água?
4. Existe uma justificativa para a adoção de uma regulação ambiental que não possa ou não vá ser fiscalizada?
5. Suponha que adotemos uma regulação que exige que todos os novos carros tenham conversores catalíticos instalados para reduzir as emissões do cano de descarga. Explique como isso teria um impacto benéfico no curto prazo, porém menos benéfico no longo prazo.

Para leituras e *sites* adicionais pertinentes ao material deste capítulo, veja www.grupoa.com.br.

CAPÍTULO 10

Políticas descentralizadas: direito de responsabilidade civil, direito de propriedade e ação voluntária

Políticas **"descentralizadas"** são políticas que essencialmente permitem aos indivíduos envolvidos em um caso de poluição ambiental resolver o problema por conta própria. Voltemos ao exemplo anterior sobre a qualidade da água em um lago. Suponha que haja várias fábricas ao redor do lago, e uma delas é de processamento de alimentos; a água do lago é um importante insumo em sua operação. Porém, há também uma fábrica de operação industrial que usa o lago para descarte de resíduos. Como é possível equilibrar os danos causados pela poluição sofridos pela primeira empresa com os custos de abatimento da segunda? Uma abordagem descentralizada para encontrar o nível eficiente de qualidade ambiente da água do lago é simplesmente deixar as duas fábricas resolverem o problema entre si. Elas podem fazer isso ou por meio de negociações informais ou com uma interação mais formal em um tribunal local. As abordagens descentralizadas podem ter várias vantagens sobre outros tipos de políticas públicas:

- Como as partes envolvidas são aquelas que produzem e sofrem as externalidades ambientais, elas têm fortes incentivos para buscar soluções para os problemas ambientais.
- As pessoas envolvidas podem ser aquelas que possuem os melhores conhecimentos dos danos e custos de abatimento; portanto, podem ser mais capazes de encontrar o equilíbrio certo, isto é, encontrar soluções eficientes.

DIREITO DE RESPONSABILIDADE CIVIL

Quase todo mundo possui uma noção intuitiva de **responsabilidade civil** e **indenização**. Ser civilmente responsável por algum comportamento é ser responsabilizado por qualquer consequência desfavorável que dele resulte. A indenização ou compensação exige que aqueles que causaram os danos indenizem aqueles que os sofreram em quantias adequadas à extensão dos danos causados.

Uma maneira de abordar as questões ambientais, portanto, é considerar o direito de responsabilidade civil. Isso funcionaria simplesmente por meio da responsabilização dos poluidores pelos danos que causaram. A finalidade disso não é simplesmente indenizar as pessoas depois que elas foram prejudicadas, embora isso seja importante. O propósito real é fazer os possíveis poluidores tomarem decisões mais cuidadosas. Saber que serão responsabilizados por danos ambientais de fato leva os possíveis poluidores a **internalizar** aquilo que, caso contrário, resultaria em **efeitos externos** ignorados.

O princípio

Considere a Figura 10.1. É o familiar modelo de poluição ambiental mostrando os custos marginais de abatimento e os danos marginais, ambos relacionados à taxa de emissão de algum resíduo de produção.[1] Suponha que a verdadeira taxa de emissão se encontre inicialmente em e_1, substancialmente acima da taxa eficiente e^*. Em um dado momento, entra em vigor uma lei de responsabilidade civil exigindo que os poluidores indenizem as partes prejudicadas em uma quantia igual aos danos causados: o efeito da lei é internalizar os danos ambientais que eram externos antes de sua aprovação. Agora, eles passam a ser custos que os poluidores terão que pagar e, portanto, levar em consideração ao decidir sobre sua taxa de emissões. Em e_1, os danos totais e, logo, a quantia do pagamento da indenização corresponderiam a um valor monetário igual à área $(b + c + d)$.

Esse poluidor poderia reduzir seus pagamentos de indenização reduzindo as emissões; obviamente, seus custos marginais de abatimento aumentariam. Contudo, enquanto os custos marginais de abatimento forem menores do que os danos marginais, ele teria um incentivo para se deslocar para a esquerda – isto é,

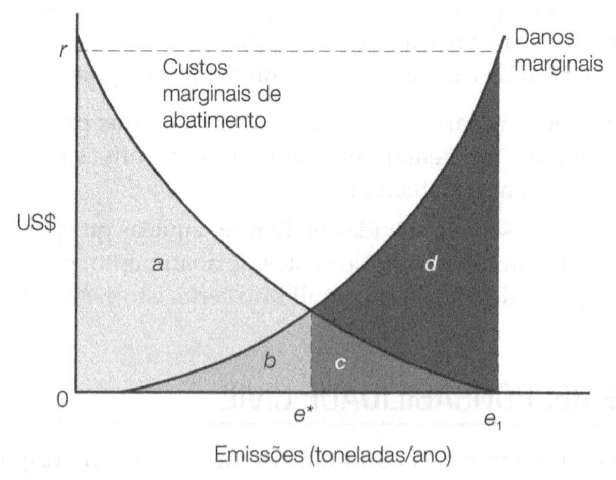

FIGURA 10.1 Opções de políticas: abordagens de direito de responsabilidade civil e de direito de propriedade.

[1] O direito de responsabilidade civil geralmente é usado no caso de um dano ambiental de curto prazo causado por acidentes; nesse caso, o eixo horizontal exibiria a quantidade de poluente lançado em decorrência de um acidente. Ele também cobre casos em que há ameaça de danos ambientais.

para reduzir sua taxa de emissões. Na teoria, então, um sistema de responsabilização civil poderia automaticamente levar esse poluidor ao nível de emissões e^*. Dizemos "automaticamente" porque não seria necessário que nenhuma autoridade de controle centralizado interviesse e impusesse reduções nas emissões. Em vez disso, seria necessário um sistema de direito de responsabilidade civil que permitisse que as partes prejudicadas pela poluição fossem indenizadas pelos danos sofridos.

Teoricamente, essa abordagem parece tratar da questão do incentivo – ao fazer as pessoas levarem em consideração os danos ambientais que possam vir a causar –, além da questão da indenização das partes prejudicadas. Ela pode parecer solucionar o problema de determinar apenas onde e^* se encontra sobre o eixo das emissões. Saber se isso é realmente verdade ou não dependerá do processo jurídico que estabelece o grau de responsabilização e o valor da indenização. Nos Estados Unidos e em outros países com tradições jurídicas similares, tais valores podem ser estabelecidos pelos processos da *common law*. Como alternativa, eles podem ser o resultado de decretos estatutários aprovados por legisladores.

Common law

O sistema *common law** depende de processos judiciais em que queixosos e acusados se encontram para fazer alegações e contra-alegações. Geralmente é composto um júri para decidir questões de fato e quantias de indenização. Os julgamentos normalmente são baseados em precedentes estabelecidos por casos similares no passado. Os casos de *common law* normalmente envolvem ações de uma parte privada, a poluidora, que prejudica outra parte privada. Eles também podem envolver casos, sob a **doutrina sobre domínio público** de ações públicas ou privadas, que prejudiquem **recursos de domínio público** (como a pesca em águas públicas doces ou salgadas).

Nos países em que a *common law* é praticada, como os Estados Unidos (com a exceção do estado de Louisiana), o Canadá (com a exceção de Quebec) e o Reino Unido, desenvolveram-se doutrinas de responsabilidade civil ao longo da evolução das decisões dos tribunais. A lei hoje reconhece a **responsabilidade objetiva**, que responsabiliza os poluidores pelos danos causados independentemente das circunstâncias, e a **responsabilidade por negligência**, que os responsabiliza somente se não tomam as medidas cabíveis para evitar os danos. Uma empresa que manipula materiais perigosos pode ser objetivamente responsabilizada pelos danos causados por esses resíduos. Assim, qualquer dano causado, independentemente do grau de cuidado que a empresa teve ao manipular os resíduos, exigiria indenização. Por outro lado, a responsabilidade por negligência responsabilizaria a empresa somente se ela não tivesse tomado as medidas cabíveis e necessárias para garantir que os materiais não escapassem para o ambiente circundante. Há

* N. de T.: O sistema *common law*, adotado em países anglo-saxões e de influência britânica, é o direito que se desenvolve por meio das decisões dos tribunais, e não mediante atos legislativos ou executivos. Uma decisão a ser tomada em determinado caso dependerá das decisões adotadas em casos anteriores e afetará as decisões tomadas em casos futuros. Quando não há precedentes, os juízes têm autoridade para estabelecê-los.

outra distinção entre responsabilidade **conjunta e solidária** e a responsabilidade **não solidária**. Na primeira, uma parte pode ser responsabilizada por todos os danos decorrentes de um ato coletivo de poluição; por exemplo, uma parte pode ter que arcar com todos os custos de limpeza de um lugar poluído por ela e por muitas outras. Na responsabilidade não solidária, uma parte será responsabilizada somente pela fração do total que lhe cabe.

Os fatores cruciais de um sistema de responsabilização consideram sobre quem recai o **ônus da prova** e que **padrões precisam ser alcançados a fim de estabelecer essa prova**. Nos Estados Unidos, aqueles que acreditam ter sido prejudicados pela poluição devem abrir um processo dentro de determinado período de tempo – geralmente dois ou três anos – e então, no tribunal, estabelecer uma conexão causal direta entre a poluição e os danos. Isso envolve dois grandes passos:

1. Mostrar que o material poluente em questão foi, de fato, a causa dos danos.
2. Mostrar que o material poluente realmente veio do acusado específico chamado ao tribunal.

Ambos os passos são difíceis porque os padrões de prova exigidos pelos tribunais podem estar além do que a ciência atual pode fornecer. A maioria dos produtos químicos, por exemplo, é causadora de aumentos em doenças apenas em **base probabilística**; isto é, a exposição à substância envolve uma maior probabilidade de doenças e não uma certeza. Embora saibamos que fumar causa câncer de pulmão, por exemplo, essa conexão causal permanece probabilística; um número maior de pessoas terá câncer de pulmão se fumarem, mas não podemos dizer exatamente quais. Em Woburn, Massachusetts (Estados Unidos), alguns epidemiologistas estimaram que a contaminação de águas de poço provavelmente causou 6 dos 12 casos excessivos de leucemia na cidade. No entanto, sob os padrões tradicionais de provas, um queixoso não poderia provar conclusivamente que um câncer *específico* foi causado pela contaminação da água. Em outras palavras, se não for capaz de mostrar explicitamente como o material poluente operou em determinado corpo, produzindo câncer, o queixoso não pode alcançar o padrão de prova historicamente exigido pelos tribunais dos Estados Unidos.[2]

A outra conexão na cadeia causal é mostrar que o material ao qual alguém foi exposto veio de determinada fonte. Isso não é difícil em alguns casos; o petróleo na costa de Louisiana (Estados Unidos) com certeza veio da explosão da plataforma Deepwater Horizon; a atmosfera brumosa que paira sobre o Grand Canyon definitivamente vem de sua central elétrica, etc. Contudo, em muitos casos essa conexão direta é desconhecida. Para um morador urbano de Nova York ou Los Angeles, como determinar qual fábrica específica produziu as moléculas de dióxido de enxofre (SO_2) que determinada pessoa pode ter respirado? Para as pessoas que vivem nas cidades do Vale do Connecticut, como determinar quais

[2] Em alguns casos, a lei está mudando para passar a reconhecer as características especiais de danos causados por poluição. Estatutos de limitação estão sendo alterados, passando a contar a partir do momento em que a doença se torna aparente pela primeira vez, em reconhecimento ao fato de que muitas doenças causadas pela poluição podem não aparecer até muitos anos depois da exposição. Além disso, alguns tribunais estão permitindo conexões estatísticas de causa e efeito.

fazendas de tabaco específicas foram responsáveis pelos produtos químicos que surgiram em seu abastecimento de água? Sem conseguirem associar uma substância poluente a acusados específicos, as partes por ela prejudicadas talvez não consigam obter indenização.

Um importante problema de usar a *common law* para tratar de danos ambientais é que a economia e a lei podem usar diferentes critérios para identificar quem foi prejudicado com a poluição. Sob os princípios padrões da economia, uma pessoa é "prejudicada" se estiver disposta a pagar para que a poluição seja reduzida. Baseada nisso, por exemplo, uma pessoa em Nova York poderia alegar ter sido prejudicada pelo derramamento de petróleo da Exxon *Valdez*, embora nunca tenha estado no Alasca. Porém, a doutrina jurídica exige que as pessoas tenham **legitimidade processual** para abrir um processo judicial; isso exige normalmente que mostrem um nexo alto entre o ambiente degradado e sua saúde e bem-estar físicos. Assim, uma pessoa em Nova York pode, de fato, ser prejudicada economicamente devido a um derramamento de petróleo no Alasca, mas não possui legitimidade processual para levar o caso ao tribunal.

Outro importante ponto a ser discutido sobre os sistemas de responsabilização pode ser mais bem compreendido com a introdução do conceito de **custos de transação.** Em termos gerais, custos de transação são os custos de se chegar a acordos e de fiscalizá-los. O conceito foi introduzido na economia pela primeira vez para se referir aos custos que os compradores e vendedores encontram ao realizar uma transação bem-sucedida: os custos de procurar informações, os custos de negociar sobre os termos de um acordo e os custos de garantir que um acordo seja realmente colocado em prática. No entanto, os custos de transação também se aplicam a sistemas de responsabilização, nos quais queixosos e acusados competem em um tribunal para determinar a questão da responsabilidade e dos valores cabíveis de indenização. Nesse caso, os custos de transação são todos os custos jurídicos associados ao levantamento de evidências, à apresentação de um caso, à contestação dos oponentes, ao pagamento e recebimento de indenizações e assim por diante.

Se o caso for relativamente simples, com uma parte de cada lado e um caso de danos razoavelmente claro, o sistema de responsabilização pode funcionar, com um mínimo de custos de transação, para chegar a algo que se aproxime do nível eficiente de emissões. No exemplo das duas pequenas fábricas à beira do lago, é possível que as duas vão ao tribunal e discutam sobre os valores econômicos de usar o lago para suas finalidades particulares. Como esses valores são comparáveis, presumivelmente não seria difícil para um juiz determinar a extensão dos danos que uma empresa está infligindo à outra. Já em muitos casos, os custos de transação podem ser bastante altos. Geralmente, há questões científicas complicadas envolvidas no caso, e os juízes e júris podem achar praticamente impossível compreendê-las claramente (ver Quadro 10.1). E pode haver muito, muito mais do que duas partes envolvidas, tornando muito difícil que se chegue a acordos quanto a soluções abrangentes. No caso do derramamento de petróleo da Exxon *Valdez* em 1989, por exemplo, provavelmente dezenas de milhares de pessoas acreditavam ter sido diretamente prejudicadas; centenas de advogados representavam todos os diferentes lados e inúmeros grupos ambientais, organizações governamentais e grupos de empresas estavam envolvidos.

QUADRO 10.1 Tribunais de *common law* e questões de ciência

Os cidadãos de Woburn, Massachusetts, achavam que tinham encontrado a causa dos casos excessivos de leucemia infantil na cidade: os produtos químicos industriais que tinham contaminado suas reservas de água subterrâneas. Além disso, eles acreditavam que tinham encontrado o culpado, ou pelo menos dois deles: empresas manufatureiras que estavam em operação próximo à cidade envolvidas em métodos questionáveis – provavelmente ilegais – de descarte dos seus produtos químicos usados.

Assim, os cidadãos abriram um processo no tribunal estadual, alegando que as empresas tinham descartado seus produtos químicos de maneira inapropriada e que esses produtos químicos migraram para as reservas de abastecimento de água da cidade, contaminando a água e levando as crianças à morte. O caso prosseguiu para um julgamento com júri e foi então que as coisas ficaram complicadas.

Para que um queixoso vença um caso de *common law* é necessário que fique claro quem cometeu a ação e como essa ação afetou as pessoas que alegam os danos. O povo de Woburn acreditava que a conexão era clara e queria que o júri simplesmente decidisse a seu favor ou a favor do acusado.

No entanto, o juiz achou que o caso, do modo que tinha sido instaurado, exigiria muito mais dados: quem descartou o que, quando e como; informações definitivas sobre quando o material chegou às reservas da cidade e que danos ele pode ter causado. Epidemiologistas poderiam fornecer respostas probabilísticas à última pergunta, embora isso pudesse ser contestado pelas empresas, mas o processo de contaminação da água era muito mais complicado. Os queixosos tentaram manter a coisa simples; os acusados procuraram levantar novas possibilidades e incertezas. O processo acabou se transformando em uma série de perguntas técnicas muito complexas sobre as quais o júri tinha que proferir julgamento. Em um dado momento, o juiz disse: "Meu Deus, que pergunta! Vocês estão falando com pessoas comuns. Vocês têm que apresentar suas questões em alguma forma de linguagem que não seja cheia de reservas e cláusulas e subcláusulas e vírgulas e essas coisas todas."[1]

Na verdade, essas questões eram praticamente impossíveis de serem respondidas por júris compostos por pessoas comuns. "A ciência não poderia determinar o momento em que esses produtos químicos chegaram às reservas da cidade com o tipo de precisão que o juiz Skinner estava exigindo dos jurados. O juiz estava, de fato, pedindo aos jurados que criassem uma ficção que, no fim das contas, representasse a realidade. Ou, se eles se achassem incapazes de fazer isso, que encerrassem o caso dizendo que não podiam responder às perguntas baseados nas evidências. Se essas perguntas eram realmente necessárias para uma justa resolução do caso, então talvez aquele fosse um caso para o qual o sistema jurídico não estivesse suficientemente equipado."

[1]Fonte das citações: Jonathan Harr, *A Civil Action*, New York: Random House Vintage, 1996, pp. 368, 369.

Em resumo: o direito de responsabilidade civil e o incentivo que ele cria podem ajudar a levar a níveis de poluição eficientes quando:

- Há relativamente poucas pessoas envolvidas.
- As conexões causais são claras.
- Os danos são fáceis de serem medidos.

Direito estatutário (direito escrito)

Outra maneira de instituir um sistema de responsabilização pela poluição é incluir as provisões apropriadas nas leis estatutárias de controle da poluição. Inúmeros países, individualmente e em acordos internacionais, procuraram usar esse meio para tratar do problema dos derramamentos marítimos de petróleo. Uma particularidade dos vazamentos de petróleo de navios cargueiros é a dificuldade de monitorar o comportamento dos poluidores. É uma emissão episódica; então, não há fluxo contínuo a ser medido, e as probabilidades de vazamento dependem de muitas práticas (navegação, manutenção do navio cargueiro, etc.) que são difíceis de serem monitoradas continuamente pelas autoridades públicas. Quando o comportamento do poluidor é difícil de monitorar, as provisões de responsabilização podem lhes dar um incentivo para empreender os passos apropriados para reduzir a probabilidade de acidentes. A lei norte-americana mais recente sobre esse assunto é a Lei da Poluição por Petróleo, de 1990. Ela detalha os atos para os quais é exigida indenização e como as quantias serão determinadas. A lei também possui termos exigindo que as empresas, antes das operações, forneçam garantias financeiras que mostrem que elas serão capazes de realizar os pagamentos se as condições exigirem. Além de leis nacionais, vários acordos internacionais foram dedicados à especificação das exigências de responsabilização de empresas cujos navios cargueiros venham a derramar, acidentalmente ou não, grandes quantidades de petróleo no oceano.

Leis de indenização ao trabalhador normalmente permitem indenizações por danos causados a indivíduos pela exposição a poluentes no local de trabalho, como produtos químicos tóxicos e ruídos excessivos. Nos Estados Unidos, o Decreto de Indenização por Exposição à Radiação, de 1990, garante indenizações aos indivíduos prejudicados pela radiação proveniente de testes de armas nucleares ou do trabalho em minas de urânio.

Outra importante lei norte-americana que incorpora provisões de responsabilização é a Lei Abrangente de Reação Ambiental, Compensação e Responsabilidade Civil de 1980 (CERCLA). De fato, ela responsabiliza os poluidores por dois tipos de limpeza: custos de limpeza em certas áreas inativas de despejos de resíduos, nas quais as empresas possam ter descartado materiais tóxicos no passado, e compensação por danos a recursos públicos decorrentes de lançamentos intencionais ou acidentais de materiais perigosos no meio ambiente. No caso de lançamentos intencionais, o valor da indenização está relacionado aos custos de limpeza, que podem não ter uma associação forte com os valores dos danos que foram realmente causados. No caso de lançamentos acidentais, a indenização está mais estritamente ligada aos danos, e há grandes controvérsias sobre como medir esses danos em casos específicos.

Se esses tipos de leis estatutárias de responsabilização fornecerão o incentivo correto para os poluidores é algo que dependerá fortemente das fórmulas especificadas para determinar o valor exato da responsabilidade. As leis podem fornecer os incentivos corretos somente se os pagamentos indenizatórios exigidos de cada poluidor se aproximarem dos valores reais dos danos por eles causados.

DIREITO DE PROPRIEDADE

Na seção anterior, discutimos o caso de um pequeno lago utilizado por duas empresas: uma descartava resíduos nele e a outra o utilizava para abastecimento de água. Se pararmos para pensar, somos levados a uma questão mais fundamental: qual das empresas está realmente causando danos e qual delas é a prejudicada? Isso pode parecer contraditório, porque talvez você naturalmente pense que a empresa que está descartando resíduos no lago é, obviamente, a que está causando danos. No entanto, podemos argumentar igualmente que a presença da empresa de processamento de alimentos inflige danos sobre a empresa que descarta resíduos no lago porque sua presença torna necessário que essa segunda empresa faça esforços especiais para controlar suas emissões (suponha, para fins argumentativos, que não haja outras pessoas usando o lago, como moradores ou turistas). O problema pode surgir simplesmente porque não está claro quem tem o direito inicial de usar os serviços do lago – isto é, quem efetivamente detém o **direito de propriedade** sobre o lago. Quando um recurso não possui proprietário, ninguém é incentivado suficientemente a ponto de garantir que esse recurso não seja extremamente explorado ou degradado em qualidade.

Os direitos de propriedade privada obviamente são o arranjo institucional dominante na maioria das economias ocidentais desenvolvidas. Os países em desenvolvimento também estão se movendo nessa direção – e até mesmo os antigos países socialistas. Assim, estamos familiarizados com a operação desse sistema institucional no que se refere a ativos criados pelo homem, como máquinas, edifícios e bens de consumo. A propriedade privada de terras também é um arranjo familiar. Se alguém é proprietário de um pedaço de terra, tem um incentivo para garantir que essas terras sejam administradas de modo a maximizar seu valor. Se alguém vem e ameaça descartar algo nas terras, o proprietário pode recorrer à lei para evitá-lo, se assim o desejar. Com esse diagnóstico, o problema do mau uso de muitos ativos ambientais ocorre devido a imperfeições nas especificações dos direitos de propriedade sobre esses ativos.

O princípio

Considere novamente o caso do lago e das duas empresas. Aparentemente, há duas escolhas para se outorgar a propriedade do lago. Ele pode ser de propriedade da empresa poluidora ou da empresa que o usa como fonte de abastecimento de água. Como essa escolha afeta o nível de poluição no lago? Afinal, as emissões não seriam zero se o lago fosse de propriedade da primeira empresa – e não controladas se fossem propriedade de outra? Não necessariamente – não se proprietários e não proprietários puderem negociar. Obviamente, essa é a própria essência de um sistema de direitos de propriedade. O proprietário decide como o ativo será usado e pode impedir qualquer uso não autorizado, mas também pode negociar com qualquer um que queira ter acesso a esse ativo.

Veja novamente a Figura 10.1. Suponha que a função de danos marginais se refira a todos os danos sofridos pela cervejaria – a Empresa A. Considere que a curva de custo marginal de abatimento se aplique à empresa que está emitindo efluentes no lago – a Empresa B. Temos, então, que fazer alguma suposição sobre quem é o proprietário do lago: a Empresa A ou a Empresa B. Veremos que, *teoricamente*, ocorrerá a mesma quantidade de emissões em qualquer um desses casos, contanto que as duas empresas possam se reunir e negociar sobre como o lago deve ser usado.

No primeiro caso, suponha que a Empresa B seja a proprietária do lago (por enquanto, não precisamos nos preocupar com a maneira como isso ocorreu) e possa usá-lo de qualquer maneira que quiser. As emissões inicialmente se encontram no nível e_1, e a Empresa B inicialmente não está dedicando nenhum recurso ao abatimento delas. É assim mesmo que as coisas irão ficar? Nesse ponto os danos marginais são US$ *r*, enquanto os custos marginais de abatimento são zero. A escolha mais fácil para a Empresa A é oferecer à Empresa B algum valor em dinheiro para que ela reduza seu fluxo de efluentes; para a primeira tonelada, qualquer valor acordado entre 0 e US$ *r* faria as duas partes saírem ganhando. Na verdade elas podiam continuar negociando quanto à unidade marginal, contanto que os danos marginais excedessem os custos marginais de abatimento. A Empresa B sairia ganhando reduzindo suas emissões por qualquer pagamento acima de seus custos marginais de abatimento, enquanto qualquer pagamento menor do que seus danos marginais beneficiaria a Empresa A. Dessa maneira, a negociação entre os proprietários do lago (nesse caso, a Empresa B) e as pessoas que são prejudicadas pela poluição resultaria em uma redução nos efluentes para e^*, o ponto em que os custos marginais de abatimento e os danos marginais são iguais.

Suponha, por outro lado, que a propriedade do lago seja outorgada à Empresa A, a empresa prejudicada pela poluição. Nesse caso, talvez possamos supor que os proprietários não fossem permitir o infringimento de sua propriedade, isto é, que o nível de emissões seria zero ou próximo disso. É aí que ele permaneceria? Não se, mais uma vez, os proprietários e não proprietários puderem negociar. Nesse segundo caso, a Empresa B teria que comprar uma permissão da Empresa A para descartar seus resíduos no lago. Qualquer preço menor do que os custos marginais de abatimento, porém maior do que os danos marginais, beneficiaria ambas as partes. E, assim, por meio de um processo similar de negociação, em que os pagamentos vão à direção oposta, o nível de emissões lançadas no lago seria ajustado do nível baixo de onde começou em direção ao nível e^*. Nesse ponto, qualquer outro ajuste pararia porque os custos marginais de abatimento, o máximo que os poluidores pagariam pelo direito de emitir mais uma tonelada de efluentes, são iguais aos danos marginais – o mínimo que a Empresa A aceitaria a fim de permitir que a Empresa B emitisse essa tonelada a mais.

Então, como vimos nesse pequeno exemplo, se os direitos de propriedade sobre o ativo ambiental estiverem claramente definidos e as negociações entre proprietários e possíveis usuários forem permitidas, o nível eficiente de efluentes será alcançado independentemente de quem inicialmente recebeu o direito de propriedade. Na verdade, esse é um teorema famoso chamado de teorema de Coase, em homenagem ao economista que o inventou.[3]

Ao definir os direitos de propriedade privada (não necessariamente o direito de propriedade individual, porque *grupos* privados de pessoas podem ter esses direitos), temos como implicação mais ampla a possibilidade de estabelecer as condições sob as quais negociações descentralizadas podem produzir níveis eficientes de qualidade ambiental, o que é bem interessante. A parte boa dessa história é que as pessoas envolvidas nas negociações podem saber mais sobre os valores relativos que estão em jogo – custos de abatimento e danos – do que quaisquer outros, então há esperanças de que o ponto verdadeiramente eficiente

[3] Ronald H. Coase, "The Problem of Social Cost," *Journal of Law and Economics*, 3, October 1960, pp. 1–44.

seja alcançado. Além disso, por se tratar de um sistema descentralizado, não precisaríamos ter uma organização burocrática central tomando decisões baseadas mais em considerações políticas do que nos verdadeiros valores econômicos em questão. Ideias como essa levaram algumas pessoas a recomendar a conversão generalizada de recursos naturais e ambientais em propriedades privadas como um meio de alcançar seu uso eficiente.

Regras e condições

Até que ponto essa abordagem de direitos de propriedade funcionaria na prática? Para que uma abordagem de direitos de propriedade funcione bem – isto é, para que ela nos dê algo que esteja próximo do nível eficiente de poluição ambiental –, essencialmente três condições precisam ser atendidas:

1. Os direitos de propriedade devem ser bem definidos, seguros e transferíveis.
2. É necessário que haja um sistema razoavelmente eficiente e competitivo que permita que partes interessadas se reúnam e negociem sobre como esses direitos de propriedade ambiental serão usados.
3. Um conjunto completo de mercados é necessário para que os proprietários privados possam captar todos os valores sociais associados ao uso de um ativo ambiental.

Se a Empresa A não puder evitar que a Empresa B faça o que bem entender, obviamente a abordagem dos direitos de propriedade não terá funcionado. Em outras palavras, os proprietários devem ser capazes, física e judicialmente, de impedir que outros usurpem sua propriedade e de vender sua propriedade para qualquer comprador potencial. Isso é especialmente importante no que diz respeito a ativos ambientais. Se os proprietários não puderem vender sua propriedade, terão menos incentivo para preservar sua produtividade no longo prazo, pois qualquer uso que diminua sua produtividade no longo prazo não poderá ser punido por meio da redução do valor de mercado do ativo. Muitos economistas já discutiram que esse é um problema particularmente forte nos países em desenvolvimento; como os direitos de propriedade nesses países são geralmente "atenuados" (isto é, não possuem todas as características necessárias especificadas anteriormente), as pessoas não se verão muito incentivadas a garantir que essa produtividade no longo prazo seja mantida.

PROBLEMAS LIGADOS AO USO DE DIREITOS DE PROPRIEDADE PARA INTERNALIZAR EXTERNALIDADES

Em alguns casos, os direitos de propriedade podem ser usados criativamente para promover a preservação de recursos naturais e ambientais. O Quadro 10.2 discute um deles: a proteção de florestas em locais onde sua destruição é uma grande ameaça. Porém, em casos modernos de controle de poluição ambiental há problemas reais relacionados ao uso de direitos de propriedade para internalizar externalidades.

QUADRO 10.2 Pagamentos por serviços ambientais

Um fazendeiro é proprietário de uma grande faixa de terras que construtoras gostariam de comprar e transformar em um grande empreendimento imobiliário comercial; o proprietário de uma floresta poderia obter ganhos vendendo a madeira de suas terras e convertendo-as em campos agrícolas – em cada um desses casos, as terras possuem valor ecológico, pois fornecem serviços como hábitat para diversas espécies, controle de inundações e sequestro de carbono. Porém, esses valores ecológicos não possuem um mercado pronto; não há como os proprietários realizarem esse valor e, assim, serem incentivados a preservá-los.

Nessa situação, as autoridades públicas podem criar a demanda para tal mercado. Isso pode ser feito oferecendo aos proprietários das terras uma quantia igual ao valor ecológico mais amplo das terras, contanto que esses valores ecológicos não sejam prejudicados pelo uso das terras por seus detentores.

Em todo o mundo, esse tipo de programa passou a ser chamado de **pagamento por serviços ambientais.** Os governos ou outras organizações identificam ativos ecossistêmicos cruciais e pagam aos proprietários das terras quantias grandes o suficiente para garantir sua preservação. É claro que há vários problemas que precisam ser resolvidos para que esse tipo de abordagem de direitos de propriedade funcione corretamente, como:

- Medir os serviços ecológicos com precisão
- Garantir que os serviços ecológicos sejam realmente preservados
- Garantir que considerações políticas não entrem nas decisões quanto à preservação de valores ecossistêmicos

Custos de transação

Vimos anteriormente que o uso eficiente de um lago dependia de negociações e acordos entre as duas empresas interessadas. Pode-se esperar que os custos de negociação, juntamente aos custos de monitorar o acordo, sejam bem modestos. Estamos nos referindo aqui aos **custos de transação,** ideia que introduzimos na seção anterior. No caso simples do lago, os custos de transação provavelmente seriam suficientemente baixos para que as empresas pudessem negociar sobre o nível eficiente de emissões. Agora suponha que a Empresa A, aquela que usa o lago como fonte de abastecimento de água, seja substituída por uma comunidade de 50 mil pessoas que usam o lago não somente como abastecimento de água, mas também para fins recreativos. Agora, as negociações ocorrerão entre uma única empresa poluidora de um lado e essas 50 mil pessoas, ou seus representantes, de outro. Para cada um desses indivíduos, o valor de melhorar a qualidade da água é pequeno em relação ao valor para a empresa que polui o lago. Além disso, o nível de qualidade da água do lago é um bem público para essas pessoas. Isso aumenta seriamente os custos de transação envolvidos na negociação de um acordo entre os diferentes usuários.

Para piorar a situação, suponha que em vez de uma empresa poluidora haja mil empresas poluidoras, juntamente a alguns milhares de moradores que ainda não estejam conectados à rede pública de águas e esgotos e, por isso, usam tanques sépticos às margens do lago. Aqui, as possibilidades de outorgar a propriedade do lago a uma pessoa e esperar que as negociações entre essa pessoa e os usuários potenciais encontrem níveis eficientes de uso essencialmente desaparecem.

Bens públicos

Um fator que exacerba os problemas de custos de transação é a condição de **bens públicos** das melhorias na qualidade ambiental. Nessa situação, podemos esperar que ocorra o **problema do caroneiro,** especialmente quando o número de indivíduos afetados é grande: ao negociar com os poluidores sobre os níveis de qualidade ambiental a serem alcançados, há a possibilidade de que alguns (ou talvez muitos) beneficiários potenciais mantenham sua verdadeira preferência oculta a fim de escapar de sua fração justa do custo de controle da poluição. Quando há bens públicos em jogo, abordagens descentralizadas como os sistemas de direitos de propriedade não geram resultados eficientes.

Ausência de mercados

Para que instituições de propriedade privada garantam que um ativo ambiental seja empregado da melhor maneira possível, o processo também deve funcionar de tal maneira que o proprietário seja capaz de captar o valor social integral do recurso nesse uso. Suponha que você seja proprietário de uma pequena ilha no arquipélago de Florida Keys. Há dois possíveis usos: construir um hotel do tipo *resort* ou dedicar o espaço a uma área de preservação ambiental. Se você construir o hotel, obterá um fluxo direto de riqueza monetária, porque o mercado turístico é bem desenvolvido nessa parte do mundo e você pode esperar que os clientes encontrem seu hotel e paguem o preço de mercado por seus serviços. Contudo, não há "mercado" comparável para serviços de proteção ambiental. O valor da ilha como área de proteção ambiental pode perfeitamente ser muito mais alto do que seu valor como *resort*, considerando a disposição a pagar agregada real de todas as pessoas do país e do mundo, mas não existe nenhuma maneira adequada pela qual esse valor ambiental possa ser expresso; não há mercado pronto como o mercado turístico, em que esse valor de fato pudesse concorrer com os turistas que visitariam a ilha. Você pode achar que alguma entidade de conservação da natureza como a **Nature Conservancy** poderia comprar a ilha se seu valor como área de proteção ambiental realmente fosse mais alto do que seu valor como hotel, mas as entidades de conservação da natureza funcionam na base de contribuições voluntárias, e ilhas e outras terras são, de fato, bens públicos.[4] Vimos anteriormente que quando há bens públicos em jogo as contribuições voluntárias para disponibilizar algo provavelmente serão muito menores do que seu verdadeiro valor devido ao **comportamento de caroneiro.** O resultado é que, embora você, como proprietário, certamente possa esperar aproveitar o valor monetário integral da ilha como *resort*, não seria capaz de realizar seu valor social integral se a mantivesse como área de preservação ambiental.

Considere novamente o caso do lago no qual se localizam a empresa de produtos químicos e a cervejaria. Suponha que haja uma espécie singular de peixe no lago que não seja de valor algum para qualquer das duas empresas, mas que seja de alto valor para a sociedade em geral. Nesse caso, atribuir direito de proprie-

[4] A Nature Conservancy é um grupo nacional dos Estados Unidos que busca proteger recursos sensíveis a danos por meio de sua aquisição. Nos 50 últimos anos, o grupo ajudou a proteger mais de 11 milhões de acres de terras ecologicamente sensíveis nos Estados Unidos; algumas dessas terras foram transferidas para outros grupos públicos e privados de conservação da natureza; o restante ainda pertence à Nature Conservancy. Muitos estados norte-americanos também possuem grupos de conservação da natureza.

dade exclusivo para qualquer uma das empresas não seria uma maneira eficiente de proteger os peixes.

Nos últimos anos, os decisores políticos, especialmente nos países em desenvolvimento, procuraram desenvolver um plano inovador de direitos de propriedade para preservar recursos ecossistêmicos importantes. Ele se chama **pagamento por serviços ambientais** e é discutido no Quadro 10.2.

Mercados de "bens verdes"

Uma vez estabelecidos os direitos de propriedade, há a possibilidade de que se formem novos mercados privados que poderiam deslocar a economia em direção a uma melhor qualidade ambiental? Entre a maioria dos cidadãos há uma preocupação cada vez maior com os impactos da poluição ambiental. Isso representa uma oportunidade para que empreendedores privados disponibilizem bens e serviços que são produzidos de maneiras mais benignas para o meio ambiente. Considere a Figura 10.2*a*, por exemplo. Ela mostra uma função de demanda dos consumidores por "energia verde", isto é, eletricidade gerada de uma maneira que lance menos poluentes no ar do que as tecnologias padrão baseadas em combustíveis fósseis. Essa função é chamada de D_1 na figura. Se as opções tecnológicas disponíveis para se produzir energia verde (solar, eólica, etc.) fornecem uma função de oferta de S_1, podemos esperar que passem a existir mercados privados e que se produzam q_1 unidades de energia limpa, a um preço p_1. Se uma tecnologia melhor for disponibilizada, a função de oferta de energia limpa pode se deslocar para S_2, aumentando a quantidade de energia limpa vendida no mercado para q_2 e diminuindo seu preço para p_2.[5]

A importância disso pode ser vista na Figura 10.2*b*, que mostra a demanda por energia baseada em combustíveis fósseis. A diminuição do preço no mercado

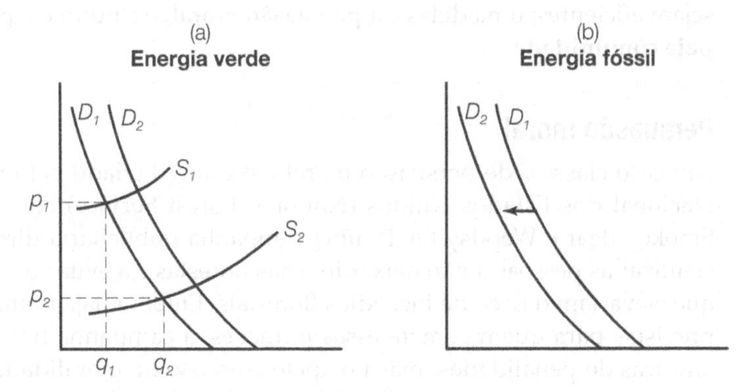

FIGURA 10.2 Mercados privados de um "bem verde".

[5] O parâmetro econômico de suma importância aqui é a *elasticidade-preço da demanda*, definida como a variação percentual na quantidade demandada de algo produzida por uma variação de 1% em seu preço. Quanto maior essa elasticidade (em um sentido negativo, quando p e q estão se movimentando em direções opostas), maior o aumento na quantidade decorrente de uma queda no preço como a de p_1 para p_2 no diagrama.

de energia verde faz a curva de demanda por energia baseada em combustíveis fósseis se deslocar de volta porque esses dois bens são substitutos um do outro. Em outras palavras, o crescimento em um setor voluntário de energia verde levaria a um deslocamento de volta na demanda por energia "suja".

Podemos esperar que mercados privados desse tipo passem a existir e levem à redução da poluição? Claramente alguns se desenvolverão, porque podemos de fato ver mercados crescentes de energia verde, alimentos orgânicos, papel reciclado, entre outros. Serão eles capazes de fornecer a quantidade socialmente eficiente de redução da poluição? Provavelmente, não. Quando compro energia verde, estou conferindo benefícios não somente a mim mesmo, mas também a outros cujo ar se torna mais limpo em decorrência dessa compra. Minha compra, em outras palavras, produz um bem público e já vimos que os mercados privados, por si sós, não fornecem quantidades suficientes de bens públicos. Então, embora esse meio possa nos deslocar por parte do caminho em direção a uma redução eficiente da poluição, ele certamente não consegue fazer o trabalho completo.

AÇÃO VOLUNTÁRIA

Por **ação voluntária** entendemos aqueles casos em que indivíduos (incluindo empresas individuais) se envolvem em comportamentos de controle da poluição na ausência de qualquer obrigação jurídica formal impelindo a isso. Poderíamos pensar que neste mundo competitivo, voltado ao mercado, o controle voluntário da poluição seria bem escasso, mas isso pode não ser verdade. Há muitos que sentem que programas baseados em restrições voluntárias podem ser usados de maneira bem eficiente. A Tabela 10.1 é uma lista parcial de programas voluntários que foram usados nos Estados Unidos. Há várias forças sociais que presumivelmente precisam estar em operação para que esses programas sejam eficientes: uma delas é a **persuasão moral**, e a outra é a **pressão informal pela comunidade**.

Persuasão moral

Um caso clássico de persuasão moral é o esforço criado pelo Serviço Florestal Nacional dos Estados Unidos (National Forest Service) com os personagens Smokey Bear e Woodsy Owl*, uma campanha publicitária direcionada a conscientizar as pessoas a não deixar lixo nas florestas e a evitar o descarte de coisas que elevariam o risco de incêndios florestais. Embora haja multas e penalidades previstas para quem comete essas infrações, a campanha não era baseada em ameaças de penalidades, mas no apelo ao senso de moralidade cívica das pessoas. As campanhas "Don't Be a Litterbug" ("Não seja um 'sujismundo'") adotam, essencialmente, o mesmo tipo de abordagem.

---

* N. de T.: Smokey Bear, um urso, e Woodsy Owl, uma coruja, são personagens criados pelo Departamento de Agricultura norte-americano (USDA) para promover a conscientização de crianças sobre a prevenção de incêndios nas florestas, o combate à poluição e os cuidados com a terra e a natureza por meio de atividades lúdicas e educativas.

TABELA 10.1 Exemplos de programas voluntários de controle da poluição nos Estados Unidos

Tipo de programa	Exemplos
Programas públicos direcionados a indivíduos e baseados principalmente na **persuasão moral**	O programa cujo *slogan* é "Give a hoot, don't pollute"; o programa "Pitch-in" e programas comunitários de reciclagem
Programas da Agência de Proteção Ambiental (EPA) que encorajam, mas não exigem mudanças de processos que sejam benéficas ao meio ambiente	O programa **Green Lights** encoraja as empresas a adotar tecnologias de iluminação que sejam eficientes para reduzir o consumo de eletricidade
	O programa de design sustentável **Design for the Environment (DfE)** encoraja as empresas a cumprir os padrões "DfE" de rótulos ecológicos
Programas estatutários ou voluntários que forneçam informações sobre o desempenho ambiental de poluidores	O **inventário de emissões tóxicas (TRI ou *Toxic release inventory*)** disponibiliza dados sobre emissões tóxicas ao público para uso em programas de **pressão informal** ou para a elaboração de regulamentações
Programas voluntários de divulgação de informações	O Programa **Energy Star** publica nomes de empresas que adotam planos de eficiência energética
Programas empreendidos unilateralmente por poluidores sem a participação de órgãos públicos	O programa **Responsible Care,** da American Chemical Association, é dedicado a fomentar o desenvolvimento e a manipulação segura de produtos químicos
	ISO14001 é um conjunto de normas internacionais voluntárias para sistemas de gestão ambiental
	Certificação LEED é emitida pela Leadership in Energy and Environmental Design para edifícios com design e práticas operacionais verdes

Fonte: Keith Brouhle, Charles Griffiths, and Ann Wolverton, "The Use of Voluntary Approaches for Environmental Policy Making in the U.S.," U.S. EPA, National Center for Environmental Economics, Working Paper #04-05, May 2005.

Na aurora da reciclagem, as comunidades muitas vezes montavam esforços voluntários nos quais se faziam apelos à virtude cívica. Em alguns casos, esses esforços tiveram êxito; em outros, foram um fracasso total. Hoje, estamos indo em direção a programas de reciclagem mais obrigatórios, embora seja verdade que eles ainda dependem fortemente da persuasão moral para que consigam altas taxas de cumprimento. Claramente, há outras situações em que apelos à moralidade cívica podem ser uma política pública eficiente, especialmente no caso de "emissões" como lixo, situações em que os violadores normalmente estão espalhados em meio à população, tornando impraticável seu monitoramento e a detecção de violações no momento em que ocorrem.

O lado bom da persuasão moral é que ela pode ter amplos efeitos indiretos. Enquanto um imposto cobrado sobre um único tipo de efluente não causa impacto algum sobre emissões de outros tipos de produtos residuais, apelos à virtude cívica devido a um problema podem produzir efeitos em outras situações.

Obviamente, nem todas as pessoas são igualmente responsáveis de um ponto de vista ético. Algumas pessoas respondem a argumentos morais; outras, não. O ônus dessa política recairá, portanto, sobre a parte da população que for mais sensível em termos morais; aqueles que respondem menos a argumentos morais pegarão uma "carona" com as outras, desfrutando dos benefícios das restrições morais dos outros, mas escapando de sua fração de direito do ônus.

É fácil ser cínico em relação à persuasão moral como uma ferramenta a favor da melhoria ambiental. Nessa era da sociedade de massa e da destruição ambiental acentuada, decisores políticos inflexíveis são naturalmente atraídos por políticas ambientais mais obrigatórias. Isso provavelmente seria um erro. Talvez seja verdade que não possamos depender muito fortemente da persuasão moral para produzir, por exemplo, uma redução significativa na poluição do ar na área da bacia de Los Angeles ou quedas substanciais no uso de agrotóxicos que contaminam lençóis freáticos, mas em nossa busca por dispositivos novos e eficientes para tratar de problemas específicos de poluição, talvez subestimemos a contribuição do clima geral da moralidade pública e da virtude cívica. Um forte clima nesse sentido possibilita que se instituam novas políticas e facilita sua administração e fiscalização. Daí pode-se deduzir como é importante que políticos e decisores façam coisas que reforcem esse clima moral em vez de desgastá-lo.

Pressão informal pela comunidade

Outro meio pelo qual alguns programas voluntários funcionam é a **pressão informal** sobre os poluidores para que eles reduzam suas emissões. É informal porque não é exercida por meios estatutários ou jurídicos e é pressão porque tenta infligir custos sobre os responsáveis pela poluição excessiva. Os custos são a perda de reputação, a perda de mercados locais (talvez chegando até mesmo a envolver boicotes) ou a perda de reputação pública que leva a quedas no valor das ações de empresas de capital aberto. A pressão é exercida por meio das atividades de grupos de cidadãos locais, reportagens na mídia, passeatas, discussões com os poluidores, etc.

Um importante fator nas ações voluntárias desse tipo é a **informação** disponível sobre as emissões dos poluidores. Se não houver bons dados disponíveis sobre a quantidade e a qualidade de emissões de fontes específicas, será difícil mobilizar o interesse público e focalizá-lo nas partes responsáveis. Essa é uma das motivações por trás do Inventário de Emissões Tóxicas dos Estados Unidos (TRI), um programa estabelecido sob a **Lei sobre planos de emergência e direito de saber da comunidade** (1986) e a **Lei de prevenção à poluição** (1990), segundo as quais os poluidores são obrigados a fornecer informações sobre suas emissões tóxicas e publicá-las de tal maneira que as comunidades possam identificar as emissões que as afetam diretamente. Essa abordagem de divulgação para o público também está sendo seguida em outros países.

Resumo

Neste capítulo, começamos a exploração de diferentes tipos de políticas públicas que podem ser usadas para combater a poluição ambiental. O capítulo discutiu dois principais tipos de abordagens descentralizadas para melhorar a qualidade ambiental. O primeiro foi contar com regras de responsabilização exigindo que os poluidores indenizem aqueles que foram por eles prejudicados. Teoricamente, a ameaça de responsabilização pode levar poluidores potenciais a internalizar o que normalmente seriam custos externos. Ao tentar equilibrar a indenização relativa e os custos de abatimento, as emissões dos poluidores alcançariam níveis eficientes. Embora as doutrinas de responsabilização possam funcionar em casos simples de poluição em que há poucas pessoas envolvidas e as conexões de causa e efeito são claras, é improvável que elas funcionem adequadamente para os problemas ambientais de grande escala e tecnicamente complicados das sociedades contemporâneas.

A segunda importante abordagem que discutimos foi a instituição do direito de propriedade privada. Vistas a partir dessa perspectiva, as externalidades ambientais são um problema somente porque a propriedade de ativos ambientais geralmente não é definida de forma clara. Ao estabelecer direitos de propriedade claros, os proprietários e outros que gostariam de usar os ativos ambientais para vários fins podem negociar acordos que equilibrem os custos relativos de diferentes alternativas. Assim, as negociações entre as partes teoricamente poderiam propiciar taxas de emissões eficientes. Porém, problemas de custos de transação, especialmente relacionados aos aspectos de bens públicos da qualidade ambiental, e a falta de mercados de serviços ambientais são fatores que vão contra depender primordialmente de instituições tradicionais de direito de propriedade em questões de qualidade ambiental. No entanto, veremos em um capítulo subsequente que alguns novos tipos de abordagens de direitos de propriedade podem oferecer mais esperanças.

Finalmente, mencionamos a ideia de persuasão moral, que pode ser útil quando é impossível medir as emissões provenientes de determinadas fontes. Discutimos também o problema do "caronismo" moral, bem como o problema da divulgação ao público como um meio de encorajar o comportamento ético em questões ambientais.

Perguntas para discussão

1. Aparentemente, vizinhos podem facilmente negociar entre si para resolver problemas de externalidades locais como ruídos e usos inestéticos de terras. Contudo, a maioria das comunidades controla esses problemas com leis e regulamentações locais. Por quê?
2. Suponha que os tribunais tenham mudado as regras relativas ao ônus da prova, exigindo que os poluidores provem que suas emissões não são prejudiciais – em vez de esperar que os prejudicados com a poluição provem que foram realmente prejudicados. Que impacto essa mudança poderia causar?
3. Suponha que uma comunidade pesasse o descarte de resíduos sólidos de cada residente na ocasião da remoção de seu lixo e publicasse os totais individuais todo ano no jornal local. Você acha que isso levaria a uma redução na quantidade total de resíduos sólidos descartados na comunidade?
4. Para quais tipos de problemas de poluição é provável que a ação voluntária seja a abordagem política mais eficiente?
5. Acidentes com caminhões de transporte de resíduos perigosos são bastante comuns. Suponha que os reguladores aprovem uma lei exigindo que os perpetradores de tal acidente sejam responsabilizados por uma soma igual aos danos médios de todos os acidentes da indústria. Isso levaria as empresas de transporte por caminhão a tomar precauções em níveis socialmente eficientes contra tais acidentes?

Para leituras e websites adicionais pertinentes ao material deste capítulo, veja www.grupoa.com.br.

CAPÍTULO 11

Estratégias de comando e controle: o caso dos padrões

Uma **abordagem de comando e controle (C&C)** de políticas públicas é aquela em que, a fim de gerar comportamentos socialmente desejáveis, as autoridades políticas simplesmente garantem o comportamento por lei e, então, usam qualquer maquinário de fiscalização – tribunais, polícia, multas, etc. – necessário para fazer as pessoas obedecerem a lei. No caso da política ambiental, a abordagem de comando e controle consiste em contar com **padrões** de vários tipos para gerar melhorias na qualidade ambiental. Em geral, um padrão é simplesmente um nível de desempenho imposto por lei. Um limite de velocidade máxima é um tipo clássico de padrão; ele determina a velocidade máxima permitida por lei em que os motoristas podem viajar, assim como um padrão de emissões é uma taxa máxima de emissões permitida por lei. O espírito de um padrão é: se você quer que as pessoas não façam algo, simplesmente aprove uma lei que torne essa coisa ilegal e, então, envie as autoridades para fiscalizar e fazer cumprir a lei.

A Figura 11.1 é o já familiar gráfico que mostra os custos marginais de abatimento e danos marginais relacionados à taxa da emissão de algum resíduo de produção no meio ambiente. Suponha que inicialmente o nível real de efluente se encontre em e_1, uma taxa substancialmente acima da taxa eficiente e^*. Para alcançar e^*, as autoridades estabelecem um padrão de emissões nesse nível; assim, e^* passa a ser o limite superior previsto por lei para as emissões dessa empresa. O padrão é fiscalizado então pelas autoridades de fiscalização que forem necessárias para medir e detectar quaisquer possíveis violações. Se forem encontradas infrações, a fonte será multada ou sujeitada a alguma outra penalidade. Se a empresa reduzir as emissões de acordo com o padrão, estará incorrendo em um valor equivalente à área *a* por ano em custos totais de abatimento. Esses custos totais de abatimento são os **custos arcados pela empresa** para cumprir o padrão.

Os padrões são adotados por diversos motivos. Eles parecem ser simples e diretos e, aparentemente, estabelecem alvos claramente especificados. Apelam, portanto, ao senso que todos temos de querer enfrentar a poluição ambiental de frente e reduzi-la. Eles também parecem estar em harmonia com nosso senso ético, pois se considera a poluição algo ruim que deve ser declarado ilegal. O sistema jurídico é aparelhado para operar com a definição e o impedimento de comportamentos ilegais, e a abordagem de padrões está de acordo com essa mentalidade.

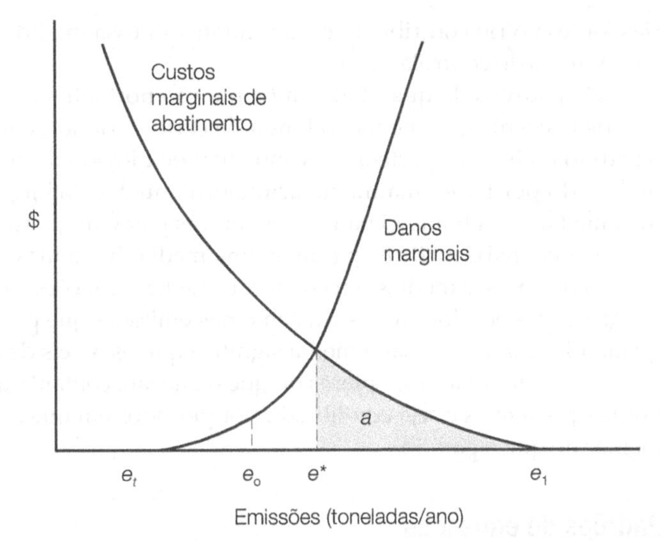

FIGURA 11.1 Padrões de emissões.

Veremos, no entanto, que a abordagem de padrões é muito mais complexa do que pode parecer à primeira vista. Os padrões parecem oferecer um método para tirar das fontes a liberdade de poluir, substituindo-a por mudanças de comportamento previstas por lei. Na verdade, um motivo muito prático para a popularidade da adoção de padrões é que eles podem permitir muito mais flexibilidade em sua fiscalização do que pode parecer. No entanto, o que parece ser clareza e precisão torna-se muito mais problemático quando analisamos os padrões mais a fundo.

TIPOS DE PADRÕES

Há três principais tipos de padrões: *padrões de qualidade ambiente, padrões de emissões* e *padrões tecnológicos.*

Padrões de qualidade ambiente

A qualidade ambiente refere-se às dimensões qualitativas do ambiente circundante; pode ser a qualidade ambiente do ar sobre determinada cidade ou a qualidade ambiente da água em determinado rio. Então, um **padrão de qualidade ambiente** é um nível de algum poluente no ambiente circundante que jamais deve ser excedido. Por exemplo, um padrão de qualidade ambiente de oxigênio dissolvido em determinado rio pode ser estabelecido em 3 partes por milhão (ppm). Esse será o nível mais baixo de oxigênio dissolvido permitido no rio. Obviamente, padrões de qualidade ambiente não podem ser fiscalizados diretamente. O que pode ser fiscalizado são as várias emissões que levam a diferentes níveis de qualidade ambiente. Para garantir que o nível de oxigênio dissolvido no rio nunca caia abaixo de 3 ppm, temos que saber como as emissões das várias fontes no rio contribuem para mudanças nessa medida e, então, introduzir algum meio de controlar isso.

Os padrões de qualidade ambiente são normalmente expressos pelos níveis de concentração média ao longo de certo período de tempo. Por exemplo, o padrão preliminar norte-americano atual de dióxido de enxofre (SO_2) é 80 $\mu g/m^3$,[1] tendo por base uma média aritmética anual, e 365 $\mu g/m^3$, tendo por base uma média de 24 horas. O padrão, em outras palavras, possui dois critérios: uma média anual máxima de 80 $\mu g/m^3$ e uma média diária máxima de 365 $\mu g/m^3$. O motivo de se usar médias é reconhecer que há variações sazonais e diárias nas condições meteorológicas, assim como nas emissões que produzem variações na qualidade ambiente. Usar a média significa que os níveis de qualidade ambiente no curto prazo podem ser piores do que o padrão, contanto que isso não persista por tempo demais e seja equilibrado por períodos em que a qualidade do ar seja melhor do que o padrão.

Padrões de emissões

Padrões de emissões são níveis que nunca devem ser excedidos nas quantidades de emissões que vêm de fontes de poluição. Os padrões de emissões (ou efluentes) são normalmente expressos pela quantidade de material por alguma unidade de tempo – por exemplo, gramas por minuto ou toneladas por semana. Fluxos contínuos de emissões podem estar sujeitos a padrões de taxas "instantâneas" contidas nos fluxos, como os limites superiores sobre a quantidade de fluxo de resíduos por minuto ou sobre a quantidade média de fluxo de resíduos ao longo de determinado período de tempo.

É importante ter em mente a distinção entre os padrões de qualidade ambiente e os padrões de emissões. Estabelecer padrões de emissões em determinado nível não necessariamente acarreta que se alcance um conjunto de padrões de qualidade ambiente. Entre as emissões e a qualidade ambiente há a natureza, particularmente os fenômenos meteorológicos e hidrológicos que os conectam.

Pesquisas para estudar a conexão entre os níveis de emissões e os níveis de qualidade ambiente são uma importante parte da ciência ambiental. O meio ambiente normalmente transporta as emissões do ponto de descarga a outros locais, geralmente diluindo e dispersando-os pelo caminho. Em todos os meios ambientais ocorrem processos químicos que geralmente alteram o caráter físico do poluente e, em alguns casos, isso pode tornar a substância emitida mais benigna. Resíduos orgânicos lançados em rios e riachos normalmente estão sujeitos a processos de degradação natural que os decomporá em seus elementos constituintes. Assim, a qualidade ambiente da água em vários pontos a jusante dependerá da quantidade de emissões além da hidrologia do rio: sua taxa de fluxo, temperatura, condições naturais de reaeração, etc.

A conexão entre emissões e qualidade ambiente também pode ser vitalmente afetada por decisões humanas. Um caso clássico são os automóveis. Como parte do programa de controle da poluição de fontes móveis, foram estabelecidos padrões de emissões para novos carros, considerando as emissões por milha

[1] A unidade $\mu g/m^3$ significa microgramas por metro cúbico.

de operação. Porém, como não há maneira eficiente de controlar nem o número de carros nas estradas nem o número total de milhas que cada carro percorre, a quantidade agregada de poluentes no ar e também a qualidade ambiente do ar não são controladas diretamente.

Podem-se estabelecer padrões de emissões sobre uma variedade de bases diferentes:

1. Taxa de emissões (libras por hora, por exemplo)
2. Concentração das emissões (partes por milhão de demanda bioquímica de oxigênio, ou DBO, nas águas residuais)
3. Quantidade total de resíduos (taxa de descarga X concentração X duração)
4. Resíduos produzidos por unidade de produção (emissões de SO_2 por kilowatt-hora de eletricidade produzida)
5. Conteúdo residual por unidade de insumo (emissões de SO_2 por tonelada de carvão queimado na geração de energia)
6. Remoção percentual de poluente (60% de remoção do material residual antes da descarga)

Na linguagem da regulação, os padrões de emissões são um tipo de **padrão de desempenho**, pois se referem a resultados finais que devem ser alcançados pelos poluidores que são regulados. Há muitos outros tipos de padrões de desempenho: por exemplo, padrões do local de trabalho estabelecidos por números máximos de acidentes ou níveis de risco aos quais os trabalhadores são expostos. Estabelecer que os fazendeiros reduzam seu uso de determinado pesticida para abaixo de determinado nível também é um padrão de desempenho, assim como definir o limite máximo de velocidade em uma estrada.

Padrões tecnológicos

Há inúmeros padrões que não especificam exatamente algum resultado final, mas sim as tecnologias, técnicas ou práticas que possíveis poluidores têm que adotar; agrupamos todos sob o título de padrões tecnológicos. A exigência de que carros sejam equipados com conversores catalíticos ou cintos de segurança é um padrão de tecnologia. Se todas as empresas de abastecimento de eletricidade fossem obrigadas a instalar lavadores de gases nas chaminés para reduzir as emissões de SO_2,[2] estariam de fato trabalhando com padrões tecnológicos, pois um determinado tipo de tecnologia está sendo especificado por autoridades centrais. Esse tipo de padrão também inclui o que geralmente é chamado de padrões de design ou padrões de engenharia. Há também diversos padrões de produtos que especificam características que os bens devem ter e padrões de insumo exigindo que os poluidores potenciais usem insumos que atendam a condições específicas.

Nos extremos, a diferença entre um padrão de desempenho e um padrão tecnológico pode não ser muito nítida. O principal ponto de diferenciação é que

[2] Um lavador de gases é um dispositivo que trata o fluxo de gás em exaustão de modo a remover uma proporção considerável da substância-alvo desse fluxo. O material recuperado, então, deve ser descartado em outro lugar.

um padrão de desempenho, como um padrão de emissão, estabelece uma restrição sobre algum critério de desempenho e, então, permite que as pessoas escolham a melhor maneira de alcançá-la. Já um padrão tecnológico impõe certas decisões e técnicas a serem usadas, como equipamentos específicos ou práticas operacionais que devem ser observadas pelos poluidores. Para fins ilustrativos, o Quadro 11.1 mostra alguns padrões típicos, aplicáveis, nesse caso, a *snowmobiles*. Os limites de monóxido de carbono, hidrocarboneto e ruído são padrões de emissões; o limite sobre a entrada de *snowmobiles* no Parque Nacional de Yellowstone pode ser pensado como um padrão tecnológico, já que restringe o uso de certas máquinas nesse ambiente.

Padrões usados em combinação

Na maioria dos programas reais de controle da poluição, diferentes tipos de padrões são usados em combinação. A política nacional de controle da poluição do ar nos Estados Unidos contém todos os três: no programa de carga máxima total diária (TMDL) de controle da poluição da água, as autoridades estabelecem padrões de qualidade ambiente para a qualidade da água, padrões de emissões para reduzir as cargas de poluição lançadas na água e padrões tecnológicos no que diz respeito a **melhores práticas de gestão.**

A ECONOMIA DOS PADRÕES

Pode parecer algo simples e fácil alcançar uma melhor qualidade ambiental por meio da aplicação de padrões de vários tipos. Os padrões parecem dar aos reguladores um grau de controle positivo para reduzir a poluição, mas acabam sendo mais complicados do que parecem à primeira vista. A discussão no restante deste capítulo abordará eficiência e custo-efetividade dos padrões e também no problema da implementação.

Determinando o nível do padrão

Talvez o primeiro problema desconcertante seja onde estabelecer o padrão. Vimos, no caso das abordagens descentralizadas do controle da poluição – os regimes de leis de responsabilidade civil e de direitos de propriedade – que havia, pelo menos, a possibilidade teórica de que as interações das pessoas envolvidas levassem a resultados eficientes. Com os padrões, obviamente, não podemos presumir isso; os padrões são estabelecidos por algum tipo de processo político/administrativo autorizativo que pode ser afetado por todos os tipos de considerações.

Ao estabelecer os padrões, é fundamental que as autoridades decidam se devem levar em consideração apenas os danos ou tanto os danos quanto os custos de abatimento. Observe novamente a Figura 11.1, particularmente a função de danos marginais. Uma abordagem para o estabelecimento de padrões é tentar estabelecer padrões de qualidade de ambiente ou padrões de emissões com referência apenas à função de danos. Assim, observa-se a função de danos para encontrar pontos significativos que possam ser sugeridos.

QUADRO 11.1 Padrões aplicáveis a *snowmobiles*

Andar de *snowmobile* tornou-se uma popular atividade de inverno nos Estados Unidos. Antigamente, os *snowmobiles* eram montados com motores a dois tempos, o mesmo tipo de motor usado em cortadores de grama e nos barcos com motores de popa. Em um motor a dois tempos, o combustível entra na câmara de combustão ao mesmo tempo em que gases de exaustão são expelidos dela. Consequentemente, quase um terço do combustível passa pelo motor sem sofrer combustão. Isso gera uma baixa economia de combustível e altos níveis de emissões, principalmente de hidrocarbonetos e monóxido de carbono. Em uma hora, um *snowmobile* padrão emite tanto hidrocarboneto quanto um automóvel modelo 2001 emite em 24.300 milhas de direção, e a mesma quantidade de monóxido de carbono em uma hora que um automóvel modelo 2001 emite em 1.520 horas de direção, além de serem veículos muito barulhentos. Na última década, tem ocorrido uma luta política nos Estados Unidos quanto aos padrões de emissões aplicáveis aos *snowmobiles*. Outro aspecto dessa luta diz respeito aos esforços para controlar a entrada de *snowmobiles* em parques nacionais, especialmente no Parque Nacional de Yellowstone. A tabela seguinte mostra os padrões propostos recentemente pela EPA. Desde já, eles estão amarrados em batalhas judiciais, já que a indústria de *snowmobiles* os considera excessivamente restritivos – ao contrário dos grupos ambientais, que não os consideram suficientemente restritivos.

Padrões de emissões aplicáveis a novos *snowmobiles*	**Monóxido de carbono g/kw-hr**	**Hidrocarbonetos g/kw-hr**
Antes de 2006	397	150
2006/2007[1]	275	100
2010	275	75
2012[2]	200	75
Yellowstone 2003	120	15

Padrões de entrada em Yellowstone	**Número de *snowmobiles* permitidos (veículos/dia)**
Clinton 2003	0
Bush	950
Temporada 2011–2012	318

Padrões de ruídos em Yellowstone	**Decibéis**
Yellowstone	73 dB(A)
Outros lugares	Nenhum[3]

[1] Metade dos *snowmobiles* vendidos em 2006 devem cumprir os padrões da EPA e, com algumas exceções, todos os *snowmobiles* vendidos em 2007 têm que cumpri-los.

[2] Os padrões 2012 da EPA permitem que os fabricantes negociem a troca de reduções adicionais em hidrocarbonetos (HC) por aumentos nas emissões de dióxido de carbono (CO), contanto que: as emissões de CO sejam reduzidas em pelo menos 30%; as emissões de HC sejam reduzidas em pelo menos 50%, e o total de emissões de HC + CO somem 100%. Assim, reduções de 60% nas emissões de HC e reduções de 40% nas emissões de CO, por exemplo, satisfariam a exigência, assim como reduções de 70% nas emissões de HC e reduções de 30% nas emissões de CO.

[3] A EPA tem autoridade, sob a Seção 6 da Lei de Controle de Poluição Sonora dos Estados Unidos de 1972, de regulamentar o nível de ruído de "equipamentos de transporte (incluindo veículos recreativos e equipamentos relacionados)". Contudo, o Departamento de Abatimento e Controle de Ruídos da agência foi dissolvido em 1982, e a EPA não emitiu nenhuma regulamentação sob o estatuto nos 22 anos desde então.

Fontes: James E. McCarthy, *Snowmobiles: Environmental Standards and Access to National Parks*, Congressional Research Service, December 3, 2007; U.S. National Park Service, *The Future of Winter Use in Yellowstone National Park*, October 11, 2011.

Um princípio usado em algumas leis ambientais é o estabelecimento do padrão no nível "risco zero": isto é, o nível que protegeria todos dos danos, independentemente de seu grau de sensibilidade. Isso implicaria em estabelecer padrões de emissões no **nível limite**, chamado e_1 na Figura 11.1. Esse conceito é ótimo, contanto que haja um limite. Trabalhos recentes realizados por toxicologistas e outros cientistas, porém, parecem indicar que pode não haver limite para muitos poluentes ambientais e que, na verdade, as funções de danos marginais são positivas à direita da origem. Na verdade, se seguirmos uma abordagem de risco zero, teremos que estabelecer todos os padrões em zero. Isso pode ser apropriado para algumas substâncias e produtos químicos altamente tóxicos, por exemplo, mas seria essencialmente impossível de se alcançar para todos os poluentes.

O padrão pode ser estabelecido em um nível que aceita uma quantidade "razoavelmente pequena" de danos, por exemplo, e_0, o ponto em que a função de danos marginais começa a aumentar muito rapidamente. No entanto, novamente estaríamos estabelecendo o padrão sem considerar os custos de abatimento. Uma lógica diferente poderia sugerir que, ao estabelecer o padrão, os danos devem ser equilibrados com os custos de abatimento. Com isso, estaríamos seguindo à risca a lógica usada ao discutir a noção de eficiência econômica e, dessa maneira, seríamos levados a estabelecer o padrão no ponto e^*, o nível eficiente de emissões. O Quadro 11.2 discute algumas dessas questões no contexto da recente controvérsia sobre a maneira como a Agência de Proteção Ambiental dos Estados Unidos (EPA) estabelece padrões de qualidade do ar ambiente.

Observe que há, de fato, a busca de certo grau de "equilíbrio" quando os padrões são estabelecidos com base em uma média ao longo de determinado período de tempo. Nesse caso, períodos de curto prazo nos quais a qualidade ambiente é relativamente baixa são considerados aceitáveis, contanto que não durem tempo "demais". Julgou-se que não é necessário instalar tecnologia de abatimento suficiente para manter a qualidade ambiente dentro do padrão sob todas as condições naturais concebíveis. Em outras palavras, há um *trade-off* implícito entre os danos que resultarão da deterioração temporária da qualidade ambiente abaixo do padrão e os altos custos que seriam necessários para manter a qualidade ambiente dentro do padrão sob todas as condições.

Uniformidade de padrões

Um problema de ordem muito prática no estabelecimento de padrões é saber se eles devem ser aplicados uniformemente a todas as situações ou se devem variar de acordo com as circunstâncias. Isso pode ser ilustrado usando o problema da uniformidade espacial dos padrões. Os padrões de qualidade ambiente do ar nos Estados Unidos, por exemplo, são essencialmente nacionais. O problema é que as regiões podem diferir muito quanto aos fatores que afetam os danos e as relações com custos de abatimento, de modo que aplicar uniformemente um conjunto de padrões sem considerar essas variações locais pode ter sérias implicações em termos de eficiência.

Considere a Figura 11.2. Ela mostra duas funções de danos marginais, sendo que uma delas (chamada de DM_u) supostamente caracteriza uma área urbana, enquanto a outra (chamada de DM_r) se aplica a uma área rural. DM_u se encontra acima de DM_r porque há muito mais pessoas vivendo na área urbana, então a

QUADRO 11.2 A busca por um "princípio inteligível"

Estabelecendo padrões de qualidade do ar sob a Lei do Ar Puro dos Estados Unidos

Sob a Lei do Ar Puro, o Congresso norte-americano estabelece padrões de emissões para carros. Porém, estabelecer padrões de poluição do ar ambiente para os poluentes comuns cabe à EPA; de fato, delega-se a essa agência o poder jurídico de estabelecer e fiscalizar esses padrões. Então, na EPA, discute-se o nível em que os padrões devem ser estabelecidos: de um lado, algumas pessoas dizem que eles não devem ser rígidos demais, e de outro, algumas dizem que eles precisam ser mais rígidos. Parece não haver um procedimento acordado para o estabelecimento dos padrões.

Em 1999, o Tribunal de Apelação dos Estados Unidos do Distrito de Columbia tomou uma decisão inovadora: descobriu, segundo a solicitação jurídica da Associação Norte-americana de Caminhoneiros (*American Trucking Association*), que o Congresso tinha se envolvido em uma delegação de poder inconstitucional à EPA para estabelecer os padrões de ozônio e material particulado. De acordo com a Constituição norte-americana, o Congresso é o único órgão que pode legislar novos estatutos federais. Há muitos anos, a Suprema Corte decidiu que esse poder podia ser delegado a uma agência reguladora, contanto que o Congresso proporcionasse à agência um "princípio inteligível" para tomar a decisão. A Associação de Caminhoneiros e seus aliados declararam que a Lei do Ar Puro (CCA, ou *Clean Air Act*) não contém tal princípio inteligível – dessa forma, tornando ilegal o estabelecimento de padrões pela EPA.

Obviamente, a CAA apresenta um enunciado que contém os critérios que a EPA deve seguir ao estabelecer os padrões: eles devem ser "necessários para a proteção da saúde pública". Não se faz menção de custos aqui (isto é, não se diz algo como "intensificar os padrões até que os custos adicionais excedam os benefícios adicionais"), e de fato o Tribunal de Apelação concordou que fatores de custo não podiam ser considerados legalmente pela EPA.

Então, que "princípio inteligível" a EPA tem que seguir? Inúmeras pessoas sugeriram abordagens alternativas:

1. Intensificação significativa: intensificar o padrão até que não haja nenhuma melhoria significativa que possa ser obtida com maior rigidez.
2. Ponto de curvatura máxima (*knee-of-the-curve*): intensificar o padrão até que haja uma queda significativa nos benefícios adicionais devido à maior rigidez.
3. Regra *de minimis*: intensificar o padrão até que essa maior rigidez passe a produzir benefícios pequenos demais para serem considerados.

Porém, esses podem ser considerados "princípios inteligíveis"? Parece que independentemente da regra escolhida pela EPA, ela sempre enfrentaria a questão de se valeria ou não a pena intensificar os padrões um pouco mais; em outras palavras, os benefícios de intensificar o padrão excederiam seus custos?

Embora a Lei do Ar Puro não contenha um enunciado explícito desse tipo, a Suprema Corte dos Estados Unidos revogou a decisão do Tribunal de Apelações, dizendo que a EPA tinha, na verdade, desenvolvido procedimentos ao longo dos anos para a interpretação e implementação inteligente dos critérios relacionados à saúde contidos na CAA. De fato, a EPA pegou os critérios gerais expressos na lei e desenvolveu procedimentos para estabelecer padrões de uma maneira razoavelmente inteligente. É claro, isso não necessariamente satisfaz os combatentes do processo político, que ainda discordam sobre o nível de estabelecimento dos padrões.

mesma quantidade de emissões afetará a saúde de mais pessoas na área urbana do que na região rural. Suponha que os custos marginais de abatimento (chamados de CMA) sejam iguais nas duas regiões. Como os danos marginais são muito mais altos na área urbana do que na área rural, o nível eficiente de benzeno no ambiente é muito mais baixo na primeira do que na segunda; o nível eficiente é e_r na região rural e e_u na área urbana. Assim, um único padrão uniforme não pode ser simultaneamente eficiente nas duas regiões. Se o padrão for estabelecido em e_u, será extremamente rígido para a área rural, e se for estabelecido em e_r, não

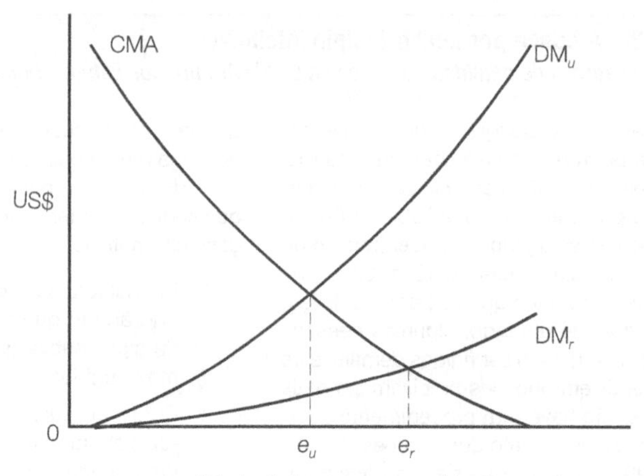

FIGURA 11.2 Variação regional nos níveis de eficiência.

será rígido o suficiente para a região urbana. A única maneira de evitar isso seria estabelecer diferentes padrões nas duas áreas. É claro que, assim, ficamos diante de um dos maiores *trade-offs* das políticas públicas: quanto mais ela for feita "sob medida" para se aplicar a situações diferentes e heterogêneas, mais eficiente serão seus impactos – porém, mais oneroso será obter as informações necessárias para estabelecer os diversos padrões e depois fiscalizá-los.

As curvas na Figura 11.2 podem ser usadas para representar outras situações heterogêneas além de diferenças em regiões geográficas. Por exemplo, DM_u pode representar os danos marginais em determinada região sob certas condições meteorológicas, ou em determinada estação do ano, enquanto DM_r pode representar a função de danos marginais da mesma área, mas sob diferentes condições meteorológicas ou em uma outra estação do ano. Já um único padrão, fiscalizado durante o ano, não pode ser eficiente em todos os pontos do tempo; se for eficiente em um momento, não será no outro.

Padrões e o princípio da equilização na margem

Tendo discutido a questão de estabelecer o padrão no nível eficiente de emissões, precisamos lembrar que o nível eficiente propriamente dito é definido pela função mínima de custo marginal de abatimento. Isso significa que, onde há múltiplas fontes de emissões produzindo o mesmo efluente,[3] o **princípio da equalização na margem** tem que ser válido. O princípio declara que, a fim de obter as maiores reduções possíveis nas emissões totais para determinado custo total de abatimento, as diferentes fontes de emissões precisam ser controladas de tal maneira que terão os mesmos custos marginais de abatimento. Isso significa que diferentes fontes de um poluente normalmente seriam controladas em diferentes graus, dependendo da forma da curva de custos marginais de abatimento em cada fonte. Um importante problema com os padrões é que há quase sempre uma

[3] Isto é, em casos de emissões "uniformemente mistas".

tendência esmagadora entre as autoridades à aplicação dos mesmos padrões a todas as fontes. Isso simplifica muito a regulamentação e dá a impressão de que ela é justa com todos porque todos são aparentemente tratados da mesma maneira. No entanto, padrões idênticos são custo-efetivos somente na situação improvável de todos os poluidores terem os mesmos custos marginais de abatimento.

Considere a Figura 11.3 que mostra as relações entre os custos marginais de abatimento de duas fontes diferentes; cada uma delas emite o mesmo material residual. Observe que as funções de custos marginais de abatimento diferem; para a Empresa A, à medida que as emissões são reduzidas, as funções aumentam muito menos rapidamente do que para a Empresa B. Por que essa diferença? Elas podem estar produzindo diferentes produtos com diferentes tecnologias. Uma empresa pode ser mais antiga do que a outra, e a tecnologia mais antiga pode ser menos flexível, tornando mais oneroso reduzir as emissões nessa fábrica do que naquela com equipamentos mais novos. Uma fábrica pode ser projetada para usar um tipo de matéria-prima diferente daquele que a outra utiliza. Isso, na verdade, espelha a situação do mundo real. Normalmente, pode-se esperar uma heterogeneidade considerável nos custos de abatimento entre grupos de empresas, embora elas estejam emitindo o mesmo tipo de resíduo.

Os números essenciais são resumidos na Tabela 11.1. As emissões não controladas são 20 para cada empresa, e os custos de controle, marginal e total, são zero.

Nível de emissões (toneladas/mês)	Custos marginais de abatimento (US$)	
	A	**B**
20	0,00	0,00
19	1,00	2,10
18	2,10	4,60
17	3,30	9,40
16	4,60	19,30
15	6,00	32,50
14	7,60	54,90
13	9,40	82,90
12	11,50	116,90
11	13,90	156,90
10	16,50	204,90
9	19,30	264,90
8	22,30	332,90
7	25,50	406,90
6	28,90	487,00
5	32,50	577,00
4	36,30	677,20
3	40,50	787,20
2	44,90	907,20
1	49,70	1037,20
0	54,90	1187,20

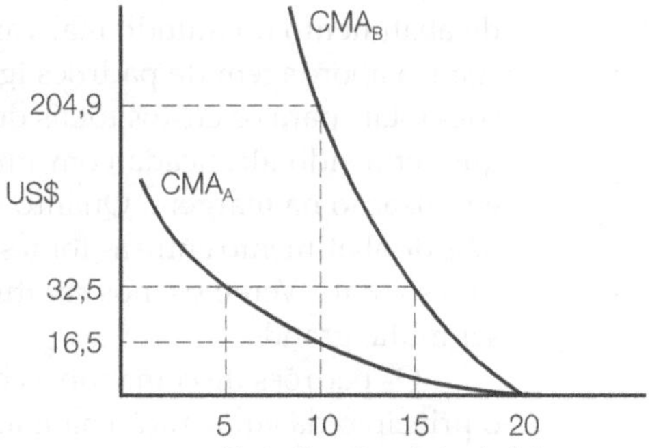

FIGURA 11.3 Custos marginais de abatimento de duas fontes.

TABELA 11.1 Valores ilustrativos de poluidores exibidos na Figura 11.3

	Empresa A	Empresa B	Total
Solução inicial			
Emissões (toneladas)	20	20	40
Custos marginais de abatimento	US$ 0	US$ 0	US$ 0
Custos totais de abatimento	US$ 0	US$ 0	US$ 0
Redução por equalização proporcional			
Emissões (toneladas)	10	10	20
Custos marginais de abatimento	US$ 16,50	US$ 204,90	
Custos totais de abatimento	US$ 75,90	US$ 684,40	US$ 760,30
Redução por equalização na margem			
Emissões (toneladas)	5	15	30
Custos marginais de abatimento	US$ 32,50	US$ 32,50	
Custos totais de abatimento	US$ 204,40	US$ 67,90	US$ 272,30

Sob uma regra da equalização proporcional[4] cada empresa reduziria as emissões em 50%, o que equivaleria a 10 toneladas cada. Os custos marginais de controle são, então, desiguais: US$ 16,50 para A e US$ 204,90 para B. Os custos totais de controle da poluição são US$ 75,90 para A e US$ 684,40 para B, totalizando US$ 760,30.

Com cortes equalizados na margem, A vai para 5 toneladas e B, para 15 toneladas. Os custos de controle da poluição totalizam US$ 272,30 para essa situação. Os custos de cumprimento para um corte que satisfaça o critério equimarginal correspondem apenas a 36% dos custos de cumprimento em uma redução por equalização proporcional.

Em suma, os padrões são normalmente elaborados para serem aplicados uniformemente entre as diferentes fontes de emissões. Essa prática é quase inerente à filosofia fundamental da abordagem dos padrões e, para muitas pessoas, essa parece uma maneira justa de proceder. No entanto, se os custos marginais de abatimento no mundo real variarem entre as fontes, como normalmente variam, a abordagem de padrões iguais produzirá uma redução menor nas emissões totais para os custos totais de cumprimento do programa do que a redução que teria sido alcançada com uma abordagem que satisfizesse o princípio da equilização na margem. Quanto maiores forem as diferenças nos custos marginais de abatimento entre as fontes, pior será o desempenho da abordagem de padrões iguais. Veremos, nos capítulos seguintes, que de fato essa diferença pode ser muito grande.

Os padrões de comando e controle podem ser estabelecidos de acordo com o princípio da equilização na margem? A menos que a lei aplicável exija algum tipo de **corte por equilização proporcional**, talvez não haja nada que impeça as autoridades de estabelecerem diferentes padrões para as fontes individuais. Para

[4] Um corte equiproporcional é um corte que reduz cada fonte segundo o mesmo percentual de suas emissões originais. No exemplo, o corte de 10 toneladas para cada fonte era igual em termos absolutos e também equiproporcionais, já que cada fonte supostamente estaria, no início, em um nível de emissões de 20 toneladas por mês.

obter uma redução geral para 20 toneladas/mês no exemplo anterior, elas poderiam exigir que a Fonte A reduzisse suas emissões para 5 toneladas/mês e a Fonte B, para 15 toneladas/mês. A parte difícil, no entanto, é que para conseguir isso as autoridades precisam saber quais são os custos marginais de abatimento das diferentes fontes. Esse ponto precisa ser enfatizado, pois quase todo problema de poluição do mundo real normalmente tem múltiplas fontes. Para uma agência reguladora estabelecer padrões individuais em conformidade com o princípio da equilização na margem, *ela teria que conhecer a relação de custos marginais de abatimento de cada uma dessas fontes*. Falamos, no Capítulo 9, sobre o problema das informações assimétricas. Os poluidores normalmente têm uma quantidade substancial de **informações privadas** sobre custos de controle da poluição, e esses custos normalmente variam entre as fontes. Então, para que os reguladores estabeleçam regulamentações custo-efetivas de controle da poluição, precisam encontrar alguma maneira de obter essas informações. A principal fonte de dados seriam os próprios poluidores, e não há motivo para acreditar que eles compartilhariam essas informações voluntariamente. Na verdade, se eles perceberem, como certamente perceberiam, que as informações seriam usadas para estabelecer padrões para fontes individuais, teriam todos os incentivos para fornecer à agência reguadora dados mostrando que seus custos marginais de abatimento aumentam muito rapidamente com as reduções das emissões. Assim, é um verdadeiro problema para as autoridades tentar estabelecer padrões de emissões específicos a cada fonte. *No entanto*, muito disso se faz informalmente, por meio de interações da agência que regula o controle da poluição com as fontes locais, cada uma das quais em circunstâncias um tanto diferentes. Voltaremos a esse assunto quando discutirmos questões relativas à fiscalização.

PADRÕES E INCENTIVOS

Uma questão importante para qualquer política é a criação de incentivos custo-efetivos para que as fontes reduzam as emissões para níveis eficientes; a abordagem de comando e controle baseada em padrões é seriamente deficiente nesse aspecto. Um problema fundamental é a característica dos padrões, pois são "tudo ou nada"; ou estão sendo alcançados ou não. Se estiverem sendo alcançados, não haverá nenhum incentivo para superar o padrão, embora os custos de novas reduções nas emissões possam ser bem modestos. Da mesma forma, os incentivos são para alcançar os padrões, embora as últimas unidades de redução nas emissões possam ser muito mais onerosas do que os danos reduzidos.

É fácil lidar com os padrões tecnológicos, pois com eles os incentivos para encontrar maneiras mais baratas (considerando todos os custos) de reduzir as emissões são efetivamente zero. Se as autoridades de controle determinarem detalhadamente a tecnologia e as práticas específicas que os poluidores podem usar legalmente para reduzir as emissões, não haverá recompensas para encontrar abordagens melhores.

Consideremos agora os padrões de emissões. A Figura 11.4 mostra os custos marginais de abatimento de uma empresa em duas situações: CMA_1 refere-se aos custos anteriores a determinada melhoria tecnológica; CMA_2 é a curva de custo marginal de abatimento que uma empresa poderia esperar depois de investir uma grande quantidade de recursos em um esforço de pesquisa e desenvolvimento (P&D) para desenvolver um tratamento ou uma tecnologia de reciclagem melhor. Sem um programa de controle da poluição, não há absolutamente nenhum incentivo para gastar o dinheiro em P&D. Agora, suponha que a empresa tenha que cumprir padrões de emissões de e_2 toneladas/ano. Com os custos marginais de abatimento originais, o custo anual total de cumprimento para essa empresa é ($a + b$) por ano. Se o programa de P&D for bem-sucedido, os custos de cumprimento serão de apenas b/ano. A diferença, a/ano, é o valor da redução dos custos de cumprimento e representa, na verdade, o incentivo para se envolver no esforço de P&D. Veremos, no próximo capítulo, que esse é um efeito mais fraco do que aquele gerado por programas de incentivos econômicos. No entanto, é um incentivo, o que é mais do que podemos dizer sobre os padrões tecnológicos.

Para compreender totalmente os efeitos de incentivo dos padrões, é necessário analisar de perto todos os detalhes. A Figura 11.4 mostra um padrão aplicado às emissões totais. Historicamente, a maioria dos padrões é aplicada a emissões por unidade de insumo ou produção de empresas industriais. Para empresas de fornecimento de energia elétrica, um padrão de emissões por unidade de combustível queimado é um padrão por unidade de insumo. Estabelecer os padrões dessa maneira gera importantes implicações relacionadas a incentivos. Considere a seguinte expressão, que mostra como as emissões totais de uma operação industrial estão relacionadas a fatores subjacentes de desempenho:

$$\frac{\text{Emissões}}{\text{totais}} = \frac{\text{Produção}}{\text{total}} \times \frac{\text{Insumos usados por}}{\text{unidade de produção}} \times \frac{\text{Emissões por}}{\text{unidade de insumo}}$$

Suponha que as autoridades apliquem um padrão de insumos às usinas termoelétricas a carvão. O padrão poderia ser expresso em termos de quantidades máximas de emissões de SO_2 permitidas por tonelada de carvão queimado. Como esse é um padrão aplicado ao último termo da equação, a usina presumivelmente

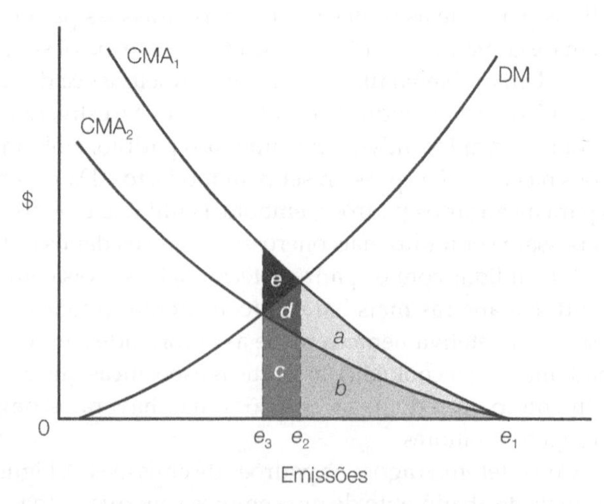

FIGURA 11.4 Economias de custos devido a mudanças tecnológicas: o caso dos padrões.

reduzirá suas emissões por unidade de insumo até o nível do padrão. Contudo, há duas outras maneiras de reduzir as emissões totais, como mostram os dois primeiros termos à direita do sinal de igualdade. Uma é reduzir a produção total – encorajando os consumidores a conservar eletricidade, por exemplo. A outra é reduzir a quantidade de carvão necessária por unidade de eletricidade gerada. Em outras palavras, as usinas devem aumentar a **eficiência do uso de combustível**. Nesses casos, as usinas não terão um incentivo para reduzir as emissões, porque o padrão foi estabelecido considerando apenas o último fator da expressão.

Nos últimos anos, os reguladores têm se aproximado mais de padrões baseados na produção, isto é, padrões expressos em termos de emissões permitidas por unidade de produção.[5] Se multiplicarmos os dois últimos termos da expressão, obteremos as **emissões por unidade de produção**. Se estabelecermos um padrão sobre esse fator, poderemos observar que os poluidores podem reduzir suas emissões de duas maneiras: reduzindo os insumos por unidade de produção e reduzindo as emissões por unidade de insumo. Os incentivos dos poluidores foram ampliados. Então, no caso de uma central elétrica, um padrão baseado na produção envolveria ambos os incentivos: reduzir as emissões por unidade de carvão queimado (talvez com a utilização de carvão com baixo teor de enxofre) e fazer um uso mais eficiente do combustível (talvez comprando caldeiras mais modernas para a usina).

Aspectos político-econômicos dos padrões

Segundo a teoria dos padrões, eles são estabelecidos por autoridades reguladoras e, então, cumpridos por poluidores. Na verdade, esse processo pode levar a "favores" políticos entre as partes que afetam substancialmente o resultado. Suponha que as autoridades estejam se esforçando ao máximo para estabelecer o padrão em algo que se aproxime do nível eficiente de emissões e que, na Figura 11.4, e_2 é sua visão do nível eficiente antes da mudança técnica. Porém, a nova tecnologia abaixa a curva de custos marginais de abatimento, e sabemos, pelo Capítulo 5, que isso reduzirá o nível eficiente de emissões. As autoridades, então, estimam que, em razão da sua visão de danos marginais, a nova tecnologia deslocará o nível eficiente de emissões para e_3 na Figura 11.4. Assim, elas mudarão o padrão de modo a refletir esse deslocamento. Agora, o custo de cumprimento da empresa será de $(b + c)$ por ano. A diferença é agora $(a - c)$. Assim, as economias de custo da empresa serão substancialmente menores do que antes da alteração do padrão; na verdade, os custos de cumprimento podem se tornar mais altos do que antes do programa de P&D. Em outras palavras, a empresa poderia supor que, devido ao modo como os reguladores podem intensificar os padrões, ela se sairia pior com a nova tecnologia do que com os antigos métodos. O procedimento de estabelecimento de padrões, nesse caso, solapou completamente o incentivo para produzir novas tecnologias de controle da poluição. Esse é um caso daquilo que pode ser chamado de **incentivos perversos**. Um incentivo perverso é um incentivo que, na verdade, vai contra os objetivos da regulação. Nesse caso, esta-

[5] Os padrões de emissões para automóveis sempre consideraram insumos – por exemplo, as gramas de poluente por milha dirigida.

belecer padrões pode desestimular melhorias de longo prazo nas tecnologias de controle da poluição.[6]

Se os padrões de emissões criarem incentivos para mudanças tecnológicas, não seria desejável estabelecer padrões muito rígidos de modo a aumentar esse incentivo? Esse é outro ponto em que entram em jogo considerações políticas. Se, na Figura 11.4, o padrão for estabelecido em e_3 bem no início, isso significaria economias de custo correspondentes a $(a + d + e)$ com a nova tecnologia – e não somente a, como seria com o padrão estabelecido em e_2. Esse tipo de abordagem é classificado como **imposição de tecnologia**. Seu princípio é estabelecer padrões que não sejam realistas com a tecnologia de hoje na esperança de que isso motive a indústria de controle da poluição a inventar maneiras de cumprir o padrão com custos razoáveis.

No entanto, padrões mais rígidos também criam outro incentivo: o incentivo para que os poluidores tentem aliviar a cobrança por parte das autoridades públicas adiando a data em que os padrões entrariam em vigor. Em um sistema político aberto, as empresas podem pegar alguns recursos que talvez tenham ido para P&D sobre controle da poluição e dedicá-los, em vez disso, a influenciar as autoridades políticas a adiar o início da adoção de padrões rígidos. Quanto mais rígidos e mais de curto prazo forem os padrões, mais haverá espaço para essa atividade. Assim, a imposição de tecnologia é mais uma das estratégias nas quais um grau moderado de eficiência não significa necessariamente que mais tecnologia será ainda mais eficiente.

É necessário lembrar também que uma boa parte dos novos processos de P&D na área de controle da poluição é realizada por uma indústria de controle da poluição e não pelas próprias indústrias poluidoras. Assim, tirar conclusões sobre os incentivos de políticas de controle da poluição a favor de mudanças tecnológicas significa prever como essas políticas contribuirão para o crescimento e a produtividade da indústria de controle da poluição. Os padrões tecnológicos estão se atrofiando justamente por esse motivo, pois, substanciamente, acabam com os incentivos para os empreendedores da indústria de controle da poluição desenvolverem novas ideias. Nesse aspecto, os padrões de emissões são melhores, como já vimos. Uma prova disso é o fato de que os representantes da indústria de controle da poluição normalmente se posicionam politicamente a favor de padrões ambientais mais rígidos; na verdade, eles veem o futuro de sua indústria quase que diretamente atrelado ao grau de rigidez dos padrões de emissões estabelecidos pelas autoridades públicas.

A ECONOMIA DA IMPLEMENTAÇÃO

Todos os programas de controle da poluição (talvez à exceção dos programas voluntários, mencionados no capítulo anterior) precisam ser implementados. Grande parte dos atuais conflitos políticos sobre regulações ambientais envolve questões de implementação em que um lado alega que as regulações são rígidas

[6] Há outro incentivo perverso que prejudica as reduções por equalizações proporcionais: se os poluidores perceberem que estarão sujeitos a cortes proporcionais no futuro, verão que é melhor aumentar sua base agora elevando suas emissões. Quando o corte for imposto, eles conseguirão emitir quantidades maiores do que poderiam se não tivessem inflado sua base.

demais e o outro diz que não são suficientemente rígidas. Nesta seção, veremos brevemente algumas questões econômicas relacionadas a implementação regulatória, discutindo-as particularmente em sua relação com a imposição de padrões. Em capítulos posteriores, discutiremos questões de implementação relacionadas a outros tipos de instrumentos políticos.

Aplicação de padrões de emissões

Há duas dimensões primárias da aplicação de padrões: o monitoramento e a penalização. Considere a Figura 11.5. Ela mostra uma função de custos marginais de abatimento (CMA) que representa, como sempre, os custos marginais para a empresa referentes à redução das emissões. Por outro lado, em vez de uma função de danos marginais como no modelo padrão, há uma **função de penalidades marginais**. A linha chamada de CMP representa as penalidades esperadas que as empresas talvez tenham que enfrentar por violar um padrão de emissões. As penalidades surgem quando se detecta que as empresas estão excedendo seu padrão de emissões, cobrando-se multas ou outras penalidades em decorrência disso. Suponha que um padrão seja estabelecido em e^*. Talvez ele tenha sido estabelecido comparando-se custos de abatimento a danos ou talvez com base em algum outro critério. O que importa é a maneira como as empresas realmente serão motivadas a reduzir suas emissões.[7] A CMP é zero abaixo de e^*; a empresa é penalizada somente pelas emissões excessivas, e a forma da curva de CMP mostra como as penalidades aumentariam à medida que o tamanho da violação aumentasse.

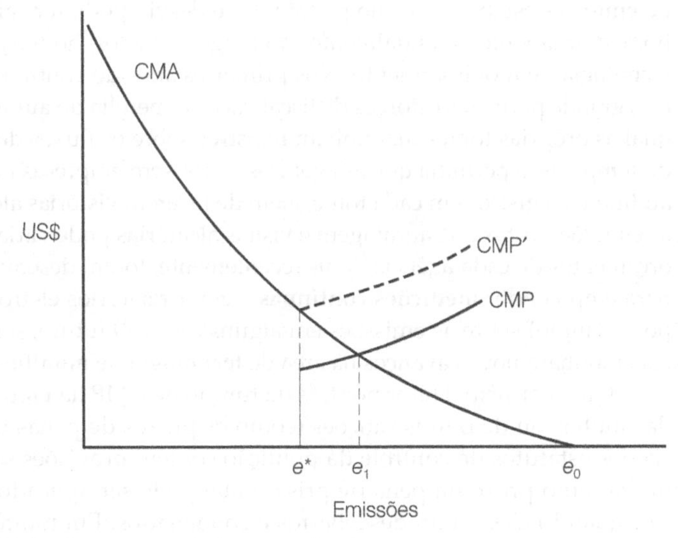

FIGURA 11.5 A economia da implementação.

[7] No capítulo anterior, discutimos regras de responsabilização como uma maneira de controlar as emissões. Em termos de função de penalidades, as regras de responsabilização transformam a função de danos marginais em uma curva de CMP, pois elas responsabilizariam as empresas pelo pagamento dos danos que suas emissões causassem.

Se as emissões atuais se encontram em e_0, a empresa claramente as reduzirá, porque os custos marginais de abatimento nesse ponto são bem menores do que os custos marginais de penalidade em vigor no momento. No entanto, irá parar de reduzir as emissões em e_1, pois atingir níveis mais baixos que esse exigiria custos de abatimento mais altos do que a empresa economizaria com menos penalidades. Portanto, a menos que algo mude, as emissões da empresa acabarão em e_1 e a quantidade de não cumprimento será $e^* - e_1$.

A única maneira de reduzir o não cumprimento é elevar a função de penalidades. Há, basicamente, duas maneiras de fazer isso: intensificar as atividades de monitoramento de modo a detectar o não cumprimento mais facilmente ou elevar as multas para aqueles que tiverem sido detectados como não cumpridores. Obviamente, as autoridades podem fazer ambos, e se fizessem isso suficientemente a função de penalidade poderia ser elevada para algo próximo à linha pontilhada chamada de CMP' – o que garantiria, então, uma taxa de não cumprimento igual a zero.

Essa análise mostra várias coisas. Ela mostra o resultado fundamental de que a fiscalização gera um *trade-off*: para obter níveis de cumprimento mais altos, as autoridades normalmente têm que dedicar mais recursos à fiscalização. Também pode haver certo *trade-off* entre o monitoramento e as multas. A curva de CMP da Figura 11.5 pode ser deslocada para cima ou para baixo pelas mudanças em qualquer um desses elementos de fiscalização.

Devemos observar também que o monitoramento, nesse caso, exige mensuração ou estimação das quantidades de emissões, pois a função de CMP é essencialmente expressa em termos de desvios das emissões reais em relação aos níveis de emissões estabelecidos no padrão. Esse desvio pode ser calculado de hora em hora, diariamente ou anualmente. Ao longo dos anos, houve grandes avanços na tecnologia de monitoramento. Nos primeiros anos do controle rigoroso da poluição, grande parte dos esforços de fiscalização dependia do **automonitoramento**, no qual as próprias fontes mantinham registros sobre os fluxos de emissões ao longo do tempo. Isso permitia que as agências visitassem empresas periodicamente para auditar os registros em cada fonte, além de fazerem vistorias aleatórias para medir as emissões. A taxa de auditagem e visitas aleatórias pode variar de acordo com os orçamentos de cada agência. Mais recentemente, foram desenvolvidas tecnologias para empreender **medições contínuas** e gerar relatórios eletrônicos (via Internet, por exemplo) sobre as emissões em alguns casos. O futuro, sem dúvida, também testemunhará novos avanços na área de **tecnologia de monitoramento remoto**.

Outro principal fator por trás da função de CMP da Figura 11.5 é o tamanho das multas ou de outras sanções (como os prazos de penas de prisão). A maioria dos estatutos de controle da poluição contém provisões sobre o tamanho da multa (ou o prazo da pena de prisão) que pode ser aplicado contra violadores se e quando eles forem descobertos e condenados. Em muitos casos, foram estabelecidas multas baixas demais – mais baixas do que os custos de abatimento necessários para cumprir os padrões.[8] Nessas situações, as empresas podem, na

[8] Agência de Proteção Ambiental dos Estados Unidos, *Consolidated Report on the National Pollution Discharge Elimination System Permit Enforcement Program* (EPA/IG E1H28-01-0200-0100154), Washington, D.C., 1990

verdade, economizar dinheiro fazendo "corpo mole" para cumprir os padrões. Com sanções baixas como essa, a fiscalização, portanto, é muito mais difícil e onerosa do que quando as sanções são mais altas. Diante da possibilidade de ter que pagar multas substancialmente mais altas, as fontes presumivelmente teriam um incentivo mais forte para cumprir os padrões.

É necessário ter em mente que normalmente o sancionamento envolve usar o sistema judicial para mover ações judiciais. O funcionamento de tribunais pode determinar algum limite sobre o que as agências reguladoras podem fazer. Por exemplo, se multas monetárias ou outras penalidades expressas na lei forem muito altas, os tribunais podem relutar em julgar muito rigorosamente fontes de não cumprimento de padrões devido aos deslocamentos econômicos que isso pode gerar.

Aplicação de padrões tecnológicos

Os padrões tecnológicos exigem que as fontes adotem e operem meios técnicos aprovados de controle da poluição. Nesse caso, há que se fazer a importante distinção entre **cumprimento inicial** e **cumprimento continuado**. No cumprimento inicial, um poluidor que deve cumprir determinado padrão de tecnologia instala os equipamentos apropriados. Para monitorar isso, é necessário que inspetores visitem o local, verifiquem se os equipamentos estão instalados e se certifiquem de que eles irão operar de acordo com as condições estabelecidas pelo padrão. Após confirmar esses pontos, a agência reguladora pode, então, dar à empresa a autorização de operação que for necessária, mas isso não garante que os equipamentos continuarão a ser operados no futuro de acordo com os termos da autorização. Eles podem se deteriorar com o uso normal ou não ter a manutenção adequada; além disso, futuros operadores podem não ter o treinamento adequado para operá-los, entre outros problemas. Sem algum grau de monitoramento, portanto, não há garantia de que a fonte continuará a cumprir o padrão. No entanto, novamente, a agência reguladora tem grande flexibilidade ao estabelecer um programa de monitoramento. Ele pode variar de visitas muito infrequentes a locais selecionados aleatoriamente a observadores permanentes estacionados em cada fonte.

Questões gerais

Quando os custos de fiscalização são incluídos na análise, surge a questão de saber se os padrões devem ser estabelecidos, pelo menos em parte, com a consideração dos custos de fiscalização. Padrões mais rígidos podem envolver grandes custos de fiscalização porque exigem que as fontes realizem mudanças operacionais maiores, e padrões menos rígidos podem ser alcançáveis com menos recursos de fiscalização (pelo motivo oposto). Os órgãos ambientais públicos normalmente sofrem restrições orçamentárias. Em alguns casos, é possível obter maiores reduções gerais nas emissões usando padrões menos rígidos que podem ser facilmente fiscalizados do que utilizando padrões mais rígidos que envolvam custos de fiscalização mais altos.

Uma característica muito comum dos padrões ambientais é que eles normalmente são estabelecidos e fiscalizados por diferentes grupos de pessoas. Os padrões geralmente são estabelecidos por autoridades nacionais; a sua execução geralmente é feita por autoridades locais. Nos Estados Unidos, por exemplo, os padrões de qualidade do ar estabelecidos sob a Lei do Ar Puro são determinados no nível federal, mas a implementação normalmente é realizada por agências no nível estadual – e isso gera diversas implicações. Uma delas é que os padrões geralmente são estabelecidos sem muita consideração quanto aos custos de fiscalização; supõe-se mais ou menos que as autoridades locais encontrarão os recursos de fiscalização necessários. Obviamente, não é o que acontece na prática. Com orçamentos de fiscalização limitados, as autoridades locais podem reagir a novos programas reduzindo os recursos dedicados a outros programas. Outra implicação é que, na prática, as políticas ambientais que incorporam padrões acabam tendo muito mais flexibilidade do que pode parecer à primeira vista. Leis redigidas no nível nacional são específicas e aparentemente aplicáveis em todos os lugares. Já no nível local, onde os verdadeiros desafios começam a aparecer, as autoridades locais de controle da poluição têm que aplicar a lei às fontes locais e, nesse processo, podem acontecer muitas trocas de favores do tipo "uma mão lava a outra" entre as autoridades e os gerentes de fábricas locais, com a participação de grupos ambientais também. Um cínico, ou um realista político, pode concluir que as abordagens baseadas em padrões são favorecidas exatamente devido ao fato de que, no mundo real de órgãos públicos com orçamentos apertados, elas permitem um cumprimento parcial ou incompleto. Uma das vantagens (alguns consideram isso uma desvantagem) das políticas que usam padrões é a flexibilidade na fiscalização.

Resumo

Historicamente, a abordagem mais popular de controle da poluição ambiental é o estabelecimento de padrões. Ela foi chamada de abordagem de comando e controle porque consiste na divulgação, por parte das autoridades públicas, de certos limites para os poluidores, além da fiscalização desses limites pelas instituições de fiscalização apropriadas. Especificamos três principais tipos: padrões de qualidade ambiente, padrões de emissões e padrões tecnológicos. A discussão inicial estava centrada no nível em que os padrões devem ser estabelecidos e em sua uniformidade regional.

Um dos principais problemas com o estabelecimento de padrões é a questão da custo-efetividade e do princípio da equilização na margem. Na maioria dos programas de padrões, o viés administrativo é aplicar os mesmos padrões a todas as fontes de determinado poluente. Porém, o controle da poluição pode ser custo-efetivo somente quando os custos marginais de abatimento são igualados entre as diferentes fontes. Quando os custos marginais de abatimento diferem entre as fontes, como quase sempre acontece, padrões uniformes não são custo-efetivos. Na prática, as diferenças entre as fontes em seus custos marginais de abatimento geralmente são reconhecidas informalmente pelos reguladores locais ao aplicar um padrão nacional uniforme.

Discutimos detalhadamente a questão do impacto de longo prazo dos padrões por meio de seus efeitos sobre os incentivos para procurar melhores maneiras de reduzir as emissões e vimos que os padrões tecnológicos solapam totalmente esses incentivos. Já os padrões de emissões criam incentivos positivos para a P&D voltada ao controle da poluição, embora vejamos que tais incentivos são mais fracos do que os incentivos econômicos de políticas de controle da poluição, o que será o assunto dos dois próximos capítulos. Finalmente, discutimos a importantíssima questão da aplicação das normas regulatórias.

Perguntas para discussão

1. Os programas de proteção ambiental são, muitas vezes, criados de forma a exigir que todos os poluidores cortem suas emissões de acordo com determinada taxa percentual. Quais são os incentivos perversos inerentes a esse tipo de programa?
2. Se padrões de emissões forem desconsiderados – por exemplo, pela impossibilidade de medir as emissões (como as emissões de fontes não pontuais) –, quais tipos alternativos de padrões poderiam ser usados?
3. Na Figura 11.2, mostre o custo social de estabelecer um padrão nacional uniforme, aplicável tanto a áreas rurais quanto a áreas urbanas (para fazer isso, você pode supor que o padrão nacional é estabelecido em e_u ou em e_r).
4. Considere o exemplo da Figura 11.3. Suponha que definamos como *justo* um corte em que as duas fontes têm os mesmos custos totais. Uma redução por equalização proporcional seria justa nesse sentido? E uma redução que cumprisse o princípio da equilização na margem? Essa é uma boa definição de *redução justa*?
5. Às vezes, sugere-se que a maneira mais justa de resolver o problema do comércio e do meio ambiente seria a adoção dos mesmos padrões de emissões em todos os países. Quais são os prós e contras dessa proposta do ponto de vista econômico?

Para leituras e *websites* adicionais pertinentes ao material deste capítulo, veja www.grupoa.com.br.

CAPÍTULO 12

Estratégias baseadas em incentivos: cobranças e subsídios sobre emissões

No capítulo anterior, discutimos algumas das vantagens e desvantagens de usar uma abordagem baseada em padrões para o controle da poluição. Embora os padrões aparentemente ofereçam controle direto das atividades poluidoras, em muitas aplicações eles enfrentam sérios obstáculos devido à sua tendência a tratar todas as fontes igualmente (apesar de suas grandes diferenças) e a se prender a certas tecnologias. Um grande problema é que geralmente eles são incapazes de tirar proveito das informações privadas que os poluidores possuem sobre meios e procedimentos que podem ser utilizados para reduzir a poluição. Políticas ambientais **baseadas em incentivos** são criadas para retificar esses obstáculos. Essas políticas com incentivos funcionam da seguinte forma: primeiro, as autoridades públicas estabelecem objetivos e regras gerais e, então, dão às empresas espaço para que seus incentivos comerciais levem à adoção de procedimentos e tecnologias de controle da poluição que sejam custo-efetivos.

Há basicamente dois tipos de políticas de incentivo:

1. **Cobranças e subsídios**
2. **Direitos de emissão transferíveis**

Ambas exigem iniciativas políticas centralizadas para começar, mas dependem de respostas flexíveis das empresas para alcançar um controle eficiente da poluição. No primeiro tipo, as empresas têm espaço para responder da maneira que desejarem ao que, essencialmente, é um novo preço pelo uso dos serviços do meio ambiente. O segundo tipo é criado para funcionar mais ou menos automaticamente por meio das interações entre os próprios poluidores ou entre poluidores e outras partes interessadas. Nos últimos anos, muitos países, inclusive os Estados Unidos, introduziram programas de direitos de emissão transferíveis, também chamados de programas de incentivo **baseados no mercado**. Na Europa, muitos países contam com cobranças ambientais para motivar reduções nas emissões e também para elevar as receitas públicas. O Quadro 12.1 mostra alguns dos planos adotados na Europa. Neste capítulo, examinaremos a economia de cobranças e subsídios sobre emissões. No próximo capítulo, consideraremos a técnica das autorizações de descarte transferíveis. Os economistas ambientais há

QUADRO 12.1 Impostos "verdes" na Europa

Desde o início da década de 1990, muitos países na Europa adotaram impostos "verdes" diretamente sobre as emissões ou sobre atividades e/ou produtos que contribuem com emissões. A maioria desses impostos recai sobre combustíveis para motores. A justificativa original desses impostos era elevar as receitas; mais recentemente, passaram a ter como alvo a redução do uso de combustíveis e das emissões de dióxido de carbono (CO_2), mas inúmeros outros impostos ambientais foram adotados. Muitos países hoje têm impostos sobre emissões de óxido nítrico (NO_x). Dinamarca e a Noruega, além dos Estados Unidos, têm impostos sobre substâncias que destroem a camada de ozônio; existem também inúmeros impostos sobre materiais residuais sólidos destinados a aterros e itens específicos como pilhas e câmeras. A Noruega, em 2004, introduziu um imposto sobre descargas de mercúrio de aterros; a Dinamarca, em 2005, introduziu um imposto sobre o fósforo. Foram adotados vários impostos sobre o uso de pesticidas e fertilizantes.

Países europeus têm introduzido ativamente impostos sobre emissões de gases causadores do efeito estufa, particularmente CO_2. A Finlândia foi um dos primeiros países a fazer isso, usando parcialmente as receitas para compensar impostos sobre emprego. A Suécia introduziu impostos sobre CO_2 em 1991, assim como a Suíça em 2008, e a Irlanda introduziu um imposto sobre carbono aproximadamente na mesma época. Na França, fez-se um esforço para introduzir um imposto mais amplo sobre as emissões de CO_2, mas encontrou-se um problema de implementação comum: havia tantas isenções para indústrias específicas (especialmente a agricultura) que o imposto nunca foi instituído.

Fontes: Organização para a Cooperação e o Desenvolvimento Econômico (*Organization for Economic Co-operation and Development*), *Environmentally Related Taxes in OECD Countries: Issues and Strategies* (2001); *Instrument Mixes Addressing Mercury Emissions to Air* (2004); *Instrument Mixes Addressing Non-Point Sources of Water Pollution* (2005); *The Political Economy of the Norwegian Aviation Fuel Tax* (2005); *The United Kingdom Climate Change Levy* (2004); *Taxation, Innovation and the Environment*, (2010).

muito têm favorecido a ideia de incorporar políticas baseadas em incentivos às políticas ambientais de maneira mais minuciosa. Elas podem servir para tornar as políticas ambientais mais efetivas em muitos casos e melhorar substancialmente a custo-efetividade dessas políticas. Tenha em mente, porém, algo que já foi dito: nenhum tipo de política será a melhor em todas as circunstâncias. Políticas baseadas em incentivo não são exceção. Elas têm pontos fortes, mas também têm pontos fracos. Os pontos fortes são suficientemente fortes para que se deposite uma maior confiança nessas políticas em muitas circunstâncias, mas há muitos tipos de problemas ambientais em que elas podem não ser tão úteis quanto as outras abordagens.

COBRANÇAS SOBRE EMISSÕES

As empresas poluem porque não levam em consideração os danos sociais causados por suas ações. Assim, a abordagem mais direta de controle das emissões é a cobrança, por parte das autoridades, de um preço por essas emissões. Isso pode ser feito de duas maneiras: cobrando por cada unidade de emissões ou oferecendo um subsídio por cada unidade de emissões que a fonte cortar.

Lidaremos primeiramente com as **cobranças sobre emissões**, também chamadas de "**impostos sobre emissões**". Em um sistema de encargos, diz-se aos poluidores: "vocês podem descarregar a quantidade de material residual que desejarem, mas suas emissões serão medidas e serão feitas certas cobranças por cada unidade (uma tonelada, por exemplo) de efluentes descarregadas". Por exemplo, uma das primeiras cobranças sobre emissões propostas nos Estados Unidos foi instituída em 1970, quando o presidente Nixon recomendou um imposto de US$ 0,15 por libra sobre emissões de enxofre das grandes centrais elétricas. Contudo, o imposto nunca foi adotado. Quando um encargo sobre emissões entra em vigor, as empresas responsáveis pelas emissões têm, essencialmente, que pagar pelos serviços do meio ambiente – transporte, diluição, decomposição química e assim por diante –, da mesma forma que devem pagar por todos os outros insumos usados em suas operações. E assim como elas sempre tiveram um incentivo para economizar em mão de obra escassa e outros insumos de produção convencionais, agora têm um incentivo para economizar no uso de serviços ambientais. Como se faz isso? Da forma que as empresas quiserem (dentro de limites razoáveis). Isso pode soar como uma piada, mas, na verdade, representa a principal vantagem dessa técnica. Ao deixar os poluidores livres para determinar a melhor maneira de reduzir suas emissões, esse tipo de política tenta aproveitar sua própria energia e criatividade e seu desejo de minimizar os custos para encontrar a maneira menos onerosa de reduzir as emissões. Pode ser qualquer combinação de tratamento, mudanças nos processos internos, reciclagem, deslocamento da produção para produtos menos poluentes e assim por diante. A essência da abordagem baseada em cobranças é fornecer um incentivo para os próprios poluidores encontrarem a melhor maneira de reduzir as emissões, em vez de uma autoridade central determinar como isso deve ser feito. E, ao procederem assim, os poluidores têm um forte incentivo para usar as informações privadas de que dispõem sobre os custos de controle da poluição de tecnologias alternativas.

A economia básica

Os mecanismos essenciais de uma cobrança sobre emissões são ilustrados na Figura 12.1. Os números referem-se a uma única fonte de determinado poluente. A Figura 12.1*a* mostra a análise numericamente, e a Figura 12.1*b* mostra essencialmente as mesmas informações graficamente. O imposto foi estabelecido em US$ 120/toneladas ao mês. A segunda coluna da Figura 12.1*a* mostra os custos marginais de abatimento da empresa, e a terceira coluna mostra os custos totais de abatimento. As duas últimas mostram o imposto devido mensal total que a empresa pagaria em diferentes níveis de emissões e o custo total, que consiste na soma dos custos de abatimento e do imposto devido. Vemos que o custo total mínimo ocorre a uma taxa de emissão de 4 toneladas/mês. Sigamos essa lógica considerando os custos marginais de abatimento. Suponha que a empresa esteja inicialmente emitindo 10 toneladas/mês; se cortasse as emissões para 9 toneladas, isso custaria US$ 15 em custos de abatimento, mas US$ 120 seriam economizados do total de impostos devidos (claramente, um bom negócio). Seguindo essa lógica, a empresa poderia melhorar seu resultado final continuando a reduzir as emissões enquanto os impostos devidos estiverem acima dos custos marginais de abatimento. Assim, a regra a ser seguida pela empresa é: reduzir as emissões até que os custos marginais de abatimento sejam iguais às cobranças sobre as emissões. Isso é exibido na forma de diagrama na Figura 12.1*b*. Com uma função de custo

Emissões (toneladas/mês)	Custo marginal de abatimento	Custo total de abatimento	Imposto devido total a US$120/tonelada	Custos totais
10	0	0	1.200	1.200
9	15	15	1.080	1.095
8	30	45	960	1.005
7	50	95	840	935
6	70	165	720	885
5	95	260	600	860
4	120	375	480	855
3	150	525	360	885
2	185	710	240	950
1	230	940	120	1.060
0	290	1.230	0	1.230

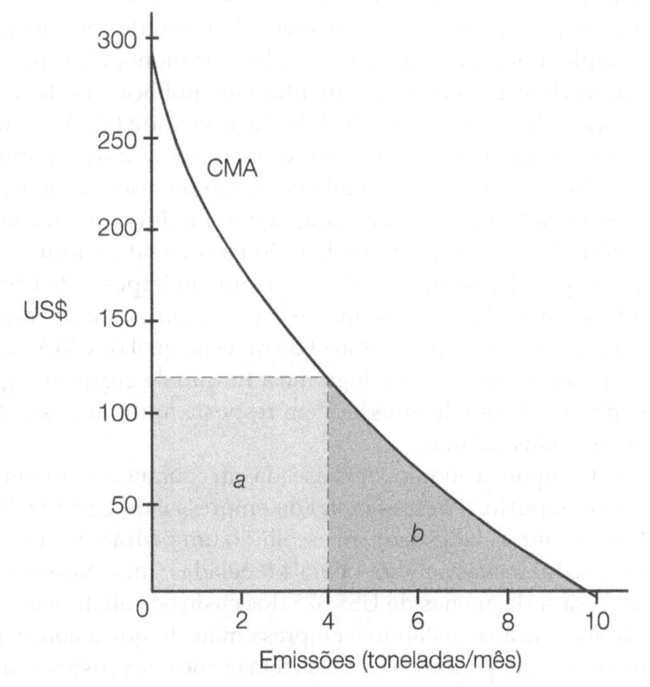

FIGURA 12.1 Um encargo sobre emissões.

marginal de abatimento contínua, é possível falarmos em frações de toneladas de emissões, algo que não podíamos fazer na Figura 12.1*a*. Então, o gráfico é traçado de forma a concordar com os valores inteiros da Figura 12.1*a*; isto é, a cobrança de US$ 120 leva a empresa a reduzir as emissões para exatamente 4 toneladas/mês.

Depois que a empresa reduzir suas emissões para 4 toneladas/mês, seu imposto devido total (mensal) será de US$ 480, e seus custos de abatimento mensais serão de US$ 375. Graficamente, os custos totais de abatimento correspondem à área sob a função de custo marginal de abatimento, chamado de *y* na figura. O imposto devido total é igual às emissões multiplicadas pela alíquota do imposto, ou o retângulo chamado de *x*. Sob um sistema de encargos desse tipo, os custos totais de uma empresa são iguais aos seus custos de abatimento mais os pagamentos de impostos feitos às autoridades fiscais.

Por que a empresa simplesmente não desconsidera a cobrança, continua a poluir como vem fazendo e apenas repassa o imposto aos consumidores na forma de preços mais altos? Se a empresa permanecesse emitindo 10 toneladas, sua despesa total seria de US$ 1.200/mês, consistindo totalmente em pagamento de imposto. Esse valor é muito mais alto do que os US$ 855 que ela pode alcançar cortando as emissões para toneladas/mês. O que se supõe em um programa de encargos sobre emissões é que **pressões competitivas** levarão as empresas a fazer o que puderem para minimizar seus custos. Assim, quando há concorrência na indústria sujeita ao imposto sobre emissões, essa disputa levará as empresas a reduzir as emissões em resposta ao imposto. Seguindo a mesma linha de raciocínio, porém, temos que reconhecer que se a concorrência for fraca as empresas talvez não respondam dessa maneira. Centrais de geração de energia elétrica, por exemplo, normalmente são operadas por monopólios regulamentados sujeitos à supervisão por comissões de utilidade pública e podem não responder as cobranças sobre as emissões de dióxido de enxofre (SO_2) da mesma maneira que as empresas que operam em climas econômicos mais competitivos.

Para empresas competitivas, o grau de resposta dependerá de diversos fatores. Quanto maior a cobrança, maior a redução, e vice-versa. No exemplo da Figura 12.1, um imposto de US$ 50 teria levado a fonte a reduzir as emissões apenas para 7 toneladas/mês, enquanto um imposto de US$ 180 teria produzido um corte para 2 toneladas/mês; isto é, a empresa selecionaria uma quantidade de emissões mais próxima possível do nível no qual os CMA são iguais às cobranças. Além disso, quanto mais íngreme a função de custos marginais de abatimento, menor a redução de emissões em resposta a um imposto. Retornaremos a esse assunto mais adiante.

Compare a abordagem baseada em cobranças com um padrão de emissões. Com o imposto, a despesa total da empresa é de US$ 855. Suponha que, em vez disso, as autoridades tenham escolhido um padrão de emissões para fazer a empresa reduzir suas emissões para 4 toneladas/mês. Nesse caso, a despesa total da empresa seria apenas de US$ 375 dos custos de abatimento. Assim, o sistema de cobranças acaba custando à empresa mais do que a abordagem baseada em padrões. Sob um padrão, a empresa tem os mesmos custos totais de abatimento que no sistema de cobranças, mas, essencialmente, ainda está obtendo os serviços do meio ambiente de graça; já sob um sistema de cobranças, ela tem que pagar por esses serviços. No entanto, embora obviamente as empresas poluidoras prefiram padrões a cobranças sobre emissões, há bons motivos, como veremos, para que a sociedade geralmente prefira cobranças a padrões.

O nível da cobrança

Em situações competitivas, cobranças mais altas geram maiores reduções nas emissões, mas qual deve ser o nível desse encargo? Se conhecermos a função de danos marginais, a resposta presumivelmente será estabelecer a cobrança de modo a produzir o nível eficiente de emissões, como na Figura 12.2. Com uma taxa de cobranças de t^*, as emissões são e^*, e os danos marginais são iguais aos custos marginais de abatimento. Os custos totais de controle de emissões da empresa dividem-se em dois tipos: além dos custos totais de abatimento (custos de cumprimento) de e, temos o total de pagamentos de impostos de $(a + b + c + d)$. O primeiro representa os custos de quaisquer técnicas que a empresa tenha escolhido para reduzir as emissões de e_0 para e^*, enquanto o segundo representa os pagamentos feitos à agência de controle que cobre as cobranças das emissões remanescentes. Do ponto de vista da empresa, obviamente ambos são custos reais que terão que ser cobertos a partir das receitas. Do ponto de vista da *sociedade*, no entanto, os pagamentos de impostos são diferentes dos custos de abatimento. Enquanto estes envolvem recursos reais e, portanto, custos sociais reais, as cobranças sobre emissões são, na verdade, **pagamentos por transferência**, feitos pelas empresas (em última análise, pelas pessoas que compram os produtos da empresa) ao setor público e, finalmente, àqueles da sociedade que são beneficiados pelas despesas públicas resultantes. Quando uma empresa considera seus custos, inclui tanto os custos de abatimento quanto os pagamentos de impostos; ao se considerar os custos sociais de um programa de impostos, é apropriado excluir os pagamentos por transferência.

A redução das emissões de e_0 para e^* eliminou os danos de $(e + f)$. Os danos restantes são $(b + d)$, um valor menor do que aquele pago pela empresa em impostos. Isso dá a impressão de que cobranças sobre emissões baseiam-se no direito de usar recursos ambientais e não na noção de compensação. Contudo, o pagamento de um "imposto único" como esse (uma única alíquota de impostos para todas as emissões) tem sido criticado porque geralmente levaria a situações em que os paga-

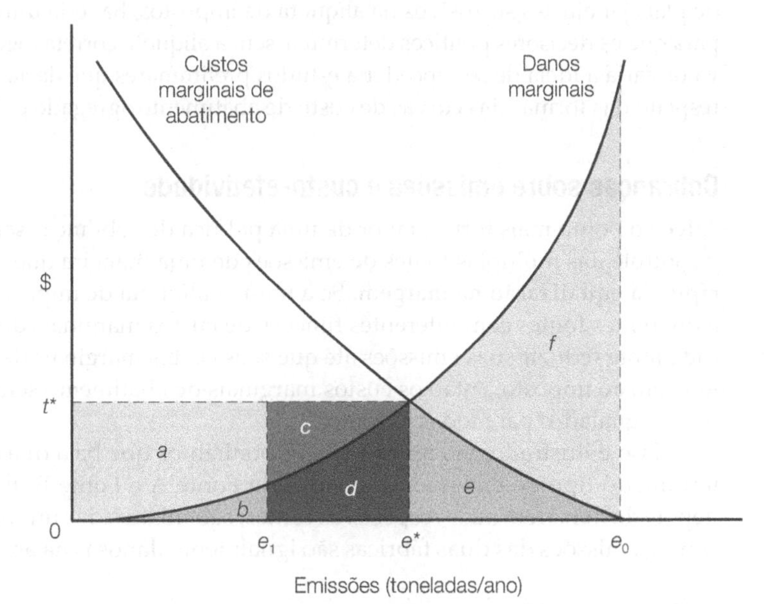

FIGURA 12.2 Um encargo sobre emissões que seja eficiente.

mentos totais de impostos excederiam substancialmente os danos restantes. Uma maneira de contornar a situação é instituir uma **cobrança de emissões em duas partes**. Permitimos que certa quantidade inicial de emissões não seja tributada, aplicando as cobranças somente às emissões que ultrapassarem esse limite. Por exemplo, na Figura 12.2, podemos permitir à empresa e_1 unidades de emissões livres de impostos e aplicar o cobrança de t^* a qualquer valor acima desse. Dessa maneira, a empresa ainda teria o incentivo para reduzir as emissões para e^*, mas seus pagamentos totais de impostos seriam apenas $(c + d)$. Os custos totais de abatimento e os danos totais causados pelas e^* unidades de emissões ainda seriam os mesmos.

Como a cobrança pode ser estabelecida se os reguladores não conhecerem a função de danos marginais? As emissões estão ligadas à qualidade ambiente; quanto menores as emissões, geralmente menor será a concentração ambiente do poluente. Assim, uma estratégia poderia ser estabelecer um imposto e, depois, observar cuidadosamente quais melhorias seriam feitas nos níveis de qualidade ambiente. Teríamos que esperar por um período suficientemente longo, para dar às empresas tempo de responder ao imposto. Se a qualidade ambiente não melhorar tanto quanto o desejado, a cobrança deverá ser aumentada; se a qualidade ambiente melhorar mais do que se tinha imaginado originalmente, a cobrança deverá ser diminuída. Esse é um processo de aproximação sucessiva para encontrar as cobranças de emissões de longo prazo corretas. Não está absolutamente claro se essa abordagem seria praticável no mundo real. Ao responder a um imposto, os poluidores investiriam em uma variedade de dispositivos e práticas de controle da poluição, muitos dos quais teriam custos iniciais relativamente altos. Esse processo de investimento poderia ser substancialmente subvertido se, pouco tempo depois, as autoridades passassem a usar uma nova alíquota de impostos. Qualquer agência que tentasse usar esse método para encontrar a taxa de cobranças eficiente sem dúvida se encontraria envolvida em uma vigorosa batalha política. Em vez de planejar ajustes sucessivos na alíquota de impostos, haveria um forte incentivo para que os decisores políticos determinassem a alíquota correta logo no início. Isso valorizaria a ideia de se proceder a estudos preliminares que dariam uma noção a respeito das formas das curvas de custo de abatimento agregado e de danos.

Cobranças sobre emissões e custo-efetividade

Talvez o ponto mais forte a favor de uma política de cobranças sobre efluentes é o controle das múltiplas fontes de emissões de uma maneira que satisfaz o **princípio da equalização na margem**. Se a mesma alíquota de impostos for aplicada a diferentes fontes com diferentes funções de custos marginais de abatimento, e cada fonte reduzir suas emissões até que seus custos marginais de abatimento se igualem ao imposto, então os custos marginais de abatimento serão automaticamente igualados para todas as fontes.

Isso é ilustrado na Figura 12.3.[1] Suponhamos que haja duas fontes de determinado tipo de emissão, chamadas de Fonte A e Fonte B. Essas emissões, depois de deixarem suas respectivas fontes, são misturadas uniformemente; assim, as emissões das duas fábricas são igualmente danosas na área de impacto a

[1] Vimos gráficos como esse várias vezes, como nas Figuras 5.5 e 11.3.

Nível de emissões (toneladas/mês)	Custos marginais de abatimento	
	Fonte A	Fonte B
20	0,0	0,0
19	1,0	2,1
18	2,1	4,6
17	3,3	9,4
16	4,6	19,3
15	6,0	32,5
14	7,6	54,9
13	9,4	82,9
12	11,5	116,9
11	13,9	156,9
10	16,5	204,9
9	19,3	264,9
8	22,3	332,9
7	25,5	406,9
6	28,9	487,0
5	32,5	577,0
4	36,3	677,2
3	40,5	787,2
2	44,9	907,2
1	49,7	1.037,2
0	54,9	1.187,2

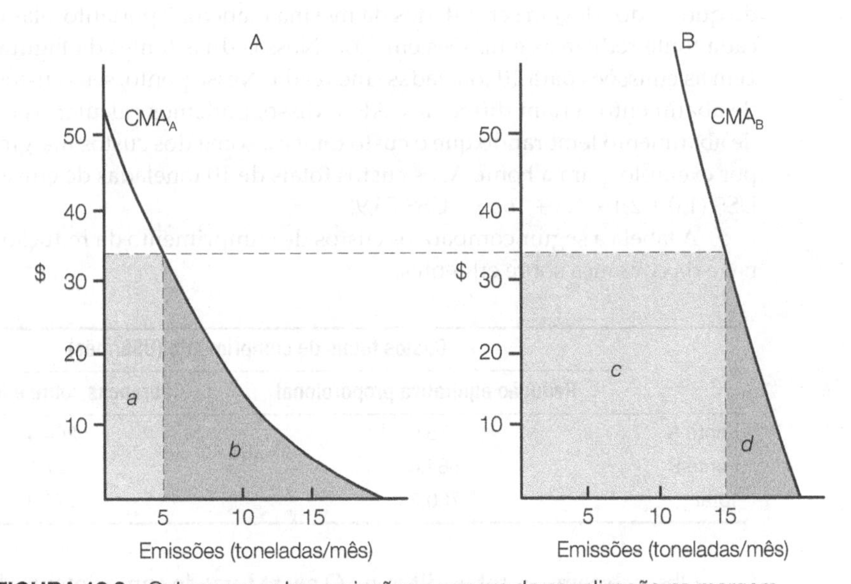

FIGURA 12.3 Cobranças sobre emissões e a regra da equalização na margem.

jusante ou a sotavento. Os custos marginais de abatimento das duas fontes são os mesmos que usamos no capítulo anterior. Eles são exibidos na forma gráfica na Figura 12.3*b*. Os custos marginais de abatimento da Fonte A aumentam muito menos rapidamente com as reduções nas emissões do que os custos da Fonte B. No mundo real, diferenças como essa estão normalmente relacionadas ao fato de as empresas estarem usando diferentes tecnologias de produção. Elas podem estar fabricando diferentes produtos (podem ser, por exemplo, uma fábrica de papel e uma empresa de enlatamento de alimentos) ou podem ser fábricas da mesma indústria que usam diferentes técnicas de produção (como usinas de geração de energia elétrica movidas a carvão ou a petróleo). De acordo com os gráficos, a tecnologia de produção usada pela Fonte B torna a redução das emissões mais cara do que na Fonte A. Se impusermos um encargo sobre os efluentes de US$ 33/toneladas a cada fonte, os operadores da Fonte A reduzirão suas emissões para 5 toneladas/mês, e os operadores da Fonte B reduzirão para 15 toneladas/mês (considerando apenas valores inteiros). Depois dessas reduções, as fontes terão os mesmos custos marginais de abatimento, e a redução total terá sido de 20 toneladas por mês, o que a cobrança sobre efluentes já distribuiu automaticamente entre as duas empresas de acordo com o princípio da equalização na margem.

Observe muito cuidadosamente que, com o imposto sobre emissões, a Fonte A reduziu suas emissões em 75%, enquanto a Fonte B diminuiu suas emissões em apenas 25%. O imposto sobre emissões leva a reduções nas emissões proporcionalmente maiores em empresas com custos marginais de abatimento mais baixos. Por outro lado, as empresas que têm curvas de custos marginais de abatimento mais inclinadas farão reduções proporcionalmente menores. Suponha que, em vez da cobrança, as autoridades tenham instituído um corte **proporcional** alegando que "todos devem ser tratados da mesma maneira"; portanto, elas exigem que cada fonte reduza as emissões em 50%. Nossas duas fontes da Figura 12.3 reduzem as emissões para 10 toneladas/mês cada. Nesse ponto, seus custos marginais de abatimento seriam diferentes. Além disso, podemos calcular os custos totais de abatimento lembrando que o custo total é a soma dos custos marginais. Assim, por exemplo, para a Fonte A, os custos totais de 10 toneladas de emissões seriam US$ (1,0 + 2,1 + . . . + 16,5) = US$ 75,9.

A tabela a seguir compara os custos de cumprimento da redução proporcional e da cobrança sobre efluentes:

	Custos totais de cumprimento (US$/mês)	
	Redução equitativa proporcional	**Cobranças sobre efluentes**
Fonte A	75,9	204,4
Fonte B	684,4	67,9
Total	760,3	272,3

Observe como os totais diferem. O custo total de cumprimento de um corte proporcional corresponde, aproximadamente, a 2,8 vezes o valor do custo total de um encargo sobre emissões. O simples motivo é que o corte proporcional viola o princípio da equalização na margem; ele exige o mesmo corte proporcional independentemente da altura e da forma da curva de custos marginais de abatimento de uma empresa. A diferença no total de custos entre essas duas abordagens é bem grande, como nesses números ilustrativos. Veremos, em capítulos posteriores, que no mundo real do controle da poluição essas diferenças geralmente são muito maiores. O valor extra gasto para tratar todas as empresas com o mesmo percentual proporcional poderia ter sido usado para reduzir ainda mais a poluição.

Quanto maior for a alíquota de imposto, mais as emissões serão reduzidas. Na verdade, se a alíquota de imposto fosse aumentada para algo acima de US$ 55/tonelada, a Empresa A pararia totalmente de emitir esse resíduo. No entanto, a função de custo marginal de abatimento da Empresa B aumenta tão rapidamente que seria necessário um encargo extremamente alto (mais de US$ 1.187/tonelada) para fazer essa fonte reduzir as emissões a zero. Uma única cobrança sobre efluentes, quando aplicada a várias empresas, induz uma redução maior nas empresas cujos custos marginais de abatimento aumentam menos rapidamente com as reduções das emissões do que nas empresas cujos custos marginais de abatimento aumentam mais rapidamente. Como as empresas estão pagando a mesma alíquota de imposto, elas terão diferentes custos totais de abatimento e diferentes impostos devidos. Na Figura 12.3, os custos totais de abatimento são iguais à área *b* para a Fonte A e à área *d* para a Fonte B. Por outro lado, o imposto devido cobrado mensalmente da Fonte A seria somente *a*, em comparação a um imposto devido de *c* cobrado da Fonte B. Assim, quanto menor for a inclinação da curva de custo marginal de abatimento de uma empresa, maior será sua redução de emissões e menor será seu imposto devido.

É preciso enfatizar que os resultados da eficiência da abordagem das cobranças sobre emissões (pois ela satisfaz o princípio da equalização na margem) são alcançáveis *mesmo que a agência reguladora não saiba nada a respeito dos custos marginais de abatimento de nenhuma das fontes*. O oposto ocorre com a abordagem dos padrões, na qual a agência reguladora tem que saber exatamente quais são esses custos marginais de abatimento de cada empresa para conseguir ter um programa plenamente eficiente. Em uma abordagem baseada em cobranças, a única exigência é que as empresas paguem o mesmo imposto e que sejam minimizadoras de custos. Depois de cada uma delas ter ajustado suas emissões de acordo com seus custos marginais de abatimento (os quais se presume que elas mesmas conheçam), todas passarão a produzir taxas de emissões apropriadas para satisfazer o princípio da equalização na margem.

Impostos sobre emissões e emissões não uniformes

Até agora, a discussão se baseou na suposição de que as emissões de todas as fontes se misturam uniformemente; isto é, as emissões de uma fonte têm o mesmo impacto marginal sobre os níveis de qualidade ambiental que as emissões de outras fontes. No mundo real, isso nem sempre acontece. Muitas vezes, a situação é similar àquela representada na Figura 12.4 (embora, é claro, mais complicada). Aqui, temos duas fontes. A Fonte A, no entanto, está aproximadamente duas vezes mais distante do centro da população do que a Fonte B. Isso significa que

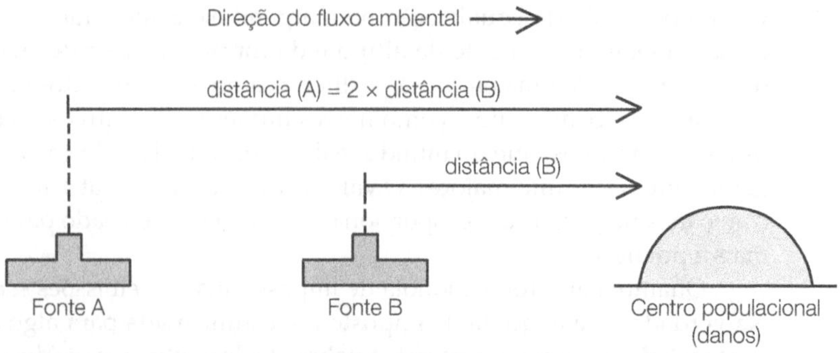

FIGURA 12.4 Emissões não uniformes.

as emissões da Fonte A não produzem tantos danos na área urbana quanto as emissões da Fonte B. Se as duas fontes estiverem emitindo algum material em um rio que flui em direção à cidade, as emissões da Fonte A ficarão mais tempo na água e, assim, poderão ser decompostas, tornando-se menos perigosas do que as emissões da Fonte B. Ou, caso se trate de um problema de poluição do ar, a Fonte A é muito mais distante a barlavento do que a Fonte B – assim, haverá mais tempo para que as emissões de A se espalhem e se diluam. Pode haver outros motivos além das diferenças de localização para que os impactos sejam diferentes; as fontes podem, por exemplo, emitir resíduos em diferentes momentos do ano, quando os padrões do vento são diferentes. Estudar o problema de localização nos permite examinar o problema geral de emissões não uniformes.

Nesse caso, uma única cobrança sobre emissões aplicada a ambas as fontes não seria plenamente eficiente. Uma única cobrança trata apenas do problema das diferenças nos custos marginais de abatimento, mas não das diferenças nos danos causados pelas emissões de diferentes fontes. Na Figura 12.4, uma redução de uma unidade nas emissões da Empresa B melhoraria a qualidade ambiental (reduziria os danos) na área urbana mais do que uma redução de uma unidade nas emissões da Empresa A, e esse fato tem que ser levado em consideração quando as taxas das cobranças sobre emissões forem estabelecidas. Suponha que as reduções das emissões na Fonte B sejam duas vezes mais eficientes em reduzir os danos do que as reduções nas emissões na Fonte A. Isso significa, de fato, que o imposto sobre efluentes pago pela Fonte B tem que ser o dobro da cobrança sobre efluentes paga pela Fonte A.[2] Assim, depois do ajuste a esses níveis de impostos, os custos marginais de abatimento da Fonte B corresponderiam ao dobro dos custos marginais de abatimento da Fonte A.

[2] O conceito técnico aqui chama-se "coeficiente de transferência". Um coeficiente de transferência é um número que diz como as emissões de qualquer fonte específica afetam a qualidade ambiente em algum outro ponto. No exemplo anterior, suponha que 1 tonelada de SO_2 emitida por B aumentaria a concentração de SO_2 sobre a área urbana em 0,1 ppm. Então, uma tonelada emitida da Fonte A aumentaria a concentração ambiente em 0,05 (supondo um efeito que seja estritamente proporcional à distância). Se o coeficiente de transferência da Fonte B for 1, o da Fonte A será 0,5, então o imposto em A terá que ser a metade do imposto em B. De maneira mais geral, se o coeficiente de transferência em A for t_1, e o de B for t_2, então o imposto em A será t_1/t_2 vezes o imposto em B.

Porém, a redução dos danos *por dólar gasto na redução das emissões* seria igual nas duas fontes.

A lógica da discussão anterior parece resultar na conclusão de que, nesses casos, teríamos que fazer diferentes cobranças sobre emissões de cada fonte. Para fazermos isso, teríamos que conhecer a relativa importância das emissões de cada fonte no que diz respeito à alteração da qualidade ambiente. O Quadro 12.2 discute alguns resultados recentes que mostram que, para vários poluentes importantes do ar, os danos eram substancialmente diferentes entre as fontes. A melhor resposta aqui seria instituir o que se chama de **zoneamento de cobranças** sobre emissões. Nessa abordagem, a agência reguladora dividiria um território em zonas separadas; o número de zonas dependeria das circunstâncias do caso. Dentro de cada zona, a agência cobraria a mesma cobrança de emissão de todas as fontes, fazendo diferentes cobranças em diferentes zonas.

QUADRO 12.2 Emissões de diferentes fontes podem produzir danos muito diferentes

Diferentes fontes com o mesmo tipo e quantidade de emissões podem ser muito diferentes no que diz respeito aos danos que causam. Dois economistas recentemente estimaram danos de fontes específicas causados pelas emissões dos principais poluentes de usinas elétricas dos Estados Unidos. Eles usaram um modelo de grande escala que rastreia as consequências das emissões por meio de mudanças na qualidade do ar, níveis de exposição, informações relativas a análises de dose-resposta e a avaliação dos impactos resultantes sobre a saúde das populações afetadas. Alguns resultados são exibidos na tabela a seguir. Os resultados aparecem na forma de "índices de troca" – o número de toneladas de poluente emitidas da chaminé da usina elétrica que causa a mesma quantidade de danos que 1 tonelada emitida no nível do solo no mesmo local causaria. Os resultados exibidos referem-se a matérias particuladas finas ($MP_{2,5}$) e dióxido de enxofre (SO_2). As quatro primeiras usinas elétricas são próximas de áreas urbanas e as quatro últimas se encontram em locais rurais.

Considerando as usinas elétricas urbanas, note as diferenças da Con Edison em Nova York: seriam necessárias que 11 toneladas de $MP_{2,5}$ fossem emitidas pela chaminé para produzir os mesmos danos que 1 tonelada emitida no nível do solo. Para o SO_2, seriam necessárias 8 toneladas emitidas da chaminé para gerar os mesmos danos que 1 tonelada no nível do solo. Para as usinas rurais, os resultados são muito diferentes; nessas usinas, as emissões pela chaminé ou no nível do solo produzem os mesmos níveis de danos. O que esses resultados mostram é que pode haver diferenças muito substanciais entre as fontes, mesmo considerando danos produzidos pelo mesmo poluente.

Fonte (cidade, estado)	Usina elétrica (empresa, filial)	Altura da chaminé (pés)	Índices de trocas $MP_{2,5}$	Índices de trocas SO_2
Nova York, NY	Con Edison, 74th Street station	495	11:1	8:1
Washington, D.C.	Potomac Power Resources	400	23:1	8:1
Atlanta, GA	Georgia Power Co.	835	19:1	5:1
Houston, TX	Texas Genco, Inc. W.A. Parish	600	17:1	10:1
Grant Country, WV	Dominion, Mount Storm Station	740	1:1	1:1
Rosebud County, MT	PPL Montana, Colstrip Steam Elec	690	1:1	1:1

O índice de troca é o número de toneladas emitidas pela chaminé de uma usina elétrica que causaria os mesmos danos que 1 tonelada de uma fonte no nível do solo no mesmo local.

Fonte: Nicholas A. Muller and Robert Mendelsohn, "Efficient Pollution Regulation: Getting the Prices Right," *American Economic Review*, 99(5), 2009, pp. 1714–1739.

Naturalmente, as zonas seriam identificadas por meio do agrupamento de fontes cujas emissões têm efeitos similares sobre os níveis de qualidade ambiental. A Figura 12.5, por exemplo, mostra o esquema de um rio com 12 diferentes fontes de emissões e uma área urbana onde a qualidade da água é medida e deve alcançar metas estabelecidas. As 10 fontes a montante são distribuídas ao longo do rio, a distâncias cada vez maiores da área urbana. Assim, cada uma possui um diferente impacto sobre a qualidade da água medida na estação de monitoramento, fato que deveria ser levado em conta por um programa plenamente eficiente de reduções das emissões, além da consideração de seus diferentes custos marginais de abatimento. No entanto, seria administrativamente muito caro aplicar um diferente encargo sobre emissões a cada uma das fontes. Podemos, nesse caso, recorrer a uma cobrança de emissões por zonas.

Primeiro, definimos diferentes zonas ao longo do rio e, então, aplicamos o mesmo imposto a todas as fontes dentro da mesma zona – porém, diferentes impostos a fontes localizadas em diferentes zonas. Cada zona conteria fontes cujas emissões têm aproximadamente o mesmo impacto sobre a qualidade da água medida. Na Figura 12.5, por exemplo, são representadas quatro zonas a montante ao longo do rio. As três fontes na Zona 1 pagariam a mesma cobrança, assim como as quatro fontes da Zona 2 e assim por diante. As Fontes 11 e 12 estão a jusante da área urbana e podem nem mesmo ser tributadas. Obviamente, esse é um diagrama simplificado para mostrar a ideia fundamental por trás do zoneamento; no mundo real, provavelmente também haveria danos a jusante. Ao usar um sistema de zoneamento, podemos alcançar certa quantidade de simplificação administrativa, ao mesmo tempo em que reconhecemos diferenças nas localizações de diferentes grupos de fontes.

Cobranças sobre emissões e incertezas

As políticas de controle da poluição têm que ser realizadas em um mundo de **incertezas**. As agências reguladoras geralmente não sabem exatamente que emissões estão sendo produzidas por cada fonte ou exatamente quais são os impactos causados por elas sobre os homens e ecossistemas. Outra fonte de incerteza é a forma da curva de custos marginais de abatimento das fontes sujeitas a con-

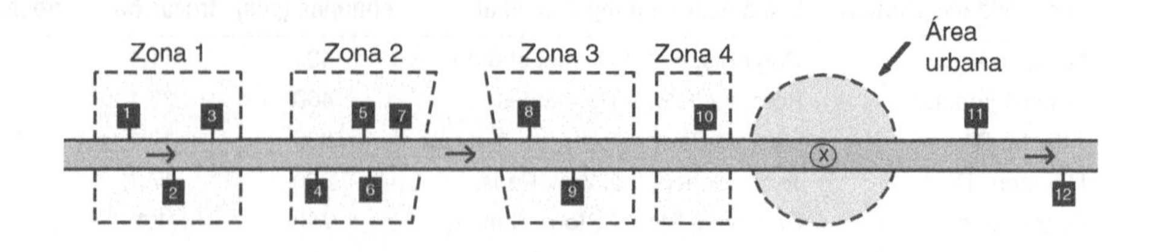

Legenda: ■ Fontes de emissão
ⓧ Estação de monitoramento da qualidade da água

FIGURA 12.5 Cobranças sobre emissões por zonas.

trole; elas podem ser razoavelmente conhecidas pelos próprios poluidores, mas as agências reguladoras normalmente têm muitas incertezas quanto à altura da curva, sua inclinação, como as curvas diferem de uma fonte para a outra, entre outros problemas. Uma das vantagens das cobranças sobre emissões é a possibilidade de gerar resultados custo-efetivos mesmo nesse estado de incerteza.

No entanto, quando as agências reguladoras estabelecem impostos em determinados níveis, elas normalmente têm incertezas quanto ao grau de redução nas emissões que se seguirá, pois isso depende de como as fontes respondem ao imposto – e esse é um dos pontos negativos das cobranças sobre emissões. Pode ser difícil prever com precisão o nível de diminuição das emissões totais pelo fato de muitas vezes não se ter conhecimentos exatos dos custos marginais de abatimento. Observe a Figura 12.6. Ela mostra duas diferentes funções de custos marginais de abatimento: uma com inclinação alta (CMA_1) e uma muito menos inclinada (CMA_2). Considere a CMA_1. Se a cobrança fosse estabelecido na taxa (alíquota) relativamente alta t_a, essa fonte reduziria as emissões para e_1, mas se fosse estabelecido na taxa baixa t_b, a fonte ajustaria as emissões para e_2. Essas duas taxas de emissões são relativamente próximas uma da outra. Em outras palavras, independentemente de a cobrança ser alta ou baixa, a taxa de emissões dessa fonte não variaria muito; poderíamos contar com uma taxa de emissões que fosse algo em torno de e_1 e e_2.

No entanto, para a empresa com a curva de custos marginais de abatimento menos inclinada (CMA_2), as coisas são muito mais instáveis. Se a cobrança estabelecida fosse baixa, ela mudaria as emissões para e_4; porém, com um encargo alto, as emissões desceriam até e_3. Em outras palavras, para determinadas mudanças na alíquota de imposto, essa empresa responderia com mudanças muito maiores nas taxas de emissões do que a fonte com a curva CMA mais inclinada.

O resultado disso é que se a maioria das empresas em determinado problema de poluição tiver funções CMA relativamente "achatadas" (pouco inclinadas), os reguladores podem ter dificuldade para encontrar a taxa de cobrança que nos daria exatamente a quantidade desejada de redução nas emissões totais. Como eles não sabem exatamente onde se encontram realmente as funções CMA, não sabem exatamente em que nível devem estabelecer o imposto. Se eles o estabelecerem um pouco alto ou um pouco baixo demais, essas empresas responderão

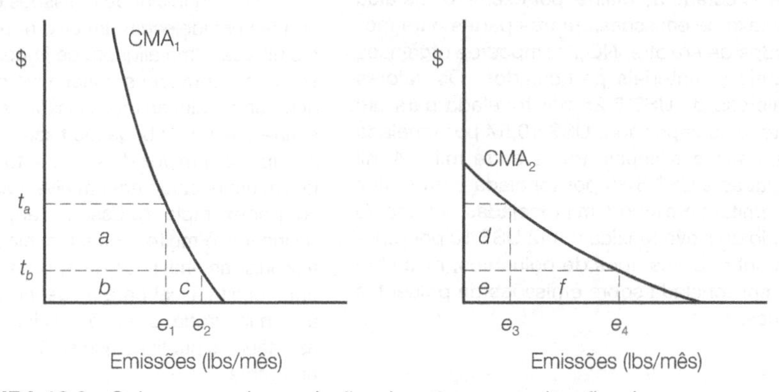

FIGURA 12.6 Cobranças sobre emissões, incerteza e receitas fiscais.

com grandes mudanças em suas emissões. Esse é um dos principais motivos pelos quais as agências reguladoras optam por padrões; eles parecem oferecer um controle definitivo sobre as quantidades de emissões produzidas. No próximo capítulo, discutiremos uma abordagem de incentivo que trata desse problema.

Cobranças sobre emissões e receitas fiscais

Outro aspecto importante das cobranças sobre emissões é que elas levam ao aumento das **receitas fiscais** para o governo (ver Exemplo 12.1). Extrapolar esse raciocínio sugere a muitos que a sociedade poderia se beneficiar substituindo certos impostos existentes por impostos sobre emissões. Muitos países cobram impostos sobre o emprego, por exemplo. Quando as empresas contratam trabalhadores, devem pagar impostos sobre o emprego para cobrir coisas como os custos públi-

EXEMPLO 12.1 Cobranças para o controle da poluição versus cobranças para o aumento de receitas

Como as cobranças sobre emissões geram receitas fiscais para o governo, elas geralmente são consideradas uma maneira útil de levantar recursos para cobrir custos em vez de algo que motive reduções nas emissões. Nos últimos anos, houve um pequeno movimento em direção ao uso de cobranças sobre emissões nos Estados Unidos. A Lei do Ar Puro de 1990 exige que os estados usem taxas de autorização para recuperar os custos administrativos de manter o programa de autorizações em funcionamento. As taxas de autorização são simplesmente as cobranças que os poluidores têm que pagar a fim de adquirir suas autorizações de operação junto às autoridades ambientais reguladoras. Alguns estados norte-americanos estabeleceram taxas de autorização que variam de acordo com a quantidade de emissões; assim, as taxas efetivamente se tornam cobranças sobre emissões. O estado do Maine, por exemplo, instalou uma taxa de emissões em três partes para monóxidos de enxofre, NO_x, compostos orgânicos voláteis e materiais particulados. Os valores atuais são de US$ 5,28 por tonelada para até mil toneladas por ano, US$ 10,57 por tonelada para emissões anuais totais entre mil e 4 mil toneladas e US$ 5,85 por tonelada para fontes que emitam mais de 4 mil toneladas por ano. O estado do Novo México cobra US$ 10 por tonelada sobre esses tipos de poluentes, mas US$ 150 por tonelada sobre emissões de poluentes tóxicos.

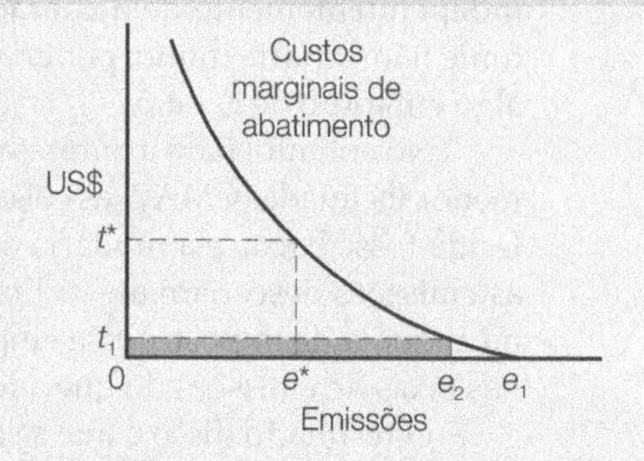

Cobranças de emissões como essas e cobranças similares para descargas na água em muitos estados podem ser bastante caras, mas provavelmente são muito mais eficientes em levantar receitas do que em produzir reduções nas emissões. Estamos provavelmente em uma situação similar àquela descrita no gráfico anterior.

O nível inicial de emissões é e_1, e as autoridades estabelecem um alvo máximo de e^* para a empresa. Uma alíquota de imposto sobre emissões de t^* forneceria o incentivo necessário para gerar uma redução nas emissões para e^* mas isso acarretaria uma obrigação fiscal substancial para a empresa. Em vez disso, as autoridades estabelecem um encargo em um nível relativamente baixo, por exemplo, t_1. Esse encargo possui efeitos de incentivo muito modestos; ele leva a empresa a reduzir as emissões de e_1 para e_2. Porém, gera uma receita fiscal para a agência regional igual à área hachurada, o que é suficiente para financiar as agências públicas que estão implementando o programa.

cos de pagamentos de seguro-desemprego e de previdência social. No entanto, os impostos sobre o emprego levam a reduções nos níveis de emprego porque, de fato, eles tornam a contratação de trabalhadores mais cara. Um governo, portanto, pode reduzir seus impostos sobre o emprego e aumentar os impostos sobre emissões, de modo a manter sua receita fiscal total igual. Essa ação passou a ser conhecida como a **hipótese de duplo dividendo**: a sociedade sairia ganhando tanto com os impostos sobre emissões (por meio da redução dos danos causados pelas emissões) quanto com a redução do imposto sobre o emprego (por meio de maior nível de emprego).

No entanto, prever os impactos na receita fiscal dos impostos sobre emissões pode ser difícil. Suponha, na Figura 12.6, que um imposto sobre emissões aumentasse de t_b para t_a. Se os custos marginais de abatimento agregados da empresa afetada são CMA_1, a receita fiscal total aumentará de $(b + c)$ para $(a + b)$. Contudo, se os custos marginais de abatimento forem, na verdade, CMA_2, elevar o imposto sobre emissões fará as receitas fiscais diminuírem de $(e + f)$ para $(d + e)$. Isso porque, no caso de CMA_2, o aumento do imposto leva a uma grande diminuição nas emissões, mas no caso de CMA_1, isso não ocorre. Assim, se as autoridades fiscais não conhecem bem a forma e a localização da curva marginal de abatimento relevante, podem ter grandes surpresas com as mudanças nas receitas fiscais.

Pesquisas sobre a ideia de duplo dividendo também ressaltaram outro importante fator: o impacto potencial de aumentos nos preços de bens e serviços produzidos pelos setores que estão sujeitos aos impostos sobre emissões. Esse aumento pode ter um efeito negativo direto sobre o bem-estar dos consumidores desses bens e serviços e também um efeito indireto que age por meio de mudanças no mercado de mão de obra.[3]

Cobranças sobre emissões e os incentivos à inovação

Em um mundo dinâmico, é crucial que as políticas ambientais encorajem mudanças tecnológicas na área de controle da poluição. Uma das principais vantagens das cobranças sobre emissões é o fornecimento de fortes incentivos para que tais mudanças ocorram. Isso é exibido na Figura 12.7, que mostra duas curvas de custos marginais de abatimento de uma única empresa: a curva CMA_1 representa a condição atual e mostra os custos em que a empresa incorreria ao cortar suas emissões com a tecnologia específica que usa atualmente. A curva CMA_2, por outro lado, refere-se aos custos de abatimento em que a empresa incorreria depois de se envolver em um programa de pesquisa e desenvolvimento (P&D) relativamente caro para desenvolver um novo método de redução das emissões. Suponha que a empresa tenha uma ideia razoavelmente boa sobre quais seriam os resultados da P&D, embora, é claro, nada seja garantido. Podemos usar essa ideia para medir a força dos incentivos para essa empresa investir dinheiro no programa de P&D.

[3] Ver Don Fullerton and Gilbert E. Metcalf, "Environmental Taxes and the Double-Dividend Hypothesis: Did You Really Expect Something for Nothing?" *Chicago-Kent Law Review*, 73(1), 1998, pp. 221–256.

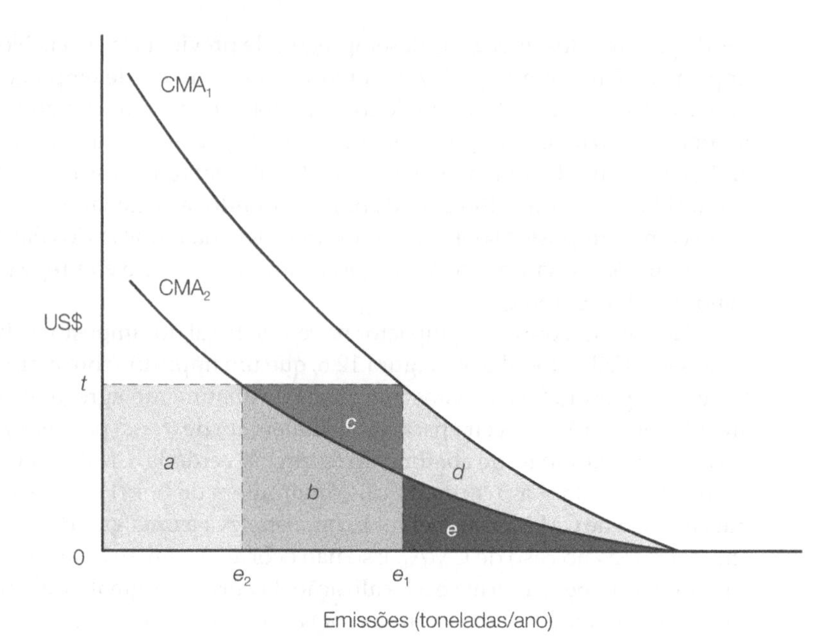

FIGURA 12.7 Cobranças sobre emissões e o incentivo a P&D.

Suponha que a empresa esteja sujeita a um encargo sobre efluentes de t/tonelada de emissões. Inicialmente, ela reduzirá as emissões para e_1; nesse ponto, seus custos totais relacionados à poluição consistirão em $(d + e)$ em custos de abatimento e impostos devidos de $(a + b + c)$. Se a empresa puder abaixar sua curva de custos marginais de abatimento para CMA_2 com suas atividades de P&D, então ela reduzirá suas emissões para e_2. Nesse ponto, pagaria $(b + e)$ em custos de abatimento e a em impostos. A redução nos custos totais terá sido de $(c + d)$. Se, em vez disso, a empresa tivesse que cumprir um padrão de emissões e_1, sua economia de custos com a nova tecnologia seria somente d, como vimos no capítulo anterior. Além disso, vimos também que se as autoridades públicas deslocarem o padrão para e_2 quando a nova tecnologia se tornar disponível (gerando a mesma emissão nas reduções que o imposto teria gerado), a empresa poderia realmente passar por um aumento nos custos devido aos seus esforços de P&D.

Assim, os esforços de P&D da empresa levarão a uma redução em seus custos relacionados ao controle da poluição (custos de abatimento mais pagamentos de impostos) que será maior sob uma política de cobranças sobre emissões do que sob uma abordagem baseada em padrões. *Além disso, sob o sistema de cobranças, a empresa automaticamente reduziria suas emissões à medida que encontrasse maneiras de deslocar a função de custos marginais de abatimento para baixo, enquanto sob o sistema de padrões nenhum processo aconteceria automaticamente dessa forma.* A diferença é que, sob a abordagem baseada em cobranças, os poluidores têm que pagar pelas emissões além de arcar com os custos de abatimento; já com os padrões, precisam pagar somente pelos custos de abatimento. Então, suas economias potenciais de custos devido a novas técnicas de controle da poluição são muito maiores sob o programa de cobranças.

Implementação das cobranças de emissões

As cobranças impõem um diferente problema de **implementação** se comparado àquele gerado pelos padrões. Qualquer sistema de cobranças exige informações precisas sobre o item a ser tributado. Se temos que tributar as emissões, elas devem ser mensuráveis por um custo razoável: os resíduos que fluem de uma fonte, por exemplo, têm que estar concentrados em um número de fluxos identificáveis suficientemente pequeno para que o monitoramento seja possível. Isso elimina a maioria das fontes não pontuais de emissões, pois elas estão espalhadas de tal maneira que são impossíveis de serem medidas – mesma razão pela qual normalmente seria impossível tributar os poluentes em escoamentos urbanos. Essa mensuração elimina também certas emissões tóxicas que, além de serem provenientes de fontes não pontuais, geralmente envolvem quantidades tão pequenas que suas taxas de fluxo são difíceis de medir.

Com cobranças sobre emissões, as autoridades fiscais estariam cobrando impostos das empresas poluidoras ao fim de cada mês ou ano, baseados na sua quantidade total de emissões durante aquele período. Então, a agência reguladora exigiria informações sobre emissões cumulativas de cada fonte. Isso exige mais do que simplesmente informações sobre as taxas de descarga, porque a descarga cumulativa significa taxa de descarga vezes duração da descarga. Há várias maneiras de obter essas informações. Talvez o ideal fosse ter um equipamento de monitoramento permanente que medisse as emissões continuamente ao longo do período de tempo em questão. Na ausência de tal tecnologia, pode-se recorrer a uma verificação periódica da taxa de emissões, com uma estimativa da duração baseada em considerações sobre as operações normais da empresa, ou até mesmo a relatórios emitidos pela própria empresa. Como alternativa, podem ser realizados estudos de engenharia para determinar quantidades prováveis de emissões sob determinadas condições de operação, insumos usados e assim por diante.

Talvez seja justo dizer que as **exigências de monitoramento** de uma política de cobranças sobre emissões são mais rígidas do que as políticas de típicos programas de padrões. Os poluidores, é claro, têm incentivos para encontrar meios (legais ou não) de reduzir seus impostos devidos. Uma maneira de conseguir fazer isso é influenciar o processo de monitoramento o suficiente para que as emissões informadas sejam menores. Ao receberem seus impostos devidos, os recipientes terão todo incentivo para contestá-los se eles parecerem baseados em dados incertos ou se apresentarem outros problemas técnicos. A falta de um monitoramento e de procedimentos de relatório de alta qualidade sem dúvida têm contribuído para a má popularidade das políticas de cobranças sobre efluentes como medida de controle da qualidade ambiental.

Outros tipos de cobranças

Até agora, discutimos apenas um tipo de encargo, o que recai sobre efluentes ou emissões. A emissão de resíduos leva diretamente à poluição ambiental e, por isso, as cobranças sobre emissões presumivelmente têm maior influência sobre os incentivos dos poluidores. Contudo, geralmente é impossível ou impraticável fazer cobranças diretamente sobre as emissões. Nos casos em que não podemos medir e monitorar as emissões a custos razoáveis, as cobranças, se usadas, obviamente teriam que ser aplicadas a alguma outra coisa. Um bom exemplo disso é o problema da poluição da água causada pelo escoamento de fertilizantes na agricultura. É impossível tributar os quilos de nitrogênio que escoam, pois se trata de um poluente de uma fonte não pontual que, por isso, não é diretamente mensurável. O mesmo problema ocorre com os pesticidas agrícolas. O que pode ser viável, em vez disso, é fazer cobranças sobre esses materiais quando eles são trazidos pelos fazendeiros – um encargo por tonelada de fertilizante ou por 100 quilos de pesticidas comprados, por exemplo. A cobrança serve para refletir o fato de que certa proporção desses materiais acaba em riachos e lagos próximos. Como estariam pagando preços mais altos por esses itens, os fazendeiros teriam o incentivo de usá-los em quantidades menores. Preços mais altos também criam um incentivo para que se use o fertilizante evitando desperdícios – por exemplo, ao reduzir as quantidades que escoam.[4]

Cobrar um encargo sobre algo diferente das emissões é normalmente uma "segunda melhor" opção, mas que se torna necessária pelo fato de as emissões diretas não poderem ser monitoradas de perto. Em casos como esse, temos que estar atentos às distorções que podem ocorrer quando as pessoas respondem à cobrança – distorções que podem aliviar substancialmente os efeitos do imposto ou que, às vezes, podem ampliar problemas relacionados. Mencionamos, no Capítulo 1, que muitas comunidades dos Estados Unidos passaram a cobrar impostos sobre o descarte de lixo residencial. Uma técnica é vender adesivos aos residentes e exigir que cada sacola de lixo tenha um deles. O valor do imposto é determinado pelo preço dos adesivos e é relativamente fácil monitorar e fiscalizar o sistema por meio das operações de coleta nas calçadas. No entanto, o imposto cobrado por sacola produz um incentivo a colocar mais lixo em cada uma delas e, assim, a redução na quantidade total de lixo pode ser menor do que a redução no número de sacolas coletadas.

Impactos distributivos das cobranças sobre emissões

Há dois principais impactos que as cobranças sobre efluentes causam sobre a distribuição de renda e riqueza:

1. Impactos sobre preços e sobre a produção de bens e serviços afetados pelas cobranças.
2. Efeitos dos gastos dos recursos fiscais gerados pelas cobranças.

As empresas que estão sujeitas a uma cobrança sofrem um aumento nos custos devido aos custos de abatimento e aos pagamentos de impostos. Do ponto de vista da empresa, esses aumentos constituem aumentos nos custos de produção que ela presumivelmente repassará aos consumidores assim como qualquer outro custo de produção. A necessidade desse procedimento e o valor desse repasse dependerão das condições competitivas e das condições de demanda. Se

[4] Este é um caso de tributar "bens" para controlar "problemas" ambientais. Ver Gunnar S. Eskeland and Shantayanan Devarajan, "Taxing Bads by Taxing Goods: Pollution Control with Presumptive Charges," World Bank, 1996, http://www-wds.worldbank.

as cobranças forem aplicados a uma única empresa ou a um pequeno grupo de empresas em uma indústria competitiva, elas não conseguirão forçar seu preço acima do preço da indústria e, assim, terão que absorver o aumento nos custos. Nesse caso, os impactos serão sentidos integralmente pelos proprietários da empresa e pelas pessoas que lá trabalham. Muitas empresas temem ou fingem temer essa situação, baseando suas objeções públicas aos impostos nesse resultado. Se a cobrança for aplicada a uma indústria inteira, os preços subirão e os consumidores arcarão com parte do ônus. O nível de aumento dos preços dependerá das condições de demanda.[5] Os aumentos de preço sempre são considerados regressivos pois, para qualquer item dado, um aumento no preço afetaria as pessoas pobres a níveis proporcionalmente maiores do que as pessoas de renda mais alta. Para algo consumido tanto pelas pessoas pobres quanto pelas pessoas ricas, como eletricidade, essa conclusão é direta. No entanto, para aumentos de preços em bens consumidos desproporcionalmente – como as viagens aéreas, consumidas pelas pessoas de renda mais alta – o ônus recairia, na maior parte, sobre esses consumidores.

O ônus que recai sobre os trabalhadores está estritamente ligado ao que acontece com a taxa de produção das empresas afetadas. Aqui, novamente, a extensão do efeito sobre a produção depende das condições competitivas e da natureza da demanda pelo bem. Se o programa de impostos sobre emissões for aplicado a uma única empresa em uma indústria competitiva ou se a demanda pela produção de uma indústria for muito sensível a preços, os ajustes de produção serão relativamente grandes, e os trabalhadores podem ser dispensados. Assim, o ônus de longo prazo é uma questão de saber se há disponibilidade de boas fontes alternativas de emprego.

Embora os ônus devido a mudanças nos preços e na produção possa ser real, devemos lembrar que, por outro lado, o programa de cobranças está criando benefícios substanciais na forma de danos ambientais reduzidos. Para saber como um programa afeta qualquer grupo particular, teríamos também que considerar como esses benefícios são distribuídos.

As cobranças sobre efluentes também poderiam envolver somas substanciais partindo dos consumidores dos bens produzidos pela indústria tributada aos beneficiários (sejam eles quem for) dos fundos coletados pelas autoridades fiscais. Esses fundos poderiam ser usados para uma infinidade de propósitos; o modo como eles são usados determina seus impactos. Eles podem, por exemplo, ser distribuídos para pessoas de mais baixa renda para neutralizar os efeitos de aumentos nos preços ou até devolvidos em parte para as empresas que pagam impostos sobre efluentes; isso é feito em alguns países europeus para ajudar a financiar a compra de tecnologias de controle da poluição. Contanto que as devoluções não tornem a alíquota marginal de imposto sobre emissões efetivamente menor, os efeitos de incentivo da mudança não serão afetados. Como alternativa, os fundos podem ser usados para financiar outras iniciativas ambientais em locais onde é necessária a ação pública direta e até para reduzir déficits orçamentários gerais, beneficiando os contribuintes em geral.

[5] Esse assunto foi discutido mais detalhadamente no Capítulo 8.

SUBSÍDIOS SOBRE ABATIMENTOS

Uma cobrança sobre emissões funciona por meio do estabelecimento de um preço sobre o ativo ambiental em que as emissões estão ocorrendo. Essencialmente, haveria os mesmos efeitos de incentivo se, em vez de um encargo, instituíssemos um **subsídio** baseado nas reduções das emissões. Nesse caso, uma autoridade pública pagaria a um poluidor certa quantia por tonelada de emissões para cada tonelada reduzida, a partir de algum nível de referência. O subsídio age como uma recompensa pela redução das emissões e, mais formalmente, funciona como um custo de **oportunidade**; quando um poluidor decide emitir uma unidade de efluente, ele está, de fato, abdicando do subsídio que poderia ter recebido se tivesse escolhido reter essa unidade de efluente. A Tabela 12.1, na qual usamos os mesmos números da discussão anterior a respeito de cobranças sobre emissões, mostra como isso funciona. O nível base da empresa é estabelecido no nível de sua taxa de emissões corrente: 10 toneladas/mês. Ela recebe US$ 120 por cada tonelada que cortar dessa base. A quarta coluna mostra seu total de receitas provenientes de subsídios, e a última mostra o total de subsídios menos os custos totais de abatimento. Essa receita líquida chega ao seu valor máximo em 4 toneladas/mês, o mesmo nível de emissões que a empresa escolheria com o imposto de US$ 120. Em outras palavras, o incentivo para a empresa dado pelo subsídio é o mesmo que aquele oferecido pelo imposto.

Embora um subsídio de abatimento como esse forneça o mesmo incentivo para cada fonte individual, o total de emissões pode, na verdade, aumentar. Para compreender por que isso acontece, observe a diferença na posição financeira dessa empresa quando ela emite 4 toneladas de poluente sob os dois programas: com o imposto ela tem custos totais de US$ 855 (ver Figura 12.1) e com o subsídio possui uma **receita** total de US$ 345. Assim, a posição financeira da empresa é muito diferente. De fato, ela terá lucros mais altos depois da imposição do subsídio, e isso pode ter o efeito de tornar essa indústria muito mais atraente para pos-

TABELA 12.1 Um subsídio por abatimento

Emissões (toneladas/mês)	Custos marginais de abatimento	Custos totais de abatimento	Subsídio total em US$ 120/tonelada	Subsídio total menos custos totais de abatimento
10	0	0	0	0
9	15	15	120	105
8	30	45	240	195
7	50	95	360	265
6	70	165	480	315
5	95	260	600	340
4	120	375	720	345
3	150	525	840	315
2	185	710	960	250
1	230	940	1.080	140
0	290	1.230	1.200	–30

síveis novas empresas. Existe a possibilidade, em outras palavras, de diminuir as emissões por empresa, mas isso faria o número de empresas na indústria aumentar – e, portanto, elevaria o total de emissões. Essa característica é um grande obstáculo a subsídios simples como esse.

Embora os subsídios ligados diretamente a reduções nas emissões nunca tenham se tornado particularmente populares, os governos de todo o mundo frequentemente recorrem a muitos outros tipos de subsídios para ampliar as metas de redução da poluição. Alguns deles estão listados no Quadro 12.3.

Sistemas de depósito-reembolso

Os subsídios podem ser mais práticos nos sistemas de reembolso de depósito. Esse sistema é essencialmente a combinação de um imposto e um subsídio. Por exemplo, um subsídio (o reembolso) é pago aos consumidores quando eles devolvem um item a um ponto de coleta designado; sua finalidade é fornecer o incentivo para as pessoas deixarem de descartar esses itens de modo a prejudicar o meio ambiente. Os fundos para pagamento do subsídio são levantados pela cobrança de impostos (o depósito) sobre esses itens na ocasião de sua compra. Nesse caso, a finalidade do imposto não é necessariamente fazer as pessoas reduzirem o consumo do item, mas levantar verba para pagar o subsídio. O imposto é chamado de depósito, e o subsídio, de reembolso, mas o princípio é claramente o mesmo.

Sistemas de reembolso de depósito são particularmente adequados para situações nas quais um produto é amplamente disperso quando comprado e usado, e quando o descarte é difícil ou impossível de ser monitorado pelas autoridades. Nos Estados Unidos, vários estados individuais[6] aprovaram sistemas de reembolso de depósito para recipientes de bebidas, tanto para reduzir o lixo quanto para encorajar a reciclagem. Essa abordagem também foi muito usada na Europa. Porém, muitos outros produtos poderiam ser tratados de maneira eficiente com esse tipo de sistema.

No final da década de 1960, a Alemanha instituiu um reembolso de depósito sobre óleo lubrificante usado. Todo ano, grandes quantidades de óleo usado são descartadas de maneira imprópria, colocando muitos recursos da água, do ar e da terra sob ameaça. No sistema alemão, óleos lubrificantes novos são sujeitos a um imposto (um depósito), cujas receitas vão para um fundo especial. Esse fundo é, então, usado para subsidiar (o reembolso) um sistema de recuperação e reprocessamento de óleos lubrificantes usados. Os termos do subsídio são estabelecidos de modo a encorajar a concorrência no sistema de recuperação/reprocessamento e fornecer um incentivo para os usuários reduzirem o grau de contaminação dos óleos durante o uso.[7]

---

[6] A partir de 2012, eram: Califórnia, Connecticut, Havaí, Iowa, Maine, Massachusetts, Michigan, Nova York, Oregon e Vermont. O estado de Delaware revogou essa lei em 2010.

[7] Peter Bohm, *Deposit-Refund Systems*, Baltimore, MD: Johns Hopkins Press for Resources for the Future, 1981, pp. 116–120.

QUADRO 12.3 Tipos de subsídios relacionados ao meio ambiente

Subsídios na forma de	Exemplo(s)
Benefícios fiscais	Isenções de impostos para equipamentos de controle da poluição ou equipamentos de reciclagem. Isenções de impostos federais para misturas de etanol com gasolina.
Redução de multas ambientais	Reduções nas multas normais se as empresas empreenderem planos extensos de controle da poluição.
Verbas públicas para encorajar programas ambientais	Verbas da EPA para comunidades, financiando programas de recuperação de áreas contaminadas (*brownfields*)[1]. Verbas para fazendeiros, voltadas à adoção de práticas de conservação. Verbas para empresas ou comunidades, voltadas ao estabelecimento de programas de reciclagem.
Programas de compra de direitos de construir	Compras públicas de direitos de construir em áreas agrícolas para manter terras na agricultura ou como espaços abertos.
Apoio público ao desenvolvimento do mercado ambiental	Regras públicas sobre a compra de produtos feitos com materiais reciclados. Pagamentos a pessoas que entregarem automóveis antigos com altas taxas de emissões.
Concessões de compartilhamento de custos	Concessões feitas a regiões para cobrir uma parte dos custos de construir estações de tratamento de águas residuais

[1] *Brownfields* são zonas industriais contaminadas que apresentam riscos relativamente baixos, mas que podem ser evitados por construtoras privadas devido a possíveis problemas de responsabilidade civil.

Na Suécia e na Noruega foram instituídos sistemas de depósito-reembolso para carros. Os compradores de carros novos pagam um depósito no momento da compra, que será reembolsado quando e se o carro for entregue a um comerciante de sucata autorizado. A experiência com esses sistemas mostra que o sucesso depende mais do que somente do tamanho do depósito-reembolso. É essencial, por exemplo, que o sistema de coleta seja criado de modo razoavelmente conveniente para os consumidores.

Outros itens para os quais os sistemas de depósito-reembolso podem ser apropriados são bens de consumo compostos por substâncias perigosas, como baterias que contenham cádmio e baterias de carros.[8] Os pneus de automóveis também podem ser tratados dessa maneira. O sistema de depósito-reembolso também pode ser adaptável a poluentes industriais convencionais. Os usuários de combustíveis fósseis, por exemplo, podem pagar depósitos sobre as quantidades de enxofre recuperadas dos gases de exaustão. Assim, eles perderiam somente o depósito correspondente ao enxofre que subisse pelas chaminés.

[8] Pelo menos treze estados norte-americanos já têm sistemas de reembolso de depósito para baterias de carro.

Resumo

As cobranças sobre emissões atacam o problema da poluição em sua fonte, colocando um preço em algo que antes era gratuito e, por isso mesmo, usado em excesso. A principal vantagem das cobranças sobre emissões é sua eficiência: se todas as fontes estiverem sujeitas à mesma cobrança, elas ajustarão suas taxas de emissões de modo que a regra equimarginal seja satisfeita. Os administradores não precisam conhecer as funções de custos marginais de abatimento da fonte individual para isso acontecer; basta que as empresas tenham que pagar a cobrança e, assim, fiquem livres para fazer seus próprios ajustes. Uma segunda grande vantagem das cobranças sobre emissões é que elas produzem um forte incentivo à inovação na pesquisa por maneiras mais baratas de reduzir as emissões.

O aparente caráter indireto das cobranças sobre emissões podem depor contra sua aceitação pelos decisores políticos. Os padrões têm a aparência de impor um controle direto sobre aquilo que está em questão, a saber, as emissões. As cobranças sobre emissões, por outro lado, não impõem restrições diretas às emissões, mas dependem do comportamento de interesse próprio para ajustarem suas próprias taxas de emissões em resposta ao imposto. Isso incomoda alguns decisores políticos porque as empresas aparentemente ainda têm permissão para controlar suas próprias taxas de emissões.

Pode parecer paradoxal que esse caráter "indireto" dos impostos sobre efluentes possa, às vezes, induzir mais fortemente a reduções nas emissões do que abordagens aparentemente mais diretas. Entretanto, as cobranças sobre emissões exigem um monitoramento eficiente. Elas não podem ser fiscalizadas simplesmente por meio da verificação da instalação de certos tipos de equipamentos de controle da poluição nas fontes. Se quisermos que as cobranças sobre emissões forneçam os incentivos apropriados, elas precisam ser baseadas estritamente em emissões cumulativas. Assim, as fontes pontuais, onde as emissões podem ser efetivamente medidas, são as candidatas prováveis para o controle da poluição via cobranças sobre emissões.

Uma vantagem das cobranças sobre emissões é que elas fornecem uma fonte de receita para as autoridades públicas. Muitos já recomendaram que os sistemas de impostos sejam mudados, passando a depender menos de impostos que tenham efeitos econômicos ambíguos e mais de cobranças sobre emissões. Isso exige que as autoridades sejam capazes de prever com precisão os efeitos que determinadas cobranças sobre emissões têm sobre as taxas de emissões.

Os subsídios sobre emissões teriam o mesmo efeito de incentivos sobre poluidores individuais, mas poderiam levar a aumentos nos níveis totais de emissões. Esses subsídios foram usados efetivamente nos sistemas de depósito-reembolso, que são essencialmente uma combinação dos sistemas de impostos e subsídios.

Perguntas para discussão

1. Como um programa de cobranças sobre emissões pode ser elaborado para tratar do problema das emissões de automóveis?
2. Explique como as cobranças sobre emissões solucionam o problema equimarginal.
3. Aqueles contrários às políticas de cobranças sobre emissões às vezes afirmam que tais políticas são apenas uma maneira de deixar as empresas comprarem o direito de poluir. Essa é uma crítica razoável?
4. Quando as cobranças sobre emissões entram em vigor, quem, em última análise, acaba pagando por elas? Isso é justo?
5. Algumas pessoas acreditam que as cobranças sobre emissões às vezes geram um "duplo ônus": as empresas têm que pagar pelos custos de redução das emissões e, além disso, devem pagar ao governo pelas descargas poluidoras. Como um sistema de cobranças pode ser elaborado de forma a reduzir esse "duplo ônus"?

Para leituras e *websites* adicionais pertinentes ao material deste capítulo, veja www.grupoa.com.br.

CAPÍTULO 13

Estratégias baseadas em incentivos: direitos de emissão transferíveis

Uma cobrança sobre efluentes precisa que uma autoridade pública central estabeleça um valor para ela, monitore o desempenho de cada poluidor e, então, cobre os impostos. Trata-se, essencialmente, de uma interação entre poluidores e autoridades públicas, na qual esperamos o mesmo tipo de relação adversária que qualquer sistema de impostos tem. Neste capítulo, veremos uma abordagem política que incorpora incentivos econômicos, porém, é elaborada de modo a funcionar de uma maneira mais descentralizada. Em vez de deixar tudo nas mãos de uma agência reguladora, essa abordagem funciona por meio das interações descentralizadas de mercado dos próprios poluidores. Ela se chama sistema de **direitos de emissão transferíveis.**

Esses programas proliferaram nos últimos anos. O mais conhecido deles é o programa de comércio de dióxido de enxofre (SO_2) introduzido como parte da Lei do Ar Puro de 1990; e um plano de comércio de óxido nitroso (NO_x), iniciado por um grupo de estados do oeste dos Estados Unidos em 1999. A Califórnia iniciou vários programas dentro de suas próprias fronteiras. Os países da União Europeia lançaram recentemente um sistema europeu de comércio para reduzir as emissões de dióxido de carbono (CO_2).

PRINCÍPIOS GERAIS

Nos sistemas de comércio de direitos de emissão, fontes individuais são controladas pela compra e venda de direitos de emissão (às vezes chamadas de licenciamentos) que estabelecem limites para suas emissões.

Há, essencialmente, dois tipos de planos de comércio de autorizações:

- Programas de comércio de créditos (CRE)
- Programas de *cap-and-trade* (CAP)

Os programas de CRE funcionam permitindo que as empresas vendam os créditos que criam ao reduzir suas emissões mais do que o exigido pelas regulamentações vigentes. Suponha, por exemplo, que uma empresa que emite 100 toneladas de um poluente tenha que reduzir suas emissões para 80 toneladas. Se um programa de CRE estivesse em vigor, essa empresa teria a oportunidade de reduzir suas emissões para menos de 80 (digamos, 70) e vender o "crédito" (nesse caso,

80 – 70 = 10) a um comprador. Quem poderia ser um comprador? Talvez outra fonte que deseja expandir suas operações ou uma nova empresa que queira iniciar suas operações na área. Com um programa de CRE em vigor, a sociedade pode acomodar essas expansões sem o aumento das emissões gerais. Os programas de CRE foram desenvolvidos no início dos programas federais de controle da poluição do ar. Um programa de CRE também foi usado efetivamente para facilitar a retirada gradual de gasolina com chumbo na década de 1970.

Os programas de *cap-and-trade* ("limitar e comercializar") funcionam de maneira um pouco diferente. O primeiro passo em um programa de CAP é tomar uma decisão centralizada (por uma agência reguladora ou outra entidade coletiva) sobre a quantidade agregada de emissões que será permitida. Então, são redigidas autorizações de acordo com essa quantidade, que são distribuídas entre as fontes responsáveis pelas emissões. Alguma fórmula tem que ser usada para determinar quantos direitos de emissão cada fonte receberá; voltaremos a esse problema mais tarde. Supondo que o número total de direitos de emissão seja menor que as emissões totais correntes, alguns ou todos os emissores receberão menos direitos de emissão do que suas emissões atuais.

Suponha, por exemplo, que um programa de CAP tenha sido instituído para reduzir a quantidade de enxofre emitida por um grupo de usinas elétricas. As emissões totais são, digamos, 150.000 toneladas de enxofre por ano, e os tomadores de decisão resolveram que elas têm que ser reduzidas para 100.000 toneladas por ano. Vamos analisar a situação de uma das usinas elétricas, descrita pela Figura 13.1. Suponhamos que ela esteja emitindo 5.000 toneladas de enxofre atualmente. O programa lhe concede 2.500 direitos de emissão. O gerente da usina tem três escolhas:

1. Reduzir as emissões até chegar ao número de direitos de emissão recebidas.
2. Comprar direitos de emissão adicionais e gerar emissões em níveis mais altos do que o nível inicialmente concedido (p.ex., comprar 1.000 direitos de emissão para adicionar às suas 2.500, de modo que suas emissões agora passem a ser de 3.500 toneladas/ano).
3. Reduzir as emissões abaixo do nível concedido original e, então, vender as direitos de emissão de que não precisar (p.ex., reduzir as emissões para 1.800 toneladas/ano e vender 1.000 direitos de emissão).

Observe que a empresa ser uma compradora ou vendedora de direitos de emissão depende da relação entre o preço dos direitos de emissão e seus custos marginais de abatimento no nível de emissões correspondente às direitos de emissão que lhes foram concedidas inicialmente.

1. Se a concessão original for de 1.800 direitos de emissão, os custos marginais de abatimento da empresa seriam de US$60/tonelada; com um preço de US$ 40 por direito de emissão, ela pode melhorar sua situação comprando 700 direitos de emissão e aumentando suas emissões para 2.500 toneladas.
2. Se sua alocação original for de 3.500 direitos de emissão, seus custos marginais de abatimento seriam menores do que o preço do direito de emissão; ela pode melhorar sua situação vendendo 1.000 direitos de emissão e reduzindo suas emissões para 2.500 toneladas.

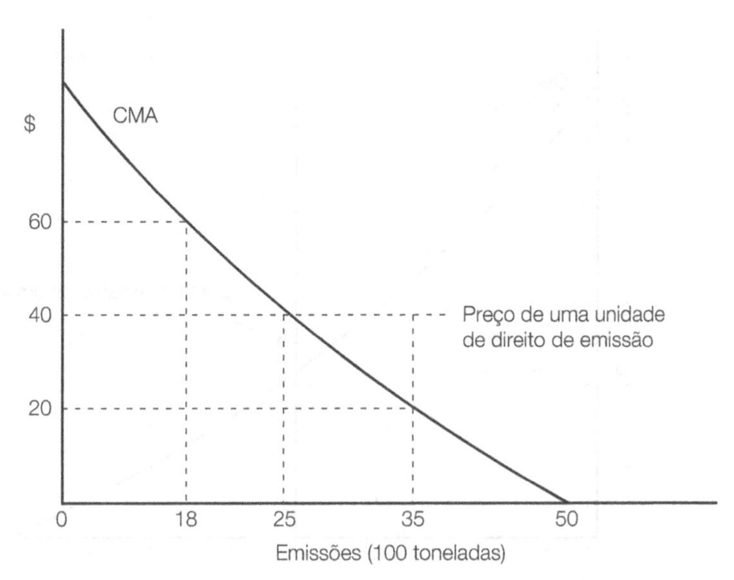

FIGURA 13.1 Escolhas individuais das empresas sob um programa de *cap-and-trade*.

Agora imagine uma situação que envolva uma indústria com um grande número de empresas em que cada uma delas esteja emitindo um poluente que desejamos controlar com um programa de *cap-and-trade*. Com base em uma fórmula, as autoridades estabelecem o nível geral de emissões agregadas, e são alocados direitos de emissão transferíveis a cada empresa. Pode-se esperar que os custos marginais de abatimento variem entre as diferentes empresas com base nas diferentes tecnologias de produção e de controle da poluição disponíveis para cada uma delas. Algumas fontes serão compradoras potenciais de direitos de emissão (CMA > preço do direito de emissão) e algumas empresas serão potenciais vendedoras (CMA < preço do direito de emissão). As fontes podem obter **ganhos com o comércio**, através da compra e venda de direitos de emissão, realocando entre as usinas todos os direitos de emissão fixados pelos reguladores.

É importante observar, agora, que cada empresa estará em situação análoga àquela descrita na Figura 13.1. Ao comprar ou vender direitos de emissão, elas entram em uma situação em que os custos marginais de abatimento são iguais aos preços dos direitos de emissão. Supondo que haja um único mercado geral de direitos de emissão e, portanto, um único preço de mercado para eles, isso significa que o comércio de direitos de emissão entre as empresas resultará em uma redução custo-efetiva nas emissões totais porque cada empresa acabará igualando seus custos marginais de abatimento ao preço de um direito de emissão. O custo-efetividade nos programas de *cap-and-trade* exige que haja um único mercado de direitos de emissão, em que as partes responsáveis pela oferta e pela demanda possam interagir abertamente e que o conhecimento dos preços das transações esteja disponível publicamente a todos os participantes. As forças normais da concorrência gerariam, assim, um único preço para os direitos de emissão. Em geral, elas passariam de fontes com custos marginais de abatimento relativamente baixos àquelas cujos custos marginais de abatimento são altos.

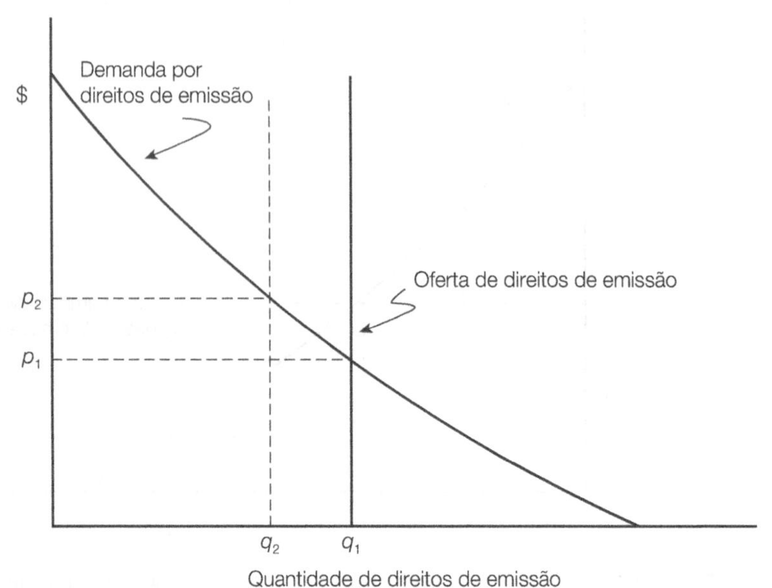

FIGURA 13.2 O mercado de direitos de emissão.

A Figura 13.2 representa um mercado de direitos de emissão. A demanda por direitos de emissão é simplesmente as funções agregadas de custos marginais de abatimento de todas as empresas que participam do mercado. A oferta de direitos de emissão é a quantidade estabelecida inicialmente pelas autoridades públicas; a curva de oferta é vertical nessa quantidade.

Assim como em qualquer mercado competitivo, o preço dos direitos de emissão é determinado pela interação entre oferta e demanda. Se o limite é estabelecido em q_1 na Figura 13.2, o preço dos direitos de emissão se estabilizará em p_1. Um limite mais restritivo, como q_2, geraria um preço de direitos de emissão mais alto, no caso, p_2.

É importante compreender que, em um programa de CAP, o incentivo para que as empresas participantes reduzam suas emissões é o preço dos direitos de emissão. Nesse sentido, ele é análogo ao imposto sobre emissões discutido no Capítulo 12. Agora, observe que as duas abordagens funcionam de maneiras diferentes. Com um programa de *cap-and-trade*, é estabelecida uma restrição de quantidade (o limite, ou "*cap*") e dela decorre um preço para os direitos de emissão à medida que a empresa ajusta seus níveis de emissões. Em um programa de cobrança sobre emissões, as autoridades primeiro estabelecem o nível do imposto, e as empresas ajustam seus níveis de emissões, levando a uma mudança na quantidade de emissões agregadas.

Nos últimos anos, a ideia de direitos de emissão se tornou bastante popular entre alguns defensores das políticas ambientais, bem como entre os próprios decisores políticos. A Tabela 13.1 lista alguns dos programas de comércio de emissões em vigor ou em fase de planejamento. Alguns dos maiores programas estão ligados à poluição do ar. Relacionados ao controle da poluição da água, houve uma proliferação de programas para corpos hídricos específicos.

TABELA 13.1 Programas de comércio de emissões selecionados que estão em operação ou em fase de planejamento, 2011

Programa	Status	Item comercializado
Lei do Ar Puro de 1990	Em operação	Toneladas de emissões de SO_2 por usinas elétricas
Programa reclaim* do sul da Califórnia	Em operação	Toneladas de SO_2 e NO_X de grandes fontes industriais
Programa de negociações de emissões da Califórnia	Planejado	Toneladas de gases do efeito estufa
Programa de comércio de emissões da Nova Zelândia	Em operação	Toneladas de gases do efeito estufa
Mecanismo de desenvolvimento limpo do Protocolo de Kyoto	Em operação	Toneladas de gases do efeito estufa de projetos em países em desenvolvimento
Esquema Europeu de Comércio de Emissões	Em operação	Toneladas de gases do efeito estufa de grandes usinas elétricas industriais e de cimento
Iniciativa Regional de Gases do Efeito Estufa	Em operação	Toneladas de gases do efeito estufa de grandes usinas em estados do nordeste dos Estados Unidos
Certificados de Energia Renovável	Em operação	Certificados para cada 1.000 kwh de energia renovável produzida
Sistema de Mercado de Redução de Emissões de Illinois	Em operação	Toneladas de compostos orgânicos voláteis emitidos por grandes fontes em oito condados do estado de Illinois
Programa de Comércio de Emissões da China	Planejado	Toneladas de emissões de CO_2
Programa de Comércio de Nitrogênio de Long Island Sound	Em operação	Libras de emissões de nitrogênio lançadas na água por estações de tratamento de águas residuais
Acordo de Chesapeake Bay	Planejado	Libras de nutrientes lançados na água (nitrogênio e fósforo)
Programa de Compensação da Baía de São Francisco	Planejado	Quilogramas de emissões de mercúrio lançadas na água
Programa de Mitigação das Zonas Úmidas de Ohio	Em operação	Acres de zonas úmidas restauradas, recuperadas ou preservadas

* N. do T.: Reclaim é uma sigla que representa *Regional Clean Air Incentives Market*, ou Mercado Regional de Incentivos ao Ar Puro (do sul da Califórnia).

Ao contrário das abordagens de cobrança sobre efluentes, que essencialmente fazem as pessoas pagarem por algo que era de graça, os programas de CAP começam pela criação e distribuição de um novo tipo de direito. Esses direitos terão um valor de mercado contanto que o número total de direitos de emissão concedidas seja limitado. Do ponto de vista político, talvez seja mais fácil para as pessoas concordarem com uma política de controle da poluição que começa distribuindo novos direitos valiosos do que notificando que elas estarão sujeitas a um novo imposto. É claro, assim como qualquer outra política de controle da poluição, os programas de CAP têm problemas a serem superados para que efetivamente funcionem. O que parece, na teoria, uma excelente forma de usar as forças de mercado para alcançar reduções eficientes na poluição tem que ser adaptado às complexidades do mundo real.

A alocação inicial de direitos

O sucesso da abordagem CAP no controle da poluição depende fundamentalmente de limitar o número de direitos em circulação; este é o "limite" ("*cap*"). Como os poluidores individuais sem dúvida irão querer o máximo de direitos que puderem obter na primeira distribuição, o primeiro passo do programa já é muito controverso: que fórmula usar para fazer a distribuição original de direitos de emissões. Praticamente toda regra parecerá ter alguma desigualdade. Por exemplo, os direitos podem ser distribuídos igualmente entre as fontes existentes de determinado efluente. Contudo, a grande variação de tamanho das empresas seria um problema. Algumas fábricas de papel são maiores do que outras, por exemplo, e o tamanho médio das fábricas de papel, em termos do valor da saída, pode ser diferente do tamanho médio de, digamos, fábricas de engarrafamento de refrigerantes. Então, dar a cada poluidor o mesmo número de direitos de emissão pode não ser justo.

Os direitos de emissão podem ser alocados de acordo com as emissões existentes de uma fonte. Por exemplo, cada fonte pode obter direitos de emissão que cheguem a até 50% de suas emissões atuais. Isso pode soar justo, mas, na verdade, apresenta dificuldades de incentivos intrínsecas. Uma regra como essa não reconhece o trabalho duro já feito por algumas empresas para reduzir suas emissões. Pode-se facilmente argumentar que aquelas empresas que, por serem conscientes ou por qualquer outro motivo já investiram na redução das suas emissões, não devem ser penalizadas, na verdade, recebendo direitos de emissão de emissões proporcionais a esses níveis mais baixos. Isso tende a favorecer as empresas que pouco fizeram a respeito da poluição no passado.[1] Ou até pior: se os poluidores acreditarem que os direitos de emissão serão alocados dessa maneira, isso pode ser um incentivo para *aumentar* a taxa de emissões de hoje, pois isso lhes daria uma base maior para a alocação inicial de direitos de emissão.

Cada fórmula de alocação possui seus problemas, e aqueles que estabelecem o limite têm que encontrar algum termo viável se desejarem que a abordagem seja amplamente aceita. Estritamente ligada a esse problema está a questão de se os direitos devem ser concedidos ou talvez vendidos ou leiloados. Em princípio, não importa realmente, contanto que os direitos de emissão sejam distribuídos de maneira bem ampla. As transações de mercado subsequentes irão redistribui-los de acordo com os relativos custos marginais de abatimento dos poluidores, independentemente da distribuição original. No entanto, a distribuição gratuita de direitos de emissão gera ganhos inesperados aos recipientes, cuja quantia dependerá do preço de mercado que eles tiverem. O que uma venda ou um leilão

[1] Este é apenas mais um exemplo dos incentivos perversos intrínsecos a qualquer programa que peça a todos para cortar seu consumo em *x* por cento de sua taxa atual. Ele favorece aqueles que consumiram taxas altas no passado e prejudica aqueles que se esforçaram para viver de maneira frugal.

faria seria transferir parte do valor original dos direitos para as mãos da agência leiloeira. Essa talvez seja uma boa maneira de as agências públicas levantarem fundos para projetos que valem a pena, mas há que se reconhecer que um plano como esse criaria objeções políticas. Um sistema híbrido consistiria em distribuir certo número de direitos de emissão gratuitamente e, então, leiloar certo número de direitos de emissão adicionais. Ou pode-se cobrar uma pequena sobretaxa pelos direitos de emissão na distribuição original.

Estabelecendo regras de mercado

Para qualquer mercado funcionar de forma eficiente há que haver regras claras determinando quem pode realizar atividades de comércio e os procedimentos comerciais a serem seguidos. Além disso, as regras não devem ser tão rígidas que impossibilitem que os participantes avaliem com precisão as implicações de comprar e vender a preços específicos. Isso implica que as agências reguladoras não interfiram depois da distribuição inicial dos direitos. Em oposição a isso há a tendência normal de as agências ambientais quererem monitorar o mercado de perto e, talvez, tentar influenciar seu desempenho. A agência reguladora pode, por exemplo, querer ter o direito final de aprovação sobre todas as negociações, de modo a ser capaz de impedir alguma negociação que considere indesejável. É provável que isso aumente a incerteza entre os negociantes potenciais, aumente o nível geral de **custos de transações** no mercado e interfira no fluxo eficiente de direitos de emissão. A regra geral para a agência reguladora deve ser estabelecer regras simples e claras e, então, permitir que as negociações se iniciem.

Uma regra fundamental que teria de ser estabelecida é quem pode participar do mercado. Ele é limitado a poluidores ou qualquer pessoa pode negociar? Por exemplo, os grupos de defesa ambiental podem comprar direitos de emissão e extingui-los como uma maneira de reduzir as emissões totais? Nossa primeira reação é dizer que esses grupos teriam de ser autorizados a comprar direitos de emissão, pois isso seria uma evidência de que a disposição a pagar da sociedade por níveis de emissões totais excede o preço dos direitos de emissão, que deve ser igual aos custos marginais de abatimento. Essa conclusão pode ser válida se estivermos falando de um grupo ambiental local ou regional cuja participação coincide aproximadamente com a área de negociação e que levantou verba especificamente para comprar direitos de emissão de descarga nessa região. Pode não ser válida para grandes grupos nacionais de defesa ambiental usando seus recursos para comprar direitos de emissão em um mercado regional, pois a quantia que eles estariam dispostos a pagar pelos direitos de emissão talvez não tenha relação estrita com a verdadeira disposição a pagar social. É claro, se as áreas de negociação forem essencialmente nacionais em seu tamanho, ou muito grandes, isso não será um problema.

Essas e outras regras de negociação terão que ser estabelecidas para programas específicos em circunstâncias específicas. Um órgão regulador que governe as transações de direitos de emissão de descarga também se desenvolverá com o passar do tempo. O restante deste capítulo trata de algumas das importantes dimensões econômicas dessas instituições de mercado.

Redução do número de direitos de emissão

Na maioria dos programas de CAP, o número total de direitos de emissão e sua distribuição inicial são estabelecidos por uma agência reguladora, como a Agência de Proteção Ambiental dos EUA (EPA). Então, as fontes podem negociar umas com as outras e talvez com outros grupos que não sejam poluidores. Uma questão que se apresenta é como o número total de direitos de emissão será reduzido com o tempo? Se o nível eficiente de emissões está diminuindo devido a mudanças tecnológicas, como as autoridades reduzem o número geral de direitos de emissão em circulação?

Há duas maneiras de se fazer isso. A primeira é através do mercado. As agências públicas poderiam recomprar direitos de emissão e, essencialmente, extingui-los, no sentido de torná-los indisponíveis para vendas futuras. O mesmo resultado pode ser encorajado permitindo que outras organizações ou indivíduos, particularmente membros da sociedade ambiental, comprem direitos de emissão. O Quadro 13.1 apresenta como um grupo está tentando comprar e extinguir créditos de carbono em um programa voluntário de comércio de créditos.

Outra maneira de produzir uma redução nos direitos de emissão com o passar do tempo é datar os direitos de emissão, isto é, fazer cada direito de emissão ser aplicável a emissões durante determinado período de tempo, digamos, um determinado ano. Então, fontes individuais podem receber não somente um único número de direitos de emissão aplicáveis a cada ano futuro, mas uma sequência decrescente de direitos de emissão, sendo cada um deles aplicável a determinado ano futuro. Em outras palavras, em vez de deter 100 direitos de emissão para todos os anos futuros, a empresa pode receber 100 direitos de emissão para o ano 1, 95 direitos de emissão para o ano 2, 90 para o ano 3 e assim por diante.

Emissões não uniformes

Suponha que estejamos tentando elaborar um programa de CAP para controlar o total de emissões de SO_2 no ar em uma região em que há inúmeras fontes diferentes – usinas elétricas, instalações industriais, entre outras – espalhadas pela área. Essa situação está representada esquematicamente na Figura 13.3. Todos os pontos de emissões não são igualmente situados em relação ao vento prevalecente ou à área de maior densidade populacional. Algumas fontes estão a barlavento, outras a sotavento da área povoada. Supomos que elas não sejam todas iguais em termos de custos marginais de abatimento, mas elas também não são iguais em termos do impacto de suas emissões sobre os níveis ambientes de SO_2 sobre a área povoada. Em termos técnicos, elas têm diferentes **coeficientes de transferência** ligando suas próprias emissões a danos na área urbana.

Tendo distribuído direitos de emissão de descarga, agora permitimos que elas sejam negociadas. Contanto que o número de direitos de emissão em circulação seja mantido constante, teremos controlado efetivamente o total de emissões de SO_2. No entanto se permitirmos negociações diretas, unidade por unidade, de direitos de emissão entre todas as fontes, os danos causados por esse total poderia mudar. Por exemplo, se uma empresa a sotavento vendesse direitos de emissão para uma empresa a barlavento, o número total de direitos de emissão permane-

QUADRO 13.1 Lute contra o aquecimento global na BuyCarbon.org

A Agência de Conservação do Ar Puro dos EUA (Clean Air Conservancy) lança site que facilita a extinção de créditos de poluição permanentemente

A Agência de Conservação do Ar Puro dos EUA, a mais antiga organização baseada no mercado na luta contra a poluição, lançou um novo site hoje, http://www.buycarbon.org/, que facilita a luta das pessoas contra o aquecimento global extinguindo créditos de poluição permanentemente.

"Nosso novo site, BuyCarbon.org, ajuda as pessoas a fazerem algo concreto a respeito do problema de mudanças climáticas," disse Michael Short, diretor de programas da organização sem fins lucrativos que extinguiu 9 bilhões de libras em créditos de poluição desde sua fundação em 1992. "Os visitantes do BuyCarbon.org podem comprar créditos que, caso contrário, seriam usados pelas empresas para emitir dióxido de carbono e outros gases causadores do efeito estufa."

A Agência de Conservação, então, transfere os créditos para o Fundo Beneficente da Agência de Conservação do Ar Puro, no qual eles são "extintos" permanentemente.

"Dizemos que eles são extintos porque uma vez que os créditos tenham chegado ao Fundo, não podem mais ser usados pelas empresas para poluir," disse Short. O Fundo retém créditos de emissões extintos e direitos de emissão de poluição com um valor de mercado estimado de mais de US$ 15 milhões.

Créditos de redução das emissões de gases do efeito estufa são comprados, vendidos e usados pelas empresas que participam dos mercados voluntários de créditos de emissões de poluição, como a Bolsa do Clima de Chicago. O objetivo desses mercados é reduzir a quantidade geral de gases do efeito estufa que são lançados na atmosfera. As empresas que participam desses mercados concordam em limitar suas emissões de gases do efeito estufa, mas também podem comprar créditos se precisarem emitir gases adicionais. O Congresso dos Estados Unidos está considerando leis que forçariam as empresas a participarem de um programa nacional obrigatório para limitar os gases do efeito estufa. Os programas obrigatórios que estão sendo considerados pelo Congresso também incluem abordagens baseadas em mercado que permitem que as empresas comprem e vendam direitos de poluir. Esses arranjos trazem compensações financeiras para as empresas que se comprometerem a fazer reduções permanentes na emissão dos prejudiciais gases do efeito estufa.

A Agência de Conservação do Ar Puro representa o bem público nos mercados de poluição e se esforça para aumentar a eficiência e a eficácia nesses mercados, maximizando os incentivos para extinguir créditos de poluição permanentemente. Por exemplo, a Agência encoraja as empresas a doar seus direitos de poluir, de modo que eles sejam extintos, em vez de vendê-los para outras empresas que possam usá-los para poluir. Em troca da doação para a Agência de Conservação do Ar Puro, a empresa recebe deduções nos impostos.

O surgimento de mercados de créditos de emissões de gases do efeito estufa fornece uma oportunidade para indivíduos e empresas efetivamente diminuirem o ritmo das mudanças climáticas.

Fundada em 1992, a Agência de Conservação do Ar Puro promove soluções baseadas no mercado para os problemas da chuva ácida, poluição do ar e aquecimento global. Ela extinguiu mais de 8,5 bilhões de libras em créditos de emissões de carbono. Uma lista de todos os créditos extintos e outras informações relativas ao programa Net Zero podem ser encontradas em http://www.cleanairconservancy.org/.

Fonte: PR Newswire US, March 12, 2007, Copyright PR Newswire Association LLC. Dados atualizados em 2012.

ceria o mesmo, mas agora haveria mais emissões a barlavento da população e, portanto, mais danos.[2]

O problema é similar àquele encontrado sob a política de cobrança sobre efluentes; com efeito, cada empresa se situa em um ponto diferente em relação à área prejudicada, então as emissões de cada uma delas terá um diferente impac-

[2] Também chamado de problema de *hotspot* ou ponto crítico.

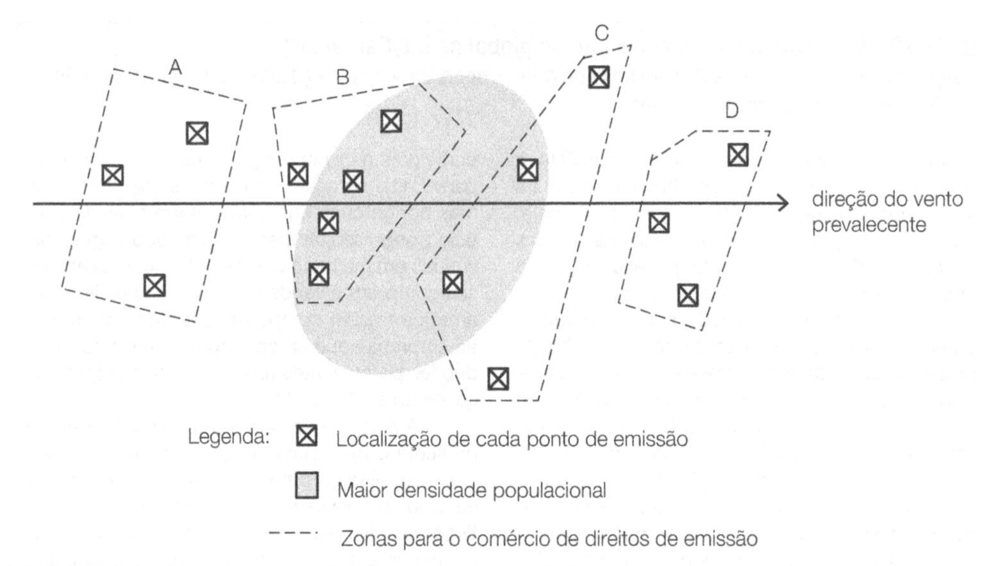

FIGURA 13.3 Emissões não uniformes e programas de CAP.

to sobre a qualidade ambiente naquela área. Se o programa fosse simplesmente permitir a negociação de direitos de emissão entre todas as fontes na base de um-para-um, ele poderia facilmente vir a possibilitar que uma empresa ou um grupo de empresas com coeficientes de transferência mais altos, cujas emissões, portanto, têm um impacto maior sobre a qualidade ambiente, acumule grandes números de direitos de emissão.

Uma maneira de contorná-lo pode ser ajustar as regras de negociação de modo que elas passem a considerar os impactos de fontes individuais. Suponha que as emissões da Fonte A fossem duas vezes mais prejudiciais do que as emissões da Fonte B simplesmente devido à localização das duas fontes. Então, os administradores do programa podem estabelecer uma regra para que, se a Fonte A estiver comprando direitos de emissão da Fonte B, ela tem que comprar dois direitos de emissão para obter uma. Se esse princípio for estendido a uma situação com muitas fontes, as coisas podem ficar muito complicadas. As autoridades teriam que determinar quantos direitos de emissão cada fonte teria que comprar de cada uma das outras fontes para receber o crédito de um direito de emissão. Se existissem 5 novas fontes, a agência teria que criar simplesmente 10 desses índices de negociação, mas se fossem 20 diferentes fontes, ela teria que estimar 190 desses índices.[3] Uma maneira de contornar essa situação seria usar um sistema de zoneamento análogo à cobrança sobre efluentes por zoneamento que discutimos anteriormente. As autoridades designariam uma série de zonas, e cada uma delas conteria fontes que fossem relativamente similares em termos de sua localização e do impacto de suas emissões sobre a qualidade ambiente. Quatro dessas zonas são exibidas na Figura 13.3. As autoridades poderiam, então, escolher entre: (1) permitir a negociação pelas empresas somente com outras empresas da mesma zona

[3] Em geral, se houver n fontes, terá que haver $[n(n-1)]/2$ índices de negociação estabelecidos.

ou (2) fazer ajustes para todas as negociações que cruzarem os limites das zonas de maneira similar à técnica discutida. Assim, por exemplo, se os coeficientes de transferência das fontes na Zona A fossem avaliados como duas vezes maiores, em média, que os das fontes na Zona B, qualquer negociação entre as fontes dessas duas zonas seria ajustada pelo mesmo fator de dois: qualquer empresa na Zona A que comprasse direitos de emissão de qualquer empresa na Zona B teria que comprar dois direitos de emissão a fim de obter crédito para um novo direito de emissão; qualquer fonte na Zona B teria que comprar apenas meio direito de emissão de uma empresa na Zona A para obter crédito para um novo direito de emissão.

PROGRAMAS DE *CAP-AND-TRADE* E PROBLEMAS DE CONCORRÊNCIA

A questão de permitir negociações que cruzem os limites das zonas ou, ao contrário, restringi-las a zonas, tem uma importância muito mais ampla do que pode parecer à primeira vista. Programas de CAP funcionam por meio de um processo de negociação em que compradores e vendedores interagem para transferir títulos com direitos de valor. Os mercados funcionam melhor quando há uma **concorrência** substancial entre compradores e entre vendedores; eles trabalham significativamente menos se houver tão poucos compradores ou vendedores que as pressões competitivas sejam fracas ou ausentes. Em casos em que há poucos negociantes, um deles, ou talvez um pequeno grupo, pode ser capaz de exercer controle sobre o mercado, realizando colusão de preços, talvez cobrando diferentes preços de diferentes pessoas, usando o controle de direitos de emissão para ganhar controle econômico em sua indústria e assim por diante. Do ponto de vista do estímulo da concorrência, portanto, gostaríamos de estabelecer nossas zonas de negociação as mais amplas possíveis, incluindo grandes números de compradores e vendedores potenciais.

No entanto, isso pode ir de encontro aos fatos ecológicos. Em muitos casos, pode haver motivos meteorológicos ou hidrológicos para limitar a área de negociação a uma área geográfica relativamente estreita. Se o objetivo fosse controlar as emissões no ar que afetam determinada cidade, por exemplo, provavelmente não iríamos querer permitir que as empresas se localizassem lá para negociar direitos de emissão com empresas em outra cidade. Ou, se nossa preocupação fosse controlar as emissões em determinado lago ou rio, poderia não ser permitido que fontes lá localizadas negociassem direitos de emissão com fontes localizadas em algum corpo hídrico totalmente diferente. Assim, por motivos ambientais, pode ser bem desejável restringir as áreas de negociação[4]; sob o ponto de vista econômico, talvez fosse desejável definir as áreas de negociação de maneira ampla. Não há regra mágica para dizer exatamente como esses dois fatores devem ser equilibrados. As autoridades podem apenas analisar casos específicos à medida que eles vão surgindo e ponderar as particularidades das características ambientais e as sutilezas das condições competitivas nas indústrias em que ocorrem as negociações.

[4] Embora nem sempre; discutiremos posteriormente o mercado nacional de negociações de direitos de emissão de créditos de chumbo usados na introdução da gasolina com chumbo na economia dos Estados Unidos.

IMPLEMENTAÇÃO DOS PROGRAMAS DE *CAP-AND-TRADE*

O aspecto de controle direto de um programa de CAP é que as fontes são restringidas para manter suas emissões em um nível que não ultrapasse o número total de direitos de emissão de descarga que possuem. Assim, uma agência reguladora teria, essencialmente, que acompanhar (1) o número de direitos de emissão que cada fonte possui e (2) a quantidade de emissões provenientes de cada fonte. Como a distribuição inicial de direitos de emissão será conhecida, a agência tem que ter alguma maneira de acompanhar as transações de direitos de emissão entre os participantes do mercado. As negociações, na verdade, poderiam se tornar complicadas com múltiplos compradores e vendedores e com diferentes tipos de transações, como alugueis temporários e arrendamentos de longo prazo além de transferências permanentes. Como os compradores (ou locatários) de direitos de emissão teriam um forte incentivo para ter suas compras reveladas para a agência, e como todas as compras implicam em vendedores, um sistema de relatório, juntamente a um meio moderno de transferência de informações, pode ser suficiente para fornecer informações confiáveis sobre que fontes detêm os direitos de emissão.

No que diz respeito ao **monitoramento**, a agência administrativa tem que ser capaz de monitorar poluidores para verificar se as emissões em cada fonte excede o número de direitos de emissão que ela detém. Se os direitos de emissão forem expressos em termos de emissões totais ao longo de determinado período, há que se disponibilizar um meio para medir emissões cumulativas em cada fonte. Essa é a mesma exigência que com um encargo sobre efluentes. Se houvesse uma certeza razoável de que as emissões fossem bastante uniformes ao longo do ano, as autoridades poderiam verificar as emissões cumulativas fazendo inspeções de maneira instantânea. Para a maioria das fontes de poluição industrial, no entanto, há variações consideráveis nas emissões diárias, semanais ou sazonais; portanto, seria necessário um monitoramento mais sofisticado.

Mercado voluntário

Os programas de CAP podem ser estabelecidos de maneira voluntária. Falamos anteriormente sobre o limite inicial ser estabelecido por uma autoridade governamental. Ele poderia, no entanto, basear-se em comprometimentos voluntários, isto é, promessas voluntárias para reduzir as emissões que, então, forneceriam o incentivo para a negociação. A Bolsa do Clima de Chicago (CCX) é esse tipo de instituição. Cada participante voluntário concorda com um alvo de redução das emissões, por exemplo, uma redução de 1% nos gases do efeito estufa. Participantes individuais podem, então, exceder essa redução e vender os créditos resultantes. Os compradores são participantes que são incapazes ou não estão dispostos a reduzir suas emissões na quantidade exigida.

Um aspecto que poderia aumentar a eficiência dos arranjos voluntários desse tipo é o fato de eles conterem algum incentivo para as fontes monitorarem umas às outras, pelo menos informalmente. Quando, e se algumas fontes emitem mais do que permitem seus direitos de emissão, elas estão "trapaceando" por deixar de comprar direitos de emissão suficientes para cobrir todas as suas emissões. De fato, essa "trapaça" reduz a demanda por direitos de emissão para menos do que ela seria, caso contrário. E isso tem o efeito de diminuir o preço de mercado dos direitos de emissão, o que claramente vai de encontro aos interesses de qualquer empresa que detenha um grande número de direitos de emissão, o que lhes dá um incentivo para conferir se as outras empresas não estão trapaceando nas emissões.

Os mercados voluntários desse tipo ajudaram a estimular o crescente mercado por **neutralizações** ("offsets") nos Estados Unidos e em outros países. Muitas pessoas querem se tornar neutras em termos de emissões de carbono compensando suas emissões de CO_2 ou outros gases do efeito estufa. Elas podem fazer isso comprando neutralizações de carbono em mercados voluntários, como a CCX, ou negociando com fornecedores que realizam ações diretas (p.ex., plantio de árvores) para reduzir emissões de gases do efeito estufa ou mitigar seu impacto.

As transações em créditos de emissões são um pouco diferentes das transações em bens físicos e serviços. Os créditos podem passar pelas mãos de muitos intermediários de mercado, à medida que passam da pessoa ou empresa que os cria (plante algumas árvores ou reduza suas emissões) para o comprador final. O Quadro 13.2 apresenta uma discussão sobre esse problema.

CAP e o incentivo a P&D

Um de nossos principais critérios para avaliar uma política ambiental é se ela cria ou não fortes incentivos para as empresas buscarem maneiras melhores de reduzir as emissões. Os padrões de emissões eram fracos nesse aspecto, e as cobranças sobre emissões, muito mais fortes. Os programas de CAP, nesse aspecto, são idênticos às cobranças sobre emissões, pelo menos teoricamente. Considere a empresa da Figura 13.4. Suponha que, no presente, a função de custos marginais de abatimento seja CMA_1. Os direitos de emissão de emissões são vendidos por p cada, e suponhamos que não se espere que seu preço mude. A empresa ajustou suas posses de modo que detenha atualmente e_1 direitos de emissão.[5] Suas emissões são, portanto, e_1 e seus custos totais de abatimento são $(a + b)$. O incentivo para fazer pesquisa e desenvolvimento (P&D) é encontrar uma maneira menos custosa de controlar as emissões, então a empresa pode cortar as emissões e vender os direitos de emissão excedentes. Quanto valeria fazer os custos marginais de abatimento se deslocarem para CMA_2? Com CMA_2, a empresa se deslocaria para um nível de emissões de e_2. Seus custos totais de abatimento, nesse caso, seriam $(b + d)$, mas a empresa seria capaz de vender $(e_1 - e_2)$ direitos de emissão por uma receita de $p(e_1 - e_2) = (c + d)$. A variação em sua posição seria, assim:

$$\text{Custos totais de abatimento com } CMA_1 - \text{Custos totais de abatimento com } CMA_2 - \text{Receitas da venda de CAP}$$

[5] Essas funções de custos marginais de abatimento se aplicam a um ano; isto é, elas são os custos por ano de mudar as emissões. O preço p é, portanto, um preço de compra (ou venda) de um ano – o que custaria comprar ou vender uma direito de emissão por apenas um ano. Se uma empresa for comprar uma direito de emissão que ela queira deter permanentemente, o preço será algum múltiplo do valor anual, assim como o preço de compra de uma casa alugada é algum múltiplo de seu aluguel anual.

QUADRO 13.2 Mercados de neutralização das emissões de carbono: reais ou *greenwashing*?

O mercado de neutralizações de carbono tem crescido rapidamente. Em 2007, foram gastos em torno de US$ 54 milhões em neutralizações de carbono, que supostamente foram destinadas ao plantio de árvores, à energia solar, a parques eólicos e a outros meios de reduzir as emissões de dióxido de carbono. Esse dinheiro foi gasto por pessoas e corporações que queriam neutralizar o aumento no dióxido de carbono produzido por seus produtos ou atividades: comprar e usar um computador, fazer uma viagem de avião, dirigir um carro, entre outras.

A Dell oferece aos seus clientes a chance de comprar neutralizações de carbono para neutralizar as emissões de carbono criadas ao produzir seus computadores. A Volkswagen está informando os compradores que irá neutralizar as emissões de carbono relacionadas à compra de um de seus carros. A General Electric e o Bank of America irão converter pontos de fidelidade de cartão de crédito em neutralizações de carbono. A Pacific Gas and Electric, na Califórnia, dá aos clientes uma chance para comprar neutralizações das emissões de carbono decorrentes de seu consumo de eletricidade.

Em todos esses casos, as neutralizações estão sendo produzidas não por essas empresas, mas compradas em um mercado que supostamente conecta os compradores de neutralizações e os produtores. O mercado consiste em um número cada vez maior de empresas, corretores e outros que se especializam em transações de neutralização. As empresas, e algumas organizações sem fins lucrativos, como Terra Pass, Carbonfund e a Bolsa do Clima de Chicago, são intermediários entre aqueles que supostamente produzem reduções de carbono, seja através de reduções nas emissões ou pelo crescente sequestro de carbono, e corporações e indivíduos que queiram comprar essas reduções para neutralizar suas próprias emissões.

A questão é, porém, como os compradores de neutralizações saberão se os produtores de neutralizações estão realmente reduzindo o carbono atmosférico como parte do acordo? Há alguma maneira de se certificar, no fim das contas, de que alguém esteja reduzindo o carbono devido à sua compra de algumas neutralizações?

A Comissão Federal do Comércio dos EUA (FTC), encarregada da proteção ao consumidor, iniciou ações para analisar o que afirmam as propagandas feitas pelos fornecedores de neutralizações de carbono. Tais afirmações são classificadas sob o título de "marketing verde" e o objetivo de tais ações é garantir que os fornecedores de neutralizações de carbono (e também de certificados de energia renovável) possam substanciar suas afirmações de que o carbono foi realmente reduzido depois de as pessoas comprarem neutralizações. Elas desejam certificar-se de que as pessoas não sejam envolvidas em *greenwashing*, isto é, venda de neutralizações de carbono sem a capacidade de substanciar que as neutralizações tenham levado a verdadeiras reduções de carbono, ou que tenham sido simplesmente enganadas por falta de informação.

A FTC ainda não acusou ninguém de ações ilícitas, mas reconhece que este é um mercado que depende de um fluxo de informações precisas entre a longa linha entre produtores e consumidores. Se eu compro um carro e ele não funciona direito, posso devolvê-lo, mas se compro algumas neutralizações de carbono, é quase impossível saber se realmente houve alguma redução de carbono em algum lugar. Quando a Gaiam, uma empresa que produz equipamentos para yoga, começou a vender neutralizações que eram fornecidas através do Fundo de Conservação (Conservation Fund), uma organização sem fins lucrativos, o gerente geral realmente foi até os locais de plantio de árvores em Louisiana para verificar se árvores adicionais estavam realmente sendo plantadas.

Fonte: Baseado em Louise Story, "FTC Asks If Carbon-Offset Money Is Winding Up True Green," *New York Times*, January 9, 2008.

ou $(a + b) - (d + b) + (c + d)$, o que é igual a $(a + c)$. Compare isso com as economias sob cobrança sobre efluentes (ver Capítulo 12). É exatamente igual. O preço de mercado do direito de emissão tem o mesmo incentivo que um encargo sobre poluição; ao não reduzir suas emissões, as empresas estão abdicando de receitas mais altas que elas poderiam ter obtido vendendo alguns de seus direitos de emissão.

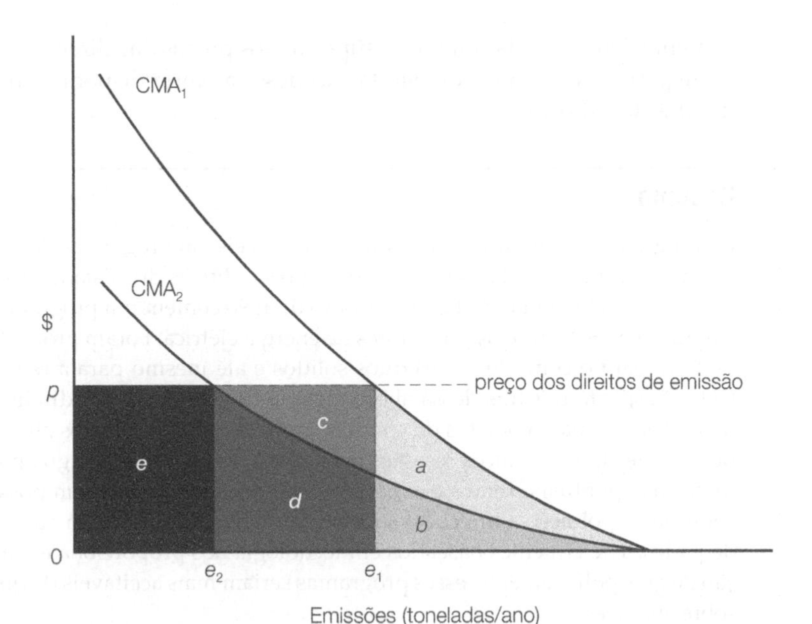

FIGURA 13.4 Direitos de emissão de descarte transferíveis e mudanças tecnológicas.

CAP e incertezas

No último capítulo, discutimos o uso de cobrança sobre emissões para reduzir a poluição; podemos pensar nesse uso como um sistema baseado em preços, pois ele começa com um encargo sobre emissões que leva a uma redução na quantidade de emissões. Um programa de CAP pode ser pensado como um sistema baseado na quantidade, pois começa com o estabelecimento de um limite quantitativo sobre o total de emissões, o que produz, então, certo preço para os direitos de emissão. Discutimos como, quando os custos marginais de abatimento são certos, não podemos ter certeza de que tamanho de redução nas emissões obteríamos a partir de determinado encargo sobre as emissões. Com um programa de CAP, a situação é oposta: se os custos de emissões forem incertos, não poderemos ter certeza de por que preço as direitos de emissão serão negociadas quando o valor do limite for estabelecido em determinado nível. Se o limite for estabelecido em um valor alto demais, os preços dos direitos de emissão serão baixos demais, enfraquecendo seu efeito de incentivo.[6] Se o limite for estabelecido em um valor baixo demais, os preços das direitos de emissão podem ser muito altos, levando a problemas econômicos e a mercados de direitos de emissão voláteis.[7]

Isso recentemente levou à ideia de uma *válvula de segurança* nos programas de CAP: um limite superior para o preço que, se alcançado, dispararia um aumento na oferta de direitos de emissão. Se os preços das direitos de emissão chegassem a esse limite, as empresas seriam capazes de comprar direitos de emissão adicionais das autoridades governamentais que operam o programa. Isso efeti-

[6] Isso aconteceu nas etapas iniciais do programa europeu de gases do efeito estufa.

[7] Isso aconteceu no mercado do programa Reclaim da Califórnia na década de 1990.

vamente determinaria um limite superior aos preços das direitos de emissão durante períodos em que a demanda excedesse a oferta disponível no mercado de direitos de emissão.

Resumo

Os programas de direitos de emissão transferíveis, ou programas de *cap-and-trade*, se tornaram muito populares entre os decisores políticos dos Estados Unidos nos últimos anos. As Emendas da Lei do Ar Puro de 1990 contêm um programa de CAP para a redução de SO_2 entre os produtores de energia elétrica. Foram propostos programas de CAP para o controle de resíduos sólidos e até mesmo para a redução global de CO_2. O espírito por trás dessa abordagem, a transferência dos direitos de emissões de fontes com baixos custos de controle para aquelas com custos altos, também está por trás de alguns avanços recentes no controle de emissões na água provenientes de fontes não pontuais. Temos a expectativa de que essa abordagem possa nos dar um controle da poluição a um custo substancialmente mais baixo do que o sistema atual de padrões de efluentes baseados em tecnologia nos proporciona e também a sensação de que, politicamente, esses programas seriam mais aceitáveis do que os impostos sobre emissões.

No entanto, os programas de CAP têm seus próprios problemas. Mais especificamente, os programas de CAP tiram parte do ônus do controle da poluição das mãos dos engenheiros e a coloca sob a operação de um mercado. O modo como esse mercado opera é obviamente crucial para que esse tipo de política funcione. Há uma infinidade de fatores importantes: quem obtém os direitos de emissão no início, a força de seus incentivos para minimizar custos, o grau de concorrência no mercado, as regras de transação estabelecidas pela agência reguladora, a capacidade de monitorar e fiscalizar o cumprimento e assim por diante. Não obstante, o sistema de direitos de emissão parece ser uma ideia que veio para ficar, pelo menos nos Estados Unidos.

Tanto os sistemas de direitos transferíveis quanto o de cobrança sobre emissões procuram tirar o ônus e a responsabilidade da tomada de decisões técnicas quanto ao controle da poluição das mãos dos reguladores e colocá-los nas mãos dos próprios poluidores. Devemos enfatizar que eles não pretendem colocar os objetivos do controle da poluição propriamente ditos nas mãos dos poluidores. Não é o mercado que irá determinar o nível mais eficiente de controle da poluição para a sociedade. Em vez disso, esses sistemas são os meios de engajar os incentivos dos próprios poluidores na busca de maneiras mais eficientes de alcançar o objetivo geral de reduzir as emissões.

Perguntas para discussão

1. Como se pode elaborar um sistema de direitos de emissão transferíveis para resíduos sólidos? E para eliminar gradualmente o uso de certo tipo de plástico? E para eliminar gradualmente um programa de uso de papel de jornal reciclado nos jornais?
2. Explique como um programa de direitos de emissão funciona para satisfazer o princípio de equilização na margem.
3. A seguir, temos os custos marginais de abatimento de duas fontes. Elas atualmente emitem 10 toneladas cada.
   a. Quais seriam os custos totais de abatimento para um corte proporcional para um total de 10 toneladas?
   b. Suponha que imprimamos 10 direitos de emissão, que cada uma delas dê ao detentor o direito a lançar 1 tonelada de emissões e que elas são distribuídas igualmente às duas fontes. Quais serão as emissões finais para cada uma das duas fontes e os custos totais de abatimento depois de todos os ajustes terem sido feitos?
   c. Mostre que se as direitos de emissão forem originalmente distribuídos de uma maneira diferente (digamos, todos para uma fonte e nenhum para a outra), os resultados finais serão os mesmos em termos das emissões totais e individuais, mas a distribuição dos ganhos do comércio será diferente entre as duas fontes.

	Custos marginais de abatimento	
Emissões (toneladas)	**Fonte A**	**Fonte B**
10	0	0
9	2	4
8	4	8
7	6	14
6	8	20
5	10	30
4	12	42
3	14	56
2	18	76
1	28	100
0	48	180

4. Quais são os prós e contras de deixar qualquer pessoa (bancos, cidadãos privados, grupos ambientais, agências governamentais, etc.) comprar e vender direitos de emissão transferíveis além das próprias fontes de emissões?

Para leituras e *sites* adicionais pertinentes ao material deste capítulo, veja www.grupoa.com.br.

PARTE V

QUESTÕES AMBIENTAIS INTERNACIONAIS

As perspectivas para o século XXI são a continuidade do "encolhimento" do mundo e o aumento das conexões entre as nações. Essas interações crescerão nos mercados ambientais. Os problemas regionais e globais exigirão níveis mais altos de cooperação e instituições internacionais mais eficientes. Como demonstrado pelos contínuos conflitos relacionados aos encontros da Organização Mundial do Comércio (OMC), os problemas de degradação ambiental nos países em desenvolvimento e as relações de crescimento e valores ambientais se tornarão mais importantes. Visto que todos os países estão se esforçando (em diferentes graus) para gerenciar seus próprios problemas ambientais, a troca de informações, de tecnologia e de experiência política passa a ser mais e mais valiosa. Uma análise dessa experiência internacional pode aprofundar substancialmente nossas perspectivas sobre a natureza das questões ambientais e o modo como as pessoas pensaram em tratá-las.

Analisaremos alguns dos esforços das políticas ambientais que estão sendo empreendidos em países industrializados e em desenvolvimento e discutiremos diversos problemas ambientais globais: a diminuição da camada de ozônio e o efeito estufa. Por fim, vamos oferecer uma perspectiva sobre a economia dos acordos ambientais internacionais.

CAPÍTULO 14

Políticas ambientais comparativas

Começaremos com a análise de algumas das experiências de alguns países industrializados ocidentais e orientais. Nos Estados Unidos, houve uma grande explosão de energia política no início da década de 1970 quando foram lançadas muitas das iniciativas ambientais em âmbito federal. O mesmo ocorreu em outros países; suas primeiras políticas ambientais datam aproximadamente da mesma época.

COMPARAÇÕES INTERNACIONAIS DE QUALIDADE AMBIENTAL

Talvez a melhor maneira de se começar seja fazendo várias comparações entre os países em termos de seus avanços ambientais. Bons dados comparativos não são fáceis de serem obtidos porque os esforços de monitoramento dos países não foram estabelecidos com o objetivo principal de facilitar comparações internacionais. Cada país faz seus levantamentos e publica seus dados usando bases, índices e sistemas que julgam mais úteis para suas finalidades. Assim, a comparabilidade é um problema. Principalmente entre os países europeus, os esforços para alcançar alguma uniformidade no monitoramento e na divulgação de dados caminham lentamente.

Outra característica que dificulta as comparações é que, dentro de qualquer país, a qualidade ambiental pode variar substancialmente entre diferentes regiões. Nos Estados Unidos, o sul da Califórnia e outras áreas urbanas apresentam severos problemas de poluição do ar. Na Alemanha, há a poluição altamente industrial do Vale do Ruhr. O Japão possui o corredor Tóquio-Osaka. Isso significa que as comparações internacionais têm que ser feitas com cuidado e se restringir a situações que sejam razoavelmente similares.

As comparações mais convincentes são aquelas em termos de condições ambientes em diferentes países ou localizações. Elas são difíceis de serem feitas, pois diferentes países ou municipalidades geralmente usam diferentes procedimentos de levantamento, análise e divulgação de dados. A Tabela 14.1 mostra alguns dados sobre a qualidade do ar de seis grandes cidades do mundo. Observe que, para o ozônio no nível do solo, todos os valores estão bem próximos, já para o material particulado, eles são bem diversos. Neste último caso, variam de aproximadamente 7 miligramas por metro cúbico em Sidney a mais de três vezes esse valor em Paris.

TABELA 14.1 Níveis ambientes de ozônio e material particulado fino de seis cidades grandes, 2009

Cidade	Ozônio no nível do solo (partes por bilhão)	Material particulado (MP) menos de 2,5 microgramas (microgramas por metro cúbico)
Atenas	27,66	20,12
Boston	36,31	9,77
Chicago	37,21	11,47
Paris	30,45	21,84
Roma	33,69	19,95
Sidney	Não disponível	6,98

Fonte: Environment Canada, http://www.ec.gc.ca/indicateurs-indicators.

A Tabela 14.2 também mostra alguns dados comparativos de várias medidas ambientais para países selecionados para mostrar a diversidade desses fatores entre eles. As três primeiras linhas mostram as emissões de poluentes no ar. As emissões de dióxido de enxofre (SO_2) variam de 3,3 kg per capita na Suécia a 123,5 kg per capita na Austrália. As emissões de óxido de nitrogênio também são bem variáveis, e as emissões de dióxido de carbono vão de 4,4 toneladas per capita no México a 19,7 toneladas per capita nos Estados Unidos. A linha seguinte mostra dados sobre resíduos sólidos urbanos (RSU), primeiro, quilos de RSU produzidos per capita e, então, o percentual de RSU reciclado. Novamente, observe a variabilidade entre os países. Da linha seguinte até a última temos a produção de energia renovável como um percentual de toda a energia produzida; os dados variam de 0,8% na Hungria a 58,1% no Canadá (devido às usinas hidrelétricas desse país). A última linha explica parcialmente as variações nas emissões no ar que acabamos de comentar. Alguns países adotaram energia nuclear muito mais do que outros; o Canadá, a França e a Suécia, por exemplo, produzem quantidades relativamente grandes de resíduos nucleares de alto nível nas usinas de energia elétrica.

Interpretação de diferenças no desempenho ambiental

É preciso tomar cuidado ao interpretar esses dados ambientais comparativos.[1] A primeira reação pode ser interpretar diferentes índices ambientais como indicadores do esforço que cada país colocou no controle da poluição, mas uma breve reflexão mostra que esse não é necessariamente o caso. Diferenças na qualidade ambiental entre diferentes países podem ser explicadas essencialmente de duas maneiras: (1) como diferenças nos níveis eficientes, ou desejados, de qualidade ambiente e/ou (2) como diferenças de o quanto cada país, por meio de políticas e de sua implementação, alcançou esses níveis eficientes.

Essas diferenças são representadas na Figura 14.1, que mostra três diagramas de custos marginais de danos/custos marginais de abatimento com a qualidade ambiental indexada nos eixos horizontais. Suponha que e_1 e e_2, indicados em

[1] O mesmo pode ser dito sobre as comparações entre diferentes regiões do mesmo país.

TABELA 14.2 Indicadores ambientais de países selecionados em anos recentes

	Austrália	Canadá	França	Hungria	China	Japão
Emissões:						
SO_2 (kg/capita)	123,5	–	6,4	10,7	-	6,1
NO_x (kg/capita)	127,1	1,4	21,1	16,8	-	14,7
CO_2 (toneladas/capita)	19,0	17,9	6,5	5,7	4,9	10,2
População conectada à rede de coleta de esgotos (%)	87,0	74,3	82,0	65,0	45,7	67,0
Resíduos sólidos urbanos produzidos (kg/capita)	–	–	536	430	–	428
reciclados (%)	30,3	26,8	18,2	13,4	–	16,8
Energia renovável (% do total produzido)	6,9	58,1	12,0	0,8	15,1	15,6
Lixo nuclear*	–	1.340	1.130	55	–	964

	Coreia	México	Suécia	Reino Unido	Estados Unidos
Emissões:					
SO_2 (kg/capita)	–	25,6	3,3	8,4	33,3
NO_x (kg/capita)	19,8	14,1	17,0	23,1	45,1
CO_2 (toneladas/capita)	10,5	4,4	5,6	9,0	19,7
População conectada à rede de coleta de esgotos (%)	78,8	67,6	86,0	97,7	71,4
Resíduos sólidos urbanos produzidos (kg/ capita)	–	377	485	529	736
reciclados (%)	49,2	3,3	35,4	26,9	23,8
Energia renovável (% do total produzido)	1,3	13,6	45,5	3,6	7,6
Lixo nuclear*	364	42	238	820	2.100

* Resíduos de combustível usado que surgem em usinas de energia nuclear em toneladas de metais pesados por milhões de toneladas de petróleo equivalente do suprimento total de energia primária.
–: insignificante.
Fontes: Indicadores ambientais da UNSD (Divisão de Estatística das Nações Unidas): http://unstats.un.org/unsd/environment/qindicators.htm.
Dados sobre o lixo nuclear: OCDE, *Environmental Data Compendium* (Compêndio de Dados Ambientais).

cada figura, se refiram a níveis ambientais em dois países. A Figura 14.1*a* mostra que essa política poderia ser o resultado de diferenças entre os dois países em termos de seus custos marginais de abatimento dadas as mesmas preferências por qualidade ambiental nos dois países. No curto prazo, isso poderia ser o resultado de diferentes **meios tecnológicos de controle da poluição** disponíveis nos dois países, mas no longo prazo esse fator seria menos importante porque a tecnologia de controle da poluição é móvel; qualquer tecnologia que esteja disponível em um país pode ser disponibilizada em outro. É claro, a diferença nas funções de custos marginais de abatimento também podem surgir porque um país adotou **políticas de controle ambientais mais custo-efetivas** do que as do outro.

Outros fatores também podem estar agindo. Como afirmamos muitas vezes, as condições ambientes são o resultado das **emissões** *e* da **capacidade assimilativa** do ambiente. Então, um país que alcançou baixas emissões ainda pode

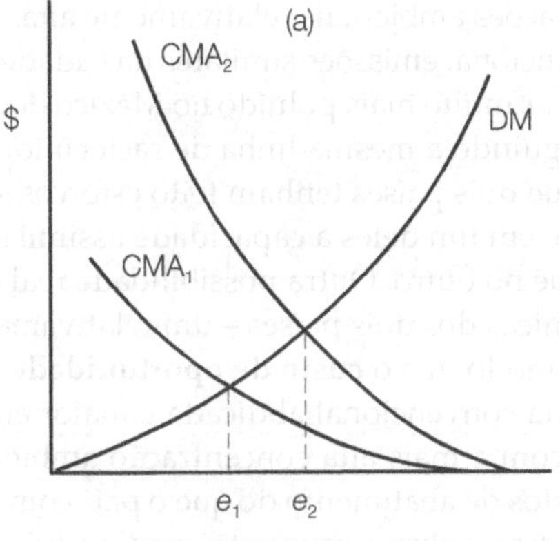

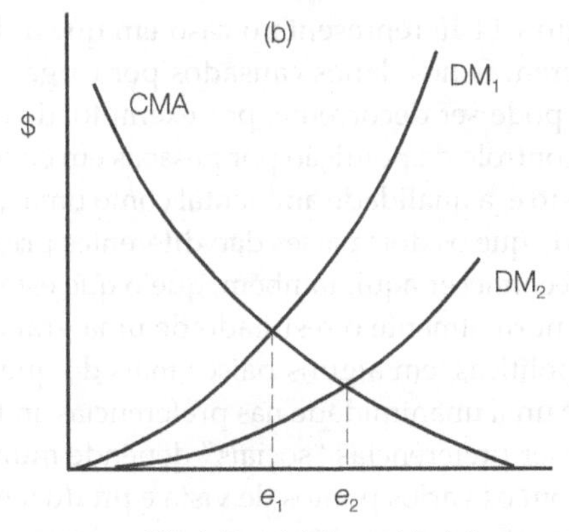

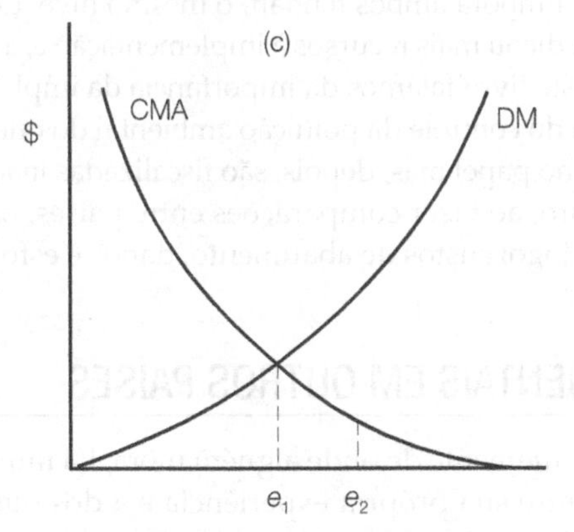

FIGURA 14.1 Interpretando diferenças internacionais nos níveis de poluição ambiente.

ter concentrações ambientais relativamente altas devido ao modo como seu meio ambiente funciona: emissões similares na Cidade do México e em Nova York produzirão um ar muito mais poluído no México devido aos padrões meteorológicos do local. Seguindo a mesma linha de raciocínio, níveis ambientais similares não implicam que dois países tenham feito esforços similares para controlar as emissões, porque em um deles a capacidade assimilativa do meio ambiente pode ser maior do que no outro. Outra possibilidade real é que haja diferenças nas condições econômicas dos dois países – um relativamente rico e o outro relativamente pobre –, de modo que o **custo de oportunidade** do controle da poluição em termos da renda convencional abdicada é maior em um do que no outro. Observe que o país com a mais alta concentração ambiente pode, na verdade, ter gasto mais em custos de abatimento do que o país com a concentração mais baixa. Teremos mais a dizer sobre essa questão no Capítulo 15, que discute a relação entre a qualidade ambiental e o desenvolvimento econômico.

A Figura 14.1*b* representa o caso em que a diferença entre e_1 e e_2 é explicada por diferenças nos danos causados por cargas de poluição ambiente nos dois países. Ela pode ser decorrente, por exemplo, de diferenças reais na disposição a pagar por controle da poluição por pessoas em circunstâncias econômicas e sociais similares, isto é, a qualidade ambiental como uma questão de gostos e preferências, ou do fato de que os dois países dão diferentes prioridades à qualidade ambiental. Devemos reconhecer aqui, também, que o que estamos chamando de preferências sociais são normalmente o resultado de uma grande quantidade de disputas e rivalidades políticas, em alguns países mais do que em outros. Raramente há algo próximo de uma unanimidade nas preferências ambientais dos indivíduos, então o que parece ser preferências "sociais" depende muito de como as contendas políticas lidam com os vários pontos de vista e produzem resultados ambientais.

Finalmente, a figura 14.1*c* representa a situação de diferentes esforços de implementação. Embora ambos tenham o mesmo nível desejado de qualidade ambiente, um país dedicou mais recursos à implementação e, assim, seu nível real é mais baixo. Em todo este livro falamos da importância da implementação. Nada é mais comum no mundo do controle da poluição ambiental do que leis e regulamentações que são colocadas no papel mas, depois, são fiscalizadas inadequadamente na prática.

É claro, ao fazer comparações entre países, os três fatores normalmente entrarão em jogo: custos de abatimento, danos e esforços de implementação.

POLÍTICAS AMBIENTAIS EM OUTROS PAÍSES

Independentemente de onde alguém mora, há muito o que se aprender pela comparação entre sua própria experiência e a dos outros. O restante deste capítulo examina alguns dos esforços de políticas ambientais de outros países desenvolvidos além dos Estados Unidos. Não pretendemos oferecer um catálogo de eventos em cada país; isso seria impossível no espaço que temos, e também porque as questões e soluções ambientais estão mudando tão rapidamente que um catálogo desse tipo rapidamente ficaria desatualizado. Em vez disso, tentaremos destacar políticas ou tendências particularmente interessantes que caracterizam a política ambiental de determinados países ou grupos de países.

Estilos nacionais de política ambiental

Os Estados Unidos não foram o único governo nacional a tratar de questões de qualidade ambiental na década de 1970. Muitos outros países desenvolvidos empreenderam o mesmo na época. Não é de surpreender que esses esforços não tenham sido somente exercícios técnicos ao selecionar a política correta para o problema. Na verdade, as políticas ambientais em diferentes países eram um reflexo de suas singulares culturas e instituições políticas. Em um estudo sobre a política de poluição do ar na Suécia e nos Estados Unidos, o autor caracterizou as diferenças entre os dois países como a diferença entre a lebre e a tartaruga.[2] Os Estados Unidos eram a lebre, com explosões de velocidade seguidas por pausas e descansos, enquanto a Suécia era a tartaruga, com um progresso mais lento, mas mais constante. A seguir, temos a comparação lado a lado das abordagens políticas dos Estados Unidos e da Suécia:

Estados Unidos	**Suécia**
1. Padrões ambientes estatutários	1. Diretrizes não estatutárias sobre as emissões
2. Cronograma rígido de cumprimento	2. Cronogramas de cumprimento estabelecido com base na viabilidade econômica
3. Avanços por imposição de tecnologia de controle das emissões	3. Ajustes dos padrões a padrões tecnológicos

Em geral, o estilo dos EUA, pelo menos durante a década de 1970, coberta por esse estudo, enfatizava objetivos formais e rigidamente definidos na forma de leis públicas depois de muita querela política, levando a posteriores comprometimentos e atrasos para acomodar a realidade. A abordagem sueca era estabelecer políticas com muito menos fanfarra pública, negociando acordos voluntários baseados na viabilidade técnica e econômica.

Muitos outros estudos dessa época ressaltavam a diferença entre o estilo conflituoso e litigioso de criação (e implementação) de políticas nos Estados Unidos e os estilos aparentemente mais cooperativos e colaborativos de outros países.[3] No entanto, apesar dessas diferenças, os autores desses estudos concluem que, de modo geral, havia pouca diferença significativa entre os países em termos de resultados, isto é, em termos de o quanto a poluição ambiental estava, de fato, sendo reduzida.

[2] Lennart J. Lundquist, *The Hare and the Tortoise: Clean Air Policies in the United States and Sweden*, University of Michigan Press, Ann Arbor, 1980.

[3] Joseph L. Badaracco Jr., *Loading the Dice: A Five-Country Study of Vinyl Chloride Regulation*, Harvard Business School Press, Boston, 1985; David Vogel, *National Styles of Regulation, Environmental Policy in Great Britain and the United States*, Cornell University Press, Ithaca, NY, 1986; Julian Gresser, Koichiro Fujikura, and Akio Morishima, *Environmental Law in Japan*, MIT Press, Cambridge, MA, 1981, p. 248. Ver também: Helmut Weidner and Martin Janiuce (eds.), *Capacity Building in National Environmental Policy. A Comparative Study of 17 Countries*, Springer, 2002; Paul F. Steinberg and Stacy D. Van Deveer, *Comparative Environmental Policies*, MIT Press 2012.

Essas diferenças de estilo continuam a existir até certo ponto, porque ainda existem diferenças nas culturas e instituições políticas. No entanto, também houve uma evolução substancial nos programas ambientais de países do mundo desenvolvido. Ao acompanhar a integração econômica que ocorreu em um mundo em globalização, as políticas ambientais também se tornaram, como um autor indicou, mais híbridas. Isso significa simplesmente que, com o livre fluxo internacional de ideias sobre diferentes abordagens para o controle da poluição, o *mix* de políticas em qualquer país se torna um complexo amálgama de planos desenvolvidos localmente e planos importados de outros países. Falando dos Estados Unidos e da Europa, esse autor afirma:

> Existem diversos exemplos de tais empréstimos na política ambiental. Dos EUA, a Europa tomou emprestadas as abordagens para o comércio de emissões; a análise de custo-benefício e a supervisão executiva do sistema regulatório; a responsabilidade legal de produtos e a diretiva proposta de responsabilidade civil; o aumento da supervisão "federal" das políticas ambientais; os instrumentos de divulgação de informações, incluindo a avaliação de impactos ambientais (AIA) e registros de descarte de substâncias tóxicas; e outras medidas.
>
> Enquanto isso, da Europa, os EUA tomaram emprestado o método holandês de cláusulas ambientais e abordagens relacionadas a acordos voluntários negociados e o próprio conceito de precaução (que se originou como o *Vorsorgeprinzip* do Direito alemão e foi posteriormente adotada no caso Ethyl Corp. dos EUA)[4].

Princípios orientadores do controle da poluição

Em alguns países, as autoridades políticas tentaram desenvolver **princípios orientadores** para identificar políticas apropriadas de controle da poluição. Um princípio orientador é simplesmente um critério político abrangente que supostamente estabelece diretrizes para determinar políticas aceitáveis. No Japão, por exemplo, os esforços de controle da poluição foram inicialmente desenvolvidos sob o princípio da "harmonização", que era essencialmente uma exigência de que as leis de controle da poluição estivessem "harmonizadas" com as exigências do crescimento econômico. Na China, as novas construções industriais têm que ser desenvolvidas dentro do princípio de "três ao mesmo tempo". Cada novo plano de construção tem que conter uma seção especial sobre proteção ambiental, mostrando como métodos de controle da poluição serão elaborados, instalados e operados.[5]

Os países da Organização para a Cooperação e Desenvolvimento Econômico (OCDE) procuraram fazer um juramento de lealdade ao que é chamado de **Princípio do Poluidor Pagador** (PPP). Esse princípio afirma que os poluidores devem arcar com as medidas para reduzir a poluição até os níveis especifica-

---

[4] Jonathan B. Wiener, "Convergence, Divergence, and Complexity in U.S. and European Regulation," in Normal J. Vig and Michael G. Faure (eds.), *Green Giants? Environmental Policies of the United States and the European Union*, MIT Press, Cambridge, MA, 2004, p. 98.

[5] Rui Lin Jin and Wen Liu, "Environmental Policy and Legislation in China," in *Proceedings of the Sino-American Conference on Environmental Law*, Natural Resource Law Center, University of Colorado School of Law, Boulder, CO, 1989, p. 173.

dos pelas autoridades públicas. Embora possa soar como uma regra baseada em considerações éticas, tal princípio é realmente baseado em economia política. Ele pretende eliminar situações em que os governos subsidiam as despesas de controle de poluição de empresas ou indústrias a fim de lhes dar uma vantagem econômica sobre concorrentes que têm que arcar com seus próprios custos de cumprimento. Isso é considerado especialmente importante entre as empresas e indústrias de países da Europa que são concorrentes próximas. Há exceções para o PPP em certos casos de extrema dificuldade econômica, períodos de transição de curto prazo e casos que não tenham impacto significativo no comércio e no investimento internacional. Como a maioria dos países, tanto os da OCDE quanto outros, subsidia a redução da poluição em maior ou menor grau, os políticos têm tido a necessidade de encontrar maneiras de reconciliar princípio e realidade. Em geral, isso é feito definindo o PPP de maneira suficientemente abstrata para que ele seja compatível com uma grande variedade de acordos e arranjos.

Outra ideia é o que os decisores políticos têm chamado cada vez mais de **princípio da precaução**, que pretende introduzir maior precaução às decisões públicas em casos em que poderia haver custos futuros substanciais (danos) atualmente desconhecidos. Ele é decorrente de casos recentes de muitos países industriais nos quais a introdução de um produto ou material que tinha benefícios iniciais substanciais acabava por ter alguns custos muito altos que não tinham sido previstos. O amianto é um exemplo, assim como os clorofluorcarbonetos (CFCs). O princípio da precaução essencialmente afirma que, se há uma ameaça perceptível de danos sérios e/ou irreversíveis ao se empreender alguma ação, esses custos futuros não devem ser ignorados ou descontados simplesmente por serem cientificamente incertos. Em certo sentido, o princípio enfatiza a questão do ônus da prova na tomada de decisões ambientais: o ônus de demonstrar que uma nova prática ou produto é seguro deve recair sobre aqueles que o introduzem ou sobre aqueles que possam vir a questionar sua segurança?

Escolhas de instrumentos

A regulamentação ambiental na maioria dos países industriais historicamente tem se baseado em um estabelecimento de padrões de comando e controle, como ocorre nos Estados Unidos. Como vimos nos capítulos anteriores, isso se refere a, por exemplo, determinação política e administrativa das tecnologias de controle da poluição que serão aceitáveis, quais serão os níveis de emissões, locais onde as empresas poderão se estabelecer, como os edifícios e equipamentos devem ser projetados, quais combustíveis e insumos podem ser usados, a forma de manipulação de certas substâncias e assim por diante.

Na maioria dos países, foram adotados alguns critérios básicos para estabelecer os níveis tecnológicos nos quais fundamentar as decisões de comando e controle. Na Grã-Bretanha as autoridades exigiram os "melhores meios praticáveis" que se referem aos meios "razoavelmente praticáveis e tecnicamente possíveis para evitar a emissão de gases e para tornar essas descargas inofensivas". A Alemanha tem se baseado na ideia fundamental de que os programas de controle da poluição têm que envolver tecnologia "de ponta". Na Suécia, o critério de decisão subjacente tem sido escolher "o que é tecnicamente viável usando os dispositivos técnicos e métodos mais eficientes disponível na área em questão". A Itália tem usado um padrão que exige reduções nas emissões até o "nível mais baixo possível por meio das tecnologias disponíveis". Como já mencionamos diversas vezes em capítulos anteriores, essa abordagem na verdade permite que os reguladores façam *trade-offs* implícitos entre a redução dos danos e a viabilidade técnica e econômica.

Embora as políticas fundamentais continuem a se basear em conceitos de comando e controle, houve uma clara evolução em muitos países em direção ao uso de políticas baseadas em incentivos.[6] Cobrança sobre emissões foram introduzidos em muitos países da Europa. Na política de controle da poluição do ar, inúmeros países europeus têm impostos sobre as emissões de SO_2 e NO_x. Alguns também introduziram uma cobrança sobre as emissões de CO_2, além de sobre vários tipos de emissões na água. Nossa discussão a respeito de cobranças sobre emissões no Capítulo 12 focalizou-se em cobranças como um meio de gerar reduções custo-efetivas nas emissões. Elas podem ser chamados de cobranças de "incentivo" ou, como às vezes são chamadas na Europa, cobranças de "compensação". As cobranças de emissões empregadas na Europa não são cobranças de incentivo desse tipo. Em vez disso, são empregados primordialmente para levantar receitas que podem, então, ser usadas para subsidiar atividades de controle da poluição de organizações públicas e privadas. Entre os países europeus, um grande problema têm sido as mudanças rumo à harmonização dos muitos programas nacionais com diretivas estabelecidas pela União Europeia (UE).

Os países da União Europeia iniciaram o Esquema Europeu de Comércio de Emissões (ETS ou *European Trading Scheme*) para cumprir suas obrigações previstas pela Convenção de Kyoto. Nesse acordo, a UE concorda coletivamente em reduzir suas emissões de CO_2 para um nível 7% abaixo de suas emissões de 1990. Os objetivos individuais de cada país variam em torno desse percentual dependendo de suas próprias circunstâncias. Em seus planos nacionais, cada país deve alocar uma fração de suas exigências totais de corte às empresas de quatro setores: energia, ferro e aço, minerais (cimento, vidro) e polpa de celulose e papel. Essas empresas podem, então, negociar suas cotas de emissões entre si e com fontes de outros países da UE. Alguns dos detalhes do programa são exibidos no Quadro 14.1.

O programa é controverso, e a UE instituiu mudanças que prometem torná-lo mais eficiente. Algumas delas são: reduzir os limites refletindo o fato de que foram distribuídas autorizações excessivas em um primeiro momento; uma passagem a um sistema mais centralizado de alocação de autorizações, retirando parte da iniciativa das mãos dos países individuais; passar a leiloar autorizações em vez de distribui-las gratuitamente; e uma extensão a outros setores, como a aviação.

Outros países recentemente instalaram programas de comércio ou estão planejando fazê-lo em um futuro próximo. Entre eles estão o Canadá, a Austrália, a Coreia e o Japão. Programas de comércio de emissões também foram adotados nos níveis estadual e regional (nos Estados Unidos e em outros países), além de voluntariamente por grupos ou empresas do setor privado.

---

[6] Para um bom resumo, ver Organization for Economic Cooperation and Development, "Environmental Taxes in OECD Countries," OECD, Paris, 1995.

QUADRO 14.1 Detalhes do esquema europeu de comércio de emissões

O Esquema Europeu de Comércio de Emissões (EU-ETS) começou oficialmente em 1° de janeiro de 2005 e consistia em uma fase de "aquecimento" de 2005 a 2007 e, então, períodos sucessivos de 5 anos cada, sendo que a segunda fase coincidiria com o período de cumprimento do Protocolo de Kyoto. A primeira fase focalizou-se apenas em CO_2. O limite geral (e, logo, a rigidez do programa e o custo resultante das reduções das emissões) no esquema de comércio de emissões é composto por limites de países individuais estabelecidos pelo plano de alocação nacional (NAP ou *national allocation plan*) de cada país. A segunda fase do EU-ETS, em vigor por cinco anos a partir de 1° de janeiro de 2008, envolverá limites gerais mais rígidos (alinhados ao alvo de emissões no nível de toda a economia previsto pelo Protocolo de Kyoto) e pode ser expandida para outros gases do efeito estufa (dependendo da verificação disponível) e outras fontes e setores (p.ex., alumínio e aviação).

São cobertos seis setores industriais-chave, notavelmente o de usinas elétricas com capacidade maior do que 20-MW.[1] Outros setores incluídos (com limites específicos para o tamanho das instalações) são as refinarias de petróleo, fornos de coquemetalurgia e aço, fornalhas de cimento, manufatura de vidro e fábricas de papel, polpa de celulose e serrarias. Esses setores representavam em torno de 12.000 instalações (dependendo dos detalhes finais do processo de especificação) e representam perto da metade do total de emissões de CO_2 dos países do EU-25. Uma questão atual muito controversa é se o programa deve ou não ser estendido, passando a incluir emissões de aeronaves.

O EU-ETS é um programa de *cap-and-trade* no qual quantidades fixas de cotas de emissões são alocadas (via NAPs de cada país). De 2005 a 2007, a maioria das autorizações foram concedidas de graça (ou adquiridas por direito para um ano base ou por atualização). Cinco por cento seria leiloada na primeira fase;[2] de 2008 em diante, permite-se leiloar 10% das autorizações.

Transações bancárias com as reduções em excesso (i.e., cotas) para anos futuros são permitidas dentro do primeiro período de cumprimento (fase do EU-ETS).

Há multas pesadas para o não cumprimento (40 Euros/TCO_2 de 2005–2007, e então 100 Euro/TCO_2 de 2008 em diante[3]), valores que são consideravelmente mais altos do que a maioria das previsões de preços de cotas.

Em termos de mecanismos de projeto, ou créditos gerados a partir de esforços específicos de reduções das emissões, foram permitidos créditos de países em desenvolvimento via mecanismo de desenvolvimento limpo (MDL) e de outros países via mecanismo de implementação conjunta (IC) para a primeira (2005–2007) e segunda (2008–2012) fase do EU-ETS, respectivamente.

[1] Para contextualizar uma usina de 20-MW: uma turbina a vapor de carvão de 20-MW operando por 8.000 horas/ano = 158.000 toneladas de CO_2 ou 43.200 toneladas de carbono; 20-MW em uma usina de gás natural de ciclo combinado em operação por 5.000 horas/ano = 45.000 toneladas de CO_2 ou 12.300 toneladas de carbono.

[2] Hungria, Dinamarca e Lituânia decidiram leiloar algumas cotas.

[3] Observe que, a partir de janeiro de 2005; 1 Euro ~ US$ 1,30; 10 Euros TCO_2 US$ 13 TCO_2 37 Euros TC US$ 48/TC.

Fonte: PEW Center on Global Climate Change, "The European Union Emissions Trading Scheme: Insights and Opportunities," http://www.pewclimate.org/docUploads.

Análise ambiental

Chamamos de **análise ambiental** as tentativas de medir coisas como a custo-efetividade de determinadas ações políticas, os benefícios de melhorias ambientais e os **custos e benefícios** de políticas e regulamentações ambientais alternativas. Outros países estão fazendo progressos significativos no desenvolvimento de técnicas para medir os benefícios sociais de melhorias ambientais. Os economistas ambientais são muito ativos, por exemplo, na Europa. O controle da poluição do ar e da água na Europa é complicado pela presença de muitos limites internacionais em uma área geográfica relativamente pequena. Esforços para harmonizar as leis ambientais, protagonizadas pela Comunidade Europeia, podem ser auxiliados pelo acúmulo de resultados de estudos de mensuração de benefícios. A Tabela 14.3 mostra apenas alguns dos muitos estudos realizados em outros países para estimar os benefícios de políticas ambientais.

POLÍTICA AMBIENTAL EM PAÍSES EM TRANSIÇÃO

Pode ser tentador pensar que os sistemas econômicos de comando teriam sido melhores do que economias de mercado em gerenciar questões de qualidade ambiental pelo fato de eles envolverem uma direção central pervasiva sobre todas as decisões econômicas. As agências reguladoras, aparentemente com controle sobre todas as variáveis importantes, poderiam se certificar de que todas as "externalidades" fossem adequadamente consideradas no planejamento da produção, e os gerentes de fábrica teriam ordens para buscar ações que garantissem níveis de emissões e qualidade ambiente eficientes.

No entanto, não funcionava dessa maneira. Com a queda das economias socialistas de planejamento centralizado, tornou-se aparente que elas tinham sido responsáveis por danos ambientais extremos em muitas regiões. Em muitos lugares, a qualidade ambiente do ar e da água foi deteriorada suficientemente para causar severos impactos sobre a saúde humana, e alguns importantes ativos ambientais foram seriamente degradados. O Quadro 14.2 discute um caso particularmente flagrante: a destruição do Mar de Aral no Cazaquistão, que antigamente fazia parte da União soviética. Seus principais rios foram desviados durante aquela época para irrigar campos de plantação de algodão, levando a uma extrema secagem do lago. Mais recentemente, foi construída uma represa para reabastecer a parte norte do lago. As principais razões para essa ocorrência foram a forte prioridade dada ao crescimento industrial, os incentivos perversos aos administradores em uma economia de comando e a incapacidade dos cidadãos de obterem informações sobre os impactos ambientais e peticionarem eficientemente sua melhoria.

Para muitos desses países, a poluição ambiental realmente melhorou um pouco em decorrência das recessões econômicas experimentadas após o colapso dos sistemas socialistas. Quando os países tentaram retomar o desenvolvimento econômico, começaram a tratar da necessidade de políticas e regulamentações ambientais mais eficientes. Nos antigos sistemas, recorria-se muito a padrões de emissões relativamente rígidos para uma grande variedade de poluentes industriais, mas havia uma negligência universal em termos de sua implementação e fiscalização. Inúmeros países tinham adotado cobranças de emissões de vários tipos, mas eles eram essencialmente incobráveis nos sistemas que existiam. Assim, os países agora estão enfrentando a necessidade de introduzir novas abordagens às regulamentações ambientais, enquanto também se esforçam para estimular o crescimento econômico.

As estratégias mais eficientes para esses países pareceriam ser as seguintes:

1. Atacar casos de poluição em grande escala no curto prazo por meio de intervenções e controles diretos do tipo comando e controle (C&C). É central para esta estratégia desenvolver agências e instituições reguladoras mais eficientes.

TABELA 14.3 Exemplos de estudos de estimação de benefícios realizados por economistas ambientais em outros países

País e estudo	Resultados
Austrália[a]	
Estudo de valoração contingente (VC) para medir a disposição a pagar (DAP) das pessoas pelo desenvolvimento de meios biológicos de controle de moscas	US$ 13,40/pessoa/ano
Finlândia[b]	
DAP pela caça de galos silvestres em função da população de galos silvestres (método VC)	
População de galos silvestres no nível atual	604 FIM/pessoa/ano
População de galos silvestres na metade do nível atual	462 FIM/pessoa/ano
População de galos silvestres no dobro do nível atual	786 FIM/pessoa/ano
França[c]	
DAP para manter o nível da água mais quase constante em um reservatório de controle de inundações para beneficiar recreacionistas (método VC)	47 FF/pessoa/ano
Alemanha[d]	
DAP para ter uma melhoria na qualidade do ar (método VC)	75–190 DM/pessoa/mês
Israel[e]	
DAP por uma redução de 50 por cento na poluição do ar em Haifa	
Meios indiretos (hedônicos)	US$ 66,2/família/ano
Meios diretos (VC)	US$ 25,1/família/ano
Holanda[f]	
DAP para evitar maior deterioração das florestas e urzais holandeses (método VC)	22,83 DFL/pessoa/mês
Noruega[g]	
DAP por uma melhor qualidade da água no interior dos fiordes de Oslo (método VC)	
Usuários	942 NOK/família/ano
Não usuários	522 NOK/família/ano
Suécia[h]	
DAP por uma redução no risco de ter câncer de pulmão por exposição a rádon (método VC)	4.300 SEK/família
Reino Unido[i]	
DAP por uma melhoria na qualidade da água de rios (método VC)	£12,08/pessoa/ano

[a] B. Johnston, "External Benefits in Rural Research and the Question of Who Should Pay," apresentado na 26th Annual Conference of the Australian Agricultural Economic Society, 9–11 de fevereiro de 1982, University of Melbourne.
[b] V. Owaskainen, H. Savolainen e T. Sievanen, "The Benefits of Managing Forests for Grouse Habitat: A Contingent Valuation Experiment," paper apresentado no Biennien Meeting of the Scandinavian Society of Forest Economics, 10–13 de abril de 1991, Gausdal, Noruega.
[c] B. Desaigues e V. Lesgards, *La Valorisation des Actifs Naturels un Example d'Application de la Méthoded'Evaluation Contingente*, Université de Bordeaux, working paper, 1991.
[d] K. Holm-Müller, H. Hansen, M. Klockman e P. Luther, "Die Nachfrage nach Umweltqualität in der Bundesrepublik Deutschland" (A demanda por qualidade ambiental na República Federal da Alemanha), *Berichte des Umweltbunde-samtes* 4/91, Erich Schmidt Verlag, Berlim, 1991, p. 346.
[e] M. Shechter e M. Kim, "Valuation of Pollution Abatement Benefits: Direct and Indirect Measurement," *Journal of Urban Economics*, Vol. 30, 1991, p. 133–151.
[f] J. W. van der Linden e F. H. Oosterhuis, *De maatschappelijke waardering voor de vitaliteit van bos en heide* (A valoração social da vitalidade das florestas e urzais), Em holandês, resumo em inglês, Publicação do Ministério de Habitação Pública, Planejamento Físico e Gestão Ambiental, VROM 80115/3, Leidschendam, 1987, p. 46.
[g] A. Heiberg e K.-G. Him, "Use of Formal Methods in Evaluating Countermeasures of Coastal Water Pollution," In H. M. Seip e A Heiberg (orgs.), *Risk Management of Chemicals in the Environment*, Plenum Press, London, 1989.
[h] J. Aakerman, *Economic Valuation of Risk Reduction: The Case of Indoor Radiation*, Stockholm School of Economics, Estocolmo, Suécia, 1988, p. 65.
[i] C. H. Green e S. Tunstall, "The Evaluation of River Water Quality Improvements by the Contingent Valuation Method," *Applied Economics*, 1991, p. 23.

QUADRO 14.2 O Mar de Aral: destruição e recuperação (parcial)

O Mar de Aral, na Ásia Central, é um caso mundialmente famoso de assassinato ecológico seguido, recentemente, por uma ressurreição pelo menos parcial. Ele já foi o quarto maior lago do mundo, mas no decorrer do último meio século, foi praticamente destruído pelos desejos humanos pelo rápido desenvolvimento econômico.

Nos anos seguintes à Revolução Russa, o governo soviético decidiu desviar os rios que alimentavam o Mar de Aral para irrigar uma vasta nova área de produção de algodão irrigada. A construção de canais começou de fato depois da Segunda Guerra Mundial. Como previsto, o desvio da água levou à rápida desertificação do Aral. Na década de 1990, a superfície do Aral já tinha encolhido em torno de 60%. A ecologia do mar e da área circundante foi fortemente afetada. Espécies marinhas desapareceram à medida que o mar foi se tornando cada vez mais salgado. A indústria pesqueira foi destruída; comunidades que antes ficavam à sua costa agora se encontravam a até centenas de quilômetros de distância; o casco de antigos navios enferrujaram no que um dia já foi o fundo do Mar de Aral; montes de sal e areia expostos produziam tempestades de poeira e ventos tóxicos. Contudo, a produção de algodão floresceu e, para alguns, a morte do Aral foi vista como um preço necessário a ser pago em nome do crescimento econômico.

No entanto, a dissolução da União Soviética mudou as coisas. Alguns dos novos países da Ásia central procuraram desfazer um desastre que tinha sido orquestrado anteriormente por autoridades do alto escalão.

Na verdade, a desertificação do mar o tinha dividido em duas seções: uma parte ao norte e outra ao sul. Essas duas partes dividiam-se por um canal através do qual a água passava do norte para o sul. Com a ajuda do Banco Mundial, foi construída uma represa nesse canal, evitando que a água fluísse da parte norte para a parte sul. Assim, no norte, a carpa e o esturjão estão retornando e os pescadores estão de volta em seus barcos. As nuvens e a chuva voltaram. Embora apenas 40% da água tenha retornado, o reabastecimento restaurou a subsistência de centenas de pessoas do Cazaquistão que, historicamente, dependiam dessas águas para seu sustento econômico.

Ainda assim, na parte do sul, hoje no Uzbequistão, as águas continuam a retroceder, devido a subtrações de água para a irrigação. E aqui o foco pode ser diferente. O governo local e um consórcio de empresas de petróleo internacionais assinaram um acordo de compartilhamento da produção para promover o desenvolvimento de petróleo e gás em sua parte do Mar de Aral. Ainda há dúvidas quanto ao estado da ecologia do sul.

Fonte: Baseado em parte em Natalya Antelava, "Dam Project Aims to Save Aral Sea," BBC News, April 9, 2007, http://news.bbc.co.uk/2/hi/asia-pacific/6538219.stm.

2. Esclarecer, um pouco mais no longo prazo, a situação atual e futura no que diz respeito ao local onde as principais fontes de emissões e danos provavelmente ocorrerão à medida que planos de redesenvolvimento entrarem em vigor.
3. Começar a estabelecer instituições reguladoras e políticas ambientais que, no longo prazo, sejam capazes de lhes dar medidas de controle da poluição custo-efetivas e eficientes. Como discutimos em todo esse livro, isso implicaria buscar programas de controle da poluição com um forte componente de esquemas regulatórios baseados em incentivos.

AVANÇOS NA CONTABILIDADE AMBIENTAL

Muitos países começaram a dar passos no sentido de aumentar suas contas de renda nacional para levar em consideração os efeitos do crescimento econômico sobre recursos naturais e ativos ambientais. A **contabilidade da renda nacional** foi desenvolvida por governos que sentiam a necessidade de ter uma maneira de saber como a economia, de um modo geral, estava se saindo de um ano para o outro. Medidas familiares como o produto interno bruto, produto interno líquido e taxa de desemprego têm o objetivo de nos dar um resumo da quantidade total de atividade econômica em um ano e do *status* de certas variáveis agregadas que afetam o bem-estar econômico geral. A contabilidade da renda nacional convencional foi criticada por não lidar adequadamente com as implicações do crescimento econômico sobre os recursos e o meio ambiente. Considere a curva de possibilidades de produção da Figura 14.2, que mostra a saída econômica comercializada no eixo vertical e a qualidade ambiental no eixo horizontal. A atividade econômica agregada divulgada através da contabilidade convencional consiste apenas na produção comercializada medida. Assim, por exemplo, uma passagem de p_1 a p_2 seria considerada como uma melhoria no bem-estar econômico. No entanto, essa melhoria foi acompanhada por uma redução na qualidade ambiental de q_1 para q_2. Para obter um quadro completo das mudanças no bem-estar social, precisamos levar em consideração tanto o aumento na produção comercializada e a redução na qualidade ambiental.

Pesquisadores e autoridades públicas de diferentes países estão abordando esse problema de diversas maneiras. A questão fundamental é como medir e tratar a "quantidade" $q_1 - q_2$ na Figura 14.2. Inúmeros países, incluindo os Estados Unidos, tentaram simplesmente medir os custos anuais totais das despesas com controle da poluição. O passo lógico seguinte talvez seja deduzir esses custos a partir da produção medida, pelo fato de que eles não representam um verdadeiro aumento no bem-estar econômico, mas sim despesas necessárias para nos proteger da poluição. Esse procedimento foi empreendido na França e no Japão.

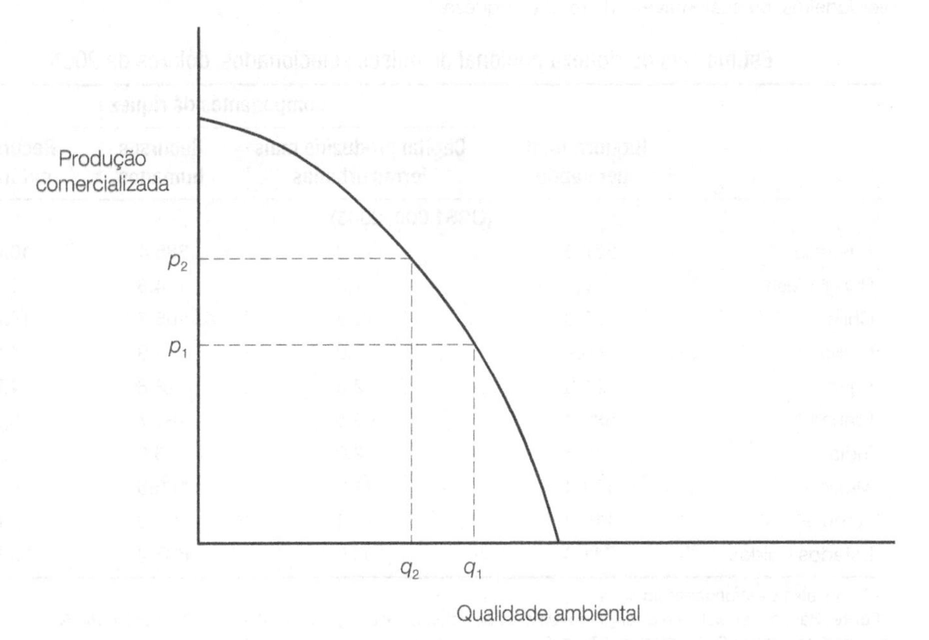

FIGURA 14.2 Contabilidade da renda nacional e a negligência da qualidade ambiental.

Entretanto, o método de deduzir despesas com o controle da poluição não chega diretamente a mensurar os valores da mudança da qualidade ambiental representada pela distância $q_1 - q_2$ na figura. O primeiro passo para fazer isso é medir as quantidades físicas de recursos ambientais e as mudanças nessas quantidades ao longo do tempo. Tentativas de medir as mudanças físicas no patrimônio total de recursos de uma nação estão sendo empreendidas em vários países, notavelmente na França e na Noruega. Os franceses estão tentando desenvolver um sistema de contabilidade ambiental completo chamado Les Comptes du Patrimoine Naturel (as contas do patrimônio natural), que possa ser usado para medir mudanças físicas nos recursos naturais e ambientais que sejam decorrentes da produção econômica e do consumo. O Quadro 14.3 mostra alguns resultados de um estudo desse tipo realizado por economistas do Banco Mundial.

QUADRO 14.3 Contabilidade "verde"

Se um país, ao produzir seus bens e serviços convencionais, espoliar ou esgotar seu patrimônio de recursos naturais, as contas normais do produto interno bruto produzirão uma visão distorcida de sua riqueza econômica. Para levar em consideração as mudanças no **capital natural,** é necessário atribuir um valor – por exemplo, depósitos minerais, florestas e terras valiosas em termos agrícolas e ecológicos. Então, se esses ativos naturais forem degradados ou esgotados, seu valor reduzido pode ser deduzido das medidas da renda nacional normal para encontrar medidas verdadeiras, ou sustentáveis, de renda e riqueza.

Economistas do Banco Mundial estão fazendo um grande esforço para medir os valores do capital natural em diversos países do mundo e, especialmente, para comparar o capital natural e suas mudanças com outras formas de capital, como o **capital humano** e o **capital produzido**. Alguns resultados recentes de países selecionados são exibidos na tabela a seguir. Observe que, em todos esses países, a maior parte da riqueza total consiste em capital humano. Isso é verdade para quase todos os países do mundo.

Estimativas da riqueza nacional de países selecionados, dólares de 2005

		Componentes da riqueza		
	Riqueza total* per capita	Capital produzido mais terras urbanas	Recursos humanos	Recursos naturais
		(US$1.000, 2005)		
Austrália	537,0	111,6	385,4	40,0
Bangladesh	7,2	1,0	4,8	1,4
Chile	103,8	19,3	65,7	18,8
China	18,9	6,0	8,9	4,0
Egito	21,3	2,8	13,8	4,7
França	583,9	93,6	481,7	8,6
Índia	10,7	2,0	6,0	2,7
México	134,4	21,3	106,5	6,6
Turquia	116,9	13,4	97,9	5,6
Estados Unidos	741,0	100,0	627,2	13,8

* Exclui ativos estrangeiros líquidos.

Fonte: Banco Mundial, *The Changing Wealth of Nations, Measuring Sustainable Development in the New Millennium*, Washington, D.C., 2011, p. 174–180.

No entanto, colocar a quantidade $q_1 - q_2$ em termos de valor exige que demos o passo seguinte: atribuir valores às mudanças físicas nos recursos ambientais. A Holanda está desenvolvendo um grande trabalho nesse sentido. O objetivo é atribuir valores monetários às várias dimensões de degradação ambiental, inclusive o valor reduzido dos recursos afetados e dos danos causados pela poluição. Uma abordagem de avaliação como essa também está sendo empreendida pelas Nações Unidas.

Estamos apenas no início dos esforços para incorporar valores ambientais às contas de renda nacional. Os problemas conceituais e de mensuração são muito difíceis e levará algum tempo até que procedimentos aceitáveis possam ser desenvolvidos e que números confiáveis sejam estimados; contudo, se for bem-sucedido, esse trabalho poderia ter um profundo impacto sobre as decisões relativas a políticas públicas.

Resumo

Em muitos outros países industrializados, grandes esforços de controle da poluição tiveram início na década de 1970, como ocorreu nos Estados Unidos. As políticas em diferentes países são criadas através de meios apropriados à cultura política e à história institucional de cada um deles. Em sua maioria, os esforços de controle da poluição contaram com várias abordagens de comando e controle envolvendo padrões de vários tipos. Em muitos países europeus, as cobranças sobre emissões têm sido amplamente utilizadas, mas, historicamente, elas têm sido usadas primordialmente para levantar receitas que, então, podem ser usadas para subsidiar esforços de controle da poluição. No futuro, eles poderiam talvez ser facilmente transformados em impostos de incentivo cujo objetivo principal seria o controle da poluição.

Os padrões ambientais podem ser estabelecidos no nível nacional (assim como, por exemplo, na Alemanha, na Itália e nos Estados Unidos) ou no nível local (como na França e na Inglaterra). No entanto, sua *fiscalização* tende a ser muito local, envolvendo "negociações" entre emissores e autoridades locais – não negociações no sentido formal, mas uma "troca de favores" entre essas partes quanto a que ações serão empreendidas por diferentes fontes para controlar as emissões.

A degradação ambiental em grande escala dos países ex-socialistas ensina uma enriquecedora lição para o controle da poluição de todos os países. A reação inicial à poluição ambiental é achar que ela ocorre porque as autoridades não possuem os meios de controle necessários para gerar reduções nas emissões, mas nos países ex-socialistas, as autoridades presumivelmente tinham controle total e, ainda assim, os danos ambientais foram maciços. Isso realça a importância de se ter sistemas políticos abertos, informações prontamente disponíveis sobre qual é o verdadeiro estado do meio ambiente e sistemas de incentivo que levem os poluidores a internalizar os danos que suas emissões produzem.

Perguntas para discussão

1. Se dois (ou mais) países têm a mesma quantidade (total) de emissões, isso significa que eles estão igualmente próximos do nível eficiente de emissões de cada um deles?
2. Explique o princípio do poluidor pagador. Como ele se aplicaria ao controle de emissões de fontes não pontuais?
3. Considere a abordagem "europeia" das cobranças sobre emissões. Para uma única fonte, é possível que uma cobrança sobre emissões baixa possa produzir receitas suficientes para pagar todos os custos de abatimento necessários para reduzir as emissões dessa fonte a um nível eficiente? Que fatores afetam isso? (Dica: Você deve explorar esse assunto com a ajuda de nosso modelo padrão de controle das emissões.)
4. Que fatores determinam se seria mais eficiente proceder contra os poluidores indo contra eles no tribunal ou sentando com eles para tentar encontrar uma solução "razoável"?
5. Explique o que quer dizer "tornar 'verdes' as contas de renda nacional".

Para leituras e *sites* adicionais pertinentes a este capítulo, veja www.grupoa.com.br.

CAPÍTULO 15

Desenvolvimento econômico e o meio ambiente

Houve uma época, há várias décadas, em que os problemas de qualidade ambiental eram vistos como exclusivos de economias industriais desenvolvidas, O desenvolvimento industrial foi associado à poluição do ar e da água, à dependência excessiva de produtos químicos, à poluição visual, entre outros. Pensava-se, no entanto, que os países em desenvolvimento tinham menos problemas ambientais porque sua tecnologia pré-industrial era mais ambientalmente benigna e porque eles ainda não tinham se comprometido com um estilo de vida materialista, com os *trade-offs* negativos que muitos acreditam que esse estilo de vida traz consigo.

As ideias mudaram, porém. Para começar, tornou-se claro que havia ocorrido uma degradação ambiental maciça no mundo em desenvolvimento. As áreas rurais têm sofrido com a erosão do solo em grande escala e com a deterioração da qualidade da água, com o desmatamento e com a queda da produtividade do solo. As áreas urbanas têm sofrido com a séria diminuição da qualidade do ar e da água. Essa deterioração ambiental nos países em desenvolvimento não é apenas uma questão de estética ou qualidade de vida, mas sim uma questão mais séria, envolvendo a diminuição da produtividade econômica e a aceleração do deslocamento social. Além disso, os países em desenvolvimento obviamente desejam dar grande prioridade ao crescimento econômico; assim, a interação entre esse crescimento e a qualidade do meio ambiente é de suma importância.

Neste capítulo, exploraremos a inter-relação do desenvolvimento econômico e o meio ambiente entre os países não industrializados do mundo. Ao manter a distinção que fizemos no Capítulo 2, vamos abordá-la em dois níveis: o positivo e o normativo. Do ponto de vista positivo, o problema é compreender como o desenvolvimento e a degradação ambiental estão reciprocamente relacionados e quais fatores explicam essa inter-relação. De um ponto de vista normativo, o problema é lidar com questões sobre os vários tipos de políticas públicas que são mais apropriados para países do mundo em desenvolvimento.

CONSIDERAÇÕES GERAIS

É comum distinguir entre o **crescimento econômico** e o **desenvolvimento econômico**. Há uma forma simples, e também uma mais complicada, de distinguir entre esses conceitos. Em termos simples, o crescimento refere-se a aumentos no **nível agregado de produção**, enquanto que desenvolvimento significa aumentos na **produção *per capita***. Assim, um país pode crescer, mas não se desenvolver, se o crescimento de sua população exceder sua taxa de crescimento econômico. A maneira mais complicada é dizer que o crescimento econômico se refere a aumentos na atividade econômica sem qualquer mudança subjacente na estrutura e nas instituições de um país, enquanto que desenvolvimento também inclui um conjunto mais amplo de transformações tecnológicas, institucionais e sociais. Mudanças em áreas como educação, saúde, população, infraestrutura de transportes e instituições jurídicas são todas partes do processo de desenvolvimento. Isso deve nos alertar para o fato de que, ao falar de questões ambientais nos países em desenvolvimento, normalmente estaremos falando de situações em que o ambiente social e tecnológico pode ser muito diferente daquele dos países industrializados. Ao mesmo tempo, fica implícito que, em questões de política ambiental, um conjunto mais amplo de escolhas pode estar disponível devido às transformações institucionais mais profundas que estão ocorrendo em muitos países em desenvolvimento. Além disso, os instrumentos políticos considerados os melhores para o mundo desenvolvido podem não sê-lo para os países em desenvolvimento devido às diferenças entre eles em fatores políticos, econômicos e culturais.

Ao falarmos dessas questões, tendemos a dividir o mundo em apenas duas partes: o mundo desenvolvido e o mundo em desenvolvimento, ou **"primeiro" mundo** e **"terceiro" mundo**.[1] Obviamente, qualquer breve classificação como essa é uma enorme supersimplificação do mundo real. Deveríamos pensar não em uma simples classificação como essa, mas em um espectro que vai do mais pobre ao mais rico, ou ao longo de qualquer outra dimensão de interesse. Os países do mundo são distribuídos ao longo desse espectro, embora não necessariamente de maneira uniforme. É também verdade que os **agregados nacionais** podem tender a obscurecer alguns problemas importantes de desenvolvimento em determinados países. Muitos países que parecem razoavelmente bem com base nos macrodados nacionais têm bolsões de pobreza e subdesenvolvimento suficientes para colocar essas regiões nas classificações menos desenvolvidas, se os limites políticos nacionais fossem traçados de outra forma.

DEGRADAÇÃO AMBIENTAL EM ECONOMIAS EM DESENVOLVIMENTO

Muitas pessoas do mundo desenvolvido foram levadas a perceber a existência de problemas ambientais no mundo em desenvolvimento por meio das recentes preocupações globais, como o aquecimento global e o rápido ritmo de extinção de espécies.

Um número desproporcionalmente alto das espécies ameaçadas de extinção do mundo reside nos países em desenvolvimento; então, os esforços para preser-

[1] No jargão da economia política internacional, o "primeiro" mundo é usado para se referir às economias industriais de mercado enquanto que o "terceiro" mundo refere-se ao grupo de economias em desenvolvimento. O "segundo" mundo referia-se às economias socialistas. Outros termos às vezes usados são "países industrializados" e "países menos desenvolvidos."

var os hábitats dessas espécies levaram as pessoas a se focalizarem nas conexões entre desenvolvimento e meio ambiente nos países não industrializados. Da mesma forma, a preocupação do mundo desenvolvido com o aquecimento global acentuou a preocupação com o desmatamento, porque as florestas agem para absorver dióxido de carbono atmosférico (CO_2). Em muitos países em desenvolvimento, a coleta de madeira para combustível e a conversão de terras cobertas por florestas para o uso agrícola levaram a altas taxas de desmatamento. Assim, o desmatamento em grande escala tem o potencial de piorar o efeito estufa global.

No entanto, do ponto de vista dos próprios países em desenvolvimento, seus piores problemas ambientais são, provavelmente, a poluição da água e do ar, especialmente em suas áreas urbanas em expansão. No mundo desenvolvido, o tratamento químico de reservas de água, juntamente ao tratamento de águas residuais, praticamente neutralizou o sistema de abastecimento de água como uma fonte de diversas doenças humanas; o controle continuado da poluição da água justifica-se por motivos recreacionais e estéticos. Esse não é o caso em muitos países em desenvolvimento, onde a poluição da água ainda é responsável por enormes quantidades de doenças e mortes. A falta de estações de tratamento leva a uma grande exposição a resíduos humanos transmissores de doenças. Em lugares onde tem ocorrido a expansão industrial, da mineração e do uso de agrotóxicos, os rios foram contaminados com produtos químicos tóxicos e com metais pesados. A infiltração de materiais perigosos de áreas industriais e depósitos de resíduos ameaça cada vez mais os recursos de águas subterrâneas, aos quais muitos países têm recorrido à medida que as águas superficiais vão se tornando mais fortemente contaminadas.

Recentemente, o Banco Mundial fez as seguintes avaliações:

- 5 a 6 milhões de pessoas morrem por ano em países em desenvolvimento devido a doenças transmitidas pela água e à poluição do ar.
- Os custos econômicos da degradação ambiental foram estimados em 4 a 8 por cento do produto interno bruto (PIB) por ano em muitos países em desenvolvimento.
- Mudanças climáticas ameaçam solapar ainda mais o desenvolvimento de longo prazo e a capacidade de muitas pessoas pobres escaparem da pobreza.[2]

Em muitos países, praticamente toda a gasolina ainda contém chumbo, levando a sérios danos causados pela poluição de chumbo no ar. A poluição do ar em espaços internos também é um problema mais sério do que nos países desenvolvidos, devido à continuada forte dependência de combustíveis de biomassa para cozinhar e para aquecimento.

Outro importante fenômeno é a **urbanização**. Nos Estados Unidos, cerca de 80% da população vive em áreas urbanas e suburbanas. Na Ásia e na África, esse percentual é de aproximadamente 35%, mas ele tem crescido rapidamente nas últimas décadas e espera-se que continue a crescer no futuro. É também verdade que nenhum país jamais alcançou um crescimento econômico substancial sem

---

[2] Ver Skoufias, Emmanuel, Mariano Rabassa and Sergio Olivieri, "The Poverty Impacts of Climate Change: A Review of the Evidence," http://documents.worldbank.org/curated/en/2011/04/14004825.

uma urbanização em grande escala; na maioria dos países, a rápida industrialização é acompanhada de enormes problemas ambientais.

ECONOMIA E MEIO AMBIENTE

Se a preocupação com os problemas ambientais é recente, questões relacionadas ao crescimento econômico no mundo menos desenvolvido têm sido predominantes há muitos anos; de fato, historicamente elas têm sido um foco definidor desse grupo de países. Essa ênfase sobre o desenvolvimento econômico continuará à medida que eles se esforçam para preencher a lacuna econômica em relação às economias desenvolvidas. O que precisa ser examinado, portanto, é a relação entre desenvolvimento econômico e qualidade ambiental.

Uma visão estática

Provavelmente o ponto de vista mais frequentemente mencionado sobre esses assuntos é que os países em desenvolvimento simplesmente não podem arcar com altos níveis de qualidade ambiental. De acordo com essa visão, a situação desses países, em comparação às economias desenvolvidas, pode ser representada pelas curvas de possibilidades de produção (CPPs) da Figura 15.1. **Produção comercializada** refere-se aos tipos convencionais de bens e serviços produzidos e distribuídos por meio dos mercados econômicos. A CPP chamada de A é de um típico país desenvolvido, enquanto que B se refere a uma nação em desenvolvimento. Devido à exploração passada de recursos, a pressões populacionais ou a tecnologias menos sofisticadas, B se encontra totalmente no interior de A. Assim,

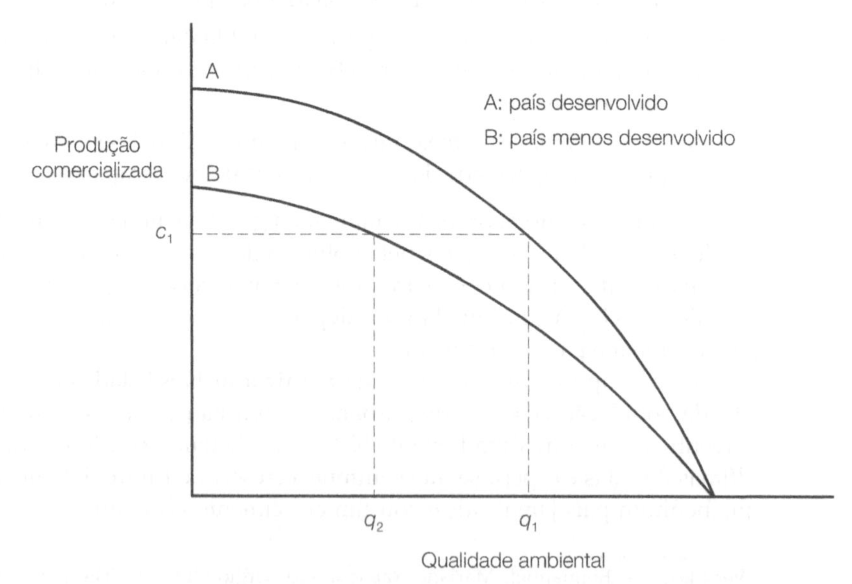

FIGURA 15.1 Curvas de possibilidades de produção de países desenvolvidos e países em desenvolvimento.

para alcançar níveis mais altos de renda, o que é necessário se o país quiser se desenvolver, ele tem que estar disposto a suportar níveis mais baixos de qualidade ambiental. Por exemplo, para o país em desenvolvimento alcançar um nível de produção comercializada de c_1, ele tem que fazer um *trade-off* com a qualidade ambiental de volta ao nível q_2. O país desenvolvido, devido aos fatores mencionados anteriormente, podem ter c_1 de produção com um nível muito mais alto de qualidade ambiental – q_1 em vez de apenas q_2. Como diz um economista:

> Os países mais pobres do mundo enfrentam escolhas trágicas. Eles não podem arcar com padrões de água potável tão altos quanto aqueles com que os países industriais estão acostumados. Não podem arcar com o fechamento de suas áreas mais intocadas a indústrias poluidoras que introduziriam *know-how* técnico e capital produtivo e que obteriam divisas tão urgentemente necessárias. Não podem arcar com impedir que empresas de mineração explorem suas regiões mais inexploradas. Nem podem arcar com a imposição de exigências antipoluição a essas empresas que sejam tão rígidas e tão caras quanto aquelas adotadas em países industriais mais ricos. Eles devem sempre perceber que as medidas de proteção ambiental são financiadas com o suor de seu próprio povo; as multinacionais não podem ser forçadas a pagar por eles.[3]

Os países em desenvolvimento, de acordo com essa visão, não podem arcar com os altos níveis de qualidade ambiental almejados no mundo desenvolvido porque isso significaria rendas monetárias mais baixas e uma capacidade menor de sustentar suas populações.

No entanto, há outro lado para esse argumento. A abordagem da curva de possibilidades de produção vê a produção comercializada e a qualidade ambiental como **substitutos**, com mais esforços dedicados à redução de impactos ambientais levando a rendas monetárias mais baixas. Contudo, no mundo em desenvolvimento há claros casos em que a qualidade ambiental e o PIB medido são **complementares**. A maioria dos países em desenvolvimento depende proporcionalmente mais de indústrias primárias do que os países desenvolvidos. Por exemplo, eles normalmente têm uma maior proporção de sua população envolvida na agricultura. Assim, a degradação de recursos ambientais tem o potencial para ser mais altamente destrutiva de ativos produtivos nos países em desenvolvimento. Nos países industrializados, as questões de qualidade ambiental giram em torno, primordialmente, de questões relacionadas à saúde humana e à qualidade estética do meio ambiente. Além disso, os avanços tecnológicos **desconectaram**, até um ponto considerável, o setor usuário de recursos do resto da economia. Nos países em desenvolvimento, no entanto, as questões ambientais estão relacionadas à saúde humana e à produtividade, além de à degradação da futura produtividade da base de recursos naturais da qual muitas pessoas dependem diretamente. De acordo com esse argumento, o meio ambiente e a economia não são substitutos, mas complementos.

[3] Robert Dorfman, "An Economist's View of Natural Resources and Environmental Problems," in Robert Repetto (ed.), *The Global Possible*, Yale University Press, New Haven, CT, 1985, pp. 67–76.

Sustentabilidade

Porém, esses são argumentos essencialmente estáticos, e a essência do desenvolvimento econômico é mudança no longo prazo. Então, a questão relevante é: como o desenvolvimento econômico de longo prazo provavelmente afetará a qualidade ambiental? A expectativa normal é que o desenvolvimento deslocaria a curva de possibilidades de produção da Figura 15.1 para fora. À medida que as economias mudam, tornando-se menos atreladas aos recursos naturais, e à medida que tecnologias menos poluidoras são adotadas, esse deslocamento para fora melhoraria os possíveis *trade-offs* entre produção comercializada e qualidade ambiental. Os países em desenvolvimento poderiam, então, dedicar mais recursos à melhoria da qualidade ambiental.

Às vezes, o oposto ocorreu, porém; o esforço de curto prazo para aumentar ou manter as rendas comercializadas, com efeito, tendeu a deslocar a CPP para a esquerda e piorar as escolhas disponíveis. Isso ocorreu quando a busca por crescimento econômico de curto prazo levou a reduções **irreversíveis** na produtividade de alguma parte dos ativos ambientais de um país. Aqui, estamos definindo **ativos ambientais** de maneira muito ampla, incluindo, por exemplo, fertilidade do solo e recursos florestais juntamente à poluição do ar e água urbanas. O conceito que se tornou amplamente usado para falar desse fenômeno é o de **sustentabilidade**. Uma prática é sustentável se não reduz a produtividade de longo prazo dos ativos de recursos naturais dos quais a renda e o desenvolvimento de um país dependem.[4]

A sustentabilidade é fundamentalmente uma questão de recursos **renováveis**. Quando recursos **não renováveis** são usados, eles automaticamente se tornam indisponíveis para gerações futuras. A regra a ser seguida é usá-los no ritmo correto – nem rápido nem lento demais – e certificar-se de que a riqueza natural que eles representam seja convertida em riqueza de longa vida feita pelo homem mediante seu uso. Assim, por exemplo, os recursos de petróleo de muitos países em desenvolvimento têm que ser convertidos em capital produtivo de longo prazo, tanto privado quanto público, se eles quiserem contribuir com o desenvolvimento econômico de longo prazo do país extrator. Por capital produtivo queremos dizer não somente capital físico (estradas, fábricas, etc.), mas também capital humano (educação, habilidades) e o que podemos chamar de capital institucional (um sistema jurídico eficiente, órgãos públicos eficientes, etc.).

Relacionamentos de longo prazo

Na segunda parte da década de 1990, muitos países em desenvolvimento passaram por desacelerações substanciais no crescimento. A partir do início da década seguinte, no entanto, a maioria dos países tinha se recuperado, e as

[4] O conceito de "sustentabilidade" recebeu seu maior ímpeto no influente relatório emitido pela Comissão Mundial sobre o Meio Ambiente e Desenvolvimento: *Our Common Future*, Oxford University Press, Oxford, Inglaterra, 1987. Esse relatório é popularmente chamado de "Relatório Brundtland" porque a Comissão, criada pelas Nações Unidas em 1983, foi liderada pela Sra. Gro Harlem Brundtland, primeira-ministra da Noruega.

perspectivas são boas para as futuras taxas de crescimento de 3–6 por cento por ano. Além disso, as taxas de crescimento na África subsaariana, que por várias décadas ficaram praticamente estagnadas, nos últimos anos começaram a ficar muito mais flutuantes. Com taxas de crescimento de longo prazo desse tipo, que impactos podem ser esperados sobre a qualidade ambiental nesses países? Se todos os fatores tecnológicos permanecessem fixos ao longo desse período, os impactos e danos ambientais aumentariam juntamente a esse crescimento econômico. No entanto, é improvável que esses fatores permaneçam constantes. O desenvolvimento econômico traz muitas mudanças consigo. A mais óbvia delas é um aumento nas rendas *per capita* e, à medida que a renda das pessoas aumenta, aumenta também sua disposição a se sacrificar por melhorias na qualidade ambiental. As economias em desenvolvimento normalmente também passam por diversas mudanças estruturais, geralmente na direção de substituir indústrias com taxas de poluição relativamente altas por indústrias que poluem menos.

Foram feitos estudos para investigar a relação entre vários índices de qualidade ambiental e os níveis de renda alcançados em diferentes países. O objetivo é ver se, à medida que os níveis de renda mudam, há mudanças sistemáticas também nas variáveis de qualidade ambiental. Vários dos principais resultados são exibidos na Figura 15.2. Eles baseiam-se em correlações entre níveis de renda e qualidade ambiental. Isso envolve analisar as características ambientais de um grande número de países, com níveis de renda extremamente variados, e, então, usar os métodos estatísticos para descobrir as relações subjacentes, se de fato houver alguma. Na verdade, os estudos mostram relações claras entre níveis de renda e uma variedade de índices de qualidade ambiental. Na Figura 15.2, observe que há essencialmente três tipos de relações:

1. Aquelas que mostram declínios uniformes à medida que as rendas aumentam: isso se aplica ao acesso à água segura e a instalações de saneamento, com os quais os países presumivelmente têm melhores condições de arcar quando as rendas aumentam, mas que também são bens normais no sentido de que à medida que as rendas aumentam, as pessoas ficam dispostas a pagar quantias maiores por eles.
2. Aquelas que primeiro aumentam, mas depois diminuem com o aumento da renda: isso se aplica a quantidades ambientes de materiais particulados e dióxido de enxofre (SO_2). Provavelmente esse padrão resulta de uma maior poluição nas etapas iniciais do desenvolvimento industrial; com o desenvolvimento continuado, há uma mudança na direção de indústrias mais limpas, além de uma crescente demanda do público em países em melhor situação econômica por controle da poluição.
3. Aquelas que mostram um crescimento uniforme com os ganhos na renda: isso se aplica a resíduos sólidos urbanos e a emissões de CO_2 *per capita*. O primeiro é um reflexo do crescimento dos padrões de vida materiais com o aumento das rendas, enquanto que o segundo resulta da crescente demanda por energia baseada em combustíveis fósseis que normalmente acompanha o desenvolvimento.

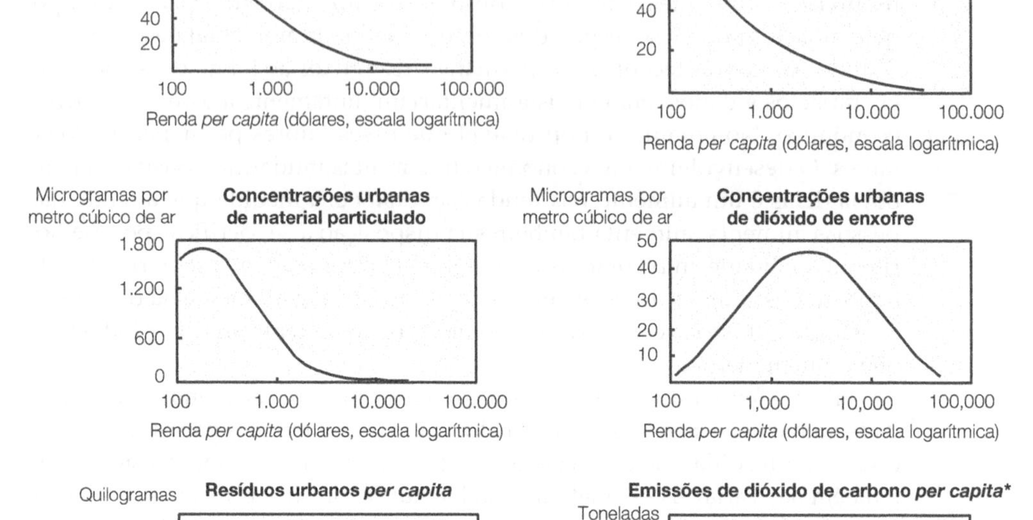

FIGURA 15.2 Indicadores ambientais em relação aos níveis de renda de cada país.

* Emissões de combustíveis fósseis.

Nota: As estimativas são baseadas na análise cruzada de dados da década de 1980 sobre os países da década.

Fontes: Banco Mundial, *World Development Report 1992, Development and the Environment*, Oxford University Press for the World Bank, New York, 1992, p. 11, baseado em um artigo de Nemat Shafik and Sushenjit Bandyopadhyay, "Economic Growth and Environmental Quality: Time Series and Cross-Section Evidence"; Gene Grossman and Alan B. Kreuger, "Environmental Impacts of a North American Free Trade Agreement," Discussion Paper No. 158, Woodrow Wilson School, Princeton University, 1991.

Essas relações não são inevitáveis. Elas podem ser consideradas como tenências gerais, que podem ser diferentes em determinados países, dependendo das **escolhas tecnológicas** adotadas, além das **preferências de seus cidadãos**. Elas realçam o fato de que, para muitos problemas ambientais, a situação provavelmente melhorará com a ocorrência do desenvolvimento; de fato, o desenvolvimento econômico pode ser visto como uma maneira de combater esses problemas, que é porque é preciso direcionar esforços continuados a encorajar um crescimento equitativo e processos políticos abertos no mundo em desenvolvimento.

A HIPÓTESE DO "REFÚGIO DA POLUIÇÃO"

Nos últimos anos, muito se falou da ideia de que os países em desenvolvimento podem estar agindo como "refúgios da poluição," lugares onde as empresas podem agir e operar sem os rígidos controles ambientais dos países desenvolvidos. A ideia essencialmente se divide em duas partes:

- Que padrões ambientais rígidos em países industrializados estão fazendo algumas empresas, especialmente empresas intensivamente poluidoras em países industrializados, "fugir" para países com padrões menos rígidos.
- Que alguns países em desenvolvimento tentaram, com algum sucesso, atrair empresas intensivamente poluidoras com a promessa de padrões de controle da poluição mais baixos, na esperança de reforçar suas taxas de crescimento econômico.

Às vezes, essas ideias estão embutidas na questão das "**multinacionais**", isto é, empresas cuja propriedade pertence a um país, mas cujos estabelecimentos operacionais se encontram em outros.

É surpreendentemente difícil obter dados conclusivos a respeito desse assunto. A maioria das opiniões é formada com base em eventos anedóticos ou episódicos como o desastre de Bhopal, na Índia, mas essas não são boas fontes de onde se tirar conclusões sobre tendências gerais. Também não é possível abordar essa questão analisando diferentes regulações ambientais nos vários países. Quase todos os países, desenvolvidos e em desenvolvimento, têm regulações oficiais que parecem colocar as emissões sob controles razoavelmente rígidos, mas que normalmente não são seguidas na prática devido a uma fraca fiscalização. Assim, para provar a hipótese dos paraísos da poluição, aparentemente seria necessário analisar dados sobre o desempenho relacionado às emissões de empresas ou grupos de empresas antes e depois de terem passado de países desenvolvidos para países em desenvolvimento. Contudo, não existem dados desse tipo.

Em um contexto mais amplo, porém, devemos analisar a ascensão e o declínio dos **setores poluidores** em países do mundo em desenvolvimento. Algumas empresas, de fato, transferem suas operações, mas um fenômeno econômico muito mais relevante é a expansão e a contração de setores econômicos à medida que as economias se desenvolvem e mudam. Certas indústrias manufatureiras de base (p.ex., aço, produtos químicos industriais) que são "sujas," no sentido de que tendem a ter emissões relativamente altas por unidade de saída produzida, geralmente se expandem no início do desenvolvimento de um país e posteriormente passam por um declínio, quando as rendas aumentam. Além disso, uma das mais fortes relações que os pesquisadores descobriram é que à medida que as rendas de um país aumentam, aumenta também a rigidez das regulações ambientais.[5] A hipótese dos paraísos da poluição é uma ideia que soa simples, mas que é muito complexa na realidade. Dada essa complexidade, talvez não seja surpreendente que, por enquanto, os pesquisadores não tenham encontrado fortes evidên-

---

[5] Ver Sumitsu Dasgupta, Ashoka Mody, Subhenda Roy, and David Wheeler, "Environmental Regulation and Development: A Cross-Country Empirical Analysis," World Bank, Policy Research Department, Working Paper No. 1448, Washington, D.C., April 1995.

QUADRO 15.1 Evidências sobre a hipótese dos "refúgios da poluição"

A preocupação com os refúgios da poluição começou no início da década de 1970, quando os países desenvolvidos rapidamente apertaram os controles da poluição e a maioria dos países em desenvolvimento ainda não tinha começado a regulamentação formal. O investimento empresarial em controles da poluição disparou no Japão durante essa época, e as empresas da América do Norte e da Europa Ocidental fizeram investimentos similares. Se esses custos dessem uma vantagem às indústrias poluidoras nos países em desenvolvimento, os efeitos deveriam ter aparecido em padrões de comércio internacionais: as exportações de produtos das indústrias "sujas" dos países em desenvolvimento deveriam ter aumentado mais rapidamente do que suas importações, diminuindo seus índices de importação/exportação para esses produtos. O oposto deveria ser verdade para os países desenvolvidos.

[Dados mostram] que a sombra dos refúgios da poluição surgiram em cinco setores particularmente poluidores: ferro e aço, metais não ferrosos, produtos químicos industriais, polpa de celulose e papel e produtos minerais não metálicos. Depois do início da década de 1970, o índice de importação/exportação nessas indústrias subiu rapidamente, enquanto que o índice diminuiu fortemente nas novas economias industrializadas (NEIs) da República da Coreia, Taiwan (China), Singapura e Hong Kong (China). E o mesmo padrão ocorreu na China continental e nos outros países em desenvolvimento da Ásia Oriental uma década depois. Entretanto, em cada região, a história dos refúgios da poluição foi marcadamente curta. Ambos os conjuntos de economias asiáticas estabilizaram seus índices de importação/exportação em níveis mais altos do que 1, e continuam sendo importadores líquidas de produtos intensivos em poluição de países industrializados.

A história no Hemisfério Ocidental é similar. Na América do Norte, os Estados Unidos e o Canadá testemunharam um aumento constante nos índices de importação/exportação de indústrias poluidoras do início da era ambiental até o fim da década de 1980, enquanto a América Latina passou pelo oposto depois de 1973. Entretanto, assim como na Ásia em desenvolvimento, o índice latino-americano se estabilizou perto de 1 na década de 1990.

Por que as indústrias poluidoras não continuaram a se transferir para os países em desenvolvimento? O crescimento econômico – acompanhado por mais regulamentação – oferece a melhor resposta. Juntamente a uma maior prosperidade nos países recém-industrializados vieram demandas mais altas por qualidade ambiental e uma melhor capacidade institucional para regulamentar. O mesmo processo ocorreu nos países em desenvolvimento asiáticos com um atraso de uma década. Enfrentando crescentes custos de danos ambientais, eles estabilizaram os termos do comércio através de medidas para controlar a própria poluição.

Fonte: David Wheeler, *Greening Industry: New Roles for Communities, Markets, and Governments*, Oxford University Press for the World Bank, New York, 2000, pp. 18–21.

cias para sustentá-la. Não ficará mais fácil no futuro, já que a economia mundial está mudando rapidamente com a globalização e as rápidas taxas de crescimento econômico que a estão acompanhando. Veja o Quadro 15.1.

ESCOLHAS EM POLÍTICAS AMBIENTAIS EM PAÍSES EM DESENVOLVIMENTO

Embora possa ser verdade que o desenvolvimento possa ajudar a atenuar alguns problemas ambientais, não há nada de automático nisso; ainda são necessárias políticas públicas apropriadas. Isso é especialmente válido para fatores, como as emissões de CO_2 e os resíduos sólidos, que pioram com o desenvolvimento. A maioria das discussões sobre os pontos fortes e fracos de políticas alternativas têm sido direcionadas aos países desenvolvidos. Há uma importante questão sobre quanto as lições aprendidas nesse contexto se aplicam também aos países em desenvolvimento. Apesar de os problemas ambientais serem, a princípio, os mesmos, envolvendo externalidades, recursos de propriedade comum, bens públicos e assim por diante, as situações sociopolíticas são marcadamente diferentes daquelas encontradas na maioria dos países desenvolvidos.

Análise de custo-benefício

A base de uma política eficiente está na análise dos benefícios e custos de diferentes medidas. Muito mais do que nos países desenvolvidos, os danos nos países em desenvolvimento afetam a produtividade econômica através de impactos sobre a saúde humana, a fertilidade do solo, os esgotamento de recursos e assim por diante. Além disso, com rendas relativamente baixas e alta importância atribuída a questões de desenvolvimento econômico, é importante compreender e priorizar os vários passos que podem ser dados para alcançar melhorias ambientais. Assim, há uma necessidade crítica de ser capaz de avaliar os benefícios e custos de políticas e regulações ambientais alternativas nos países do mundo em desenvolvimento.

Há várias questões importantes relativas ao uso das técnicas padrão de análises de **custo-benefício** em países em desenvolvimento. Uma delas é a ênfase sobre a disposição a pagar como uma medida dos benefícios da redução da poluição. A disposição a pagar reflete não somente os gostos e preferências, mas também a capacidade de pagar. Em muitas economias em desenvolvimento, a pobreza é generalizada, então uma abordagem padrão de **disposição a pagar** (DAP) para valorar os danos ambientais pode gerar apenas estimativas modestas desses danos. Diante da enorme pobreza, as estimativas de DAP podem ser bem pequenas, apesar do que parecem ser altas taxas de degradação ambiental. Assim, se forem ser usadas abordagens de DAP, elas têm que ser usadas com um franco reconhecimento de que a distribuição de renda é fortemente distorcida, e que são necessários julgamentos de valor ao tomar decisões quanto aos programas de qualidade ambiental. Isso também é um ponto a favor de se enfatizar a **produtividade perdida**, particularmente no **longo prazo**, ao avaliar os danos de degradação ambiental.

Outra dificuldade ao aplicar a análise de custo-benefício de programas ambientais a países em desenvolvimento é o **desconto no tempo**. Nos países desenvolvidos, o desconto é um procedimento relativamente benigno que ajuda a fazer escolhas entre programas com diferentes perfis de tempo para custos e benefícios. Contudo, nos países em desenvolvimento, o foco é mais sobre o desenvolvimento de longo prazo e, assim, o papel do desconto é menos claro. Geralmente se afirma que as pessoas nos países em desenvolvimento, especialmente aquelas com rendas mais baixas, aplicam descontos altos no futuro, preferindo enfatizar ações que trarão benefícios no curto prazo devido à sua necessidade imediata por renda. Assim, se os programas de melhorias ambientais só produzem a maior parte de seus benefícios no longo prazo, eles podem ter menos prioridade do que projetos de desenvolvimento econômico cujos benefícios são aproveitados mais rapidamente. As altas taxas de desconto também podem levar as pessoas a subestimar os impactos ambientais negativos que ocorrem em um futuro muito distante. Isso passa a ser uma questão de equidade intergeracional, que é a justiça entre as gerações. O valor presente de danos ambientais severos de longo prazo pode ser bem baixo quando avaliado com uma taxa de desconto positiva.[6] Para algumas pessoas, esses argumentos implicam no uso de uma taxa de desconto muito baixa, talvez até zero, ao avaliar projetos ambientais e de desenvolvimento nos países em desenvolvimento. Contudo, isso tornaria impossível coordenar políticas públicas e projetos de desenvolvimento com decisões sendo tomadas no setor privado e trataria um dólar de benefícios líquidos daqui a 10 anos como o equivalente a um dólar de benefícios líquidos hoje. Talvez seja melhor utilizar uma taxa de desconto normal ao avaliar programas, e aumentar o estudo típico de custo e benefício em países em desenvolvimento com uma análise dos impactos do programa sobre a **sustentabilidade** e a equidade intergeracional no longo prazo.[7]

Questões de valoração

A valoração, como discutimos no Capítulo 7, refere-se a análises que tentam medir o valor relativo de melhorias ambientais de vários tipos. Estudos indiretos utilizam dados secundários (preços de moradias, distâncias de deslocamento, taxas salariais, etc.) enquanto que os estudos diretos, como a valoração contingente, usam dados de pesquisa gerados especificamente para as análises.

O ímpeto original para desenvolver e aplicar técnicas de valoração veio das economias desenvolvidas; no entanto, nos últimos anos, vimos um aumento de sua aplicação no mundo em desenvolvimento. Alguns estudos recentes incluem os seguintes:

- Estimar os benefícios para as famílias de melhorias no saneamento em Kumasi, República do Gana.[8]
- Estimar o valor de melhorias na qualidade da água de superfície nas Filipinas.[9]
- Valorar as melhorias da qualidade do ar em Taiwan.[10]

---

[6] Não estamos nos referindo, aqui, a consequências imprevisíveis; ao contrário, estamos nos referindo àquelas que são previsíveis, mas que ocorrerão em um futuro muito distante. Quando os clorofluorocarbonetos (CFCs) foram introduzidos como refrigerantes no início do século XX, ninguém previu os impactos que eles teriam sobre a atmosfera global. Da mesma maneira, ninguém previu os efeitos negativos do pesticida DDT. Na época em que essas substâncias foram introduzidas, a ciência não era suficientemente avançada para poder prever essas consequências. Existe uma diferença, no entanto, entre consequências que não são previsíveis e aquelas que são previsíveis, mas que ocorrerão em um futuro suficientemente distante para que sejam negligenciadas nas tomadas de decisão de hoje.

[7] David Pearce, Edward Barbier, and Anil Markandya, *Sustainable Development, Economics and Environment in the Third World*, Edward Elgar Publishing, Aldershot, England, 1990.

[8] D. Whittington, D. T. Lauria, A. M. Wright, K. Choe, J. A. Hughes, and V. Swarna, "Household Demand for Improved Sanitation Services in Kumasi, Ghana: A Contingent Valuation Study," *Water Resources Research*, 29(6), 1993, p. 1539–1560.

[9] K. Choe, D. Whittington, and D. Lauria, "The Economic Benefits of Surface Water Quality Improvements in Developing Countries: A Case Study of Davao, Philippines," mimeograph, Environment Department, World Bank, Washington, D.C., 1994.

[10] A. Alberini, M. Cropper, T. T. Fu, A. Krupnick, J. T. Liu, D. Shaw, and W. Harrington, "Valuing Health Effects of Air Pollution in Developing Countries: The Case of Taiwan," Discussion Paper 95-01, Resources for the Future, Washington, D.C., 1995.

- Estimar os custos de saúde associados à poluição do ar no Brasil.[11]
- Estimar os benefícios de manter a qualidade da orla da Tailândia.[12]

Redução dos incentivos ambientais perversos das políticas atuais

A política ambiental normalmente é vista como algo que necessita de intervenção ativista para remediar os problemas de externalidades não controladas, a subo-ferta de bens públicos ambientais e assim por diante. No entanto, muitas vezes as melhorias ambientais podem ser obtidas por meio da **alteração das políticas atuais** que tenham impactos ambientais negativos. Em muitos casos, políticas foram adotadas na crença de que elas estimulariam o crescimento econômico, mas seu impacto é criar **distorções** nas economias locais que levam tanto a taxas de crescimento mais baixas quanto à degradação ambiental.

Um bom exemplo disso é a prática de muitos governos de subsidiar os pesticidas usados pelos fazendeiros. Em muitos casos, esses subsídios foram concedidos na crença de que eles estimulariam os fazendeiros a adotar novas variedades de culturas e métodos de cultivo intensivos. No entanto, os subsídios geralmente continuam muito além de sua utilidade ter acabado. O resultado desses subsídios é previsível: o uso excessivo de agrotóxicos e os danos decorrentes. Esses danos incluem exposição dos trabalhadores rurais a pesticidas pesados, contaminação de recursos próximos de águas de superfície e subterrâneas e o rápido desenvolvimento de imunidade pelas pestes atacadas. Nos últimos anos, inúmeros países em desenvolvimento procuraram reduzir seus subsídios a pesticidas à luz dos impactos que eles causaram.

Outros subsídios agrícolas, por exemplo, sobre água para irrigação e fertilizantes, têm efeitos similares. Muita atenção também foi dada às taxas extremamente rápidas de desmatamento em países em desenvolvimento. Em muitos casos, isso acontece devido às políticas governamentais. Políticas que subapreciam o valor de concessões para a extração de madeira ofereceram para empresas madeireiras aumentar o incentivo para extrair madeira a um ritmo alto. O acesso privado não controlado a recursos florestais comuns reduz o incentivo para conservar os estoques de madeira. Construções mal orientadas de rodovias públicas podem abrir grandes áreas para a extração de madeira. Em alguns casos, as concessões de terras a indivíduos não podem se tornar permanentes a menos que e até que as terras sejam esvaziadas e colocadas na produção agrícola, o que obviamente cria o incentivo para se livrar das árvores o mais rápido possível. O resultado dessas políticas é a extração de madeira além do que deveria ocorrer e em lugares onde essa atividade não deveria ocorrer, resultando em impactos de perda de solo, poluição de águas, redução na queda de CO_2 global, entre outros.

[11] R. Seroa da Motta and A. P. Fernandes Mendes, "Health Costs Associated with Air Pollution in Brazil," working paper, Applied Economic Research Institute (IPEA), Rio de Janeiro, Brazil, 1993.

[12] Colin Cushman, Barry Field, Tom Stevens, and Dan Lass, "External Costs from Increased Island Visitation: Results from the Southern Thai Islands," *Tourism Economics*, Vol. 10, June 2004, p. 220–240.

Não devemos pensar, no entanto, que distorcer políticas públicas com impactos ambientais negativos é algo que ocorre apenas no mundo em desenvolvimento. Na verdade, o mundo desenvolvido também tem muitas dessas políticas. Nos Estados Unidos, os suportes aos preços agrícolas, juntamente às restrições ao uso de terras, levaram a taxas excessivas de uso de pesticidas em certas culturas. O seguro contra inundações subsidiado com recursos públicos levou as pessoas a construir em propriedades em costas que deveriam permanecer intocadas.

Política institucional: direitos de propriedade

O desenvolvimento econômico normalmente implica transformações econômicas e políticas de amplo alcance. Uma importante parte disso é desenvolver instituições econômicas modernas que propiciem as estruturas de incentivo apropriadas para moldar as decisões que levarão ao desenvolvimento. Instituições inadequadas de direitos de propriedade geralmente se destacam por terem consequências ambientais destrutivas. Assim, um grande caminho para que as políticas passem a proteger os recursos ambientais é alterar as instituições de direitos de propriedade.

Em um estudo de desgaste de recursos na Etiópia, o autor lista uma série de etapas por meio das quais uma parte da economia rural tinha se desenvolvido.[13]

Etapa 1 Devido a pressões da população, a extração média de madeira para combustível começa a exceder a taxa média de produção de madeira.

Etapa 2 Os fazendeiros começam a usar palha e esterco como combustível; assim, há menos desses recursos disponíveis para manter a fertilidade do solo.

Etapa 3 Quase toda a cobertura de árvores é removida, todo o esterco é vendido por dinheiro e o rendimento de trigo começa a sofrer um sério declínio.

Etapa 4 Erosão do solo se torna drástica devido à redução da cobertura de árvores e à diminuição da fertilidade.

Etapa 5 Há um colapso total da fertilidade; os fazendeiros abandonam suas terras, aumentando as populações urbanas.

A pergunta fundamental é: por que essa sequência de etapas ocorreu? Talvez seja mais instrutivo fazer essa pergunta da maneira oposta: por que algo como o seguinte cenário acontece? A extração de madeira para combustível aumenta devido ao aumento da demanda, e isso faz aumentar o preço da madeira para combustível devido à sua maior escassez. Os fazendeiros veem a possibilidade de rendas cada vez maiores que podem ser obtidas com o cultivo e a venda de madeira para combustível, então dedicam partes de suas terras ao cultivo de árvores de madeira para combustível e agem de modo a conservar os suprimentos restantes em face de seu crescente valor. Finalmente, surge uma atividade

[13] Kenneth J. Newcombe, "An Economic Justification for Rural Afforestation: The Case of Ethiopia," in Gunter Schramm and Jeremy J. Warford (eds.), *Environmental Management and Economic Development*, Johns Hopkins Press for the World Bank, Baltimore, MD, 1989, p. 117–138.

de extração e um mercado significativo de madeira para combustível com uma proporção considerável das terras dedicadas à produção dessa madeira. Por quê, em outras palavras, o crescente preço de mercado da madeira para combustível levou à destruição da floresta? Por que os fazendeiros não agiram de modo a beneficiarem a si mesmos com a conservação e até mesmo o aumento da produção de um recurso cada vez mais valioso?

Uma parte da resposta refere-se aos direitos de propriedade. A maioria das terras cobertas por florestas não era de propriedade de indivíduos ou pequenos grupos, mas, essencialmente, era um recurso de livre acesso. Qualquer um que quisesse extrair madeira dessas terras tinha o direito de fazê-lo. No Capítulo 4, examinamos um simples modelo de um recurso de livre acesso mostrando que os indivíduos que tomam decisões com base nos custos e benefícios para eles mesmos ignoram as **externalidades de propriedades comuns** que infligem sobre outros. Um recurso desse tipo sempre será superexplorado. Visto de outro ângulo, quando há livre acesso a um recurso, o incentivo que qualquer indivíduo poderia ter para reduzir a taxa de uso e conservar o recurso é totalmente solapado. Se alguém reduzir sua taxa de extração, outros simplesmente tomarão o que ficou sobrando. Os recursos de livre acesso promovem uma situação chamada de "use-o ou perca-o".

Assim, uma das raízes do problema do desmatamento, que iniciou todo o processo do exemplo, era institucional, um sistema de direito de propriedades que criava incentivos para destruir o recurso, embora sua crescente escassez estivesse tornando socialmente desejável conservá-lo. Esse problema ocorria com grande regularidade em países em desenvolvimento, especialmente com terras e recursos florestais. A resposta mais direta parece ser mudar o sistema de direitos de propriedade de modo que os incentivos normais à conservação possam entrar em operação. Isso significa instituir um sistema de direitos de propriedade individual ou de pequenos grupos.

Temos que ter em mente que, assim como qualquer recomendação política específica, esta não é uma panaceia para todos os problemas ambientais dos países em desenvolvimento. Ela funciona em algumas situações e não funciona em outras. O uso excessivo de recursos, como o desmatamento mencionado, pode ocorrer em terras "privadas" se os proprietários não puderem defender seus limites de maneira eficiente e deixar de fora possíveis invasores. Isso significa, entre outras coisas, que tem que haver **instituições jurídicas** eficientes e equitativas para resolver os conflitos relacionados ao uso da terra. Estabelecer direitos de propriedade privada em países em desenvolvimento também significa enfrentar as **realidades demográficas**. Em lugares com grandes pressões populacionais, os direitos de propriedade privada mal seriam viáveis se cortassem, de uma proporção substancial da população, recursos necessários para sua subsistência. Mesmo em lugares sem pressões populacionais perceptíveis, essencialmente o mesmo problema poderia ocorrer se os direitos de propriedade fossem distribuídos desigualmente, em primeiro lugar.

A questão dos direitos de propriedade tem muitas outras dimensões. É um assunto de grande controvérsia, e o debate geralmente é realizado em termos excessivamente simplistas. Está claro, no entanto, que amplos problemas de recursos e ambientais nos países em desenvolvimento foram intensificados devido a direitos de propriedade mal definidos e a externalidades de livre acesso por eles gerados. Nessas situações, inovações nas instituições de direito de propriedade podem ser extremamente eficientes.

Política populacional como política ambiental

Muitas pessoas sentem que a única maneira eficiente de controlar a destruição ambiental nos países em desenvolvimento é controlar o número de pessoas que há nesses países. Nos termos mais simples possíveis, o impacto total de um grupo de pessoas sobre seus recursos ambientais pode ser expresso da seguinte maneira:

$$\text{Impacto ambiental total} = \text{Impacto ambiental por pessoa} \times \text{Número de pessoas}$$

Está claro que o impacto ambiental total pode aumentar em decorrência de aumentos em cada um desses fatores separadamente ou em ambos ao mesmo tempo. O contrário também é verdadeiro: diminuições no impacto total podem resultar de diminuições em cada um desses fatores separadamente ou em ambos ao mesmo tempo. São possíveis cenários mais complicados: mudanças tecnológicas, na estrutura econômica, etc., que diminuem os impactos ambientais *per capita* em um país podem ser mais do que neutralizados por aumentos populacionais. Contudo, ambos os fatores estão envolvidos. Declínios na população ou na taxa de aumento populacional podem ser muito úteis, mas não são suficientes por si só para garantir uma redução na degradação ambiental agregada.

Espera-se que a população mundial aumente dos 6 bilhões atuais para de 7 a 10 bilhões no próximo meio século. Espera-se que dois terços desse aumento ocorram nos países do mundo em desenvolvimento. Se o aumento estará na extremidade superior dessa faixa ou se será substancialmente mais baixo dependerá, em grande parte, do comportamento no longo prazo das taxas de fertilidade nesses países em desenvolvimento.[14] Embora as taxas de fertilidade em países em desenvolvimento sejam, às vezes, muito altas, muitas começaram a diminuir nos últimos anos. Até certo ponto, isso é um reflexo do aumento das rendas, porque rendas mais altas estão quase sempre associadas a taxas de fertilidade mais baixas. Outros importantes fatores causais são a redução na mortalidade infantil, a maior disponibilidade de serviços de planejamento familiar e (especialmente) os aumentos nas oportunidades educacionais para mulheres. A ênfase continuada nesses fatores é do interesse das pessoas no mundo em desenvolvimento, não somente por motivos ambientais, mas também para reduzir a pobreza diretamente e facilitar a instituição de mudanças no desenvolvimento.

Entretanto, embora as reduções nas taxas de crescimento populacional possam certamente ajudar a reduzir os impactos gerais que qualquer grupo de pes-

---

[14] A taxa de fertilidade é o número médio de crianças nascidas por mulher ao longo de sua vida; uma taxa de 2,0 implica em um crescimento populacional zero. Alguns países em desenvolvimento têm taxas de fertilidade de menos de 2,0. No mundo em desenvolvimento, as taxas de fertilidade atualmente têm uma média de cerca de 3,8.

soas tenha sobre seus recursos ambientais, elas não substituem o empreendimento de políticas ambientais propriamente ditas. Em primeiro lugar, a diminuição nas taxas de crescimento populacional não implica, necessária e automaticamente, a diminuição dos danos ambientais. Mesmo com populações comparativamente menores, por exemplo, prevê-se que os países em desenvolvimento irão passar por fortes aumentos na **urbanização** no próximo meio século, que provavelmente continuarão depois. A menos que confrontada diretamente, esses aumentos levarão a um severo aumento na poluição do ar e da água nessas áreas urbanas florescentes. Como outro exemplo, diminuições nas populações agrícolas podem não ser acompanhadas por uma diminuição nos danos causados a recursos se, simultaneamente ocorrer uma passagem para a agricultura química sem as salvaguardas adequadas contra a poluição da água e a maior resistência das pestes. Em outras palavras, embora as políticas populacionais possam facilitar a redução de danos ambientais, não há substitutos para a política ambiental direta propriamente dita.

Que tipos de políticas ambientais?

Chegamos, portanto, à importante questão de que tipos de políticas ambientais são as mais apropriadas para as economias em desenvolvimento. Afirmamos diversas vezes, no contexto das economias desenvolvidas, que nenhuma abordagem política individual será a melhor para todos os problemas ambientais: certos problemas pedem um tipo de abordagem; outros pedem outro tipo. E muitas situações pedem combinações de diferentes políticas. O mesmo vale para os países em desenvolvimento. Mais do que isso, precisamos questionar se alguma coisa que caracteriza o mundo em desenvolvimento pode fazer os decisores políticos dependerem mais de um tipo de política do que de outro. O principal argumento nas economias desenvolvidas é a escolha entre políticas de **comando e controle** e políticas **baseadas em incentivos.** Isso também é relevante para a situação dos países em desenvolvimento?

Um fator especialmente relevante é que os países em desenvolvimento mal podem arcar, dadas as exigências de recursos do desenvolvimento econômico, com dedicar mais recursos do que o necessário a melhorias na qualidade ambiental. Esse é um argumento a favor de se certificar que as políticas de controle da poluição que são adotadas sejam **custo-efetivas**, e isso, por sua vez, é um argumento a favor das políticas de incentivos. Vimos repetidas vezes neste livro que as políticas de incentivos, em situações em que é possível monitorar as emissões e em que os problemas de equilíbrio de materiais já foram solucionados, provavelmente serão substancialmente mais custo-efetivas do que as estratégias de comando e controle. Elas possibilitam tirar proveito dos diferentes custos de abatimento entre as diferentes fontes e também fornecem incentivos de longo prazo para as empresas buscarem maneiras mais baratas de reduzir as emissões.

Até agora, muitos outros países têm seguido os primeiros passos das economias desenvolvidas; isto é, têm usado primordialmente políticas de comando e controle. Há algumas exceções. Foram instituídos planos de encargos sobre emissões na Colômbia, China, Malásia e nas Filipinas. Um sistema de autorizações negociáveis foi iniciado pelas autoridades no Chile para tratar da poluição do ar em Santiago.[15] Singapura instituiu um programa para cobrar encargos de motoristas que usarem rodovias urbanas durante os horários de pico de congestionamento. O principal elemento do programa é a exigência de que os motoristas que usam a área central da cidade em horários de pico comprem licenças diárias ou mensais. O resultado foram melhorias substanciais na qualidade do ar.[16]

Não obstante, a estratégia de comando e controle ainda é a tendência dominante em política ambiental na maioria dos países em desenvolvimento. Isso pode ser devido à fraqueza das instituições políticas. É uma observação comum que as capacidades e o desempenho das agências reguladoras são relativamente fracos em muitos países do terceiro mundo. Esse problema, é claro, não é exclusivo desses países; deficiências administrativas nos países desenvolvidos explicam parte da grande lacuna entre as leis e seu cumprimento. Contudo, a maioria dos observadores concorda que esse é um problema particularmente sensível para os países em desenvolvimento. Não se trata apenas de profissionalismo e falta de influência política. Também é bem verdade, de modo geral no mundo desenvolvido, que o interesse público e a participação política ativista por grupos de interesse ambiental privados são muitas vezes fracos.

Para alguns observadores, essa fraqueza institucional e política implica que os países em desenvolvimento têm que se afastar das medidas de comando e controle e ir em direção a políticas de incentivos econômicos. Para outros, talvez impressionados com o fato de que os próprios países desenvolvidos estão apenas começando a dar mais ênfase a medidas de incentivos, esses problemas institucionais implicam que o melhor a se fazer é manter a regulação ambiental nos países em desenvolvimento simples e direta: em outras palavras, estratégias simples de comando e controle por meio de padrões uniformes. A própria Comissão de Brundtland concluiu que, nos países em desenvolvimento, "as regulações que impõem padrões de desempenho uniformes são essenciais para garantir que a indústria faça os investimentos necessários para reduzir a poluição."[17]

Talvez uma solução parcial dessa questão repouse sobre o reconhecimento de que a categoria "países em desenvolvimento", na verdade, inclui uma ampla variedade de experiências. Em um extremo do espectro, estão países que ainda são quase totalmente agrícolas, substancialmente uniformes em termos tecnológicos e apenas com os primórdios de um setor econômico moderno. No outro extremo do espectro, estão países que desenvolveram setores industriais, financeiros e de transportes relativamente grandes; que possuem conexões econômicas importantes com o resto do mundo; e, o que é mais importante, que, comparativamente, possuem instituições políticas sofisticadas. Nos países do primeiro

[15] Para informações sobre esses programas, ver David B. Wheeler, *Greening Industry: New Roles for Communities*, Markets, and Governments, Oxford University Press for the World Bank, New York, 2000.

[16] Theodore Panayotou, "Economic Incentives in Environmental Management and Their Relevance to Developing Countries," in Denizhan Eröcal (ed.), *Environmental Management in Developing Countries*, Organization for Economic Cooperation and Development, Paris, 1991, pp. 83–132.

[17] World Commission on Environment and Development, *Our Common Future*, Oxford University Press, New York, 1987, p. 220.

extremo, abordagens simples de comando e controle provavelmente são as melhores – uma proibição do uso de certo pesticida, por exemplo, ou limites sobre determinada prática de irrigação. Essas abordagens podem ser cumpridas sem monitoramento sofisticado, e a uniformidade técnica entre os produtores significa que esses passos serão razoavelmente custo-efetivos. No entanto, em países em desenvolvimento mais avançados, políticas baseadas em incentivos são muito mais recomendáveis. Nesses países, as instituições políticas necessárias podem ter sido criadas, a complexidade tecnológica dificulta muito mais que se alcancem níveis aceitáveis de custo-efetividade com abordagens de comando e controle e fortes incentivos de longo prazo para inovações técnicas continuadas na área de controle da poluição são de extrema importância. O Quadro 15.2 discute uma

QUADRO 15.2 Transferências monetárias condicionadas e pagamentos por serviços ambientais

Nas últimas décadas, surgiram duas políticas inovadoras em países do mundo em desenvolvimento na tentativa de orientar as decisões direcionadas a bens ambientais e sociais. Ambas podem ser pensadas como políticas baseadas em incentivos, pois tentam dar aos indivíduos incentivos monetários para que eles adotem determinados comportamentos. As **Transferências Monetárias Condicionadas** (TMCs) oferecem pagamentos em dinheiro condicionados à participação dos recipientes em atividades socialmente produtivas, como manter as crianças na escola ou manter visitas rotineiras a instituições de saúde. Os **Pagamentos por Serviços Ambientais** (PSAs), mencionados no Capítulo 1, são pagamentos feitos a pessoas que se envolvam em atividades de conservação ambiental como manter a cobertura florestal de uma área ou evitar cultivar terrenos de inclinação íngreme.

Os programas de PSAs se tornaram muitos comuns no mundo em desenvolvimento. A maioria é de projetos de pequena escala. Eles funcionam, pelo menos em princípio, identificando fazendeiros ou outros proprietários de terras que têm chances de converter terras ocupadas por ecossistemas naturais em áreas agrícolas e, então, oferecer-lhes pagamentos, em dinheiro ou outra forma, para que eles desistam de fazê-lo. É claro, isso tem sua base teórica na noção de que a conversão de terras geralmente produz custos externos, na forma de, por exemplo, sedimentação ou inundações a jusante, perda de hábitat ou emissões de carbono na atmosfera. Os pagamentos são justificados por esses custos externos evitados.

Os programas de PSA estão sendo elogiados por terem grandes chances de ser:

a. Institucionalmente mais simples.
b. Mais custo-efetivos em produzir benefícios para compradores.
c. Mais eficiente em gerar crescimento econômico entre fornecedores, melhorando o fluxo de caixa, diversificando as fontes de renda e reduzindo a variância de renda.
d. Novas fontes de financiamento para conservação.

Milhares de programas de PSAs foram iniciados na última década. Os proponentes estão confiantes de que causaram um impacto positivo substancial sobre recursos naturais e a conservação ambiental, mas pouco se fez para avaliar os programas de maneira rigorosa. Um problema foi a questão da "adicionalidade", simplesmente a questão de se, em muitos casos, os proprietários de terras estão sendo compensados por ações que eles teriam empreendido de qualquer maneira, mesmo sem o programa.

Não obstante, os programas de PSAs são um bom exemplo de uma abordagem baseada em incentivos para a conservação ambiental. Com o passar do tempo, eles provavelmente serão popularizados e, com sorte e perseverança, serão mais completamente avaliados em termos da maneira como devem ser planejados e implementados, de modo a maximizar sua eficiência.

Fonte: Pattanayak, Subhrendu K., Sven Wunder and Paul J. Ferraro, "Show Me the Money: Do Payments Supply Environmental Services in Developing Countries?" *Review of Environmental Economics and Policy*, 2010, Vol. 4, No. 2, pp. 254–274.

iniciativa política recente para desenvolver abordagens baseadas em incentivos, na forma de pagamentos (subsídios) pela prestação de serviços ambientais, o que se tornou popular em muitas economias em desenvolvimento.

O PAPEL DOS PAÍSES DESENVOLVIDOS

Os países em desenvolvimento estão lutando com uma grande variedade de problemas econômicos, políticos e sociais que atrapalham uma modernização econômica duradoura. Enxertar preocupações ambientais no processo traz um ônus adicional a todas as pessoas desses países, qualquer que seja sua posição. Os países desenvolvidos têm um importante papel a desempenhar, ajudando o terceiro mundo a fazer essa transição, não apenas por motivos humanitários, mas também porque muitos problemas ambientais estão se tornando cada vez mais internacionais em seu escopo. À medida que esses países vão tentando alcançar as economias desenvolvidas, suas escolhas técnicas e seus esforços de controle de emissões têm uma relação direta com importantes problemas globais, como as emissões de CO_2 e o efeito estufa global, liberações de produtos químicos tóxicos, emissões de radiação nuclear, entre outros.

Transferência de tecnologia

Por *transferência de tecnologia* entendemos a transferência, de países desenvolvidos para países em desenvolvimento, de tecnologias e habilidades que possam fornecer o ímpeto para o desenvolvimento econômico com impactos ambientais mais baixos do que os que poderiam ser alcançados sem a transferência. O foco é sobre a transferência de conhecimento que cidadãos dos países em desenvolvimento podem adaptar às próprias necessidades e aos estilos de operação. A **transferência de tecnologia** é um importante conceito no desenvolvimento econômico, mas assumiu uma nova urgência à luz da crescente conscientização da escala dos problemas ambientais enfrentados pelos países em desenvolvimento. Transferência de tecnologia significa disponibilizar tecnologia a países de modo que o ritmo de seu desenvolvimento econômico possa aumentar; isso terá um impacto positivo sobre a demanda por melhorias na qualidade ambiental, como discutido anteriormente. A transferência de tecnologia ambiental tem o objetivo de reduzir os impactos ambientais do desenvolvimento econômico para níveis mais baixos do que os que ocorreriam sem ela e, talvez, para níveis mais baixos do que os que ocorreram historicamente no mundo desenvolvido. Tornou-se evidente que se o resto do mundo passar pelo mesmo curso de desenvolvimento altamente poluente que os países desenvolvidos tomaram, o desgaste dos recursos mundiais será enorme, e o impacto sobre o meio ambiente global, potencialmente desastroso.

Provisões concretas para a transferência de tecnologia foram incluídas em alguns **tratados ambientais internacionais**. A Convenção de Basel de 1989 sobre Resíduos Perigosos obriga os signatários a prestar assistência técnica aos países em desenvolvimento na implementação do tratado. As emendas de 1990 ao Protocolo de Montreal sobre a proteção da camada de ozônio possui uma exigência de que os países desenvolvidos disponibilizem aos países em desenvolvimento, em termos razoáveis, novas tecnologias que reduzam os CFCs; elas também estabelecem um fundo para ajudar os países em desenvolvimento a cumprir as exigências de emissões reduzidas.[18] Em 1990, os cinco países nórdicos formaram a Corporação Nórdica de Financiamento Ambiental (*Nordic Environment Finance Corporation*) para auxiliar investimentos ambientalmente sólidos na Europa oriental e central. A Corporação de Gerenciamento do Fundo Global para o Meio Ambiente (GEFMC) é um esforço para levantar fundos junto a investidores institucionais nos Estados Unidos com o suporte da Corporação para Investimentos Privados Internacionais (OPIC), uma agência governamental dos EUA. Os objetivos da GEFMC incluem investir em atividades como estações de tratamento de águas residuais, projetos de energia renovável e programas de processos industriais eficientes.

A transferência de tecnologia possui duas partes importantes. A primeira é o desenvolvimento inicial de novas tecnologias e procedimentos. Estes são um produto da inovação em indústrias que procuram maneiras de reduzir as emissões e na própria indústria de controle da poluição. Assim, um elemento na transferência de tecnologia é a provisão de incentivos para um vigoroso nível de inovação nos países originários. Isso implica políticas de controle da poluição que forneçam esses incentivos, sobre as quais muito falamos nos capítulos anteriores. Em particular, discutimos os incentivos positivos à inovação gerados pelos tipos de políticas de incentivo econômico e os efeitos negativos gerados pelos padrões baseados em tecnologia.

O segundo elemento da transferência de tecnologia ambiental é fazer as ideias, meios técnicos e treinamento necessário chegarem efetivamente aos países receptores. A palavra *efetivamente* é importante pois, historicamente, há muitos casos em que as técnicas transferidas não funcionaram como o previsto. A transferência de tecnologia é muito mais do que simplesmente levar uma máquina de um lugar para outro; uma enorme quantidade de problemas tem que ser resolvida para preencher as lacunas informacionais, culturais, comerciais e políticas que separam as pessoas em diferentes países. No fim do processo, que normalmente envolve diferentes grupos empresariais, comerciais, políticos e ambientais, o objetivo é transferir uma tecnologia que seja compatível com as habilidades e disponibilidades de mão de obra locais. Veja o Quadro 15.3.

A maioria das tecnologias ambientais do mundo desenvolvido foi criada por empresas do setor privado. Nos Estados Unidos, o **setor de tecnologia ambiental** consiste em milhares de grandes e pequenas empresas em todas as fases de atividade ambiental. Realizar a transferência e a adoção de tecnologias e práticas no mundo em desenvolvimento, portanto, envolve criar conexões efetivas entre essas empresas e o público responsável e as agências privadas do mundo em desenvolvimento.

A transferência de tecnologia tem que ser vista à luz das recentes preocupações com a **globalização**. Esse conceito passou a significar muitas coisas diferentes. Uma delas é a qualidade dos contatos comerciais entre as empresas

[18] O Capítulo 17 contém uma discussão sobre os tratados ambientais internacionais em geral, e o Capítulo 16 discute as provisões específicas do Protocolo de Montreal.

QUADRO 15.3 Barreiras à transferência de tecnologia entre os países

As barreiras à transferência de tecnologia de opções de transporte entre países acima discutidas podem ser classificadas em tecnológicas, financeiras, institucionais, informacionais e sociais. Elas deveriam ser vistas juntamente às barreiras genéricas já discutidas no Capítulo 5 desse relatório. No setor de transporte, uma barreira preponderante que exige ênfase é a falta de um ambiente empresarial que permita que tanto o fornecedor da tecnologia quanto o seu receptor promova a transferência de tecnologia. Os países industrializados, que são, na maioria das vezes, fornecedores de tecnologia, podem instituir medidas e regulações econômicas e fiscais com os regimes de cumprimento necessários que podem estimular o setor privado a transferir tecnologias de transporte. Os recipientes da tecnologia, que são, na maioria das vezes, países em desenvolvimento, precisam criar o ambiente propício ao recebimento de tecnologias de transporte (UNEP, 1998). A falta de um ambiente propício é particularmente problemática em países de baixa renda e com restrições de capital. Em geral, os países receptores de tecnologia precisam construir um ambiente empresarial eficiente para atrair o envolvimento do setor privado, que agora está aumentando seu papel nos fluxos de tecnologia de transportes, especialmente em infraestrutura de transportes.

Uma importante barreira técnica aos influxos de tecnologia em qualquer país é a falta das capacidades manufatureiras necessárias, especialmente nos países recipientes de tecnologia. Além disso, uma falta de empresas que possam ser subcontratadas, como pode ser necessário com grandes empresas de transporte, e a ausência de instalações adequadas para treinamento e P&D podem criar sérios problemas para o desenvolvimento e a transferência de tecnologia. Uma importante barreira financeira é o acesso ao capital, porque a maioria das opções de transporte é muito cara e envolve um longo tempo de investimento inicial como construção ou modificação de estradas e pontes. Essas atividades podem envolver despesas de capital significativas e muitas instituições com diferentes interesses. Harmonizá-los e otimizá-los pode ser desafiador (Pacudan, 1999). Além disso, implementar algumas medidas não motorizadas como um uso mais amplo de bicicletas pode ser caro, devido à necessidade de faixas dedicadas e outras questões de infraestrutura de suporte, o que seria uma barreira para muitos países. A falta de instituições de cumprimento e arbitragem pode ser uma barreira à participação eficiente do setor privado. A falta de conhecimento da existência e do desenvolvimento de opções de transportes que respeitem o meio ambiente, incluindo seus pontos fracos e seus benefícios, é a principal barreira à sua adoção. Isso é comum entre os recipientes de tecnologia. Diferenças entre os sistemas social e cultural dos países podem ser uma barreira, pois algumas opções de transporte são sensíveis a essas diferenças. Adotar o uso de bicicletas pode exigir uma mudança de estilo de vida além de alguns outros sistemas não motorizados. Da mesma maneira, a adoção recente de carros menores e mais eficientes em termos de combustível que estão sendo fabricados por muitas das principais montadoras pode não ser aceitável para muitos países devido às suas necessidades de transporte. É necessário que haja vontade política dos respectivos governos em relação à transferência de tecnologia e, dessa forma, sua ausência pode ser um grande obstáculo.

Fonte: Bert Metz *et al.* (ed.), *Methodological and Technological Issues in Technology Transfer*, Special Report of the Intergovernmental Panel on Climate Change, Cambridge, UK, Cambridge University Press, 2000, Chapter 8.

multinacionais (e empresas do mundo desenvolvido) e as pessoas do mundo em desenvolvimento. O que está em questão é se as empresas de tecnologia ambiental detentoras de tecnologias potenciais tratam isso como uma oportunidade simplesmente para a maximização de lucro no curto prazo ou se elas se certificam de que a tecnologia seja adaptada às necessidades e capacidades de longo prazo das pessoas dos países em desenvolvimento. Falaremos mais sobre questões relativas à globalização no último capítulo do livro.

Conversões dívida-por-natureza

Suponha que você e eu sejamos vizinhos e eu lhe deva US$ 100 de um antigo empréstimo. Suponha, ainda, que eu tenha um quintal muito bagunçado, que nunca corte a grama e guarde vários carros abandonados como sucata. Você oferece perdoar a dívida de US$ 100 se eu concordar em arrumar meu quintal. Isso é uma conversão dívida-por-natureza. Muitos países em desenvolvimento devem grandes quantias a credores em países desenvolvidos, particularmente bancos comerciais. Esses empréstimos foram feitos com diversas finalidades, primordialmente para apoiar o investimento e o consumo nos países em desenvolvimento. Em muitos casos, as nações devedoras encontraram dificuldades para pagar os empréstimos. As conversões dívida-por-natureza são acordos em que grupos ambientais do mundo desenvolvido compram partes dessa dívida e as extinguem em troca de esforços de preservação ambiental pelo país devedor.

A primeira conversão dívida-por-natureza ocorreu em 1987. O Conservation International, um grupo privado, comprou US$ 650.000 da dívida comercial da Bolívia do Citicorp Investment Bank por US$ 100.000. Em troca, pela extinção dessa dívida, o governo da Bolívia concordou em colocar uma faixa de 4 milhões de acres de florestas tropicais sob proteção ambiental e criar um fundo para a gestão da área. Desde então, já foram concluídas conversões dívida-por-natureza com diversos outros países, incluindo Equador, Costa Rica, Filipinas, Madagascar e República Dominicana.[19]

É difícil determinar a eficiência das conversões dívida-por-natureza. Como um dispositivo de extinção de dívidas, a abordagem pode ter pouco impacto, devido à enorme quantia das dívidas em aberto. Como uma ferramenta ambiental, pode ser mais eficiente, apesar de o escopo do problema geral ser enorme em comparação ao meio usado para combatê-lo. Talvez o uso primordial de conversões venha a ser tratar de casos muitos específicos em que conexões ambientais cruciais estejam ameaçadas ou em que elas possam ser usadas para dar início a um programa maior. Mesmo nesses casos, porém, ainda há problemas significativos. Um dos mais difíceis deles é algo de que já falamos em todo este livro: a fiscalização. Uma vez que um grupo privado tenha comprado e extinguido certa quantia em dívida, pode ser difícil garantir que o país com quem o acordo foi feito continue a cumprir o acordo.

Valores ambientais em instituições de auxílio internacional

Alguns dos casos mais flagrantes de danos ambientais nos países em desenvolvimento foram decorrentes de projetos iniciados e financiados por organizações de auxílio internacional, cujos objetivos eram primordialmente ajudar esses países a se desenvolver economicamente. Um exemplo famoso é o projeto financiado em parte pelo Banco Mundial para construir estradas e encorajar a colonização na região noroeste do Brasil. A construção de estradas atraiu muito mais imigrantes para a área do que o previsto, "tornando as já subfinanciadas agências públicas

---

[19] Catherine A. O'Neill and Cass R. Sunstein, "Economics and the Environment: Trading Debt and Technology for Nature," *Columbia Journal of Environmental Law*, Vol. 17, Winter 1992, pp. 93–151.

ainda menos capazes de controlar o desmatamento em grande escala."[20] Muitos doadores internacionais se envolveram no grande projeto: represas, estações de geração de energia, infraestrutura, entre outros. Essas obras muitas vezes foram realizadas de forma não sensível aos impactos ambientais porque os doadores, juntamente aos governos dos países recipientes, focaram apenas o estímulo do crescimento econômico.

O que esse problema exige é uma adoção mais completa da abordagem geral de custo-benefício, interpretada de maneira ampla, como a consideração e a comparação de todos os custos e benefícios, possam estes serem monetizados ou não em uma estrutura formal. Em particular, deve-se dedicar mais atenção a soluções para os impactos ambientais desses projetos de desenvolvimento. Nos últimos anos, muitas organizações credoras internacionais começaram a levar as questões ambientais dos países em desenvolvimento mais a sério. Por exemplo, o Banco Mundial criou um novo Departamento Ambiental e mudou seus procedimentos de modo que as implicações ambientais de projetos propostos sejam levadas em consideração ao se tomar decisões relacionadas a empréstimos. A política do banco agora exige avaliações ambientais completas para todos os projetos que tenham impactos significativos sobre o meio ambiente.

Resumo

Os problemas ambientais dos países em desenvolvimento alcançaram níveis cada vez mais críticos nas últimas décadas. Embora o surgimento de questões globais tenha ajudado as pessoas a verem que todos os países estão inextricavelmente ligados no ambiente global, também se direcionou mais atenção a problemas tradicionais de poluição do ar e da água nos países em desenvolvimento. A questão da sustentabilidade de longo prazo dos recursos naturais e ativos ambientais desses países tornou-se um ponto focal de suas políticas.

A análise de tendências passadas mostra que o desenvolvimento tende a tornar alguns problemas ambientais piores e outros, melhores. Alguns fenômenos, como a poluição por SO_2, parecem piorar quando os países começam a se desenvolver rapidamente e, então, melhoram, à medida que o desenvolvimento leva a rendas *per capita* mais altas. Há evidências, embora elas não sejam particularmente fortes, de que indústrias "sujas" nos países desenvolvidos estejam migrando para países em desenvolvimento, mas os motivos dessa migração ainda não são claros. A hipótese dos "refúgios da poluição" não é fortemente sustentada pelos dados.

As instituições políticas nos países em desenvolvimento historicamente têm sido relativamente fracas, mas isso está mudando. A maioria das políticas ambientais nesses países tem seguido o exemplo do mundo desenvolvido, em termos de se basearem em princípios de comando e controle. Já se sugeriu que os países em desenvolvimento devam enfatizar as políticas baseadas em incentivos, de modo a alcançar níveis mais altos de custo-efetividade. O controle da população já foi muitas vezes recomendado como um meio de atenuar os impactos ambientais. Embora taxas mais baixas de crescimento populacional possam facilitar as melhorias ambientais, elas não são suficientes para se alcançar melhorias na qualidade ambiental.

[20] World Bank, *World Development Report 1992, Development and Environment*, Oxford University Press, New York, 1992, p. 80.

Finalmente, o mundo desenvolvido pode desempenhar um papel substancial ao ajudar os países do terceiro mundo a se desenvolverem sem destruições ambientais de grande escala. O principal mecanismo para tal é a transferência de tecnologia, compreendida de maneira ampla como a transferência de habilidades e capacidades tecnológicas que sejam culturalmente sólidas, e não somente a transferência de bens de capitais ocidentais.

Perguntas para discussão

1. Qual é a relação entre crescimento econômico, crescimento populacional e qualidade ambiental nos países em desenvolvimento?
2. A poluição ambiental é, em sua maior parte, reversível, no sentido de que pode ser diminuída se medidas apropriadas forem tomadas. Quais são os prós e os contras, portanto, de usar a sustentabilidade como um critério para avaliar políticas ambientais?
3. Quando uma empresa multinacional do mundo desenvolvido abre operações em um país em desenvolvimento, ela deve se ater aos padrões ambientais de seu país de origem ou aos do país em que está operando?
4. Suponha que introduzamos um novo critério, "viabilidade administrativa," para avaliar as políticas ambientais de países em desenvolvimento. Como isso pode afetar as escolhas entre diferentes tipos de políticas?

Para leituras adicionais e *sites* relacionados com o material deste capítulo, veja www.grupoa.com.br.

CAPÍTULO 16

O ambiente global

As pessoas de todo o mundo estão lutando para controlar os problemas ambientais locais e melhorar sua vizinhança imediata. Contudo, nas últimas décadas, as pessoas também tiveram que expandir seus horizontes e reconhecer que há um **ambiente global** crucial ao bem-estar humano. Mais do que isso, a escala das atividades humanas se tornou tão generalizada e intensa que já começou a causar impactos significativos nesse ambiente global.

Em toda a nossa história, a migração foi uma das maneiras como os humanos reagiram à destruição ambiental local. Porém, no nível planetário, essa opção não está disponível. Não há para onde ir se inadvertidamente tornarmos nosso planeta menos habitável.

Complementando os assustadores fatos físicos, há os preocupantes fatos políticos/econômicos que dificultam muito que as nações ajam coletivamente. Há uma competição entre os cada vez mais numerosos dados científicos que os cientistas, ainda com grande incerteza, estão se empenhando em interpretar e os crescentes esforços de instituições e perspectivas internacionais que possibilitariam uma ação conjunta.

Neste capítulo, veremos diversos desses problemas ambientais globais. O foco principal será nos problemas da atmosfera global e na sua degradação – especificamente na redução na concentração do ozônio estratosférico e no efeito estufa global. Depois, veremos a questão da diminuição da diversidade biológica que, embora esteja ocorrendo em diferentes ritmos em várias partes do mundo, possui verdadeira importância global. Cada uma dessas questões é muito complexa em termos científicos e políticos, então o capítulo poderá tratar apenas de seus aspectos mais importantes.

REDUÇÃO NA CONCENTRAÇÃO DO OZÔNIO ESTRATOSFÉRICO

O problema físico

No nível do mar, o ozônio é um poluente produzido quando as emissões de hidrocarbonetos óxidos de nitrogênio interagem na presença da luz solar. Vários problemas de saúde e danos a colheitas agrícolas estão associados aos elevados níveis de ozônio na superfície da Terra. Contudo, a maior parte do ozônio na atmosfera terrestre está localizada na estratosfera, uma zona que se estende de aproximadamente 10 km a 50 km de altitude. Esse ozônio estratosférico é crucial para a manutenção do equilíbrio de radiação da Terra. A atmosfera que circunda o planeta age, essencialmente, como um filtro para a entrada de radiação eletromagnética. O gás atmosférico responsável por isso é o ozônio, que bloqueia um grande percentual dos raios de baixo comprimento de onda ou ultravioletas.

Há várias décadas, começaram a surgir evidências científicas de que o conteúdo de ozônio da atmosfera estava exibindo sinais de diminuição. No fim da década de 1970, surgiu um grande buraco na camada de ozônio sobre a Antártica. Mais recentemente, foi descoberta uma significativa redução do ozônio em toda a estratosfera, incluindo as áreas sobre as partes mais populosas do mundo. Na década de 1970, os cientistas descobriram a causa desse fenômeno. Já se sabia há algum tempo que o conteúdo químico da atmosfera estava mudando rapidamente e em escala global. O desaparecimento do ozônio estava ligado à acumulação de cloro na estratosfera. Descobriu-se que o cloro se inseriu no que normalmente era um processo balanceado de produção e destruição de ozônio, aumentando enormemente a taxa de destruição. E a fonte do cloro era uma variedade de produtos químicos manufaturados que, liberados no nível do solo, lentamente migravam para altitudes maiores. Os culpados são substâncias chamadas de **halocarbonos**, produtos químicos compostos de átomos de carbono em combinação com átomos de cloro, flúor, iodo e bromo. Os principais halocarbonos são chamados de **clorofluorocarbonos** (CFCs), que possuem moléculas que consistem em combinações de átomos de carbono, flúor e cloro. Outro subgrupo dos halons é composto por esses elementos mais átomos de bromo. O bromo, na verdade, age de maneira similar ao cloro na quebra de moléculas de ozônio. O tetracloreto de carbono e o metilclorofórmio também estão envolvidos na destruição do ozônio.

Os CFCs foram desenvolvidos na década de 1930 como uma substituição para os produtos refrigerantes que estavam em uso na época. Ao contrário dos produtos que substituíam, os CFCs são extremamente estáveis, atóxicos e inertes em relação às máquinas elétricas e mecânicas em que eram usados. Assim, seu uso se espalhou rapidamente como refrigerantes e também como carburante para aerossóis (sprays de cabelo, desodorantes, inseticidas), agentes industriais para produzir poliuretano e poliestireno e agentes de limpeza industrial e solventes. Os halons são amplamente utilizados como supressores de incêndios. Quando essas substâncias foram introduzidas, as atenções se focalizaram somente em seus benefícios; não havia evidências de que eles podiam causar impactos de longo prazo sobre a atmosfera. Porém, a natureza muito estável desses gases permite-os migrar muito lentamente na atmosfera. Depois da emissão na superfície, eles sobem lentamente pela troposfera até a estratosfera, onde começa um longo processo de destruição de ozônio.

Danos causados pela radiação ultravioleta

Há vários anos, pensava-se que a diminuição do ozônio podia se confinar a pequenas partes da estratosfera e, assim, os danos do fluxo crescente de radiação ultravioleta na superfície seriam limitados. Recentemente, surgiram fortes evidências de que hoje ocorrem diminuições significativas no ozônio periodicamente sobre grandes partes das regiões mais populosas do mundo. Assim, os danos provavelmente serão muito mais generalizado.

Pesquisas atuais indicam que há duas principais fontes de danos para os humanos: **impactos sobre a saúde** e **perdas de colheitas agrícolas**. Os danos sobre a saúde estão relacionados à maior incidência de câncer de pele e doenças nos olhos. As relações dose-resposta desenvolvidas pela Agência de Proteção Ambiental dos EUA (EPA) indicam que para cada 1% de aumento na radiação UVB, os casos de câncer de células basais e de células escamosas aumentariam em 1% e 2%, respectivamente, enquanto que melanomas aumentariam em menos de 1% e cataratas, em torno de 0,2%.[1] Pode-se esperar também que a maior radiação UVB aumente os custos de produção de alimentos devido aos danos físicos que ela produz no crescimento de plantas. Esperam-se danos também em outras partes do ecossistema físico do planeta.

Respostas políticas

A potencial seriedade do problema da diminuição da camada de ozônio fez as pessoas se concentrarem no assunto e levou a algumas respostas políticas relativamente vigorosas. Inicialmente, vários países adotaram **medidas unilaterais**. Em 1978, os Estados Unidos e vários outros países (Canadá, Suécia, Noruega, Dinamarca) baniram os CFCs em latas de aerossol, mas não como refrigerante. Na década de 1980, as continuadas evidências científicas de diminuição da camada de ozônio levaram a uma ação internacional. Sob os auspícios das Nações Unidas, 24 países assinaram o Protocolo de Montreal sobre Substâncias que Destroem a Camada de Ozônio. O acordo comprometia esses países a eliminar gradualmente a produção e o consumo de substâncias que destroem a camada de ozônio. Em alguns casos, os períodos de eliminação gradativa foram precedidos por uma proibição do consumo. Logo depois de o acordo original ter sido assinado, ficou claro que o problema estava se agravando, em parte porque alguns grandes países produtores de CFC não tinham assinado o acordo original. Assim, em emendas subsequentes, países concordaram em eliminar gradualmente toda a produção de CFCs até o ano 2000, adicionaram o tetracloreto de carbono e o metilclorifórmio à lista e introduziram um programa de mais longo prazo para a eliminação gradativa dos hidroclorofluorcarbonos (HCFCs). Novos países assinaram o acordo em anos subsequentes, de modo que, em 2012, o acordo já tinha sido ratificado por 197 países, incluindo a Índia e a China.[2]

A Tabela 16.1 mostra a proibição do consumo e os programas de eliminação gradativa das principais substâncias que destroem o ozônio previstos pelo acordo. Uma de suas importantes características é tratar os países desenvolvidos e em desenvolvimento de maneiras diferentes: os países em desenvolvimento têm programas de eliminação gradativa mais tardios do que os países desenvolvidos, em consideração às suas necessidades de estimular o crescimento econômico.

O Protocolo de Montreal foi um sucesso em muitos aspectos e teve uma ampla adesão pelas nações do mundo. Ele focalizou a atenção muito eficientemente

[1] Agência de Proteção Ambiental dos EUA (EPA), *Regulatory Impact Analysis: Protection of Stratospheric Ozone*, Vol. II, Appendix E, Washington, D.C., 1987, pp. E3–E4.

[2] Porém, nem todos esses países ratificaram todas as emendas subsequentes. Para a situação de ratificação, ver http://www.unep.org/new_site/en/treaty_ratification_status.php.

TABELA 16.1 Programas de eliminação gradual contidos no Protocolo de Montreal e Emendas Subsequentes

Substância	Países desenvolvidos		Países em desenvolvimento	
	Proibição do consumo	Eliminação gradual	Proibição do consumo	Eliminação gradual
Clorofluorocarbonos (CFCs)	1º julho 1989	1º janeiro 1996	1º julho 1999	1º janeiro 2010
Halons	-	1º janeiro 1994	1º janeiro 2002	1º janeiro 2010
Outros CFC totalmente halogenados	-	1º janeiro 1996	-	1º janeiro 2010
Tetracloreto de carbono	-	1º janeiro 1996	-	1º janeiro 2010
Metil clorofórmio	1º janeiro 1993	1º janeiro 1996	1º janeiro 2003	1º janeiro 2015
Hidroclorofluorocarbonos (HCFCs)	1º janeiro 1996	1º janeiro 2030	1º janeiro 2016	1º janeiro 2040
Brometo de metila	1º janeiro 1995	1º janeiro 2005	1º janeiro 2002	1º janeiro 2015

Fonte: Programa de Desenvolvimento das Nações Unidas, Protocolo de Montreal, http://www.undp.org/seed/eap/Montreal/Montreal.htm.

sobre o crescente corpo de evidências científicas sobre a diminuição da camada de ozônio, usando-as para motivar acordos políticos, além de criar condições com as quais tanto os países desenvolvidos quanto os países em desenvolvimento podiam concordar. Ainda não se sabe se o protocolo servirá de modelo para futuros acordos internacionais.

O protocolo lida, essencialmente, com um conjunto restrito de substâncias. Em todos os países produtores, a indústria produtora de CFC é composta por algumas grandes empresas de produtos químicos. Então, a política internacional foi impulsionada não somente por resultados científicos, mas também pela concorrência internacional nessa indústria. As empresas norte-americanas são líderes em desenvolver substitutos para os CFCs e, portanto, lideraram a exigência de uma eliminação gradual do CFC. Outros acordos ambientais internacionais no futuro podem não ter o mesmo tipo de realidades econômicas por trás deles.

O Protocolo de Montreal parece ter sido razoavelmente bem-sucedido até agora. "A abundância combinada total dos compostos que destroem o ozônio na parte mais inferior da atmosfera teve seu pico em 1994 e agora está lentamente diminuindo. O total de cloro está diminuindo, mas o total de brometo está aumentando."[3] Esse resultado provavelmente está relacionado à eficiência do Protocolo de Montreal. Há uma variação anual substancial na extensão do buraco na camada de ozônio e na incidência de radiação ultravioleta na superfície da Terra. Assim, é difícil separar o sinal, em termos de uma tendência de longo prazo, o ruído dessas variações de curto prazo. Parece, porém, que a tendência corrente do buraco na camada de ozônio está em vias de diminuir, e os cientistas estão prevendo que ele terá desaparecido em 2060 a 2075. Observe a longuíssima defasagem entre as medidas políticas e a retificação do problema. Esse é também um importante fator no fenômeno do efeito estufa global, como discutiremos posteriormente neste capítulo.

[3] Associação Meteorológica Mundial, "Scientific Assessment of Atmospheric Ozone," 1998.

A economia dos controles da emissão de gases CFC

Em termos econômicos, o problema aqui era similar à eliminação gradual da gasolina com chumbo. O objetivo estava razoavelmente claro e era amplamente apoiado; o problema fundamental era como realizá-lo em diferentes países. Em economias avançadas, o principal foco foi colocado sobre o desenvolvimento de **produtos químicos substitutos** que desempenhariam as mesmas tarefas que os CFCs – como refrigeradores, agentes de limpeza, etc. – mas que teriam pouco ou nenhum efeito sobre a camada de ozônio. Entre os países desenvolvidos, um importante fator que determinava o acordo e suas emendas era o **custo de desenvolver esses substitutos**, juntamente aos custos de substituir os antigos produtos químicos pelos novos. Algumas substâncias são substitutos que podem simplesmente começar a ser usados, enquanto que outras exigem que as pessoas se desfaçam de antigos bens de capital (geladeiras, aparelhos de ar condicionado, etc.) e que se instalem novos equipamentos.

As principais provisões do Protocolo de Montreal são as seguintes:

- Exigências de que países individuais **eliminem gradualmente** a produção e o consumo das substâncias designadas.
- Um **fundo multilateral** para o qual os países industrializados fariam contribuições financeiras que seriam usadas para ajudar os países em desenvolvimento a alcançar as medidas de controle especificadas no acordo.
- Uma provisão de **restrições comerciais,** banindo o comércio entre signatários e não signatários de produtos químicos designados que destroem a camada de ozônio. Bane também o comércio de produtos que contenham essas substâncias, como geladeiras e aparelhos de ar condicionado.

As duas últimas provisões ajudam a explicar por que o protocolo, originalmente assinado por apenas alguns países, agora teve a adesão de quase todos os países do mundo.

Para atender às condições do protocolo, todos os países que produzem CFC tinham que diminuir gradualmente seus níveis de produção. A política que entrou em vigor nos Estados Unidos criava cotas de produção decrescentes para cada uma das empresas produtoras de CFCs, cotas que finalmente chegariam a zero em 1998. Essa data foi, posteriormente, adiantada para 1995. Para colher os benefícios dos custos diferenciais da redução da produção de CFC, essas cotas de produção eram transferíveis, de maneira similar ao programa de cotas transferíveis que foi usado na eliminação gradual da gasolina com chumbo.

Um grande problema com determinar tetos de produção dessa maneira era gerar aumentos injustificados nos lucros dos fabricantes atuais de CFCs. Com efeito, tal determinação deu às empresas da indústria, que podiam estar operando como rivais, uma maneira de agir como monopolistas. A Figura 16.1 ilustra isso com um simples modelo de mercado. Ela mostra uma típica curva de demanda com inclinação decrescente por CFCs, juntamente com uma curva de custo marginal plana. Se deixadas a operar por si sós, as forças competitivas levariam a um nível de produção de q_1 e um preço igual aos custos marginais de produção. No entanto, se as autoridades públicas limitasse a produção a q_2, o preço aumentaria para p_2, o que, substancialmente, está acima dos custos de produção. Assim,

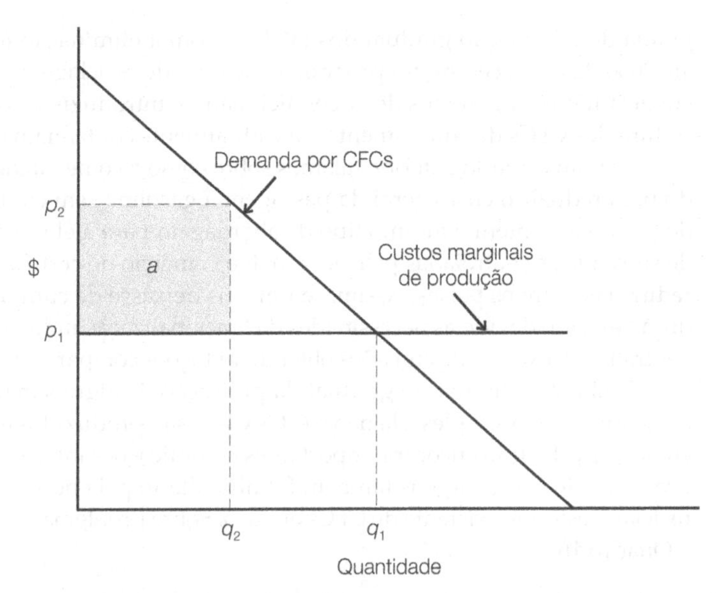

FIGURA 16.1 Limitações da produção impostas pelo governo levam a lucros de monopólio.

uma quantidade igual à área *a* se torna possíveis **lucros em excesso** obtidos na indústria devido às restrições impostas à produção.

Quando controles mais rígidos e eliminações graduais mais rápidas dos CFCs estavam sendo discutidos pelo Congresso dos EUA, no fim da década de 1980, havia uma sensação geral de que pelo menos parte desses lucros em excesso deveriam ser repassados ao público. Vários meios foram discutidos. Um era o **leilão** de diretos de produção de CFCs às várias empresas que manufaturavam produtos químicos. O processo de oferta, se funcionasse bem, transferiria uma parte dos lucros em excesso ao público. A outra abordagem, que foi finalmente adotada, era tributar a produção de CFCs. Em teoria, um imposto igual a $(p_2 - p_1)$ transferiria todos os lucros em excesso ao público. Os fundos poderiam, então, ser usados para qualquer finalidade, talvez colocados em receitas gerais ou usados especificamente para ajudar o processo de conversão dos CFCs.

O sistema que foi adotado estabelecia uma taxa de alíquota básica e, então, determinava sobre os vários produtos químicos que destroem a camada de ozônio diferentes impostos, de acordo com a fórmula:

Alíquota de imposto = Taxa básica × Potencial de destruição da camada de ozônio[4]

A taxa básica foi originalmente estabelecida como US$ 1,37 por libra, mas já foi aumentada. A taxa, em 2012, era de US$ 13,00 por libra.

As emendas da Lei do Ar Puro de 1990 continham diversas outras considerações sobre a diminuição da camada de ozônio. Elas estabeleceram um pro-

[4] O potencial de destruição da camada de ozônio (PDO) de uma substância é um número que mostra sua capacidade relativa de destruir ozônio atmosférico. O CFC-11 tem um PDO de 1,0, e outras substâncias variam para cima ou para baixo desse valor.

grama de eliminação gradual dos HCFCs, com a eliminação total da produção até 2030. Estabeleceram um programa nacional de reciclagem para CFCs usados em geladeiras e aparelhos de ar condicionado e introduziram proibições sobre a soltura dos CFCs de equipamentos que atualmente contenham essas substâncias.

Em um capítulo anterior, falamos sobre como o comércio de chumbo foi usado para reduzir o custo geral da passagem à gasolina sem chumbo. O Protocolo de Montreal contém o mesmo tipo de abordagem para a eliminação da produção de substâncias controladas pelo acordo. É o comércio de **certificados de emissões reduzidas** entre os países. Assim, se um país deixasse de cumprir o corte de produção exigido devido às necessidades da "racionalização industrial," ele tinha que neutralizar o excesso de emissões obtendo reduções comparáveis em outros países.

Embora a eliminação gradual da produção de alguns materiais possa soar como uma tarefa simples, ela não o é. Os CFCs são produzidos em todo o mundo, então a fiscalização encontra importantes complicações internacionais. Reduzir a produção de CFCs virgens também foi dificultado pela necessidade de coletar e reciclar o estoque existente de CFCs em uso. Sobre problemas de fiscalização, veja o Quadro 16.1.

QUADRO 16.1 Reabilitação da camada de ozônio

Para atender às condições do Protoloco de Montreal, os países tiveram que encontrar maneiras de impedir que as pessoas usassem um produto químico que era amplamente utilizado em toda a economia. A enorme e moderna indústria de aparelhos de ar condicionado, entre outras, foi construída sobre o uso de CFCs, a classe mirabolante de produtos químicos que foi desenvolvida na década de 1930. Há vários problemas substanciais na eliminação gradual do uso dos CFCs. Um deles é simplesmente fazer entrar em vigor uma proibição do material. O contrabando pode se tornar um problema quando os usuários tentam encontrar suprimentos por meio de canais clandestinos. Provisões jurídicas estabelecidas para o manuseio do produto químico têm que entrar em vigor e ser monitoradas. O desempenho do país tem que ser avaliado e há que se julgar seu possível cumprimento.

Uma segunda questão é sobre os produtos que são desenvolvidos para substituir os CFCs. Na última década, a indústria fez muitas substituições dos antigos CFCs por HCFCs (hidrocfluorocarbonos: moléculas que contêm hidrogênio além de carbono, cloro e flúor). Estes causavam substancialmente menos impacto sobre a destruição da camada de ozônio, mas ainda eram potentes gases causadores do efeito estufa, assim como os CFCs. Dessa forma, em 2007 o Protocolo de Montreal foi emendado, passando a incluir os HCFCs, e foi adotado um programa de eliminação gradual para essa classe de produtos químicos.

Em resposta à eliminação gradual do HCFC e ao forte e continuado crescimento da demanda mundial por refrigeração e ar condicionado, hoje está ocorrendo uma grande substituição por HFCs (hidrofluorocarbonos: moléculas que contêm apenas um ou poucos átomos de flúor). Isso reduzirá o cloro estratosférico ainda mais; entretanto, os HFCs são produtos químicos que têm forte influência sobre o aquecimento global. Então, agora a ênfase passou a ser encontrar substitutos para os HFCs. Inúmeros países, inclusive os Estados Unidos, propuseram que o Protocolo de Montreal fosse expandido de modo a incluir uma eliminação gradual do HFC. A Agência de Proteção Ambiental dos EUA (EPA) possui um programa para identificar substitutos técnicos para os HFCs, o que seria relevante para todos os países ao redor do mundo.* Essa cachoeira de substituições e eliminações graduais de produtos químicos mostram a dificuldade de controlar o uso de produtos químicos que estejam sob forte demanda comercial, mas que tenham importantes impactos ambientais.

* Ver Agência de Proteção Ambiental dos EUA (EPA), "Recent International Developments in Saving the Ozone Layer," October 14, 2011, http://www.epa.gov/ozone/intpol/mpagreement.html.

AQUECIMENTO GLOBAL

O problema físico

Outra questão que assumiu importância crucial nos últimos anos é a ameaça de um aumento de longo prazo na temperatura da superfície da Terra. Isso leva o nome de "aquecimento global" ou, às vezes, de "efeito estufa." O princípio de uma estufa é que o vidro ou plástico que a circunda permite que a luz do sol entre, mas impede a saída de uma parte da radiação infravermelha refletida, o que aquece o interior da estufa acima da temperatura exterior. Os gases do efeito estufa na atmosfera terrestre desempenham um papel similar; servem para elevar a temperatura na superfície da Terra e torná-la habitável. Sem os gases do efeito estufa, toda a superfície da Terra seria em torno de 30°C mais fria do que é hoje, impossibilitando a vida humana.

Sob condições pré-industriais, as quantidades de gases do efeito estufa estavam em equilíbrio global. Eles eram emitidos pela deterioração de materiais vegetais e animais e absorvidos por florestas e oceanos. Nesse equilíbrio, surgiram os seres humanos e uma de suas maiores realizações culturais: a Revolução Industrial. Esse evento foi primordialmente uma revolução no uso da energia, envolvendo um enorme aumento na extração de energia de combustíveis fósseis – primeiro, o carvão e, posteriormente, o petróleo e o gás natural. A queima dos combustíveis fósseis, juntamente ao desmatamento e a algumas outras atividades, levou a um aumento no conteúdo de dióxido de carbono (CO_2) da atmosfera de aproximadamente 40% em relação ao início da Revolução Industrial. Nas três últimas décadas, somente, ele aumentou 15%, e muitos cientistas preveem que esse número terá duplicado no meio do século XXI. Embora o CO_2 seja o mais importante **gás do efeito estufa** (GEE), não é o único. Os outros são o metano, o óxido nitroso e o monóxido de carbono. Os principais gases do efeito estufa, sua contribuição proporcional aproximada com o aquecimento global e suas principais fontes são exibidos na Tabela 16.2.

Acompanhando esse acúmulo de GEEs, houve um aumento nas temperaturas médias na superfície de todo o globo terrestre. Estudos de recordes de temperatura, a composição de geleiras de longa vida e outras fontes mostram que a Terra sofreu um aquecimento de cerca de 0,5°C (1°F) ao longo dos 100 últimos

TABELA 16.2 Principais gases do efeito estufa

Gás	Percentual do total
Dióxido de carbono (CO_2)	
Uso de combustíveis fósseis	57
Desmatamento, decomposição de biomassa	17
Outros	3
Metano (CH_4), agricultura, aterros, cupins	14
Óxido nitroso (N_2O)	
Fertilizantes, indústria, incineração de resíduos	8
Outros (produtos químicos que destroem a camada de ozônio, monóxido de carbono, etc.)	1

anos. Alguns modelos científicos preveem que, ao longo do próximo século, as temperaturas podem subir de 1,5 a 4,5°C. A taxa de aquecimento é determinada como em torno de 0,5°C por década. Isso pode não soar como uma mudança muito rápida, mas estudos históricos mostram que, no passado, episódios de aquecimento e esfriamento, durante os quais as sociedades da época sofreram grandes deslocações, ocorreram mudanças climáticas a uma taxa de apenas 0,05°C por década. Em outras palavras, espera-se que a taxa de mudança de hoje seja muito mais rápida do que as que foram enfrentadas pelos humanos no passado.

Espera-se que o aquecimento global gere uma elevação geral no nível do mar devido à expansão da água marinha, ao derretimento das geleiras e talvez à quebra de calotas polares. Embora essa seja uma elevação geral, ela terá diferentes impactos locais sobre os padrões de marés e correntes marinhas. As mudanças nos padrões meteorológicos também irão variar radicalmente de uma região para outra. No hemisfério norte, as regiões polares se aquecerão mais rapidamente do que as zonas equatoriais; nas massas continentais, os centros se tornarão mais secos do que as periferias, entre outras mudanças. Nossa capacidade de prever essas mudanças irá melhorar à medida que os modelos de clima global de cientistas atmosféricos forem se desenvolvendo.

Impactos sobre humanos e ecossistemas

Embora esse seja um problema do ambiente global, seus impactos sobre os humanos e o ecossistema irão variar enormemente de um país e região para outra. Uma elevação do nível do mar teria impactos devastadores em certas sociedades, como as das ilhas do Pacífico ou as que se concentram na foz de baixa altitude de rios. Os impactos serão relativamente menores em países em que o desenvolvimento possa ser redirecionado às regiões do interior. A seca das zonas úmidas costeiras em todo o mundo pode causar importantes impactos sobre a pesca e, logo, em sociedades que dependem fortemente de recursos marinhos. Outro impacto potencial de grande importância é o aumento da acidificação dos oceanos causado por níveis mais altos de CO_2 atmosférico, que reage com a água, criando ácido carbônico. Haverá impactos substanciais sobre ecossistemas e espécies individuais de plantas e animais, não somente devido à quantidade de mudanças, mas também devido ao fato de que o ritmo das mudanças será rápido para os padrões evolutivos. Em eras glaciais do passado, as mudanças no tempo foram suficientemente lentas para permitir que as espécies de plantas e animais migrassem e sobrevivessem. O rápido ritmo das mudanças esperadas no fenômeno do efeito estufa pode ser alto demais para muitos organismos se ajustarem à mudança de hábitat. Isso também será especialmente difícil para as espécies que ocupam nichos ecológicos estreitos, porque mudanças relativamente pequenas no tempo podem destruir os hábitats dos quais dependem.

Alguns dos maiores impactos sobre os humanos serão através dos efeitos das mudanças dos padrões climáticos sobre a **agricultura** e a **silvicultura**. Aqui, a história fica muito complicada, não somente porque os padrões de tempo serão afetados de maneira diferente em todo o mundo, mas também porque as culturas e os sistemas de cultivo adotados pelos fazendeiros variam muito em termos de sua capacidade de suportar mudanças de temperatura e disponibilidade de água. Acredita-se que, de maneira geral, os impactos do aquecimento atmosférico sobre a agricultura afetarão mais os países em desenvolvimento do que os países desenvolvidos. Acredita-se que os países africanos sofrerão o maior impacto. Alguns estudos concluíram que a agricultura poderia ser adaptada a mudanças climáticas futuras por meio do desenvolvimento de culturas e mudanças técnicas. Outros, porém, levantam dúvidas sobre a capacidade de muitos países em desenvolvimento de fazer isso, porque muitas de suas culturas já estão próximas dos limites de tolerância a temperaturas mais altas. Pesquisas sobre os impactos do efeito estufa ainda desafiarão os cientistas por muitos anos.

Incertezas científicas e escolhas humanas

Embora ainda haja céticos, praticamente todas as opiniões científicas nos últimos anos se aproximaram da conclusão de que o aquecimento global produzido pelos humanos é um fenômeno real. Apesar de ainda haver incertezas quanto às suas dimensões exatas, as pessoas estão cada vez mais convencidas de que há que se começar a tomar medidas a respeito. Isso inclui não somente cientistas e defensores ambientais, mas também um número cada vez maior de decisores políticos, empresas e consumidores.[5]

Em um sentido, há duas escolhas fundamentais para esse problema: **mitigação** e/ou **adaptação**. Mitigação significa tomar medidas hoje para reduzir as emissões de gases do efeito estufa, de modo a retardar ou reduzir os aumentos globais na temperatura. Adaptação refere-se aos esforços de gerações futuras para se ajustar de modos que reduzam substancialmente os impactos negativos desses aumentos de temperatura.

Alguns discutem que as incertezas científicas sobre a extensão do aquecimento global tornam insensato empreender custosas medidas de mitigação. Especialmente, discutem, nos países em desenvolvimento, onde as tentativas de reduzir as emissões de CO_2 poderiam aumentar enormemente os custos de alcançar o desenvolvimento econômico.

O contra-argumento é que essa estratégia nos deixaria dependentes somente da adaptação futura. Isso poderia ser devastador para países que não podem se adaptar facilmente; portanto, do ponto de vista da equidade, o melhor é fazer algo hoje para mitigar as emissões. No entanto, mesmo sem a questão da equidade, agir é necessário.

No Capítulo 6, introduzimos alguns conceitos para ajudar a analisar situações que envolvem risco, em particular o conceito de aversão a riscos envolvendo pequenas probabilidades de perdas muito grandes. Há incertezas científicas quanto à extensão do aquecimento global no futuro, mas as potenciais consequências negativas são tão grandes que nos obrigam a ser avessos a riscos. Ou seja: melhor prevenir do que remediar. Tudo isso sugere fortemente que medidas significativas têm que ser tomadas hoje para reduzir a probabilidade de um sério

[5] As questões políticas que envolvem o fenômeno de mudanças climáticas foram e estão sendo muito pesquisadas, e muito se escreve a respeito. Um bom ponto de partida para explorar esse conhecimento é o programa de Energia e Clima da organização *Resources for the Future* (http://www.rff.org).

aquecimento global no futuro. Precisamos reconhecer, no entanto, que há muitas coisas que poderiam ser feitas para mitigar as emissões de CO_2, e que elas têm diferentes custos. É muito importante, portanto, manter o conceito de **custo-efetividade** em mente de maneira clara ao desenvolver medidas contemporâneas de mitigação.

Respostas técnicas ao efeito estufa

O efeito estufa resulta de um aumento na produção de gases do efeito estufa em relação à capacidade dos ecossistemas da Terra de absorvê-los. Então, o principal meio de reduzir o aquecimento se encontra na redução da produção de gases do efeito estufa e/ou em aumentar a capacidade de absorção dos GEE do mundo natural. Como o CO_2 é o principal gás do efeito estufa, vamos focar a questão de reduzir as emissões globais de CO_2.

Para obter um panorama da taxa de produção mundial corrente de CO_2 e como ela pode ser alterada, considere a seguinte equação (PIB é produto interno bruto):

	Total de emissões de CO_2	=	População (milhões)	×	PIB/pessoa (1.000)	×	Energia/PIB (tons de equiv. petróleo)	×	CO_2/Energia (tons CO_2)
Mundo	35.865		6.361,9		8,2		0,255		2,70
EUA	6.870		293,7		36,4		0,254		2,53
Índia	1.607		1.079,7		2,9		0,245		2,09
					Taxas de mudança				
Mundo	1,7		1,7		1,0		–0,6		–0,4
EUA	3,7		0,9		3,8		–1,0		0,0
Índia	4,5		2,0		1,2		1,2		0,1

A quantidade de emissões de CO_2 depende da interação de quatro fatores. O primeiro é a **população.** Mantendo outros termos fixos, populações maiores usam mais energia e, portanto, emitem quantidades maiores de CO_2. O segundo termo é o **PIB *per capita*,** uma medida da produção doméstica de bens e serviços por pessoa. Normalmente, associamos aumentos nesse fato a crescimento econômico.

Nem a população nem o PIB *per capita* podem ser considerados candidatos prováveis para reduzir as emissões de CO_2 no curto prazo. É improvável que medidas deliberadas de controle da população sejam eficientes, e provavelmente nenhum país estará disposto a reduzir suas taxas de desenvolvimento econômico. No longo prazo, porém, a interação desses dois fatores será importante, como a história parece mostrar que menores taxas de crescimento populacional podem ser alcançadas por melhorias substanciais no bem-estar econômico.

Isso significa que reduções de CO_2 no curto prazo terão que vir dos dois últimos termos da expressão. O terceiro fator é o que chamamos de **eficiência energética,** a quantidade de energia usada por dólar (ou por euro ou rúpia ou cedi) de produção. A chave aqui é se mover em direção a tecnologias de produção, distribuição e consumo que exigem quantidades de energia relativamente menores. O último termo é **CO_2 produzido por unidade de energia usada.** Como diferentes formas de energia têm produções marcadamente diferentes de CO_2 por unidade, as reduções no CO_2 podem ser alcançadas passando-se a usar combustíveis que produzam menos CO_2. A passagem à **energia renovável** também entra em jogo aqui.

A tabela abaixo da equação mostra esses quatro fatores em 2000 e como eles têm mudado nos últimos anos.[6] A primeira linha mostra a taxa de crescimento anual na produção global de CO_2, que é a soma das taxas de crescimento globais dos fatores compreendidos na fórmula. Observe que, mundialmente, embora a eficiência energética e a intensidade do CO_2 estejam diminuindo, tais diminuições estão sendo mais do que compensadas pelas altas taxas de crescimento na população e no PIB *per capita*. No entanto, as taxas de crescimento nos fatores subjacentes diferem muito entre os países. A tabela mostra dados da Índia e dos Estados Unidos para fins ilustrativos. Na Índia, aumentos em todos os fatores, especialmente na população, contribuíram para uma taxa de crescimento muito alta nas emissões de CO_2. Nos Estados Unidos, taxas de crescimento populacional mais baixas, juntamente a aumentos na eficiência energética (diminuições na energia por PIB), moderaram a taxa de crescimento das emissões de CO_2. São as diferenças entre os países nesses fatores que complicam a adoção de acordos mundiais eficientes que limitem as emissões de CO_2.

Redução das emissões domésticas de gases do efeito estufa (GEE)

Ações globais eficientes para combater o aquecimento global exigirão que países individuais tomem medidas para reduzir suas emissões de GEE. A questão é: como isso deve ser realizado? No curto prazo, digamos, nos próximos 20 anos, mais ou menos, a ênfase será sobre obter aumentos na conservação e sobre eficiência energética, passando ao uso de combustíveis com baixo teor de carbono, e sobre reduzir o uso e as emissões de produtos químicos que tenham um alto impacto sobre o efeito estufa. De uma perspectiva política, talvez o primeiro ponto a se observar seja que não há uma fonte individual que possamos exigir que tenha reduções drásticas na produção de GEE. Em vez disso, é necessário que se façam mudanças em todo o espectro de emissões de fontes fixas e móveis, de residências, indústrias, setor de transporte e agricultura. Essas mudanças necessárias, são tanto tecnológicas – como, uma passagem a equipamentos mais eficientes em termos de uso de combustível e combustíveis com baixo teor de carbono – quanto comportamentais – como uma mudança nos hábitos de direção e a adoção de estilos de vida com menor consumo de energia.

A grande questão é, quanto custará reduzir as emissões de GEE significativamente? E a resposta é: depende de como a redução for feita. Dados os longos históricos de políticas de comando e controle nos Estados Unidos e em outros países, muitos provavelmente são atraídos por padrões tecnológicos ou de emissões. Essa tem sido a tradição nos Estados Unidos (além de na maioria dos outros países), então, os primeiros esforços nesse país foram direcionados ao subsídio ou à exigência de opções tecnológicas. Isso inclui, por exemplo, mandatos sobre

[6] Esses dados são do Instituto de Recursos Mundiais, Climate Analysis Indicators Tool (CAIT), http://cait.wri.org.

biocombustível e energia renovável e exigências de desempenho para veículos no programa Economia de Combustível Média Corporativa (CAFE). Como já discutimos muitas vezes neste livro, é altamente improvável que padrões mandatados de tecnologia e de desempenho sejam custo-efetivos, o que significa que escolher esse caminho para combater o aquecimento global será muito mais caro para a sociedade do que suas alternativas.

Isso ocorre porque há diferenças realmente substanciais entre as opções técnicas em termos de custos de controle dos GEE. A Tabela 16.3 mostra alguns resultados custo-efetivos obtidos de um grande estudo realizado pelos analistas da empresa de consultoria McKinsey and Company. O primeiro ponto a ser observado é que há diferenças substanciais nos custos entre os diferentes meios de reduzir os gases do efeito estufa. Na verdade, estima-se que algumas delas tenham custos negativos; estas são abordagens que pagariam a si mesmas sem mesmo ter que considerar a remoção dos gases do efeito estufa, primordialmente por meio de economias nos custos da energia. Aquelas com custos positivos estão na faixa de US$ 15 a US$ 50 por tonelada. Considerando que a quantidade total de emissões de gases do efeito estufa nos Estados Unidos hoje é em torno de 7 bilhões de toneladas por ano, pode-se ter uma ideia aproximada dos custos de diminuir essas emissões em uma fração substancial. Esses também são custos marginais; isto é, são custos de reduzir as emissões de GEE começando de onde estamos hoje. Se tivermos êxito em passar para uma economia muito mais eficiente em termos energéticos, os custos de fazer novas reduções nas emissões de GEE sem dúvida aumentarão, provavelmente muito.

Alguns valores de custos que se destacam são as baixas estimativas de florestamento, como essencialmente algo extra ao programa corrente de conservação de reservas, e os altos custos da remoção de GEE por meio da captura e armazenamento de dióxido de carbono. O florestamento não é um método de redução de emissões, mas uma tentativa de aumentar a capacidade de absorção de CO_2 do ecossistema da terra. O florestamento parece uma boa opção para a remoção

TABELA 16.3 Custo-efetividade de meios alternativos de reduzir o CO_2, Estados Unidos, 2030

Meios	Custos por tonelada de CO_2 (US$) equivalentes
Usinas energéticas movidas a carbono, captura e armazenamento de carvão	55
Florestamento de terras dedicadas ao pasto	15
Energia nuclear	10
Eficiência residencial	47
Economia de combustível, caminhões leves	–70
Economia de combustível, carros	–80
Gestão ativa de florestas	20
Edifícios comerciais, aquecimento e energia combinados	–35
Energia eólica produzida em terra	28

Fonte: McKinsey and Company, "Reducing Greenhouse Gas Emissions: How Much at What Cost," December 2007.

de CO_2, mas o outro lado da moeda é que, devido à quantidade relativamente pequena de acres envolvidos, a quantidade total de CO_2 que poderia ser removida por esse meio nos Estados Unidos é relativamente modesta. Observe também os baixos custos (na verdade, negativos) de se obter uma eficiência de combustível ainda maior para carros e caminhões. O potencial de redução custo-efetiva de GEE utilizando esses meios é gigantesco.

Essa lista inclui apenas opções tecnológicas e não inclui as milhares de mudanças comportamentais que reduziriam efetivamente os gases do efeito estufa. Isso inclui dirigir mais lentamente, dirigir distâncias mais curtas, diminuir o consumo de carne, reduzir o uso de aparelhos de ar condicionado, entre outros. Na verdade, é alterando o comportamento dos consumidores e produtores e dos inovadores e adotadores de tecnologia que reduções custo-efetivas dos gases do efeito estufa serão alcançadas. É importante incluir os efeitos dessas mudanças comportamentais, e não apenas os custos das tecnologias, para considerar os custos das políticas.

Abordagens baseadas em incentivos para reduzir as emissões de gases do efeito estufa

Quando há diferenças substanciais entre fontes e tecnologias em termos dos custos de reduzir as emissões de gases do efeito estufa, o uso de políticas baseadas em incentivos pode conseguir mais por menos do que as tradicionais políticas de comando e controle. Nos Estados Unidos e em muitos outros países, portanto, analistas e decisores políticos começaram a analisar de perto os dois principais tipos de abordagens baseadas em incentivos: os planos de *cap-and-trade* e os impostos ou encargos sobre emissões. Os países da União Europeia recentemente instituíram um grande programa internacional de *cap-and-trade* voltado para as emissões de CO_2, que discutimos no Capítulo 14. Nos Estados Unidos, alguns dos estados estão assumindo a liderança no projeto de programas de comércio de créditos de CO_2 e há grandes expectativas de que o programa nacional logo seja aprovado.

A experiência com os programas de *cap-and-trade* existentes, como o programa de redução das emissões do dióxido de enxofre (SO_2), convenceu muitos de que esse tipo de programa deve ser estendido às reduções dos gases do efeito estufa. Outros sugeriram que um imposto do carbono, ou um imposto sobre as emissões de CO_2, seria a melhor abordagem. Várias propostas foram feitas ao Congresso para esse imposto ou cobrança. Seria introduzida uma cobrança de US$ 15 por tonelada de carbono, aplicado ao ponto de produção ou de importação de combustíveis, e essa cobrança seria aumentada com o tempo para refletir o fato de que o problema do aquecimento global ficará pior com o passar do tempo. Há também propostas de que a cobrança sobre o carbono seja combinada com abatimentos no imposto de renda, de modo que o efeito líquido sobre a renda real das pessoas seja mínimo.[7]

Como discutido nos Capítulos 12 e 13, o *cap-and-trade* é um plano baseado em quantidades, em que se estabelece um limite quantitativo sobre as emissões, e

[7] Ver, por exemplo, COGilbert E. Metcalf, "A Proposal for a U.S. Carbon Tax Swap, An Equitable Tax Reform to Address Global Climate Change." The Hamilton Project, Discussion Paper 2007–12, The Brookings Institution, Washington, D.C., October 2007.

preços são determinados em mercados de autorizações de emissões. O uso de impostos de emissões é uma política baseada em preços, na qual se estabelece uma taxa monetária sobre as emissões e a quantidade de emissões é ajustada à medida que os poluidores reagem a essa taxa. Cada plano apresenta suas vantagens, e cada um tem também suas desvantagens, como discutido no Quadro 16.2. No entanto, cada um deles possui claras vantagens em relação às políticas tradicionais de comando e controle.

Esforços internacionais relacionados ao aquecimento global

O efeito estufa, porém, é, na verdade, um problema global, que exige ações combinadas e coordenadas por todos os países do mundo. Não é fácil conseguir a ação conjunta por grupos de países nesses tempos de fortes atitudes nacionalistas. Além disso, os países se encontram em condições marcadamente diferentes em termos de seus estados econômicos e produção industrial emissora de GEE.

QUADRO 16.2 Desempenho comparativo de instrumentos políticos para reduzir as emissões de gases do efeito estufa

Fator	Regulamentação tradicional (principalmente padrões)	Programa de *cap-and-trade*	Imposto do CO_2, ou do carbono
Certeza sobre a quantidade de emissões	Não para alguns tipos de padrões, sim para outros tipos	Sim	Não
Certeza sobre preços ou custos	Não	Não	Sim
Encorajamento de tecnologias novas e mais eficientes de controle das emissões	Na maior parte, não, embora talvez sim para certas tecnologias restritas	Sim	Sim
Levantamento de receitas públicas	Não	Não se autorizações forem distribuídas gratuitamente como tem acontecido tradicionalmente; sim, se elas forem vendidas ou leiloadas	Sim
Prejuízo da competitividade em indústrias	Um pouco	Sim	Sim, a menos que o imposto seja aplicado de maneira abrangente
Viabilidade política	Alta; as pessoas estão acostumadas com essa abordagem	Média; especialmente se as autorizações forem distribuídas gratuitamente	Baixa
São necessárias novas instituições políticas?	Não	Sim	Mínimas

Que fórmula pode ser seguida ao se atribuir responsabilidades individuais? Consideremos as seguintes possibilidades:

- Redução proporcional das emissões.
- Capacidade de pagar: basear as reduções das emissões/pagamentos por transferência nos níveis atuais de renda.
- Princípio do poluidor pagador: basear as reduções das emissões nas contribuições atuais ou passadas para a geração do problema.
- Emissões iguais *per capita:* basear as reduções das emissões no princípio de que todos "têm o direito" ao mesmo nível de uso do meio ambiente global.

A Tabela 16.4 mostra alguns dados relevantes sobre diversos países selecionados e que demonstram a diversidade que existe entre os países do mundo.

Qualquer plano de ação global afetaria esses países de maneira diferente, e implicaria diferentes critérios para distribuir a responsabilidade entre eles. Se estivermos em busca simplesmente do total de emissões, a maior redução viria dos Estados Unidos, seguidos pela China, Índia e França. Se o controle for baseado em emissões *per capita,* as maiores reduções viriam dos Estados Unidos, depois França, China e Índia. Se as reduções fossem baseadas em eficiência energética, as maiores seriam buscadas pela China e Índia, pois, embora suas emissões *per capita* sejam baixas, as rendas são ainda mais baixas, dando-lhes números relativamente altos de emissões por dólar do PIB. Finalmente, se as reduções forem baseadas em percentual do total mundial, a ordem seria Estados Unidos, China, Índia e França.

O Protocolo de Kyoto

O ponto focal das reduções internacionais de emissões de GEE tem sido o **Protocolo de Kyoto**, um acordo negociado sob os auspícios das Nações Unidas em 1997.[8] Ele cobria seis gases do efeito estufa e estabelecia metas de redução das

TABELA 16.4 Dados sobre a emissão de gases do efeito estufa de países selecionados, 2005

	População (1.000)	PIB per capita (US$1.000)	Total de emissões[1]	Emissões *per capita*	Emissões por (US$1.000 PIB)	Emissões % do total
				→ toneladas ←		
EUA	298.213	39,4	6.934	23,2	0,59	15,7
França	65.446	26,5	575	8,7	0,33	1,3
China	1.307.593	5,6	7.225	5,5	0,99	16,4
Índia	1.103.371	3,0	1.876	1,7	0,56	4,3
Mundo	6.464.750	8,6	44.111	6,8	0,79	–

[1] Milhões de toneladas de CO_2 equivalentes.
Fonte: World Resources Institute, CAIT, http://cait.wri/.org.

[8] O Protocolo de Kyoto é um aprofundamento da Convenção-Quadro das Nações Unidas sobre a Mudança do Clima, que foi concluído em 1992.

emissões que os países eram obrigados a ter alcançado entre os anos de 2008 a 2012. As metas foram estabelecidas em termos de emissões antropogênicas agregadas de CO_2 equivalente, expressas como um percentual de emissões de 1990 nos vários países. Os acordos continham comprometimentos de 39 países e um grupo de países, a União Europeia. Eles são primordialmente os países europeus e os antigos países comunistas do leste europeu, juntamente a Estados Unidos, Canadá, Rússia e Japão.

O Protocolo de Kyoto entrou em vigor em 16 de fevereiro de 2005, depois de ser ratificado pelo número mínimo exigido de países. O acordo exigia cortes relativamente grandes nos gases do efeito estufa por países do mundo desenvolvido, mas nenhum pelos países em desenvolvimento, como a Índia e a China. O Quadro 16.3 mostra dados relevantes sobre as emissões de GEE dos países participantes do Protocolo de Kyoto (os chamados países do "Anexo B"). As emissões gerais em 2009 estavam abaixo das metas do Protocolo de Kyoto, mas isso não ocorreu necessariamente devido ao acordo. As maiores reduções foram na Rússia e nos países do leste europeu, o que mais provavelmente é um resultado das contrações econômicas gerais ocorridas nessas regiões. Apesar de alguns países da Europa Ocidental terem lutado para reduzir suas emissões, nem os Estados Unidos nem o Canadá fizeram muito para diminuir a velocidade do aumento em suas emissões.

O acordo incluía **mecanismos de flexibilidade** que presumivelmente ajudariam os países a atender a suas metas de corte com um custo mais baixo de modo geral. As abordagens de flexibilidade incluem as seguintes:

- Comércio internacional de créditos de emissões. Os países do Anexo B poderiam alterar suas responsabilidades de cortes de GEE comprando ou vendendo quantidades de emissões entre si.[9] Assim, um país poderia cortar as emissões mais do que o exigido e vender o excesso para um outro país, que poderia, então, fazer cortes menores.
- Implementação conjunta. Os países do Anexo B poderiam empreender projetos conjuntos (p. ex., projeto de reflorestamento nos Estados Unidos parcialmente financiado por um outro país) e transferir autorizações de emissões com base nos projetos.
- Mecanismo de desenvolvimento limpo. Os países do Anexo B poderiam financiar as reduções das emissões em países que não fossem do Anexo B e obter créditos relativos às suas responsabilidades de corte dos GEE.

As possibilidades de comércio inerentes a esses mecanismos de flexibilidade encorajaram o crescimento de um setor substancialmente privado cujas empresas são especializadas em promover e realizar esse comércio.[10]

O Protocolo de Kyoto foi o primeiro esforço a tratar internacionalmente o controle dos gases do efeito estufa. Poucos esperavam que ele tivesse grande

[9] Os países do Anexo B são aqueles que se comprometeram com algum corte nas emissões dos GEE.

[10] Dê uma busca em "comércio de emissões" para encontrar os nomes e objetivos empresariais de muitas dessas empresas.

QUADRO 16.3 O Protocolo de Kyoto para limitar emissões de gases do efeito estufa

Em uma conferência ocorrida em dezembro de 1997 em Kyoto, Japão, as partes da Convenção-Quadro das Nações Unidas sobre a Mudança do Clima concordaram com um protocolo histórico para reduzir as emissões de gases do efeito estufa na atmosfera terrestre, com o objetivo de prevenir o fenômeno do aquecimento global.

Os principais aspectos do protocolo incluíam metas de redução das emissões para os países industrializados e cronogramas para alcançá-las. Os limites específicos variavam de país para país, como indicado. Para a maioria dos países industrializados, as reduções eram de em torno de 8% (7% para os Estados Unidos).

O quadro dessas metas inclui o seguinte:

- As metas de emissões teriam que ser alcançadas ao longo de um período orçamentário de cinco anos, em vez de em um ano.
- O primeiro período orçamentário foi 2008, para dar mais tempo para as empresas fazerem a transição para tecnologias de maior eficiência energética e/ou menor teor de carbono.
- As metas de emissões incluíam todos os seis principais gases do efeito estufa: dióxido de carbono, metano, óxido nitroso e três substitutos sintéticos de CFCs que destroem a camada de ozônio e que são extremamente potentes e duradouros na atmosfera.
- Atividades que absorvem carbono, como plantar árvores, seriam usadas como neutralizações baseadas nas metas de emissões. "Sumidouros de carbono" também foram incluídos com o interesse de encorajar atividades como o florestamento e o reflorestamento.

	Emissões (milhões de $TnCO_2$ equivalente)		
	Ano-base	Meta de Kyoto	2009
Austrália	423	457	546
Áustria	79	73	80
Bélgica	146	134	124
Bulgária	132	121	59
Canadá	599	563	691
Croácia	31	29	29
República Tcheca	196	180	133
Dinamarca	70	64	62
Estônia	43	40	17
Finlândia	71	65	66
França	567	521	522
Alemanha	1.226	1.128	920
Grécia	109	100	123
Hungria	123	113	67
Islândia	3	3	5
Irlanda	56	52	62
Itália	520	478	491
Japão	1.272	1.196	1.209
Letônia	26	24	11
Liechtenstein	0,2	0,2	0,2
Lituânia	51	47	20
Luxemburgo	13	12	12
Mônaco	0,1	0,1	0,1
Holanda	213	196	199
Nova Zelândia	62	62	71
Noruega	50	51	52
Polônia	564	530	383
Portugal	60	55	75
Romênia	262	241	129
Fed. Russa	2.990	2.990	2.127
Eslováquia	73	67	43
Eslovênia	20	18	19
Espanha	287	264	368
Suécia	72	66	60
Suíça	53	49	52
Ucrânia	925	925	374
Reino Unido	776	714	570
EUA	6.103	5.676	6.608
Total	18.266,3	17.304,3	16.379,3

Fonte: Convenção-Quadro das Nações Unidas sobre a Mudança do Clima, Dados de inventário sobre os gases do efeito estufa (Greenhouse Gas Inventory Data), http://unfccc.int/resource/docs/2011/sbi/eng/09.pdf.

influência sobre o problema global geral. Suas deficiências foram amplamente discutidas:

- Estabeleceu limites quantitativos sobre as emissões de gases do efeito estufa sem considerar um objetivo específico em termos de conteúdo de carbono atmosférico ou de futuros aumentos nas temperaturas globais.
- Não envolveu, de nenhuma forma significativa, a participação dos países do mundo em desenvolvimento, dos quais vários estão se tornando grandes emissores de gases do efeito estufa.
- Prestou atenção insuficiente à implementação e à fiscalização.
- Focalizou-se inteiramente em objetivos de curto prazo, sem consideração suficiente das necessidades da atmosfera global e de sua gestão.

Um novo acordo global sobre o efeito estufa?

Muitas ideias foram apresentadas para um plano internacional que se seguiria depois que o Protocolo de Kyoto prescrevesse.[11] Embora a forma exata de qualquer acordo futuro esteja indefinida, os critérios que devem governar são razoavelmente simples:

1. As metas quantitativas de reduções das emissões de gases do efeito estufa no curto e no longo prazo.
2. Os custos e benefícios de alcançar essas metas, com ênfase específica sobre ter políticas e procedimentos que sejam custo-efetivos.
3. Preocupações quanto à equidade em termos de como o ônus das reduções das emissões deve ser distribuído entre países ricos e pobres.
4. Preocupações quanto à flexibilidade em termos da capacidade de mudar de planos tendo em vista novas informações científicas e de mudar os termos da participação por países dentro e fora do acordo.

A elas, deve-se adicionar todo um conjunto de considerações que lidam com os aspectos políticos e institucionais de um acordo e sua implementação. Há uma larga aceitação, pelo menos entre os economistas, da ideia de que para um tratado sobre gases do efeito estufa ser eficiente e custo-efetivo, ele tem que incorporar técnicas baseadas em incentivos.

Já se sugeriu que seja projetado um sistema de autorizações transferíveis de emissões de gases do efeito estufa no nível internacional. Os países receberiam metas quantitativas, assim como no acordo atual. As fontes de cada país, então, receberiam autorizações transferíveis, que poderiam ser negociadas dentro do próprio país ou com outros países, da mesma forma que o Esquema Europeu de Comércio de Emissões (ECE UE). Além de se esforçar pelo custo-efetividade, um programa desse tipo poderia abordar questões de equidade internacional. Acredita-se, atualmente, que reduzir as emissões de CO_2 custará menos para os

[11] Para uma boa discussão dessas ideias, ver Joseph E. Aldy and Robert N. Stavins (eds.), *Architectures for Agreement, Addressing Global Climate Change in the Post Kyoto World*, Cambridge, UK, Cambridge University Press, 2007.

países em desenvolvimento, em relação à sua riqueza atual, do que para as economias desenvolvidas. Assim, a direção das transferências seria, em geral, de países mais desenvolvidos para países menos desenvolvidos. Além disso, os países em desenvolvimento poderiam receber números proporcionalmente mais altos de autorizações na distribuição inicial. Ao comprar essas autorizações extras, as nações desenvolvidas estariam transferindo quantidades extras de riqueza para os países em desenvolvimento, que eles poderiam usar para passar para o uso de trajetórias de desenvolvimento com baixo uso de carbono.

Se esse tipo de sistema poderia ou não ser criado de modo a incluir todos os principais países emissores de GEE é uma questão para a qual não temos resposta. Uma ideia poderia ser primeiro desenvolver uma série de programas regionais e *cap-and-trade* (CAP), assim como no ETS e no Mercado Regional de Gases do Efeito Estufa do nordeste dos Estados Unidos. Uma vez que esses mercados estejam funcionando facilmente, eles poderiam ser ligados, permitindo o comércio interprogramas.

Há também muitos defensores de um programa internacional de impostos de carbono. Cobrados a montante, nos pontos de produção de combustível, esses impostos filtrariam economias e alterariam os preços de bens e serviços de acordo com sua contribuição para o aquecimento global. Muitos países individuais, especialmente os da Europa, instituíram impostos de carbono nos últimos anos.[12]

Se qualquer esforço internacional pode ou não ser criado de modo a estabelecer um imposto de carbono em nível mundial é algo extremamente problemático. Um imposto alto o suficiente para produzir significativas reduções coordenadas de CO_2 seria especialmente oneroso para os países em desenvolvimento. Seu apoio deveria ser encorajado se os resultados financeiros do imposto pudessem ser compartilhados pelos países de modo a reduzir o impacto geral sobre os países mais pobres. Outra sugestão para aumentar a aceitabilidade política de um imposto de carbono global é iniciar com um nível relativamente baixo, com alguma carência para os países em desenvolvimento (de maneira análoga ao Protocolo de Montreal) e aumentá-lo gradualmente com o passar do tempo.

Em acordos internacionais, surgem questões reais sobre o monitoramento e a fiscalização. O automonitoramento por países individuais provavelmente será a única solução prática para esse problema, porque é improvável que os países permitam voluntariamente a presença de esforços internacionais de monitoramento. As Nações Unidas não possuem o poder executivo para fiscalizar acordos ambientais internacionais. O Tribunal Internacional de Justiça (ICJ) age sobretudo como um lugar para se discutirem disputas, e não possui os mecanismos para fiscalizar normas. Isso deixa o monitoramento nas mãos de uma combinação de pressão moral e qualquer medida unilateral que os estados possam tomar, como sanções comerciais. Fiscalizar um imposto pode ser mais fácil do que fiscalizar um programa de *cap-and-trade*, pois um imposto pode ser implementado, como um imposto de carbono sobre os produtores ou importadores de energia, enquanto que um programa de CAP exige que as quantidades de emissões de todas as fontes, e suas trocas de autorizações, sejam monitoradas e divulgadas.

[12] Ver Jenny Summer, Lori Bird, and Hilary Smith, "Carbon Taxes: A Review of Experience and Policy Design Considerations," National Renewable Energy Laboratory, Technical Report NREL/TP-6A2-47312, December 2009.

Um importante fator que não foi mencionado até agora é os custos para os vários países de não se fazer nada: isto é, simplesmente se adaptar ao aquecimento global. Esses custos provavelmente estabelecerão limites sobre até que ponto cada país específico aceitará voluntariamente as exigências de reduções das emissões de CO_2, já que nenhum país iria querer gastar mais em custos de controle do que o custo de se acomodar às mudanças. Para países mais frios em latitudes mais altas, com relativamente pouca costa crítica, os custos de adaptações podem ser bastante "modestos". Os países na situação oposta terão custos muito altos de se adaptar a temperaturas mais alta e níveis do mar cada vez maiores. Os países também diferem em termos de adaptabilidade agrícola, capacidade de mudar de cultivo, de variedades de cultivos, métodos de cultivo, etc, para manter a produção em face às mudanças climáticas. Então, é provável que os países tenham percepções muito diferentes sobre como eles serão afetados pelo aquecimento global. Os obstáculos a um acordo internacional eficiente sobre a redução das emissões de gases do efeito estufa são muitos, e a necessidade de tratados diplomáticos criativos é enorme.

DIVERSIDADE BIOLÓGICA

Outro problema observado nos últimos anos é a redução mundial da diversidade entre os elementos do sistema biológico. Isso pode ser discutido em vários níveis: diversidade no estoque de material genético, diversidade de espécies ou diversidade entre ecossistemas. A saúde de longo prazo de todo o sistema exige que haja diversidade entre suas partes. A uniformidade biológica produz inflexibilidade e menor capacidade de responder a novas circunstâncias; a diversidade dá a um sistema os meios de se adaptar a mudanças.

A população humana não pode se manter sem cultivar certas espécies de animais e plantas, mas o vigor continuado dessa relação depende, na verdade, do estoque de espécies selvagens. Essa dependência pode se manifestar de diversas maneiras. Em torno de 25% dos **medicamentos de prescrição** das sociedades desenvolvidas são derivados de plantas.[13] As doenças não são estáticas; elas evoluem em resposta aos esforços feitos para erradicá-las. Assim, espécies selvagens de plantas constituem uma fonte vital de matérias-primas para futuros medicamentos. Espécies selvagens também são cruciais para a **agricultura**. Por meio da tradicional criação de animais e cultivo de plantas, e ainda mais por meio de métodos modernos de **biotecnologia**, o material genético e as qualidades que eles acarretam podem ser transferidos de espécies selvagens para espécies cultivadas. Em 1979, uma espécie de milho selvagem resistente a um importante vírus de plantação foi descoberto em um canto remoto do México. Quando transferida para espécies de milho doméstico, essa característica melhorou substancialmente o valor agrícola desse cultivo.

O estoque de espécies em qualquer momento específico é o resultado de dois processos: as mutações aleatórias que criam novas espécies de organismos e as forças que determinam as taxas de extinção entre as espécies existentes. Os cientistas atualmente estimam que o número de espécies existentes esteja entre 5 e 10 bilhões,

[13] Escritório de Avaliação de Tecnologia dos EUA *Technologies to Sustain Tropical Forest Resources and Biological Diversity*, Washington, D.C., May 1992, p. 60.

das quais aproximadamente 14 milhão já foi descrita. Quando uma espécie é extinta, perdemos para sempre qualquer qualidade valiosa que aquele organismo pudesse ter. A taxa de extinção de espécies normal de longo prazo foi estimada em aproximadamente 9 por cento por milhão de anos, ou 0,000009 por cento ao ano.[14] Assim, esse é o ritmo normal com que as informações contidas no estoque de espécies desaparece. Em vários momentos em nosso passado geológico, a taxa de extinção era muito mais alta. Um desses momentos foi o período há milhões de anos durante o qual os dinossauros morreram. Outro desses momentos é hoje. Contudo, enquanto o período anterior foi decorrente de causas naturais, a rápida destruição do estoque de espécies que ocorre hoje deve-se, primordialmente, a ações dos seres humanos.

Algumas espécies entram em extinção porque são **superexploradas**, mas a vasta maioria está sob pressão devido à **destruição de seu hábitat**. Isso ocorre primordialmente devido a pressões comerciais para explorar outras características da terra: derrubar árvores para a obtenção de lenha ou madeira, converter a terra para usos agrícolas, desbravar terrenos para expansão urbana e assim por diante. Esse tem sido um problema específico em muitos países do terceiro mundo, que contêm uma parcela desproporcionalmente grande das espécies selvagens do mundo, mas que também estão sob grande pressão para promover o desenvolvimento econômico.

As informações contidas no estoque global de capital genético foi consistentemente **subvalorizada**. Isso ocorreu, em parte, porque não sabemos o que existe ou que partes desse estoque podem acabar sendo importantes no futuro. Também porque, quase que por definição, é impossível saber o valor dos genes em uma espécie que se extinguiu; não podemos sentir falta de algo que nunca percebemos que tínhamos. No entanto, primordialmente, a subvalorização do estoque de germoplasma selvagem é uma função das **instituições** que governam a gestão de espécies selvagens. Enquanto os valores de mercado de produtos convencionais garantem que sua produção seja realizada com vigor, normalmente não há valores comparáveis para as informações contidas no *pool* de genes selvagens.

Nos Estados Unidos, a Lei de Espécies em Perigo de Extinção dos EUA (ESA) de 1973 foi aprovada para preservar espécies individuais. Quando uma espécie é listada como "em perigo" ou "ameaçada," podem-se tomar medidas visando à sua preservação. Isso inclui a proibição de "acertar" (matar ou ferir) qualquer indivíduo dessa espécie e uma exigência de que ações autorizadas ou financiadas por qualquer agência federal não coloquem em perigo a continuação da existência da espécie. Esse **tipo de abordagem da ESA** também é adotado em diversas leis federais dos EUA (p.ex., a Lei de Proteção à Águia Americana, de 1940, a Lei de Proteção aos Mamíferos Aquáticos, de 1972, e a Lei de Conservação e Valorização do Salmão e da Truta Americana, de 1980.) Cada estado também possui as próprias leis de proteção a espécies ameaçadas. Embora essas leis tenham tido algum êxito na preservação de espécies individuais, elas são relativamente ineficazes em preservar a diversidade, que não é questão de uma única espécie, mas de uma relação entre um grande número de espécies.

A manutenção efetiva da biodiversidade depende da **manutenção dos hábitats** em quantidades grandes o suficiente para que as espécies consigam preser-

[14] Edward O. Wilson (ed.), *Biodiversity*, National Academy Press, Washington, D.C., 1986.

var a si mesmas em complexos equilíbrios biológicos. Isso envolve primeiramente identificar hábitats valiosos e, então, protegê-los das pressões do desenvolvimento que são incompatíveis com a preservação das espécies residentes. Nos Estados Unidos, uma grande rede de reservas de terras foi preservada no domínio público, parques nacionais, zonas de natureza selvagem, refúgios da vida selvagem, entre outros. A questão, porém, é que as principais áreas de abundância e diversidade genética e de espécies do mundo se encontram nos países em desenvolvimento na América Central e do Sul, África e sudeste asiático.[15]

Foram feitos esforços em alguns desses países, às vezes vigorosamente e às vezes não, para proteger áreas de alto valor biológico, colocando-as em algum tipo de ***status* de proteção** – santuários, reservas, parques e assim por diante. Porém, a situação é normalmente muito mais complicada pelas pressões de altas densidades populacionais. As pessoas que estão lutando para obter recursos suficientes para alcançar certo grau de segurança econômica podem sentir que a diversidade biológica não é particularmente relevante. Reservas de terras para a preservação de espécies são, essencialmente, uma abordagem de zoneamento e sofrem a mesma falha fundamental que essa política: não redefinem os **incentivos subjacentes** que estão levando a pressões populacionais sobre os hábitats.

Uma sugestão para mudar isso é criar um **sistema de direitos de propriedade** mais complexo sobre os recursos genéticos. No presente momento, os direitos de propriedade são reconhecidos para animais reprodutores especiais, organismos criados por engenharia genética e medicamentos recém-desenvolvidos. Isso fornece um forte incentivo para a pesquisa sobre novas drogas e o desenvolvimento de cultivos aperfeiçoados. No entanto, esse incentivo não se estende à proteção do germoplasma selvagem, especialmente nos países em desenvolvimento. Assim, a sugestão é esclarecer os direitos de propriedade sobre espécies selvagens e deixar que os próprios países exerçam esses direitos de propriedade nos mercados mundiais de informações genéticas. Ao permitir que eles vendam os direitos de parte do estoque genético, os países teriam uma maneira de realizar os valores inerentes a esses estoques e, portanto, seriam motivados a dedicar mais esforços e recursos à sua proteção. Os países também teriam incentivos mais fortes para inventariar e descrever espécies que ainda são desconhecidas.

Na verdade, os eventos podem já estar indo nessa direção. Recentemente foi assinado um contrato entre a Merck and Company, uma empresa farmacêutica norte-americana, e o Instituto Nacional de Biodiversidad da Costa Rica. O contrato exige um pagamento à vista de US$ 1 milhão, mais *royalties* sobre descobertas de valor comercial, enquanto a agência costa-riquenha tomará medidas para catalogar e preservar recursos biológicos nesse país. O Instituto Americano do Câncer negociou contratos com Zimbábue, Madagascar e Filipinas para ter acesso a recursos genéticos nesses países. Uma empresa britânica chamada Biotics está funcionando como corretora entre possíveis fornecedores e compradores de recursos genéticos.[16]

---

[15] Os países especialmente reconhecidos por sua diversidade biológica são México, Colômbia, Brasil, Zaire, Madagascar e Indonésia.

[16] R. David Simpson and Roger A. Sedjo, "Contracts for Transferring Rights to Indigenous Genetic Resources," *Resources*, 109, Fall 1992, Resources for the Future, Washington, D.C., pp. 1–5.

Especialmente importante é como esse tipo de abordagem faria uma filtragem para afetar indivíduos que realmente estejam usando a terra. É altamente duvidoso que quantidades substanciais de terra possam ser colocadas fora dos limites de qualquer tipo de desenvolvimento se a **pressão populacional** continuar alta. Então, precisamos direcionar a atenção também para o desenvolvimento de modos de agricultura comercial que sejam compatíveis com a preservação genética e de espécies. A produção baseada na retenção do hábitat natural exige duas coisas: que os cultivadores tenham direitos de propriedade garantidos e que haja fortes mercados para os tipos de "cultivos" produzidos nesse tipo de sistema.

Resumo

Nos últimos anos, testemunhamos o surgimento de verdadeiros problemas ambientais globais, especialmente aqueles que lidam com a destruição da atmosfera global. Nesses casos, é como se todas as nações do mundo fossem proprietários que vivem ao redor de um pequeno lago, e cada um deles dependesse do lago para obter seu abastecimento de água, mas também, cada um deles usasse o lago para descartar resíduos.

A destruição da camada de ozônio que protege a Terra resultou do amplo uso de clorofluorocarbonos como refrigeradores, solventes e outros usos. O que já foi considerado produtos químicos milagrosos hoje se tornou uma ameaça à vida. O aumento da radiação ultravioleta que o uso dos CFCs produz na superfície da Terra aumentará os casos de câncer de pele e de catarata ocular e terá um impacto substancial sobre a produção agrícola. Nos últimos anos, as empresas químicas tiveram êxito com o desenvolvimento de susbtitutos para os CFCs. Isso facilitou muito a assinatura do Protocolo de Montreal, um acordo internacional entre a maioria das nações do mundo que levará a uma eliminação gradual da produção e consumo de CFCs nas próximas décadas.

Com o efeito estufa global será mais difícil de lidar. Queimar combustíveis fósseis aumenta o conteúdo de CO_2 da atmosfera, afetando o equilíbrio de radiação da Terra e levando a um aumento nas temperaturas médias globais. Esperam-se impactos substanciais sobre os padrões climáticos ao redor do mundo e acredita-se que esses impactos venham a perturbar as operações agrícolas significativamente. Uma elevação no nível do mar terá profundos impactos sobre as comunidades costeiras. Um ataque substancial sobre o fenômeno exige cortes no uso de combustíveis fósseis, mas praticamente todos os países dependem mais ou menos dos combustíveis fósseis para impulsionar suas economias. Assim, temos que enfatizar políticas custo-efetivas para melhorar a eficiência energética e passar a usar combustíveis que emitam menos CO_2. O Protocolo de Kyoto é o primeiro passo em direção a esforços internacionais eficientes para reduzir as emissões globais de CO_2.

A destruição da diversidade biológica é um problema global mais sutil, mas que pode ser igualmente oneroso no longo prazo. Lidar com esse problema exigirá maiores esforços para preservar hábitats e desenvolver uma agricultura que seja compatível com a preservação de espécies. Ações eficientes significam que algo seja feito a respeito dos incentivos que atualmente levam as espécies à destruição.

▶ Perguntas para discussão

1. Muitos países estão adotando uma estratégia de "esperar para ver" em relação às emissões de CO_2 e ao aquecimento da atmosfera. Como seria uma estratégia racional de "esperar para ver"?
2. Quando os CFCs foram introduzidos, há 50 anos, seus benefícios eram óbvios e ninguém avaliou os impactos de longo prazo que eles poderiam ter. Como podemos nos resguardar de efeitos imprevistos de longo prazo como esse?
3. Na ausência de um acordo mundial para reduzir as emissões de CO_2 por meio de um imposto do carbono, quão eficiente seria se apenas um país ou um pequeno número de países instituísse um imposto unilateralmente?
4. Em vez de cobrar um imposto sobre combustíveis ou sobre o conteúdo de carbono nos combustíveis, podem ser cobrados impostos de itens que usem combustíveis, como carros de elevado consumo de gasolina, eletrodomésticos menos eficientes ou casas com baixo isolamento. Que tipo de imposto seria mais eficiente?
5. Prevê-se que o aquecimento global vá afetar os países de maneiras diferentes, o que é um dos motivos pelos quais é difícil fazer todos os países assinarem um tratado global de redução das emissões de CO_2. Você acha que será mais fácil conseguir assinaturas depois que os resultados começarem a aparecer em diferentes países?
6. Em quantas fórmulas diferentes você pode pensar para alocar uma redução no CO_2 global entre as nações do mundo? Compare e contraste essas fórmulas em termos de eficiência e equidade.

Para leituras adicionais e *sites* relacionados com o material deste capítulo, veja www.grupoa.com.br.

CAPÍTULO 17

Acordos ambientais internacionais

No capítulo anterior, discutimos várias questões ambientais globais. Em relação a uma delas – a destruição do ozônio estratosférico –, as nações do mundo assinaram um acordo internacional para reduzir as emissões dos principais produtos químicos que causam o problema. O Protocolo de Kyoto da Convenção-Quadro das Nações Unidas sobre a Mudança do Clima, negociado em 1997, aborda algumas questões relacionadas ao aquecimento global. À medida que os países continuam a crescer, mais e mais problemas ambientais se espalham para além das fronteiras nacionais – não somente casos globais, mas também um crescente número de externalidades ambientais infligidas sobre a população de um país e provocadas por outro. Então, embora as políticas ambientais continuem a se desenvolver dentro dos países, haverá uma crescente necessidade de desenvolver ataques **multinacionais** aos problemas ambientais.[1] Neste capítulo final, portanto, veremos algumas das questões econômicas envolvidas na formulação de **acordos ambientais internacionais.**[2]

A política ambiental internacional possui um caráter diferente das políticas nacionais. O principal refere-se aos mecanismos de fiscalização que, no âmbito internacional, são muito mais fracos do que no nacional. Dentro de qualquer país, autoridades reguladoras podem ser convocadas para fiscalizar qualquer lei que tenha sido aprovada, embora isso não implique, de forma alguma, que todas as leis ambientais serão adequadamente cumpridas. Contudo, no âmbito internacional não existem autoridades de fiscalização. Assim, a política ambiental consiste essencialmente em acordos internacionais entre estados soberanos, nos quais cada país se compromete a seguir cursos de ação específicos no que diz respeito à redução das emissões ou a outras medidas de proteção ambiental. A fiscalização, então, é realizada ou por meios voluntários, como a persuasão moral, ou por retaliação ou qualquer forma de pressão que um país ou grupo de países possa exercer sobre países recalcitrantes. Às vezes, os acordos ambientais são incorporados

[1] O escopo internacional de muitos problemas ambientais foi primeiramente ressaltado pela Conferência das Nações Unidas sobre o Meio Ambiente Humano de 1972 (a "Conferência de Estocolmo" ou a primeira reunião de "Cúpula da Terra"), que levou ao Programa das Nações Unidas para o Meio Ambiente (em inglês: *United Nations Environment Program*, UNEP) e as "Cúpulas da Terra" do Rio de Janeiro, em 1992, e Joanesburgo, em 2002.

[2] Este capítulo baseia-se fortemente em Scott Barrett, *Environment and Statecraft: The Strategy of Environmental Treaty-Making*, Oxford University Press, Oxford, U.K., 2003. Ver também o livro do mesmo autor *Why Cooperate? The Incentive to Supply Global Public Goods*, Oxford University Press, Oxford, U.K., 2007.

a acordos comerciais internacionais, de modo que o relaxamento das restrições sobre o comércio de bens e serviços passa a estar ligado às regulamentações ambientais. Por exemplo, as regulamentações pertinentes a emissões de veículos utilizados para o transporte que cruza as fronteiras do México, dos Estados Unidos e Canadá fazem parte do Tratado Norte-Americano de Livre Comércio (NAFTA). As restrições comerciais também fazem parte do Protocolo de Montreal para a redução de substâncias que destroem a camada de ozônio.

Neste capítulo, vamos rever algumas das principais características dos acordos ambientais internacionais, focando especialmente as situações de incentivo enfrentadas pelos países que estão considerando um acordo. A discussão começa com uma breve seção descritiva que mostra a grande variedade de acordos ambientais internacionais concluídos até hoje. Passa-se, então, a casos que envolvem apenas dois países, seguidos pelo caso de acordo entre múltiplos países. O capítulo termina com uma discussão sobre uma questão que se tornará cada vez mais importante à medida que as economias nacionais continuarem a crescer: as implicações do **comércio internacional** sobre a qualidade ambiental.

QUESTÕES GERAIS

A história dos acordos internacionais sobre questões de recursos naturais data de muitos séculos atrás, da época em que os países tentavam entrar em acordo quanto às regras de navegação na travessia de passagens marítimas. No século XX, tratados internacionais proliferaram em decorrência da lista em rápida expansão de problemas ambientais envolvendo diversos países. A Tabela 17.1 mostra uma lista parcial de **acordos multilaterais** relativos a recursos naturais e ambientais. O número de países envolvido varia de 3 a 161.

Foram concluídos inúmeros tratados sobre poluição marinha, começando com acordos sobre a poluição por petróleo e, depois, estendendo-se a medidas mais gerais de controle da poluição. Embora esteja em evidência a questão da proteção dos recursos de diversidade biológica, os primeiros tratados internacionais sobre flora e fauna foram, na verdade, feitos há décadas. Atualmente, há muitos desses tratados, incluindo a importante convenção sobre o comércio internacional de espécies ameaçadas de extinção, de 1973.[3]

Um acordo internacional padrão contém provisões especificando as ações a serem empreendidas por cada país signatário, além de inúmeras questões institucionais e logísticas, como que tipo de agência governamental será estabelecido, como seu trabalho será financiado, quais informações serão compartilhadas e assim por diante.

Muitos dos tratados multilaterais têm, na verdade, um escopo regional. Isso inclui, por exemplo, os tratados relativos ao controle da poluição da água e do ar entre os países da Europa. As Nações Unidas já patrocinaram vários acordos

[3] Um tratado é um acordo em que todos os detalhes foram presumivelmente definidos e expressos no documento com o qual concordam os países signatários. Uma convenção é um acordo em que as partes concordam com uma estrutura geral que se espera ser complementada no futuro por um ou mais protocolos que definam os detalhes.

TABELA 17.1 Acordos ambientais internacionais selecionados

Nome do acordo	Data de adoção	Data de entrada em vigor	Número de signatários
Poluição marinha			
Convenção Internacional para a Prevenção da Poluição do Mar por Petróleo (emendada em 11/4/62 e 10/21/69)	1954	1958	69
Acordo para a Cooperação no Tratamento da Poluição do Mar do Norte por Petróleo	1969	1969	8
Convenção Internacional sobre Responsabilidade Civil por Danos causados pela Poluição por Petróleo (emendada)	1969	1975	64
Convenção Internacional Relativa à Intervenção em Alto-Mar em Casos de Acidentes de Poluição por Óleo	1969	1975	75
Convenção sobre a Prevenção da Poluição Marinha por Alijamento de Resíduos e Outras Matérias ("Convenção de Londres")	1972	1975	82
Convenção Internacional para a Prevenção da Poluição Causada por Navios, 1973	1973	1983	113
Convenção sobre a Prevenção da Poluição Marinha Causada por Fontes Terrestres	1974	1978	13
Convenção para a Proteção do Mar Mediterrâneo Contra a Poluição	1976	1978	21
Rios internacionais			
Protocolo Relativo à Constituição de uma Comissão Internacional para a Proteção do Mosela Contra a Poluição	1961	1962	3
Acordo Relativo à Comissão Internacional para a Proteção do Reno Contra a Poluição	1963	1965	6
Convenção sobre a Proteção do Reno Contra a Poluição Química	1976	1979	6
Convenção Criadora da Autoridade da Bacia da Nigéria e Protocolo Relativo ao Fundo de Desenvolvimento da Bacia da Nigéria	1980	1982	9
Flora e fauna			
Tratado Europeu sobre a Proteção de Aves Úteis à Agricultura	1902	1905	10
Convenção Relativa à Preservação da Fauna e Flora em seu Estado Natural	1933	1936	10
Convenção de Proteção da Natureza e Preservação da Vida Selvagem no Hemisfério Ocidental	1940	1942	22
Convenção Internacional para a Regulamentação da Pesca da Baleia (emendada)	1946	1948	40
Convenção Internacional para a Proteção dos Pássaros	1950	1963	15
Convenção Internacional de Proteção das Plantas	1951	1952	111
Convenção Internacional sobre Pesca em Alto-Mar do Oceano Pacífico Norte (emendada)	1952	1953	3
Convenção sobre Pesca e Conservação dos Recursos Vivos em Alto-Mar	1958	1966	57

(Continua)

TABELA 17.1 Acordos ambientais internacionais selecionados (*continuação*)

Nome do acordo	Data de adoção	Data de entrada em vigor	Número de signatários
Flora e fauna			
Convenção Internacional para a Proteção de Novas Variedades de Plantas (emendada)	1961	1968	46
Convenção sobre o Gafanhoto Migratório Africano	1962	1963	16
Convenção Africana sobre a Conservação da Natureza e dos Recursos Naturais	1968	1969	43
Convenção Europeia para a Proteção de Animais Durante o Transporte Internacional	1968	1971	20
Convenção do Benelux sobre a Caça e a Proteção das Aves (emendada)	1970	1972	3
Convenção sobre Zonas Úmidas de Importância Internacional Especialmente Enquanto Hábitat de Aves Aquáticas	1971	1975	124
Convenção para a Conservação das Focas Antárticas	1972	1978	12
Convenção sobre o Comércio Internacional de Espécies da Fauna e da Flora Selvagens Ameaçadas de Extinção	1973	1975	155
Acordo para Conservação de Ursos Polares	1973	1976	5
Convenção sobre a Conservação da Natureza no Pacífico Sul	1976	1990	6
Convenção sobre Espécies Migratórias	1979	1983	75
Convenção sobre Diversidade Biológica	1992	1993	178
Nuclear			
Convenção sobre Responsabilidade Civil contra Terceiros no Campo da Energia Nuclear (emendada)	1960	1968	16
Convenção de Viena sobre Responsabilidade Civil por Danos Nucleares	1963	1977	35
Tratado Banindo Testes de Armas Nucleares na Atmosfera, no Espaço Sideral e Sob a Água	1963	1963	117
Tratado sobre a Proibição da Colocação de Armas Nucleares e Outras Armas de Destruição em Massa no Leito do Mar e no Fundo do Oceano e em seu Subsolo	1971	1972	79
Convenção sobre a Pronta Notificação de Acidente Nuclear	1986	1986	97
Poluição do ar			
Convenção sobre a Poluição Atmosférica Transfronteiriça a Longa Distância	1979	1983	49
Protocolo da Convenção sobre a Poluição Atmosférica Transfronteiriça a Longa Distância de 1979 sobre o Financiamento de Longo Prazo do Programa de Cooperação para o Monitoramento e Avaliação do Transporte a Longa Distância de Poluentes Atmosféricos na Europa (EMEP)	1984	1988	38
Protocolo da Convenção sobre a Poluição Atmosférica Transfronteiriça a Longa Distância de 1979 sobre a Redução das Emissões de Enxofre ou seus Fluxos Transfronteiriços em Pelo Menos 30 Por Cento	1985	1987	22

TABELA 17.1 Acordos ambientais internacionais selecionados (*continuação*)

Nome do acordo	Data de adoção	Data de entrada em vigor	Número de signatários
Poluição do ar			
Protocolo da Convenção sobre a Poluição Atmosférica Transfronteiriça a Longa Distância de 1979 Referente ao Controle de Emissões de Óxidos de Nitrogênio ou seus Fluxos Transfronteiriços	1988	1991	29
Convenção de Viena para a Proteção da Camada de Ozônio	1985	1988	176
Protocolo de Montreal sobre Substâncias que Destroem a Camada de Ozônio	1987	1989	175
Protocolo de Kyoto da Convenção-Quadro das Nações Unidas Sobre a Mudança do Clima	1999	2005	140
ASEAN Acordo Transfronteiriço de Poluição por Fumaça	2002	2003	8
Miscelânea			
O Tratado da Antártida	1959	1961	44
Convenção Europeia para a Proteção do Patrimônio Arqueológico	1969	1970	25
Convenção Ramsar sobre Zonas Úmidas	1971	1975	124
Convenção sobre a Proibição do Desenvolvimento, Produção e Estocagem e Uso de Armas Bacteriológicas (Biológicas) e à Base de Toxinas e Sua Destruição	1972	1975	145
Convenção para a Proteção do Patrimônio Mundial, Cultural e Natural	1972	1975	98
Tratado de Cooperação Amazônica	1978	1980	8
Convenção para a Conservação dos Recursos Vivos Marinhos Antárticos	1980	1982	21
Convenção para a Segurança e Saúde dos Trabalhadores e o Ambiente de Trabalho	1981	1983	34
Convenção das Nações Unidas sobre o Direito do Mar	1982	–	161
Convenção para a Regulação das Atividades sobre Recursos Minerais Antárticos	1988	–	17
Convenção da Basileia sobre o Controle de Movimentos Transfronteiriços de Resíduos Perigosos e sua Disposição	1989	1992	142
Convenção de Estocolmo sobre Poluentes Orgânicos Persistentes	2001	2004	176

Fonte: Scott Barrett, *Environment and Statecraft: The Strategy of Environmental Treaty Making*, Oxford University Press, Oxford, U.K., 2003, pp. 165–194; International Environmental Agreements, Database Project, http://www.iea.voregon.edu.

regionais envolvendo países banhados por determinados mares (Mar Mediterrâneo, Mar Vermelho, sudeste do Oceano Pacífico, águas da costa oeste da África, Mar do Caribe, etc.). Além dos tratados multilaterais, há centenas de tratados bilaterais que abordam os problemas ambientais de apenas dois países. Os Estados Unidos e o Canadá fecharam diversos acordos bilaterais, incluindo questões sobre chuva ácida e a gestão dos Grandes Lagos. Os Estados Unidos e o México também fecharam vários acordos ambientais referentes a transporte de resíduos perigosos, uso dos Rios Colorado e Grande, entre outros assuntos.

A ECONOMIA DOS ACORDOS INTERNACIONAIS

Quando acordos internacionais estão sendo negociados, normalmente o foco está nas questões políticas. Isso é natural, uma vez que o que está em andamento são complexas negociações entre estados soberanos. No entanto, por trás das interações políticas – a soberania nacional, a assertividade política, a diplomacia criativa, entre outros – há tantos fatores econômicos fundamentais que os custos e benefícios percebidos que recaem sobre os diferentes participantes e os incentivos que eles têm para entrar em acordos ambientais são fortemente afetados. Nas próximas seções, discutiremos algumas dessas questões.

Acordos bilaterais

Primeiramente, considere o caso de apenas dois países – denominados País A e País B. B se encontra a sotavento de A, então, as emissões de dióxido de enxofre (SO_2) de A contribuem para a chuva ácida de A e B. Em B, as emissões de SO_2 contribuem para a chuva ácida apenas no próprio país; devido aos padrões eólicos prevalecentes, não há externalidade recíproca quanto à chuva ácida infligida por B sobre A. A Figura 17.1 ilustra essa situação e mostra os custos marginais de abatimento em A (CMA_A) e as funções de danos marginais associadas às emissões desse país. Os danos marginais que surgem no próprio A são mostrados como DM_A; DM_T são os danos marginais agregados tanto de A quanto de B. Então, os danos marginais em B causados pelas emissões de A são (DM_T – DM_A). Se A estivesse gerenciando suas emissões sem levar em consideração as externalidades produzidas em B, A consideraria o ponto e_1 como o nível eficiente de emissões.

Porém, para que as emissões em A sejam internacionalmente eficientes, é necessário considerar os efeitos sobre B. O nível de emissões "**globalmente efi-**

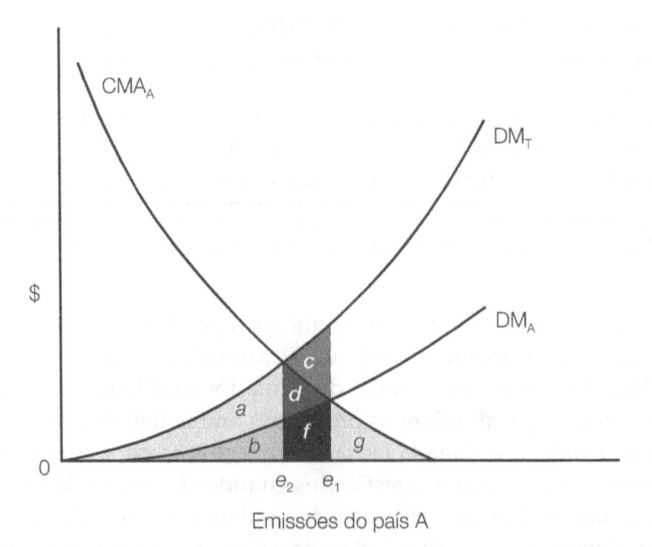

FIGURA 17.1 Poluição transfronteiriça bilateral e a economia de se chegar a um acordo.

ciente" é e_2. O custo de atingimento adicional em A para atingir essa redução a mais nas emissões é uma quantia igual à área $(d + f)$. Mas isso é mais do que neutralizado por uma redução nos danos que totaliza $(c + d + f)$, onde f representa a redução nos danos em A, enquanto que $(d + c)$ é a redução nos danos em B.

Vimos, no Capítulo 10, que as negociações entre poluidores e aqueles que sofrem os danos podem resultar em níveis de emissões eficientes, dado que os direitos de propriedade estejam claramente definidos e que os custos de transações sejam mínimos. No nível internacional, negociações diretas entre as partes privadas envolvidas são essencialmente eliminadas, pois sob o Direito Internacional, os cidadãos privados de um país não têm o direito de processar cidadãos privados de outro país. Em vez disso, as negociações têm que ser realizadas entre as autoridades políticas dos dois países. É aí que a diplomacia entra em cena pois, no exemplo dado, a redução nas emissões em A de e_1 para e_2 envolve benefícios líquidos negativos nesse país – custos adicionais de $(d + f)$ e reduções nos danos de apenas f. Então, na realidade, as autoridades estariam pedindo às pessoas do País A para fazer um sacrifício em benefício das pessoas de outro país. Isso acontece o tempo todo dentro do país. Contudo, entre diferentes países, as instituições políticas são mais fracas e dependem essencialmente de habilidades diplomáticas e de sanções internacionais que possam ser realizados por meios morais, econômicos ou políticos.

De acordo com precedentes no direito Internacional, casos como esse são supostamente cobertos pelo **Princípio do Poluidor Pagador** (PPP). O caso da Trail Smelter, de 1935, é uma importante fonte desse precedente. A Trail Smelter era uma refinaria de metal na Colúmbia Britânica, Canadá, cujos descartes de SO_2 prejudicavam os cultivos de fazendas do outro lado da fronteira, nos Estados Unidos. A decisão do tribunal a favor dos fazendeiros declarava que sob os princípios do Direito Internacional, "nenhum Estado tem o direito de usar ou permitir o uso de seu território de tal maneira que cause danos por gases ao território de outro."[4] Essa declaração estava embutida na Declaração da Conferência da ONU para o Meio Ambiente Humano, de 1972 (a primeira "Cúpula da Terra"), que cobria todos os tipos de poluição transfronteiriças. A maioria dos acordos internacionais procura incorporar o princípio do poluidor pagador.

No entanto, como os acordos internacionais são voluntários, pode-se supor que os países individuais nunca assinariam acordo algum que os prejudicasse. Em outras palavras, todos os prováveis signatários têm que considerar que o acordo os deixa pelo menos na mesma situação em que estariam na sua ausência. Em nosso exemplo, isso significa que os dois países podem ter que passar parcialmente a um **Princípio da Vítima Pagadora** (PVP). A perda líquida para A por passar de e_1 para e_2 teria que ser compensada pelo País B. O País A tem custos adicionais de abatimento de $(d + f)$ ao passar de e_1 para e_2, mas também recebe benefícios extras (redução nos danos) iguais a f, então seus custos extras são iguais a d. Como a redução nos danos de B totaliza $(c + d)$, ele poderia compensar A por esses custos e ainda sair ganhando em um valor igual a c.

---

[4] Citado em William A. Nitze, "Acid-Rain: A United States Perspective," in Daniel Barstow Magraw (ed.), *International Law and Pollution*, University of Pennsylvania Press, Philadelphia, 1991, p. 346.

Não é politicamente fácil para os países fazer pagamentos desse tipo (às vezes chamados de **pagamentos paralelos**) como parte de um acordo ambiental. Entretanto, às vezes eles ocorrem. Por exemplo, a convenção para controlar a poluição por cloro no Rio Reno envolvia pagamentos de países a jusante a fontes em países a montante. Inúmeros tratados para alocar direitos sobre águas envolvem pagamentos diretos.

Em vez de pagamentos diretos, os países podem ser capazes de acordar pagamentos paralelos adaptando seus acordos comerciais normais. Os países que estão tentando chegar a acordos ambientais normalmente estão envolvidos em interações comerciais normais. Assim, podem ser acordados pagamentos paralelos por meio da alteração de algumas dessas interações comerciais. Hilary Sigman mostrou que quanto maior a interação entre os países em termos comerciais, menores os níveis de poluição em rios por ambos compartilhados.[5] Isso presumivelmente acontece porque os países que têm muito comércio mútuo têm mais influência um sobre o outro para fechar acordos ambientais formais ou informais.[6]

Acordos multilaterais

Considere agora uma situação em que vários países contribuam para um problema ambiental que afete a todos eles; por exemplo, poluição por chuva ácida devido a emissões de SO_2, poluição de um mar da região por países por ele banhado, destruição do ozônio estratosférico provocada por emissões de clorofluorocarbonos (CFCs) e o efeito estufa decorrente das emissões de CO_2. Nesses casos, os danos sofridos por cada país estão relacionados ao nível total de emissões presentes e provavelmente passadas de todos os países. De um ponto de vista econômico, há questões tanto de **eficiência** quanto de **equidade** nesses tipos de acordos internacionais. Há a questão fundamental de eficiência de equilibrar os custos e benefícios gerais. Para a maioria dos acordos internacionais, especialmente aqueles que são verdadeiramente globais, há enormes dificuldades em se estimar os benefícios globais totais com certo nível de precisão. Os impactos são gigantescos e há ainda os problemas extraordinariamente difíceis de tentar comparar os benefícios em diferentes países que se encontram em circunstâncias econômicas muito diferentes. Então, do lado do benefício, normalmente nos contentamos com uma enumeração dos impactos físicos de várias mudanças ambientais e alguma noção de como esses impactos podem ser distribuídos entre os países. Isso significa que, provavelmente, será dada maior ênfase aos custos de abatimento e sua distribuição.

Há dois grandes problemas relacionados ao custo: (1) quais métodos adotar em vários países para alcançar o desempenho exigido pelos acordos e (2) como distribuir os custos gerais entre os países participantes. É claro que essas duas questões estão relacionadas, porque medidas custo-efetivas empreendidas por

[5] Hilary Sigman, "Does Trade Promote Environmental Coordination? Pollution in International Rivers," *Contributions in Economic Analysis and Policy*, Vol. 3, Issue 2, Article 2, 2004.

[6] Além disso, o estudo inicial de John Krutilla sobre o Tratado do Rio Colúmbia entre os Estados Unidos e Canadá mostra que a distribuição dos custos no tratado estavam primordialmente relacionadas ao desejo dos Estados Unidos de estimular o desenvolvimento econômico no Canadá. Ver John V. Krutilla, *The Columbia River Treaty: A Study of the Economics of International River Basin Development*, Johns Hopkins Press, Baltimore, MD, 1968.

países signatários podem reduzir substancialmente os custos gerais do programa que têm que ser compartilhados. A importância da distribuição de custos surge porque esses acordos de controle das emissões globais fornecem **bens públicos globais**. Os benefícios obtidos por qualquer país específico decorrentes, digamos, de um corte de 20% no CO_2 serão os mesmos independentemente de onde e quem o tenha reduzido.[7] Assim, cada país tem algum incentivo para fazer outros países arcarem com o máximo dos custos de abatimento totais globais que puderem. As dificuldades de incentivo são muito similares àquelas discutidas quando introduzimos o conceito de **bens públicos** no Capítulo 4. Elas podem ser ilustradas com um simples exemplo numérico.

Suponha que um país (denominado País A) esteja tentando decidir se deve ou não investir US$ 10 bilhões na redução das emissões de CO_2. Essas emissões contribuem para o aumento global na temperatura. Suponha que a ação proposta seja parte de um esforço multilateral por todo o mundo para que cada país reduza as suas emissões. Há três situações interessantes que podem ocorrer. A tabela a seguir mostra os custos e benefícios para o País A em cada um desses casos:

Situação	Custos	Benefícios	Benefícios líquidos
1. Todos os países concordam em reduzir as emissões.	10	20	10
2. Não se chega a um acordo.	0	–5	–5
3. Todos os países concordam em reduzir as emissões, exceto o País A.	0	19	19

Se todos os países seguirem o acordo, o País A dedicará US$ 10 bilhões a custos de controle e obterá, então, por exemplo, US$ 20 bilhões em benefícios. Os benefícios líquidos para o País A, nesse caso, são de US$ 10 bilhões.

Se não houver acordo, no entanto, o País A não terá custos de controle, mas agora ele obtém benefícios negativos, na forma de custos ambientais, de US$ 5 bilhões. Seus benefícios líquidos nesse caso serão, portanto, de US$ 5 bilhões. Pareceria racional para o País A fazer parte do acordo global.

E há uma terceira situação possível. O País A pode tentar tirar proveito de um acordo aderido por todos os outros países, ficando de fora do acordo e tendo, assim, custo de controle zero. Seus benefícios, então, pareceriam ser de US$ 19 bilhões (um bilhão a menos do que se ele entrasse no acordo, pois não estaria cortando suas próprias emissões), então, seus benefícios líquidos seriam de US$ 19 bilhões. Ele pode sair ganhando com um acordo, mas pode ganhar ainda mais ficando fora do acordo fechado pelos outros países. Nesse caso, ele estaria praticando **caronismo** nos esforços de controle dos outros.

O problema é que se um país perceber que poderia melhorar suas circunstâncias tentando praticar o caronismo, outros países podem ter a mesma percepção e, nesse caso, não haveria acordo.

[7] Isso não significa que os benefícios serão os mesmos para todos os países – sabemos que isso não é verdade devido à forma como o sistema meteorológico global funciona –, apenas que os efeitos sobre qualquer país específico é invariante em relação à fonte da redução.

A DISTRIBUIÇÃO DE CUSTOS

Os custos de controle de um país podem ser afetados de três maneiras:

1. Na forma de redução de suas próprias emissões, por exemplo, com rígidas medidas de comando e controle ou com o aumento do uso de políticas baseadas em incentivos. Esse fator é importante se um país fizer parte ou não de um grande acordo multilateral.
2. Pelas regras escolhidas em um acordo internacional quanto à distribuição entre os países das reduções gerais das emissões.
3. Por pagamentos de alguns países a outros como parte de um acordo internacional para ajudar a compensar os custos nos países recipientes. São pagamentos por transferência, às vezes chamados, no jargão da economia, de **pagamentos paralelos**.

Os pagamentos paralelos podem assumir muitas formas. No Protocolo de Montreal, que trata das reduções dos CFCs, as economias avançadas concordaram em ajudar os países em desenvolvimento por meio da **transferência de tecnologia**, um processo por meio do qual os países recipientes são auxiliados financeiramente a se adaptar e a adotar tecnologias produzidas nos países desenvolvidos para reduzir o uso dos CFCs.

Acordos internacionais na prática

Exemplos numéricos, como os utilizados na última seção, são úteis para ilustrar os incentivos oferecidos a países individuais que possam estar considerando um acordo ambiental internacional. Contudo, é impossível usá-los para prever os resultados de tais acordos, pois as negociações internacionais sobre tratados ambientais são apenas uma dimensão de todo o conjunto de interações internacionais entre os países. Como um país se comporta ao negociar, por exemplo, um tratado que reduz as emissões de CO_2 não depende somente dos méritos desse problema específico, mas de todo o leque de relações internacionais em que está envolvido. Se estiver envolvido simultaneamente em negociações sobre outros assuntos, o país pode ficar mais preocupado com o resultado total e estar disposto a se comprometer em algumas áreas em troca de concessões em outras. Além disso, quando os países estão envolvidos em muitas negociações, eles podem ficar preocupados especificamente sobre sustentar sua reputação de **negociadores exigentes**, o que pode levá-los a se comportar, em certos casos, de modos que pareçam inconsistentes com seu interesse próprio. Os resultados de negociações de tratados dependem do contexto e das **possibilidades estratégicas** disponíveis na época, o que é mais um motivo para usarmos os exemplos simples da seção anterior para ilustrar a lógica econômica por trás dos acordos internacionais e não para prever eventos.

Custo-efetividade em acordos multinacionais

A discussão anterior foi redigida em termos de um acordo internacional para garantir certas reduções nas emissões por cada país participante. Essa é a maneira como a maioria dos acordos internacionais são formulados; há uma forte tendência a tratar cada país da mesma forma, aplicando as mesmas metas de redução a cada um deles. Apenas no tratado mais recente para a redução dos CFCs e outras substâncias que destroem a camada de ozônio é que houve uma diferenciação entre os países e, nesse caso, tratava-se de uma simples distinção entre países desenvolvidos como um grupo e países em desenvolvimento como outro grupo. Dentro de cada grupo amplo, as metas de redução de CFCs eram iguais para cada país.

Discutimos os aspectos de eficiência dessa abordagem muitas vezes. O principal problema é que ela não aproveita as diferenças nos custos marginais de abatimento entre as fontes, o que significa países, neste caso. Para isso, seria necessário que as nações com custos marginais de abatimento relativamente baixos realizassem cortes maiores, e aquelas com custos maiores fizessem reduções menores. Contudo, essas reduções não uniformes parecem ir contra o princípio de tratar todos da mesma forma. Suponha que cada um de dois países se beneficiasse igualmente de cortes nas emissões, mas que eles tivessem diferentes funções de custos marginais de abatimento. Esses países estão representados na Figura 17.2. Os custos marginais de abatimento do País A se elevam muito mais fortemente do que os do País B. As emissões atuais são 100 do País A e 80 do País B. Um acordo que exigisse uma redução uniforme de 50% colocaria A em 40 e B em 50, mas os custos de alcançar isso seriam muito mais altos para A ($a + b + c$) do que para B ($d + e$). O País A poderia muito bem discordar das reduções uniformes quando houvesse tamanha discrepância nos custos totais de abatimento. Se fosse desejável, no entanto, especificar um tratado em termos de cortes específicos a serem realizados por cada país, eles poderiam talvez ser estabelecidos de forma que os custos totais de abatimento de cada país fossem do mesmo valor (supondo que cada país tenha informações confiáveis sobre os custos de abatimento do outro país), mas isso violaria o princípio da redução uniforme das emissões, além de não ser custo-efetivo.

Quando os custos de abatimento diferem entre os países, em outras palavras, é difícil alcançar a custo-efetividade se houver forte fidelidade ao mesmo tipo de regra de equalização proporcional. Uma maneira possível de se conseguir a custo-efetividade seria instituir um sistema global de **autorizações de emissão**

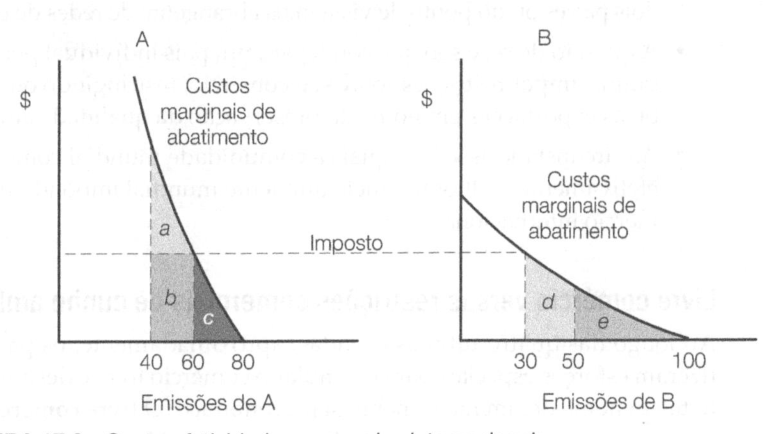

FIGURA 17.2 Custo-efetividade em acordos internacionais.

transferíveis (TDP ou *transferable discharge permit*, em inglês), em que o número de autorizações oferecidas na distribuição inicial atenderia a algum princípio de redução proporcional, com as negociações tornando a distribuição de autorizações mais próxima de algo que satisfizesse a regra de equilização na margem. É extremamente duvidoso que isso seja mesmo que remotamente viável no clima político internacional de hoje.

COMÉRCIO INTERNACIONAL E O MEIO AMBIENTE

Estão ocorrendo mudanças profundas na economia mundial e nas interações econômicas entre os aproximadamente 200 países que a formam. Já se foi o tempo em que tudo parecia simples: países industrializados produziam bens manufaturados, dos quais alguns eram negociados entre eles próprios, e outros eram exportados para países em desenvolvimento em troca de produtos primários. No início do século XXI, as coisas estão mudando drasticamente, com o surgimento das empresas multinacionais, que devem ser fiéis aos clientes e fornecedores, e não a países específicos; o desenvolvimento de um mercado financeiro integrado e verdadeiramente global; o surgimento de países industrializados em rápida expansão dentre o grupo anteriormente menos desenvolvido; o desenvolvimento dos novos e enormes blocos comerciais regionais do Sudeste Asiático, América do Norte e União Europeia; e as mudanças maciças no antigo bloco socialista e sua reintegração à economia mundial. Essas mudanças coletivamente passaram a ser chamadas de **globalização**.

É difícil determinar o alcance total das implicações ambientais da globalização. Uma característica importante é um nível substancialmente mais alto de comércio entre os países do mundo. As conexões entre o aumento do comércio e fatores ambientais podem ser resumidas da seguinte maneira:

- A interação recíproca dos fluxos comerciais e a proteção ambiental: como o aumento do comércio afeta os danos ambientais nos países envolvidos e como os esforços nacionais para proteger o meio ambiente afetarão o comércio internacional? Essas questões podem ser avaliadas do ponto de vista de apenas dois países ou do ponto de vista mais abrangente de redes de comércio.
- A questão de se, e sob que condições, um país individual pode, de forma legítima, impor restrições sobre seu comércio, restringindo ou as importações ou as exportações em nome da preservação da qualidade ambiental.
- As circunstâncias sob as quais a comunidade mundial como um todo pode efetivamente melhorar o meio ambiente mundial impondo restrições ao comércio internacional.

Livre comércio versus restrições comerciais de cunho ambiental

Ao longo das quatro últimas décadas, aproximadamente, os países do mundo fizeram esforços especiais para estimular o comércio livre e desimpedido. Isso foi feito em nome de um maior bem-estar econômico. O **livre comércio** permite que os países prosperem, propiciando-lhes uma expansão dos mercados de bens em cuja produção eles têm uma vantagem comparativa e dando-lhes maiores oportunidades de adquirir bens para os quais eles têm uma desvantagem comparativa. A prosperidade de muitos países, tanto desenvolvidos quanto em desenvolvimento, depende crucialmente do comércio internacional. O problema é se a ênfase para a mudança em direção ao livre comércio pode ou não dificultar que os países protejam os recursos ambientais que valorizam.

A principal instituição internacional que governa o comércio é a Organização Mundial do Comércio (OMC).[8] Sua finalidade é estabelecer uma lista de regras e procedimentos que devem ser seguidos pelos países em suas relações comerciais internacionais. Tem como objetivo especial reduzir as barreiras ao comércio, fazer as nações se absterem de impor tarifas e cotas sobre as importações ou de oferecer subsídios às exportações e, em geral, buscar condições de livre comércio entre as nações do mundo, quase todas membros da OMC. Uma seção do acordo da OMC também declara ilegal o que se chamam de barreiras não tarifárias como excessivas exigências de inspeção, a excessiva especificação de produtos, etc. Há uma lista muito longa de condições que são exceções às regras da OMC; uma delas é que os governos têm permissão para estabelecer restrições a fim de garantir a "proteção da vida ou saúde humana, animal ou vegetal" e a "conservação de recursos naturais".

Considere a análise da Figura 17.3. Ela mostra o comportamento dos produtores e consumidores de um produto em determinado país que também conta com importações para obter grande parte de seus suprimentos. A curva de demanda

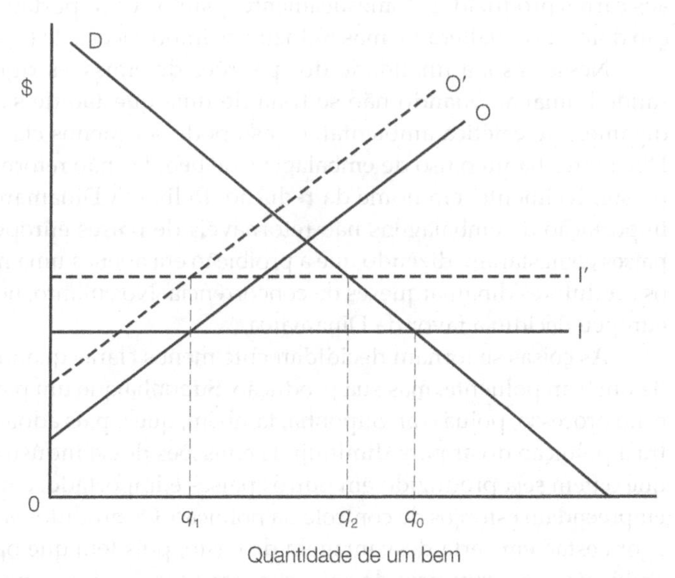

FIGURA 17.3 Efeitos das regulamentações ambientais sobre a produção doméstica e as importações.

[8] A OMC é a sucessora do Acordo Geral de Tarifas e Comércio (GATT), que foi criado na década de 1940 como um esforço internacional para estimular um aumento no comércio mundial.

(D) é a demanda doméstica pelo produto, enquanto que O é a curva de oferta doméstica, isto é, a curva de oferta dos produtores domésticos. Sem as importações, preço e quantidade se estabeleceriam na interseção dessas duas curvas, mas introduzamos uma curva de oferta de importações, chamada de I. Essa curva de oferta é, na verdade, horizontal, pois supomos que uma quantidade relativamente grande desse item seja produzida no mundo, então, esse país importador poderia importar quantidades maiores ou menores sem afetar o preço mundial. Com a adição das importações, esse país agora alcança um consumo total de q_0. A produção doméstica, enquanto isso, é de q_1. A diferença, $(q_0 - q_1)$, é importada. Com as importações, o preço doméstico também é igual ao preço mundial.

As regras da OMC permitem que os governos imponham restrições sobre a importação de produtos que tenham implicações diretas sobre a saúde, contanto que elas sejam impostas de maneira não discriminatória. Suponha que o bem em questão seja automóveis, cujo uso causa a poluição do ar. Estabelecer padrões de emissões rígidos aumenta os custos de produção de automóveis e, portanto, seus preços. O país importador pode exigir que os carros importados cumpram padrões de emissões rígidos, o que teria o efeito de elevar a curva de oferta importada para I′. Isso é não discriminatório, contanto que os produtores domésticos tenham que cumprir os mesmos padrões, deslocando, com efeito, a curva de oferta doméstica para O′. O resultado disso é, primeiramente, diminuir a quantidade total de carros comprados pelas pessoas desse país de q_0 para q_2. Em segundo lugar, supondo que os padrões de emissões aumentem os custos da oferta doméstica tanto quanto os da importada, o controle da poluição aplicado tanto aos carros produzidos domesticamente quanto aos importados deixará a produção doméstica inalterada, mas reduzirá as importações de $(q_0 - q_1)$ para $(q_2 - q_1)$.

Nesse caso, a finalidade dos padrões de emissões rígidos era proteger a saúde humana. Quando não se trata de uma questão de saúde humana, mas, digamos, de estética ambiental, o caso pode ser menos claro. Recentemente, a Dinamarca baniu o uso de embalagens de bebidas não retornáveis. Isso foi feito, presumivelmente, em nome da redução do lixo. A Dinamarca também baniu a importação de embalagens não retornáveis de países europeus vizinhos. Esses países contestaram, dizendo que a proibição era apenas uma maneira de proteger os produtores dinamarqueses da concorrência. No entanto, nesse caso, o tribunal europeu decidiu a favor da Dinamarca.

As coisas se tornam decididamente menos claras quando não é o consumo de um bem poluente, mas sua produção. Suponha que um país produza um bem e, no processo, polua o ar. Suponha, também, que o país adote um programa contra a poluição do ar para diminuir as emissões dessa indústria. Suponha, ainda, que o item seja produzido em outros países e importado, e que esses países não empreendam esforços de controle da poluição. Os produtores do país importador agora estão em certa desvantagem de custo, pois têm que operar sob restrições ambientais, ao contrário de seus concorrentes. Esse país pode legalmente (i.e., dentro das regras da OMC) impor uma tarifa sobre a importação desse item para igualar o ônus do custo? Pode-se discutir que isso tenderia a proteger as pessoas nos outros países produtores que são expostos à poluição do ar causada pelas empresas que produzem o item, mas as regras da OMC presumivelmente permitem que os países ajam somente para proteger seus próprios cidadãos, e não os de outro país. E cobrar uma tarifa sobre o bem pode não ter impacto algum sobre a diminuição da poluição do ar em outros países; isso poderia ser feito por meio de programas explícitos de controle da poluição nesses países, e certamente não há como o primeiro país fazer vigorar tais programas.

A inter-relação entre questões ambientais e problemas comerciais levantou recentemente a possibilidade de que os padrões ambientais sejam cooptados por aqueles cujos interesses sejam, primordialmente, proteger-se da concorrência internacional. É comum ver representantes de alguma indústria que se sente ameaçada por produtores de outros países solicitarem às autoridades políticas uma tarifa ou algum outro tipo de barreira às importações. Os fatores ambientais agora podem lhes dar uma munição extra nessa luta. Se eles puderem argumentar plausivelmente que os concorrentes estrangeiros estão causando danos a recursos ambientais, eles podem ser mais capazes de justificar a barreira comercial. A chave é se os impactos ambientais de produtores estrangeiros são legitimamente um problema a ser solucionado pelo país importador. Em um caso recente, os Estados Unidos impuseram uma barreira à importação de atum do México, que havia sido pescado usando métodos que causam mortalidade excessiva a golfinhos. A questão que precisa ser resolvida é se os norte-americanos realmente têm uma substancial disposição a pagar para proteger golfinhos, onde quer que estes se encontrem, ou se foi apenas uma desculpa que estava sendo usada pelas empresas de atum dos Estados Unidos para se proteger da concorrência estrangeira.

Restrições comerciais para promover o alcance de metas ambientais internacionais

Em alguns casos, os acordos ambientais internacionais envolvem acordos comerciais.

Protocolo de Montreal

Como parte do esforço internacional para reduzir os produtos químicos que destroem a camada de ozônio, o Protocolo de Montreal proíbe a exportação de substâncias controladas (basicamente CFCs) de qualquer nação signatária para qualquer país que não faça parte do protocolo. Além disso, os países signatários não podem importar nenhuma substância controlada de nenhum país não signatário. A finalidade dessas regulamentações comerciais é garantir que a produção de CFCs e de outros produtos químicos que destroem a camada de ozônio não simplesmente migre para países não signatários.

Diretrizes de Londres para Intercâmbio de Informação sobre Comércio Internacional de Produtos Químicos

Como já discutido muitas vezes neste livro, um grande obstáculo ao controle dos poluentes ambientais é a falta de informação – informação sobre emissões de poluentes, danos, custos de controle, etc. No nível internacional, o problema é ainda mais severo, devido às diferentes maneiras como os países abordam problemas de controle da poluição e as exigências e disponibilidades de informação extremamente diferentes entre eles. Em 1989, 74 países concordaram em adotar o Diretrizes de Londres para Intercâmbio de Informação sobre Comércio Internacional de Produtos Químicos, sob os auspícios do Programa das Nações Unidas para o Meio Ambiente (PNUMA). As diretrizes exigem que qualquer país que proíba ou restrinja severamente determinado produto químico notifique todos os outros países sobre suas ações, de modo que estes possam avaliar os riscos e tomar as medidas que acharem adequadas. As diretrizes também encorajam a "transferência de tecnologia," afirmando que os países com testes químicos e tecnologia de gestão mais avançados devem compartilhar suas experiências com países que precisem de sistemas aprovados.

Convenção da Basileia sobre o Controle de Movimentos Transfronteiriços de Resíduos Perigosos e Seu Depósito

Esse acordo de 1989 tem como objetivo a questão do comércio internacional de resíduos perigosos. Ele não proíbe esse comércio, mas lhe impõe exigências, especialmente exigências relacionadas à informação. Obriga os países a proibirem qualquer exportação de resíduos perigosos a menos que as autoridades apropriadas do país receptor tenham consentido por escrito com a importação e a menos que fique assegurado que os resíduos serão descartados de maneira adequada. Possui, também, provisões sobre notificações, cooperação em questões de responsabilidade, transmissão de informações essenciais, entre outras.

Convenção sobre o Comércio Internacional de Espécies da Fauna e da Flora Selvagens Ameaçadas de Extinção

Aproximadamente 5.000 espécies de animais e 28.000 espécies de plantas são protegidas pela Convenção sobre o Comércio Internacional de Espécies da Fauna e da Flora Selvagens Ameaçadas de Extinção (CITES). A CITES entrou em vigor em 1975. Sob essa convenção, cada país deve estabelecer seu próprio sistema de autorizações para controlar o movimento de exportações e importações de espécimes selvagens. A convenção designa, também, um órgão de gestão para lidar com o sistema de autorizações e um órgão científico para determinar se o comércio pode ou não ser prejudicial à sobrevivência das espécies. As espécies são separadas em três classes: I – espécies ameaçadas de extinção, cujas trocas comerciais são proibidas, e cujas trocas não comerciais, regulamentadas; II – espécies que podem vir a ser ameaçadas de extinção se seu comércio não for mantido em níveis consistentes com seus processos biológicos, cujas trocas comerciais são permitidas sob determinadas condições; e III – espécies que não estão ameaçadas atualmente, mas para as quais a cooperação internacional é apropriada, cujo comércio exige autorizações.

O comércio de espécies ameaçadas é considerado por muitos um sucesso limitado, embora ainda haja muito a ser feito, especialmente para melhorar os processos nacionais de autorizações. Há que se aprender algumas lições com esse tipo de restrição comercial, o que tentaremos fazer analisando um modelo de oferta e demanda internacional de uma espécie ameaçada de extinção. As mesmas conclusões podem ser aplicadas a outros casos, como restrições às exportações de madeira para proteger florestas tropicais. Considere o modelo de mercado da Figura 17.4. Ele mostra as condições da oferta mundial, ou agregada, e da demanda por exportações de uma espécie selvagem. A função de oferta baseia-se nos custos da caça, de transporte, processamento, registro, etc., necessários para trazer o espécime selvagem até o ponto de exportação. É uma função de oferta

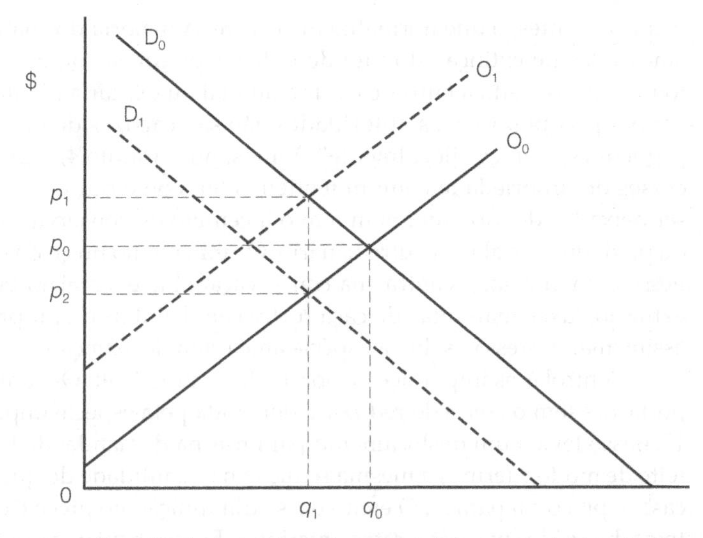

FIGURA 17.4 Efeitos da política comercial de uma espécie ameaçada de extinção sobre o mercado internacional.

agregada formada pela função de oferta dos vários países em que essa espécie cresce. A função de demanda mostra as quantidades que o mercado de exportação aceitará a diversos preços alternativos. A interseção das duas funções mostra o preço e a quantidade de mercado desse tipo de espécime selvagem que será comercializada daqui a um ano.

Podem ser usados dois tipos de restrições para reduzir a quantidade dessa espécie que é movimentada no comércio internacional: controles sobre a exportação e controles sobre a importação. Cada um deles reduzirá a quantidade comercializada, mas terão diferentes impactos sobre o preço. Os controles sobre a exportação funcionam essencialmente tornando a exportação mais cara, o que tem o efeito, na Figura 17.4, de deslocar a função de oferta para cima, da curva de oferta O_0 para a curva de oferta O_1. O resultado disso é uma redução na quantidade comercializada, nesse caso, para q_1. Quanto essa quantidade irá cair dependerá de quanto a curva de oferta se desloca para cima e também da inclinação da função de demanda; quanto mais inclinada, menor será a diminuição na quantidade. No entanto, essa abordagem da redução do comércio também leva a um aumento no preço, do preço original p_0 para p_1. Esse aumento no preço poderia ter diversos impactos, dependendo, essencialmente, de direitos de propriedade. Imagine um caso em que a espécie ameaçada de extinção está sujeita à propriedade privada, seja por indivíduos, seja por grupos pequenos e bem definidos. Talvez o hábitat da espécie seja de propriedade privada, por exemplo. O preço mais alto pela espécie agora se torna um sinal para que seus proprietários se dediquem mais à sua segurança e bem-estar, porque, nessas circunstâncias, os esforços para a conservação terão uma compensação direta no mercado.

O aumento no preço terá o efeito oposto, porém, quando os direitos de propriedade sobre a espécie ameaçada de extinção forem mal definidos ou totalmente ausentes, o que normalmente ocorre. A maioria dos hábitats das espécies ameaçadas de extinção do mundo é de propriedade comum, no sentido de ou todos têm o direito a entrar e caçar o animal ou extrair a planta, ou, assim como em parques públicos, as autoridades não são capazes de evitar que as pessoas peguem espécimes "ilegalmente". Vimos, no Capítulo 4, o problema que os recursos de propriedade comum tendem a ter: como outros usuários não podem ser deixados de fora, ninguém tem o incentivo de conservar o recurso. É usá-lo ou perdê-lo para algum outro usuário. O aumento no preço da espécie ameaçada, nesse caso, funciona contra sua conservação. Ele encorajará taxas mais altas de extração, taxas mais altas de caça furtiva em hábitats de propriedade comum e, assim, maior pressão sobre a espécie ameaçada de extinção.

Controlar as importações, porém, faz o preço cair. Os controles sobre as importações têm o efeito de reduzir a demanda pela espécie importada. Na Figura 17.4, isso leva a um deslocamento para trás na demanda, de D_0 para D_1. Isso foi feito de modo a termos a mesma redução na quantidade do que antes. Mas, nesse caso, o preço cai para p_2. O efeito dessa diminuição no preço é diminuir os incentivos discutidos nos parágrafos anteriores. Em particular, quando a espécie ameaçada estiver sujeita à exploração de propriedades comuns, a diminuição no preço levaria a uma pressão menor para a extração de espécimes e a um declínio populacional menos rápido. Algo nessa linha aconteceu recentemente em decorrência de uma proibição internacional na importação de marfim. A proibição levou a uma queda substancial no preço mundial do marfim, o que reduziu a pressão sobre os caçadores furtivos de elefantes em muitas partes da África.

Resumo

Com a aquisição de um escopo e importância mais internacionais pelas questões ambientais, haverá um crescente interesse pelos países em abordar essas questões com acordos internacionais. Os acordos internacionais são muito mais problemáticos do que as políticas domésticas, pois sua fiscalização é muito mais fraca no nível internacional. Há, essencialmente, dois tipos de externalidades internacionais. No primeiro, a poluição de um país causa danos em outro país. Nesse caso, o problema de quem paga (poluidor ou vítima) quando os acordos são negociados é de suma relevância. No segundo, as emissões de cada país afetam todos os países envolvidos, incluindo a si próprio. Nesse caso, o problema fundamental é como fazer os países individuais abdicarem de tentativas de praticar caronismo sobre os esforços de controle dos outros. A força do incentivo de praticar caronismo depende dos custos e benefícios percebidos para o país de um acordo internacional, juntamente a qualquer "pagamento paralelo," subsídio monetário, transferência de tecnologia, etc., que faça parte do acordo.

Nos últimos anos, surgiram sérias questões sobre a relação entre os danos ambientais e o comércio internacional. Algumas pessoas veem o livre comércio internacional como algo ambientalmente destrutivo e são a favor de que se imponham restrições comerciais em nome de valores ambientais. Nesses casos, há um problema em separar o que são preocupações legítimas e justificáveis pelos elementos do meio ambiente, especialmente em outro país, de interesses puramente comerciais procurando proteger o país da concorrência internacional.

Perguntas para discussão

1. A seguir, temos números ilustrativos indicando os custos e benefícios para o País A de tomar medidas específicas em um tratado internacional para reduzir as emissões de CO_2. A escolha é aderir aos cortes nas emissões de CO_2 exigidos pelo tratado ou desconsiderar o tratado.

	Custos	**Benefícios**	**Benefícios líquidos**
Todos os países aderem ao tratado.	10	20	10
Nenhum país adere ao tratado.	0	−5	−5
Outros países aderem ao tratado, mas o País A não adere.	0	19	19

   Qual é o incentivo para o País A praticar caronismo sobre os esforços de abatimento dos outros países? Se todos os países o praticarem, qual será o resultado?

2. Falamos de "pagamentos paralelos" na forma de transferência de tecnologia, feitos aos países em desenvolvimento para diminuir os custos para esses países de entrar em acordos ambientais internacionais. Que outros tipos de pagamentos paralelos podem ser eficientes nesse sentido?
3. Suponha que o País A importe um produto do País B, e que o País B não tenha leis ambientais que governem a produção desse item. Sob que condições o País A pode justificar a imposição de uma tarifa sobre o item importado?
4. Se todos os países adotassem os mesmos padrões de emissões em indústrias similares, isso tenderia a igualar os custos de produção e colocar todos os países nos mesmos termos em relação a questões ambientais?
5. "Acordos ambientais internacionais são muito moldados pelo fato de a fiscalização no nível internacional ser difícil, senão impossível". Discuta.
6. No início da década de 1990, os Estados Unidos tentaram impor restrições à importação de atum do México porque os pescadores mexicanos usavam métodos que destruíam números relativamente altos de golfinhos ao pescar o atum. Esses métodos de pesca são ilegais para os pescadores de atum nos EUA. Essa restrição comercial é eficiente? É equitativa?

Para leituras adicionais e *sites* pertinentes ao material deste capítulo, veja www.grupoa.com.br.

Apêndice

Abreviaturas e siglas usadas no livro

AIA Avaliação de impacto ambiental
AIR Análise de impacto regulatório
BI Baseado em incentivos
BTU Unidade térmica britânica
C&C Comando e controle
CAA Lei do Ar Puro dos EUA (*Clean Air Act*)
CAFE Economia de combustível média corporativa (*Corporate average fuel economy*)
CAP *Cap-and-trade* (limite e negociação de emissões de carbono)
CARB Comissão de Recursos do Ar da Califórnia (*California Air Resources Board*)
CCX Bolsa do Clima de Chicago (*Chicago Climate Exchange*)
CdD Custos da doença
CEQ Conselho de Qualidade Ambiental (*Council on Environmental Quality*)
CER Certificados de emissões reduzidas (popularmente conhecidos como créditos de carbono)
CERCLA Lei Abrangente de Reação Ambiental, Compensação e Responsabilidade Civil (*Comprehensive Environmental Response, Compensation and Liability Act*)
CES Centro de estudos ambientais (*Country environmental study*)
CF Coliformes fecais
CFC Clorofluorocarbono
CH4 Metano
CITES Convenção sobre o Comércio Internacional de Espécies da Fauna e da Flora Ameaçadas de Extinção (*Convention on International Trade in Endangered Species of Wild Fauna and Flora*)
CM Custo marginal
CMA Custos marginais de abatimento
CME Custos marginais externos
CMP Custos marginais privados
CO Monóxido de carbono
CO_2 Dióxido de carbono
COVs Compostos orgânicos voláteis
CPP Curva de possibilidade de produção
CPSA Lei de segurança nos produtos de consumo (*Consumer Products Safety Act*)
CPZ Crescimento populacional zero
CRE Programa de comércio de créditos (*Credit trading program*)

CV	Cloreto de vinila
CWA	Lei das Águas Puras dos EUA (*Clean Water Act*)
DAP	Disposição a pagar
DARP/EA	Plano de Avaliação de Danos e Restauração / Avaliação Ambiental (*Damage Assessment Restoration Plan/Environmental Assessment*)
DBO	Demanda bioquímica de oxigênio
DM	Danos Marginais
DMAP	Disposição marginal a pagar
DOE	Departamento de Energia dos EUA
DOI	Departamento do Interior dos EUA
DOT	Departamento de Transportes dos EUA
DQO	Demanda química de oxigênio
EBDC	Etileno-bis-ditiocarbamatos
ECE EU (ETS)	Esquema Europeu do Comércio de Emissões (*European Trading Scheme*)
EPA	Agência de Proteção Ambiental dos EUA (*Environmental Protection Agency*)
ESA	Lei de espécies ameaçadas (*Endangered Species Act*)
ETAR	Estação de tratamento de águas residuais
FDCA	Lei Federal sobre Alimentos, Medicamentos e Cosméticos dos EUA (*Food, Drug and Cosmetic Act*)
FIFRA	Lei Federal sobre Inseticidas, Fungicidas e Raticidas dos EUA (*Federal Insecticide, Fungicide and Rodenticide Act*)
FNP	Fonte não pontual
GATT	Acordo Geral de Tarifas e Comércio (*General Agreement on Tariffs and Trade*)
GEE	Gases do Efeito Estufa
GEFMS	Sistema de Gestão do Fundo Ambiental para o Meio Ambiente (*Global Environmental Fund Management System*)
GEMS	Sistema Global de Monitoramento Ambiental (da ONU) (*Global Environmental Monitoring System of the U.N.*)
GLP	Gás liquefeito de petróleo
HAP	Poluentes Atmosféricos Perigosos (*Hazardous air pollutants*)
HCFC	Hidroclorofluorocarbono
HLW	Resíduos de alto nível (*High-level wastes*)
I&M	Inspeção e manutenção
IPCC	Painel Intergovernamental sobre Mudanças Climáticas (*Intergovernmental Panel on Climate Change*)
LAER	Menor taxa de emissão alcançável (*Lowest achievable emission rate*)
LLW	Resíduos de baixo nível (*Low-level wastes*)
MACT	Tecnologia de Controle Máximo Alcançável (*Maximum available (or achievable) control technology*)
MCL	Nível de contenção máxima (*Maximum containment level*)
MIP	Manejo integrado de pragas
MOV	Materiais orgânicos voláteis
MP10	Material particulado com menos de 10 micrômetros de diâmetro
MP2.5	Material particulado com menos de 2,5 micrômetros de diâmetro
MPG	Melhores práticas de gestão
MPTS	Material particulado total em suspensão

MTCD	Melhor tecnologia de controle disponível
MTD	Melhor tecnologia disponível
MTP	Melhor tecnologia praticável
NAAQS	Padrões nacionais de qualidade do ar dos EUA (*National ambient air quality standards*)
NAFTA	Tratado Norte-Americano de Livre Comércio (*North American Free Trade Agreement*)
NCAB	Conselho Consultivo de Crédito dos EUA (*National Credit Advisory Board*)
NEP	Nível de exposição permissível
NEPA	Lei de Políticas Ambientais Nacionais dos EUA (*National Environmental Policy Act*)
NOx	Óxidos de nitrogênio
NPL	Lista de prioridades nacionais dos EUA (*National priorities list*)
NSPS	Padrões de desempenho de novas fontes (*New-source performance standards*)
NSR	Análise de novas fontes (*New-source review*)
OCDE	Organização para a Cooperação e o Desenvolvimento Econômico
OD	Oxigênio dissolvido
OEM	Gabinete de Gestão Ambiental dos EUA (*Office of Environmental Management*)
OMC	Organização Mundial do Comércio
OMS	Organização Mundial de Saúde
OSHA	Administração da Segurança e Saúde Ocupacional dos EUA (*Occupational Safety and Health Administration*)
OTA	Gabinete de avaliação de tecnologia do Congresso dos EUA (*Office of Technology Assessment*)
P&D	Pesquisa e desenvolvimento
PDS	Prevenção de deterioração significativa
PIB	Produto interno bruto
PNB	Produto nacional bruto
PNC	Plano Nacional de Contingência
PNUMA (UNEP)	Programa das Nações Unidas para o Meio Ambiente (*United Nations Environment Program*)
POTW	Estações públicas de tratamento de esgotos dos EUA (*Publicly owned treatment works*)
PPP	Princípio do poluidor pagador
PR	Potencial responsável
PVC	Policloreto de vinila
RCQA	Região de controle da qualidade do ar
RCRA	Lei de Conservação e Recuperação de Recursos dos EUA (*Resource Conservation and Recovery Act*)
RECLAIM	Mercado Regional de Incentivos ao Ar Puro do sul da Califórnia (*Regional Clean Air Incentive Market of Southern California*)
REEE	Resíduos de Equipamentos Elétricos e Eletrônicos
RGGI	Iniciativa Regional de Gases do Efeito Estufa (*Regional Greenhouse Gas Initiative*)
RSU	Resíduos sólidos urbanos
SIP	Plano estadual de implementação (*State implementation plan*)

SMSA	Área estatística metropolitana padrão (*Standard metropolitan statistical area*)
SO_2	Dióxido de enxofre
SRF	Fundo rotativo estadual (*State revolving fund*)
TBES	(*Technology-based effluent standard*) Padrões baseados em tecnologia de tratamento de efluentes
TCRD	Tecnologia de controle razoavelmente disponível
TDP	(*Transferable discharge permit*) Autorizações transferíveis de descargas
TIJ	Tribunal Internacional de Justiça
TMDL	(*Total maximum daily load* – Carga máxima total diária CMTD) programa de Carga máxima total diária dos EUA
TN	Nitrogênio total (*Total nitrogen*)
TOC	Carbono orgânico total (*Total organic carbon*)
TRI	Inventário de emissões tóxicas (*Toxies release inventory*)
TSCA	Lei sobre Controle de Substâncias Tóxicas dos EUA (*Toxic Substances Control Act*)
TSDF	Instalação de Armazenamento de Tratamento e Descarte (*Treatment, storage, or disposal facility*)
TSS	Total de Sólidos em Suspensão
UE	União europeia
UNT	Unidade de negociação por lotes
USAID	Agência dos Estados Unidos para o Desenvolvimento Internacional (*U.S. Agency for International Development*)
VC	Valoração contingente
VE	Veículo elétrico
VEZ	Veículo de emissões zero
VMT	Milhas viajadas por veículo (*Vehicle miles traveled*)
VVE	Valor de uma vida estatística
WPCA	Lei Federal de Controle de Poluição da Água dos EUA (*Water Pollution Control Act*)

Índice de nomes

Números de páginas seguidos por um "n" indicam materiais encontrados nas notas.

Índice de assuntos

Números de páginas seguidos por um "n" indicam materiais encontrados nas notas.

A

B

C

D

E

F

G

J

K

L

M

N

O

P

Q

R

S

T

U

V

W

Y

Z